relacionamentos astrais

TALI & OPHIRA EDUT

relacionamentos astrais

O guia astrológico essencial para a mulher

Tradução
Alice Xavier

NOVA ERA

CIP-BRASIL. CATALOGAÇÃO-NA-FONTE
SINDICATO NACIONAL DOS EDITORES DE LIVROS, RJ.

Edut, Tali

E26r   Relacionamentos astrais / Tali Edut e Ophira Edut; tradução: Alice Xavier. - Rio de Janeiro: Nova Era, 2012.

Tradução de: The astrotwins' Love zodiac
ISBN 978-85-7701-329-6

1. Homens - Psicologia. 2. Astrologia. 3. Companheiro conjugal - Escolha. 4. Relação homem-mulher. 5. Amor. I. Edut, Ophira. II. Título.

10-3814   CDD: 133.583067
                                      CDU: 133.52:392.6

Título original norte-americano:
The astrotwins' Love zodiac

Copyright da tradução © 2012 by EDITORA BEST SELLER LTDA
Copyright © 2008 by Tali Edut and Ophira Edut

Diagramação: Abreu's System

Publicado mediante acordo com Maria Cavainis Agency, Inc.
Publicado originalmente nos Estados Unidos pela Sourcebooks.

Todos os direitos reservados. Proibida a reprodução,
no todo ou em parte, sem autorização prévia por escrito da editora,
sejam quais forem os meios empregados, com exceção das resenhas literárias,
que podem reproduzir algumas passagens do livro, desde que citada a fonte.

Direitos exclusivos de publicação em língua portuguesa para o Brasil/mundo
adquiridos/reservados pela EDITORA NOVA ERA um selo da EDITORA BEST SELLER LTDA.
Rua Argentina 171 – Rio de Janeiro, RJ – 20921-380 – Tel.: 2585-2000
que se reserva a propriedade literária desta tradução.

Impresso no Brasil

ISBN 978-85-7701-329-6

Seja um leitor preferencial Record.
Cadastre-se e receba informações sobre nossos lançamentos
e nossas promoções.

Atendimento e venda direta ao leitor:
mdireto@record.com.br ou (21) 2585-2002.

Dedicatória

A todos os nossos amados, cujas vidas serviram de "inspiração divina" para este livro.

Agradecimentos

Queremos estender nosso caloroso agradecimento às seguintes pessoas:

Os sujeitos de nossas entrevistas (vocês sabem quem vocês são): agradecemos por abrirem generosamente seus corações e serem nossos estudos de caso. A sutileza e a sabedoria de vocês acrescentaram dimensão ao livro e nos permitiram valorizar profundamente a beleza de cada signo.

Nossos pais Doris e Shimon Edut, nossa irmã caçula Leora e nossa tia Carolyn Mickelson — somos extremamente gratas por termos nascido no seio de uma família que nos ama e apoia em cada caminho profissional que já empreendemos. Até mesmo a astrologia.

Deb Werksman, nossa brilhante e confiante editora, nativa de Áries, e Donna Bagdasarian, nossa destemida agente literária, sob o signo de Leão.

Nossa inovadora treinadora nativa de Virgem, Lois Barth, e seu programa *Luscious Living With Lois*, que transformou em aventura fabulosa e recompensadora nosso processo de escrita.

Todos os nossos amigos, parentes, clientes e colegas que fomentaram nossa carreira astrológica e nos animaram a prosseguir. Chamem-nos a qualquer momento para descobrir o que está nas estrelas.

Ophira envia especiais agradecimentos e amor ao marido, o taurino Jeffrey, e à enteada Clementine, que ajudaram a inspirar o primeiro capítulo do livro e continuam a apoiá-la a cada passo.

Tali envia uma saudação cósmica à Playa!

Sumário

Introdução	17
Conceitos básicos da astrologia: um guia dos homens no zodíaco	25
Os 12 signos zodiacais	25
No elemento dele: fogo, terra, ar e água	26
A "qualidade" do signo dele: cardeal, mutável ou fixo	30
Aspectos: o segredo da distância	32
Leituras recomendadas	40
O nativo de Áries	42
O ariano: como localizá-lo	43
O ariano: seu jeito de lidar com...	43
O ariano: tudo sobre ele	45
O que ele espera de uma mulher	50
O que ele espera da relação	53
Sexo com o ariano	57
Tesão: o sim e o não	59
As jogadas dele	60
Interpretação de sinais: O que ele quer dizer com isso?	66
Suas jogadas: dicas de namoro e de amor eterno	68
Esteja preparada para...	70
O primeiro encontro	70
A primeira visita dele à sua casa	72
O encontro com a família dele	74
Para dizer adeus	75
A combinação amorosa: Vocês falam a mesma língua?	78

O nativo de Touro 80
    O taurino: como localizá-lo 81
    O taurino: seu jeito de lidar com... 81
    O taurino: tudo sobre ele 83
    O que ele espera de uma mulher 86
    O que ele espera da relação 88
    Sexo com o taurino 89
    Tesão: o sim e o não 91
    As jogadas dele 92
    Interpretação de sinais: O que ele quer dizer com isso? 97
    Suas jogadas: dicas de namoro e de amor eterno 99
    Esteja preparada para... 102
    O primeiro encontro 102
    A primeira visita dele à sua casa 103
    O encontro com a família dele 105
    Para dizer adeus 106
    A combinação amorosa: Vocês falam a mesma língua? 109

O nativo de Gêmeos 111
    O geminiano: como localizá-lo 112
    O geminiano: seu jeito de lidar com... 112
    O geminiano: tudo sobre ele 114
    O que ele espera de uma mulher 118
    O que ele espera da relação 120
    Sexo com o geminiano 123
    Tesão: o sim e o não 124
    As jogadas dele 126
    Interpretação de sinais: O que ele quer dizer com isso? 131
    Suas jogadas: dicas de namoro e de amor eterno 133
    Esteja preparada para... 135
    O primeiro encontro 135
    A primeira visita dele à sua casa 138
    O encontro com a família dele 139

Para dizer adeus	140
A combinação amorosa: Vocês falam a mesma língua?	144

O nativo de Câncer   146
- O canceriano: como localizá-lo   147
- O canceriano: seu jeito de lidar com...   148
- O canceriano: tudo sobre ele   150
- O que ele espera de uma mulher   152
- O que ele espera da relação   154
- Sexo com o canceriano   156
- Tesão: o sim e o não   157
- As jogadas dele   159
- Interpretação de sinais: O que ele quer dizer com isso?   164
- Suas jogadas: dicas de namoro e de amor eterno   166
- Esteja preparada para...   168
- O primeiro encontro   168
- A primeira visita dele à sua casa   171
- O encontro com a família dele   172
- Para dizer adeus   173
- A combinação amorosa: Vocês falam a mesma língua?   176

O nativo de Leão   178
- O leonino: como localizá-lo   179
- O leonino: seu jeito de lidar com...   180
- O leonino: tudo sobre ele   181
- O que ele espera de uma mulher   185
- O que ele espera da relação   188
- Sexo com o leonino   190
- Tesão: o sim e o não   192
- As jogadas dele   193
- Interpretação de sinais: O que ele quer dizer com isso?   199
- Suas jogadas: dicas de namoro e de amor eterno   200
- Esteja preparada para...   202

O primeiro encontro	202
A primeira visita dele à sua casa	204
O encontro com a família dele	205
Para dizer adeus	207
A combinação amorosa: Vocês falam a mesma língua?	209

O nativo de Virgem   211

O virginiano: como localizá-lo	212
O virginiano: seu jeito de lidar com...	213
O virginiano: tudo sobre ele	214
O que ele espera de uma mulher	217
O que ele espera da relação	220
Sexo com o virginiano	223
Tesão: o sim e o não	225
As jogadas dele	226
Interpretação de sinais: O que ele quer dizer com isso?	231
Suas jogadas: dicas de namoro e de amor eterno	232
Esteja preparada para...	234
O primeiro encontro	234
A primeira visita dele à sua casa	236
O encontro com a família dele	237
Para dizer adeus	238
A combinação amorosa: Vocês falam a mesma língua?	242

O nativo de Libra   244

O libriano: como localizá-lo	245
O libriano: seu jeito de lidar com...	246
O libriano: tudo sobre ele	247
O que ele espera de uma mulher	249
O que ele espera da relação	252
Sexo com o libriano	254
Tesão: o sim e o não	255
As jogadas dele	257

12

Interpretação de sinais: O que ele quer dizer com isso?	262
Suas jogadas: dicas de namoro e de amor eterno	264
Esteja preparada para...	266
O primeiro encontro	266
A primeira visita dele à sua casa	268
O encontro com a família dele	269
Para dizer adeus	271
A combinação amorosa: Vocês falam a mesma língua?	274

O nativo de Escorpião 276

O escorpiano: como localizá-lo	277
O escorpiano: seu jeito de lidar com...	277
O escorpiano: tudo sobre ele	279
O que ele espera de uma mulher	282
O que ele espera da relação	285
Sexo com o escorpiano	288
Tesão: o sim e o não	289
As jogadas dele	291
Interpretação de sinais: O que ele quer dizer com isso?	296
Suas jogadas: dicas de namoro e de amor eterno	298
Esteja preparada para...	300
O primeiro encontro	300
A primeira visita dele à sua casa	302
O encontro com a família dele	304
Para dizer adeus	305
A combinação amorosa: Vocês falam a mesma língua?	308

O nativo de Sagitário 310

O sagitariano: como localizá-lo	311
O sagitariano: seu jeito de lidar com...	312
O sagitariano: tudo sobre ele	313
O que ele espera de uma mulher	317
O que ele espera da relação	319

13

Sexo com o sagitariano	320
Tesão: o sim e o não	322
As jogadas dele	323
Interpretação de sinais: O que ele quer dizer com isso?	329
Suas jogadas: dicas de namoro e de amor eterno	331
Esteja preparada para...	333
O primeiro encontro	333
A primeira visita dele à sua casa	335
O encontro com a família dele	337
Para dizer adeus	338
A combinação amorosa: Vocês falam a mesma língua?	341

O nativo de Capricórnio — 343

O capricorniano: como localizá-lo	344
O capricorniano: seu jeito de lidar com...	345
O capricorniano: tudo sobre ele	346
O que ele espera de uma mulher	350
O que ele espera da relação	353
Sexo com o capricorniano	356
Tesão: o sim e o não	357
As jogadas dele	359
Interpretação de sinais: O que ele quer dizer com isso?	365
Suas jogadas: dicas de namoro e de amor eterno	366
Esteja preparada para...	368
O primeiro encontro	368
A primeira visita dele à sua casa	371
O encontro com a família dele	372
Para dizer adeus	374
A combinação amorosa: Vocês falam a mesma língua?	377

O nativo de Aquário — 379

O aquariano: como localizá-lo	380
O aquariano e seu jeito de lidar com...	380

O aquariano: tudo sobre ele	381
O que ele espera de uma mulher	385
O que ele espera da relação	387
Sexo com o aquariano	390
Tesão: o sim e o não	391
As jogadas dele	392
Interpretação de sinais: O que ele quer dizer com isso?	399
Suas jogadas: dicas de namoro e de amor eterno	400
Esteja preparada para...	402
O primeiro encontro	402
A primeira visita dele à sua casa	403
O encontro com a família dele	405
Para dizer adeus	406
A combinação amorosa: Vocês falam a mesma língua?	410

O nativo de Peixes — 412

O pisciano: como localizá-lo	413
O pisciano: seu jeito de lidar com...	414
O pisciano: tudo sobre ele	415
O que ele espera de uma mulher	418
O que ele espera da relação	422
Sexo com o pisciano	424
Tesão: o sim e o não	425
As jogadas dele	426
Interpretação de sinais: O que ele quer dizer com isso?	432
Suas jogadas: dicas de namoro e de amor eterno	434
Esteja preparada para...	436
O primeiro encontro	436
A primeira visita dele à sua casa	438
O encontro com a família dele	439
Para dizer adeus	441
A combinação amorosa: Vocês falam a mesma língua?	445

Introdução

Não é mistério nenhum: se você nunca se sentiu magoada, enganada, traída ou mesmo frustrada com um homem, levante a mão.

Até parece letra de canção brega sertaneja, não é? Mas, vamos admitir: todas nós já passamos por isso. Para cada homem que reclama da impossibilidade de entender as mulheres, encontramos pelo menos cinco mulheres chorando no travesseiro até dormir e se perguntando por que os homens de suas vidas pensam e agem de determinada maneira.

As mulheres são guiadas por relacionamento. Se o motivo para isso é natureza ou a criação, não importa — pelo menos, não quando, no maior pique de adrenalina, ativados todos os medos de abandono, você conferiu obsessivamente o celular em busca de uma chamada, um torpedo, qualquer contato da parte dele. Todas nós deveríamos ganhar um prêmio Emmy emocional por gastarmos tanto tempo dramatizando e analisando por que ele dormiu em posição fetal em vez de se aconchegar a você, ou se realmente queria dizer o que disse, seja lá o que for.

Nós duas passamos muitos anos num apuro comum. Ali estávamos nós, mulheres instruídas e ambiciosas, mas que se sentiam totalmente perdidas quando o assunto era homem! Não conseguíamos entender por que a história de nossos relacionamentos não combinava com nossas carreiras bem-sucedidas. Se éramos inteligentes e decididas, por que acabávamos sempre às voltas com homens que evidentemente tinham pânico de compromisso? E por que sabotávamos a situação com os homens que não tinham? Por constrangedor que seja, somos obrigadas a admitir: éramos totalmente previsíveis.

Estudamos psicologia, aprendemos os caminhos de Marte e de Vênus, e frequentamos quarenta horas de oficinas sobre como entender os homens. No decorrer de nossas explorações, também descobrimos a astrologia.

Começamos a estudar o mapa astral de cada homem que encontrávamos. Surpreendeu-nos a descoberta de padrões comprovados pelo tempo. Analisamos namorados atuais, antigos, namorados de amigas — e os dados eram constantes. Esse conhecimento começou a curar anos de dor de cabeça ("Ah, sim, foi por isso que ele fez aquilo!") e evitou para nós o desperdício de energia em desnecessárias lutas futuras. A astrologia transformou nossas vidas amorosas — e os relacionamentos de milhares de amigos e clientes.

Este livro é o "manual do usuário", o compêndio que gostaríamos de ter tido. Estamos absolutamente emocionadas em oferecê-lo a você. Em mais de 15 anos de trabalho como astrólogas profissionais, o amor é sempre a primeira coisa de que as pessoas desejam saber. Ele é o homem da minha vida? Devo ficar nessa relação? Por que ele faz isso? O que posso fazer para minha relação dar certo? Será que ele me ama, ou devo ir à luta? Será que ele volta?

Não nos entenda mal — sabemos que as pessoas são singulares, que sua relação especial não se parece com nenhum outro amor, blá-blá-blá. Que fique claro: ambas somos graduadas em uma universidade das Dez Grandes; somos espiritualizadas, porém sensatas; e nunca tivemos uma lojinha esotérica, trajes de vidente e bola de cristal. Somos mulheres modernas exatamente como você, e queremos ter relacionamentos gratificantes — sem o sofrimento, o drama ou as decepcionantes tentativas que não levam a lugar nenhum. Sabemos que o mundo não pode ser reduzido a um clichê de 12 signos zodiacais; além do mais, a astrologia é algo muito mais profundo que isso.

Entretanto, volta e meia encontramos padrões. Já demos aconselhamento a milhares de amigos, leitores, celebridades e clientes particulares. E depois de explicarmos o segredo da astrologia, ouvimos a mesma reação básica: "Caramba, isso é tão VERDADEIRO!"

Introdução

No entanto, muito mais gratificante que a satisfação fugaz de acertar é ver os olhos das pessoas e suas vidas amorosas se iluminarem. A astrologia, quando corretamente aplicada, oferece clareza. Ela nos ajuda a vencer a paralisia quando estamos presos numa encruzilhada. Isso nos liberta para nos movermos, e nada melhor que movimento para devolver o vigor à vida amorosa.

Regra número um: tentar mudá-lo é perda de tempo

Se você quiser ir para o bar e ficar chorando enquanto bebe um martíni aromatizado, terá de chamar outra pessoa. Sabemos que, quando está se queixando com suas amigas sobre o jeito como seu namorado a esnobou numa festa, ou dizendo que babaca ele é por não telefonar, você está se perguntando secretamente: será que foi alguma coisa que fiz? Você está extremamente frustrada. E daria qualquer coisa — qualquer coisa — para saber como melhorar a situação.

Você poderia passar anos cometendo as mesmas tolices que nós cometemos. Poderia acreditar no canalha trapaceiro que, segundo alegava, precisava "passar a noite inteira trabalhando". Poderia dar o fora no homem fiel que jurou não traí-la. Poderia se identificar com cada enredo desesperado de *Sex and the City* — e ficar em casa assistindo à coleção inteira de DVDs, em vez de sair para encontrar um homem com potencial verdadeiro. Você poderia repetir todos os nossos erros — e provavelmente foi isso que fez. Ou poderia pegar um atalho.

Em nossa opinião, tentar mudar um homem é uma enorme perda de tempo. Achamos que o melhor é saber exatamente com quem está lidando — e depois perguntar a si mesma se consegue conviver com isso. No entanto, em algum momento, cada mulher deste planeta já tentou reformar o namorado. Isso nunca, nunca funciona. Ou ele a transforma na própria mãe (situação que ela não quer) e fica ressentido de que ela pegue no pé dele, ou acaba por trocá-la por alguém que o aceita do jeito que é, com as meias malcheirosas, soltando pum em público etc.

Relacionamentos astrais

O verdadeiro problema é você ficar tentando mudá-lo — ou transformar a si mesma — em vez de modificar a abordagem.

Possivelmente você está lendo este livro porque gostaria de ter algumas noções sobre o que o deixa motivado, o que o aborrece, o que ele mais valoriza. Talvez não consiga enxergar as maneiras pelas quais você — sim, você — poderia ser a mulher do sonhos dele. Para simplificar: se você não entende seu homem, como pode aceitá-lo? O amor começa pela aceitação. Isso é também o que nós queremos. (Não acredita? Pergunte à sua celulite.)

Em nossa opinião e pela "pesquisa de campo", os homens realmente não mudam enquanto não tiverem uma razão muito boa para isso. É muito melhor investigar o que você realmente quer com ele. Se optar por essa missão, terá de assumir o bom, o ruim e o enfurecedor. Algo que ele também terá de fazer. Você talvez seja obrigada a encarar certas escolhas difíceis, e ser brutalmente honesta consigo mesma. Apesar da dificuldade inicial, acreditamos que a verdade a libertará.

Você está fazendo a coisa errada com o homem certo?

O amor e o compromisso significam coisas distintas para cada signo específico. Em termos práticos, o que deixa ligado um nativo de Peixes não vai acelerar alguém de Virgem. Mas já que seu ex-namorado pisciano gostava de vê-la de salto alto e meia arrastão, você supõe que seu virginal virginiano se empolgará todo quando você calçar as meias (esperemos que pelo menos você tenha comprado um par novo. Os virginianos são fanáticos por limpeza!). Ao contrário do esperado, ele sai correndo.

Ou você, depois de ter lido na *Cosmopolitan* que o estilo "stripper chic" é a última onda em matéria de sedução, pode fazer um curso de pole dance, que é o grande sucesso de sua academia. Seu namorado geminiano adorou a novidade e até curtiu algumas reprises antes de cair fora. Mas quando, meses depois, apresenta o mesmo show a seu novo namorado taurino, a cortina se fecha mais depressa do que você consegue dizer "lap dance".

Introdução

Ou talvez você esteja fazendo a coisa certa... mas com o homem errado.

Não tem certeza? Nós temos. Há anos estudamos os segredos de cada signo. E nossos conselhos produziram resultados concretos. Ajudamos amigas a se casarem, delicadamente desviamos outras para relacionamentos melhores, conseguimos fazer gente chegada a um melodrama se comunicar de verdade com os parceiros (só para lembrar: gritos, choros e ultimatos não contam como comunicação).

Pois veja: depois de aprender o básico — o que esperar e não esperar de um signo específico — você está livre para fazer escolhas que melhor atendam a seus interesses. Não há alívio maior do que descobrir que o defeito não é seu, mas sim que você está aplicando as técnicas erradas em quem pode perfeitamente ser a pessoa certa. Ou confirmar a torturante suspeita de que você esteve atirando pérolas aos porcos, e é hora de procurar um companheiro melhor.

Haverá um signo "certo" para mim?
A resposta é sim... e não.

Depois que começar a aprender sobre astrologia, você provavelmente ouvirá alguns conselhos enganadores sobre o par perfeito. Por exemplo, se for leonina (inflamado signo de fogo), você deve namorar outro signo de fogo (Áries, Sagitário). Removidos três quartos da população, é fácil: em dois tempos encontrará o Príncipe Encantado. Ou, se você for uma canceriana temperamental e sensível, deve evitar os frios signos de ar, que se esquivam dos sentimentos. Elimine de seu caminho a incompatibilidade cósmica.

Quer saber a verdade? Com qualquer signo zodiacal é possível fazer a relação dar certo. É claro que com alguns signos pode-se exigir mais trabalho que com outros. Muito mais trabalho. Mas talvez não dê certo, como você descobrirá ao ler este livro — e possivelmente perceberá quando seu chamado "par perfeito" ainda conseguir deixar você de coração partido.

21

Relacionamentos astrais

Além disso, quem disse que o fácil é sempre bom? Às vezes precisamos de um desafio para acelerar nossa frequência cardíaca, para desprender a terra endurecida em torno do coração, para trazer à tona um problema que enterramos e permitir que ele seja curado. Às vezes, o semelhante é tedioso, e um desafio estimula nosso crescimento.

Enquanto escrevemos isso Tali está curtindo a vida de solteira (tantos signos zodiacais, tão pouco tempo). Ophira está casada há cinco meses com o taurino Jeffrey. Quando perguntam a Ophira se o signo de Touro é a perfeita combinação para uma sagitariana, ela responde honestamente que não — pelo menos, não de acordo com o aconselhamento astrológico convencional. Touro é um signo que adora um sofá; um organizado signo de terra que gosta de vinho tinto, artigos de luxo e um contracheque todo mês. Sagitário é um andarilho empreendedor, de jeans amassado, que se recusa a seguir um cronograma ou "se estabelecer na vida".

Sem um completo conhecimento de astrologia, Ophira talvez não tivesse dado uma chance a Jeffrey. Ao ver o apartamento dele no setor de Wall Street, num arranha-céu de luxo (nunca!), impecavelmente limpo e decorado em sofisticadas tonalidades de marrom, ela teria dito "nem pensar!". E teria fugido para seu apartamentinho pé no chão em East Village, de paredes pintadas de verde-maçã e fúcsia, tendo bem à vista de todos as fracassadas tentativas do cachorro de fazer xixi na folha de jornal (ou melhor, as fracassadas tentativas dela de obrigar o cachorro a fazer xixi na folha de jornal).

Em vez disso, Ophira pensou: "Hmmm. Um signo de terra poderia ser estabilizante para mim. Sou muito dispersiva, e ele é estável. Vamos ver o que acontece." Os dois encontraram uma conexão de denominador comum na gastronomia, nos vinhos e no diálogo. A independente sagitariana Ophira descobriu que, na verdade, gostava de ter um homem estável que se empenhasse por ela. Em vez de sufocada, sentiu-se apoiada.

Quando, na maioria das noites, o marido inevitavelmente se afundava no sofá confortável, com um cálice de vinho tinto numa das mãos

Introdução

e o controle remoto na outra, ela sabia que aquele era o paraíso de um taurino. Em vez de ficar disputando-lhe a atenção, ela o deixava tranquilo, e o marido ficava agradecido. Ophira se aconchegava ao lado dele com um livro e seu cão salsicha (a versão sagitariana do paraíso). Um ano depois ele encontrou um elegante, mas exclusivo, anel de noivado, e o resto é história astrológica.

Ah, por falar nisso, os homens nativos de Touro são ótimos adestradores de cães (César Milan, o Encantador de Cães, faz aniversário no mesmo dia que Jeffrey). É preciso constância e uma voz imperiosa, duas características do taurino, para convencer um cão de raça teimosa a ir lá fora urinar. Por ser de uma raça teimosa de homem, o taurino Jeffrey soube domar um obstinado *teckel* — e sua dona sagitariana — sem quebrar o espírito de nenhum dos dois. Ainda bem que Ophira deu uma chance ao futuro marido "astrologicamente incorreto".

A vida é curta, portanto, pegue um atalho.

Pense nisso: será que todos nós poderíamos usar um atalho, um decodificador para esse assunto do amor? Quantos de nós realmente entendem o que significa estar numa relação? Com as estatísticas de divórcio chegando à estratosfera, é óbvio que nossa geração está perdida, ou mesmo totalmente ignorante em relação aos relacionamentos. Homens e mulheres simplesmente não se entendem. Se você não acredita em nós, procure sintonizar qualquer programa de entrevistas do horário diurno. E com as crianças sendo afetadas por nossos acidentes fatais no campo amoroso, é óbvio que precisamos de uma abordagem inteiramente nova. Talvez seja hora de apelar para um pouco de magia... aprender o que os antigos sabiam e ver se eles estavam certos.

Então, você talvez diga: "Ora, francamente, você espera mesmo que eu leve tão a sério a astrologia?" A isso, respondemos: leia e decida por si mesma. Mesmo que seu ceticismo continue firmemente intacto, não há prejuízo em contar com uma ferramenta extra em seu arsenal romântico.

A moral da história é que você pode fazer isso do jeito difícil... ou do jeito fácil. A escolha é sempre sua. Sabemos que, mesmo com um doutorado em astrologia, você vai namorar quem quiser. Sabemos que, independentemente de termos razão, você poderia ficar com um sujeito que a chama de "gorda", que a engana, que nunca telefona, ou conta mentiras que você aceita porque se agarra desesperadamente à validação dada por ele, e prefere engolir sapos a ficar sozinha (não vai aqui nenhum julgamento: falamos por experiência própria).

Queremos que você saiba que, apesar de sua trajetória romântica, você tem mesmo outras escolhas — de como reagir, de quem namorar, do que tolerar e de como lidar com qualquer bagagem que esse homem específico esteja trazendo. Nosso desejo para você é que tenha tudo que imaginou que o amor poderia trazer, numa embalagem ainda melhor do que acreditou ser possível. Conhecimento é poder; portanto, vá atrair o homem perfeito para você. Quem sabe... Ele pode já estar aí, só esperando que você reconheça o que ele sabia o tempo todo.

Conceitos básicos da astrologia: Um guia dos homens no zodíaco

Os 12 signos zodiacais

Signos	Datas	Planeta Regente
ÁRIES OU CARNEIRO	21 DE MARÇO – 19 DE ABRIL	MARTE
TOURO	20 DE ABRIL – 20 DE MAIO	VÊNUS
GÊMEOS	21 DE MAIO – 20 DE JUNHO	MERCÚRIO
CÂNCER OU CARANGUEJO	21 DE JUNHO – 22 DE JULHO	LUA
LEÃO	23 DE JULHO – 22 DE AGOSTO	SOL
VIRGEM	23 DE AGOSTO – 22 DE SETEMBRO	MERCÚRIO
LIBRA OU BALANÇA	23 DE SETEMBRO – 22 DE OUTUBRO	VÊNUS
ESCORPIÃO	23 DE OUTUBRO – 21 DE NOVEMBRO	PLUTÃO, REGENTE SECUNDÁRIO MARTE
SAGITÁRIO	22 DE NOVEMBRO – 21 DE DEZEMBRO	JÚPITER
CAPRICÓRNIO	22 DE DEZEMBRO – 19 DE JANEIRO	SATURNO
AQUÁRIO	20 DE JANEIRO – 18 DE FEVEREIRO	URANO
PEIXES	19 DE FEVEREIRO – 20 DE MARÇO	NETUNO, REGENTE SECUNDÁRIO JÚPITER

No elemento dele: fogo, terra, ar e água

Os 12 signos zodiacais estão agrupados em quatro "elementos" — fogo, terra, ar e água. Cada um desses grupos elementares tem características distintas; por conseguinte, os homens de cada elemento compartilham uma orientação comum à vida, ou têm gostos e valores semelhantes. Naturalmente, o signo solar real do nativo acrescentará mais dimensão, mas você descobrirá que as atitudes de seu homem lembram muito o elemento que o representa.

SIGNOS DE FOGO: Áries, Leão, Sagitário
SIGNOS DE TERRA: Touro, Virgem, Capricórnio
SIGNOS DE AR: Gêmeos, Libra, Aquário
SIGNOS DE ÁGUA: Câncer, Escorpião, Peixes

Os signos masculinos: fogo e ar

Não estamos dizendo que tais signos sejam mais masculinos ou machões que os demais. No entanto, seus nativos costumam ser extrovertidos, enérgicos e direcionados à ação. São os signos "yang" (em oposição aos signos "yin"), mais propensos a agir ou falar sem pensar previamente. Independentes e voltados para a liderança, eles não prestam contas a ninguém.

Signos de fogo (Áries, Leão, Sagitário)

Dinâmicos e passionais, os homens dos signos de fogo são os cavaleiros andantes do zodíaco, sempre em movimento ou em luta por uma causa. Mesmo em repouso o nativo está aprendendo, lendo, sonhando ou falando sobre alguma coisa. O fogo pode nos aquecer ou causar muita destruição. Embora se esgote rapidamente sem o combustível para mantê-lo aceso, o fogo também é capaz de regenerar seu poder. Uma simples centelha pode causar o incêndio de uma floresta. Por esse motivo, os homens de signo de fogo precisam ser manipulados com cautela, para não queimarem fora de controle.

MELHOR SE VOCÊ VALORIZAR:
- relacionamentos aventurosos
- casos apaixonados
- tipos ambiciosos que desejam tomar o mundo com você ao lado
- muita ação
- um companheiro de sangue quente e coração ardente
- expressividade sexual e emocional
- gente extrovertida que diz o que pensa
- viagens juntos
- brigas inesquecíveis e sexo de reconciliação mais inesquecível ainda
- alguém que está sempre em movimento, tentando coisas novas
- constante mudança e evolução

Signos de ar (Gêmeos, Libra, Aquário)

Como um vento frio (ou um ciclone ocasional), os signos de ar estão sempre em movimento, arrastando você para dentro de uma tempestade de ideias, atividades e conversas. Intelectual e racional, o signo de ar se sente muito mais cômodo na esfera do pensamento que do sentimento. Não espere grandes derramamentos emocionais dos nativos de ar, por inesquecíveis que talvez sejam seus ataques temperamentais. Dotados para as comunicações, eles são os mensageiros do zodíaco, transportando para as massas notícias, ideias e fofocas. Os homens dos signos de ar são excelentes companheiros de brincadeira. São ótimos se você for uma "garota que gosta de movimento", aberta a novas experiências e aventuras. As mulheres de tipo tradicional podem se sentir ameaçadas, ou até abandonadas pelo homem de signo de ar, de espírito livre, que tem tantos passatempos e interesses em paralelo ao relacionamento. Se você é do tipo que precisa de "espaço", ele dará muito a você.

Relacionamentos astrais

MELHOR SE VOCÊ VALORIZAR:
- química intelectual e mental
- inspiração criativa
- ótima conversa e troca de ideias
- relações pouco convencionais
- conservar a independência
- ter seu "espaço" — e um parceiro não grudento que dê espaço a você
- manter as coisas leves, sedutoras e engraçadas
- experimentação sexual
- relacionamentos abertos
- conversas na cama

Os signos femininos: água e terra

Receptivos e íntimos, os homens desses signos costumam ser mais sensíveis e intuitivos. Se você está querendo se estabelecer, começar uma família ou comprar uma casa, tais signos estão mais propensos a colaborar com sua campanha de fazer o ninho. Cavalheirescos e antiquados, eles podem ser mais românticos que algumas mulheres que você conhece. Não vá ferir os sentimentos deles ao ser excessivamente direta!

Signos de água (Câncer, Escorpião, Peixes)

Olá, Sr. Sensível. Os homens intuitivos do signo de água podem ser tão profundos e misteriosos quanto o oceano. A presença deles costuma ter um efeito curativo em sua vida, e eles podem ser companheiros carinhosos. São com frequência "uma das garotas", com um potencial de maledicência digno de uma líder de torcida estudantil. Eles reparam em tudo. A tendência do nativo a ser hipersensível pode deixá-lo à deriva num mar de egocentrismo. Nessas ocasiões, é preciso ter cuidado para não se afogar naquelas profundezas, nem ser arrastada para uma correnteza de carência afetiva. A segurança é importante para eles — afinal de contas, a água precisa de um recipiente, senão se

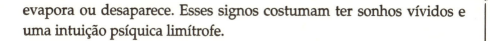

evapora ou desaparece. Esses signos costumam ter sonhos vívidos e uma intuição psíquica limítrofe.

MELHOR SE VOCÊ VALORIZAR:
- investigação emocional
- gente que trabalha nas artes curativas
- segurança e conforto, mas com uma leve tensão de mistério
- ser mimada e tratada como criança
- observações sarcásticas
- fazer o papel de protetora
- um homem que não tenha medo de chorar
- família e filhos
- vestir-se bem e ser apreciada por sua beleza
- intimidade a dois
- trabalharem juntos nos problemas comuns
- qualquer tarefa doméstica: cozinhar, limpar, decoração de festas
- um homem disposto a ficar em casa cuidando dos filhos
- um homem capaz de ser "uma das garotas"

Signos de terra (Touro, Virgem, Capricórnio)

Tão firme quanto o solo em que pisa, o estável nativo do signo de terra pode colocar a vida da parceira sobre um alicerce bem-fundado. Zeloso como um oficial das forças armadas, ele gosta de ser solidário com os amigos necessitados. Vagaroso e firme, esse "construtor" é leal e estável, e continua a apoiar seu pessoal nos tempos adversos. Quando tudo vai bem, ele é prático; nos tempos ruins, pode ser materialista ou demasiado concentrado na superfície das coisas para sondar as profundezas. A mudança não é seu ponto forte; com frequência precisa de uma parceira mais dinâmica para evitar ficar preso à rotina.

MELHOR SE VOCÊ VALORIZAR:
- estabilidade e segurança
- um tipo realista, ao invés de um sonhador

Relacionamentos astrais

- um companheiro permanente e adaptável aos parentes e amigos da parceira
- construir um futuro juntos
- dinheiro e responsabilidade financeira
- substância e estilo
- um tipo "paternal"
- uma disposição mais conservadora
- tradições
- gastronomia fina, hotéis cinco estrelas, artigos de luxo
- um toque de esnobismo
- o tipo "diretor" ou "gerente": alguém para cuidar de decisões e administrar questões práticas que você prefere evitar (contas, impostos, hipotecas, reservas)

A "qualidade" do signo dele: cardeal, mutável ou fixo

Ele é um iniciador, um executor ou um finalizador? A qualidade de cada signo modela o temperamento de seu homem, e o torna melhor em certas situações do que em outras. Por exemplo, um signo fixo pode ficar firmemente a seu lado durante uma crise, mas essa tenacidade também pode transformá-lo num idiota teimoso. Chame-o quando precisar de um herói, mas se quiser aventuras ou um caso sem consequências, talvez seja melhor optar por um signo mutável. Eis como encontrar o ponto fraco dele:

Signos cardinais (Áries, Câncer, Libra, Capricórnio)
Os signos cardinais dão início a cada estação — Áries começa a primavera, Câncer começa o verão, Libra começa o outono e Capricórnio é o primeiro signo do inverno. Esses nativos gostam de ser os primeiros, de vencer e de ganhar admiração. São os líderes e os "homens de

ideias" do zodíaco. Os nativos de signos cardinais talvez pareçam arrogantes e cheios de si, demasiado movidos pelo orgulho. Esses signos valorizam originalidade e gostam de ser os primeiros em tudo que fazem. Se você quer um cavaleiro andante galanteador e vistoso, capaz de deixá-la sem chão, chame um nativo de signo cardinal. Ele certamente fará a adrenalina correr em suas veias, dando súbita partida a seu motor depois de um longo e solitário inverno.

Signos fixos (Touro, Leão, Escorpião, Aquário)

Esses signos caem no meio de cada estação. São os estabilizadores — aqueles que estabelecem uma meta ou fundação sólida, e depois começam a construir. Signos fixos podem pegar as ideias entusiásticas que um signo cardinal acendeu e transformá-las em algo real. Ele é o que apanha a bola quando o signo cardinal a passa adiante e corre a distância até o gol. Os signos fixos são os tipos confiáveis, que gostam de lista de afazeres e títulos decorativos. Se um signo cardinal disser "vamos sair de férias!", o signo fixo vai telefonar para a agência de viagens, reservar as passagens e o hotel, e enviar a cada um a lista do que levar na bagagem. Esse é o cara com quem você se casa ou no qual se apoia durante uma crise. Também é o homem que você tem vontade de matar porque nunca vai conseguir controlá-lo ou mudar sua mentalidade. Exaustivo!

Signos mutáveis (Gêmeos, Virgem, Sagitário, Peixes)

Esses signos encerram cada estação — e aprenderam as duras lições que a primavera, o verão, o outono e o inverno ensinaram. Eles sabem que tudo que é bom chega ao fim, e seu papel é preparar todos para a mudança de estação. Os signos mutáveis são os adaptadores do zodíaco, um pouco mais velhos e mais sábios. Mais flexíveis e ajustados às mudanças que os demais, são capazes de se alterar como camaleões e se enquadrar em situações variadas. Os mutáveis também são os editores do zodíaco — os que completam o pacote com um toque vitorioso. Um plano pode ser deflagrado por um signo cardinal, construído por um signo fixo e depois aperfeiçoado com a visão crítica de um signo mutável. Se você quiser agitar um pouco as coisas, ou se gosta de conversa, fluxo e aventura, os homens de signo mutável trazem de volta à sua vida a excitação e a variedade. É o homem com quem você se casa porque é também seu melhor amigo.

Aspectos: o segredo da distância

O que a distância entre seu signo e o dele diz sobre incompatibilidade

Em astrologia, a distância entre dois signos da roda zodiacal forma um ângulo chamado "aspecto". Os aspectos criam um exclusivo padrão energético que pode ser harmonioso ou desafiador. Os signos astrológicos de seus parceiros do passado e do momento são parte dessa história.

Segundo o lugar-comum, as pessoas se associam por uma razão, por uma estação ou por uma existência. Às vezes um parceiro aparentemente malcombinado vem inspirar o crescimento necessário. Talvez você precisasse desenvolver sua generosidade, aprender a se afirmar, resolver um drama antigo com seus pais. Pode ser um breve chute no traseiro, um chamado à ação. Logo, quando o caso terminar, não mate o mensageiro!

Por exemplo, Tali teve uma relação semitortuosa com um nativo de Escorpião, musical e artístico, que passava a maioria das noites compondo canções maravilhosas e depois se embriagando de uísque escocês. O comportamento extremado do rapaz foi o chamado de alerta. Tali percebeu que reprimia o próprio desejo de cantar e expressar sua criatividade. Embora tenha evitado a bebedeira e a ressaca, ela concretamente agarrou o microfone e se permitiu cantar algumas canções a plenos pulmões. O relacionamento já sumiu na poeira da história, mas Tali se apresenta várias noites por semana num bar de karaokê.

Desde que você esteja indo fundo no amor, poderá retirar alguma coisa da experiência. Veja como a astrologia e os aspectos podem ajudá-la a transformar suas relações em crescimento pessoal espiritualmente edificante.

Mesmo signo (conjunção)
Energia: autoaceitação

ÁRIES – ÁRIES	LEÃO – LEÃO	SAGITÁRIO – SAGITÁRIO
TOURO – TOURO	VIRGEM – VIRGEM	CAPRICÓRNIO – CAPRICÓRNIO
GÊMEOS – GÊMEOS	LIBRA – LIBRA	AQUÁRIO – AQUÁRIO
CÂNCER – CÂNCER	ESCORPIÃO – ESCORPIÃO	PEIXES – PEIXES

Conforme se diz, como alguém poderia amar outra pessoa se não amasse a si mesmo? Se você está namorando alguém do mesmo signo, parabéns: provavelmente assumiu suas esquisitices e aceitou sua humanidade. Agora você pode celebrar isso com espírito irmanado! Se não aprendeu a se amar com todos os seus defeitos, essa relação pode despertar uma dose decisiva de aceitação de si mesma. No entanto, lembre-se de que a sensação de identidade pode ser confortável, mas a autonomia é fundamental para manter o tédio a distância. Conserve certo grau de separação entre as vidas dos dois, mesmo que seja fácil saírem sempre juntos. Do contrário, a paixão pode esfriar para uma vibração irmão/irmã.

POR QUE VOCÊ O ATRAIU E O QUE HÁ PARA APRENDER:
- para vivenciar o que é para o outro estar com você
- para ver refletidas suas melhores e piores características
- a sensação de ficar à vontade
- aceitação de si mesma
- elaborar a rivalidade de irmãos

Um signo de distância (semissextil)
Energia: atrito

ÁRIES: PEIXES, TOURO	LEÃO: CÂNCER, VIRGEM	SAGITÁRIO: ESCORPIÃO, CAPRICÓRNIO
TOURO: GÊMEOS, LEÃO	VIRGEM: LEÃO, LIBRA	AQUÁRIO: CAPRICÓRNIO, PEIXES
GÊMEOS: TOURO, CÂNCER	LIBRA: VIRGEM, ESCORPIÃO	CAPRICÓRNIO: SAGITÁRIO, AQUÁRIO
CÂNCER: GÊMEOS, LEÃO	ESCORPIÃO: LIBRA, SAGITÁRIO	PEIXES: AQUÁRIO, ÁRIES

Como se fossem vizinhos muito próximos dotados de estilos completamente distintos em termos de decoração, paisagismo e vida, os signos a cada lado do seu podem despertar uma vibração instantânea de amor e ódio. Naturalmente, todo esse atrito pode levar a uma química sexual explosiva, e até mesmo a um desejo obsessivo de entenderem um ao outro (vocês jamais conseguirão). Alguns astrólogos acreditam que cada signo é uma versão evoluída do signo anterior. O posterior ao seu é um professor, embora você, como um adolescente rebelde que busca se emancipar dos pais, talvez nunca o admita. Essa combinação contribui para rompimentos dolorosos, e uma tensão sexual efervescente que dura uma vida inteira.

POR QUE VOCÊ O ATRAIU E O QUE HÁ PARA APRENDER:
- entender como vive o outro lado
- canalizar a tensão amor/ódio transformando-a em sexo ardente em tempo integral
- formar uma equipe com um parceiro que tenha a qualidade que falta em você (e vice-versa)
- profunda cura e transformação, frequentemente por meio de crescimento doloroso
- aprender com as diferenças do outro
- forçar a deixar a zona de conforto gerada pelo medo ou pela paralisia emocional

- crescimento por intermédio do desafio ou do contraste
- afirmar-se ou expressar-se com alguém que não a "entenda" no ato
- fazer as pazes com "o inimigo"

Dois signos de distância (sextil)
Energia: amizade, comunicação

ÁRIES: SAGITÁRIO, AQUÁRIO	LEÃO: GÊMEOS, LIBRA	SAGITÁRIO: LIBRA, AQUÁRIO
TOURO: PEIXES, CÂNCER	VIRGEM: CÂNCER, ESCORPIÃO	CAPRICÓRNIO: ESCORPIÃO, PEIXES
GÊMEOS: ÁRIES, LEÃO	LIBRA: LEÃO, SAGITÁRIO	AQUÁRIO: SAGITÁRIO, ÁRIES
CÂNCER: TOURO, VIRGEM	ESCORPIÃO: VIRGEM, CAPRICÓRNIO	PEIXES: CAPRICÓRNIO, TOURO

É muito fácil namorar um homem que vive a duas casas zodiacais de distância. Os signos de ambos são sempre de um elemento compatível (por exemplo, ele é do signo de água e você, do de terra). Com frequência os dois terão atitudes e valores semelhantes em relação à política, educação de filhos, filmes para buscar na locadora. A amizade e a comunicação são as marcas registradas desse aspecto. É muito fácil se tornarem os melhores amigos. Manter acesa a centelha? Há nisso certo desafio. Vocês vão precisar estruturar "noites românticas" ou criar situações que os afastem da modalidade "coleguinhas".

POR QUE VOCÊ O ATRAIU E O QUE HÁ PARA APRENDER:
- para serem "bons amigos com privilégios"
- a possibilidade de excelente comunicação com um companheiro
- como falar à vontade, ouvir e ser ouvido
- como manter o fogo aceso quando a chama parar de acender no automático
- curtir um romance surgido da amizade
- um tranquilo dueto com alguém que não exige mais do que você pode dar

Três signos de distância (quadratura)
Energia: tensão, poder, disputa

ÁRIES: CÂNCER, CAPRICÓRNIO	LEÃO: TOURO, ESCORPIÃO	SAGITÁRIO: VIRGEM, PEIXES
TOURO: AQUÁRIO, LEÃO	VIRGEM: GÊMEOS, SAGITÁRIO	CAPRICÓRNIO: ÁRIES, LIBRA
GÊMEOS: PEIXES, VIRGEM	LIBRA: CÂNCER, CAPRICÓRNIO	AQUÁRIO: ESCORPIÃO, TOURO
CÂNCER: ÁRIES, LIBRA	ESCORPIÃO: LEÃO, AQUÁRIO	PEIXES: GÊMEOS, SAGITÁRIO

Alguém mencionou problemas com os próprios pais? O aspecto da quadratura é um ângulo abrupto de 90° entre dois signos, gerador de uma dinâmica balanceada. Essa relação ajuda você a elaborar problemas com pais complicados, normalmente pela reativação de antigas feridas dolorosas. Poderá haver disputas de poder e conflitos de intenções. Nessa combinação não cultive a expectativa de relaxar e ficar numa boa. A tensão dinâmica a manterá ativa e ligada. Naturalmente isso pode ser exatamente o que você deseja. O aspecto "quadratura" se destina a ensiná-la a contemporizar com um parceiro cuja força de vontade é igualmente intensa. Quando vocês atingirem esse equilíbrio delicado, poderão formar um inegável "casal poderoso" — uma verdadeira potência com que será preciso contar.

POR QUE VOCÊ O ATRAIU E O QUE HÁ PARA APRENDER:
- conciliação
- resolução de conflito
- equilibrar personalidades dinâmicas e, por vezes, conflitantes
- onde você pode ser teimosa e inflexível
- curar antigas feridas/ bagagens referentes a seus pais

Quatro signos de distância (trígono)
Energia: harmonia, facilidade

ÁRIES: LEÃO, SAGITÁRIO	LEÃO: ÁRIES, SAGITÁRIO	SAGITÁRIO: ÁRIES, LEÃO
TOURO: VIRGEM, CAPRICÓRNIO	VIRGEM: TOURO, CAPRICÓRNIO	CAPRICÓRNIO: TOURO, VIRGEM
GÊMEOS: LIBRA, AQUÁRIO	LIBRA: GÊMEOS, AQUÁRIO	AQUÁRIO: GÊMEOS, LIBRA
CÂNCER: ESCORPIÃO, PEIXES	ESCORPIÃO: CÂNCER, PEIXES	PEIXES: CÂNCER, ESCORPIÃO

Ah, lar, doce lar! O parceiro cujo signo forma trígono com o seu tem o mesmo "elemento" que você (fogo, terra, ar ou água), criando familiaridade e harmonia implícitas. Finalmente não há mais necessidade de ficar constantemente se explicando. Você nunca se sentiu tão à vontade, tão profundamente compreendida. Esse é o homem perto de quem você pode arrotar e soltar gases, ou fazer xixi com a porta do banheiro aberta, quando ele estiver em casa. Mas não vá logo investindo num guarda-roupa cheio de calças-pijama: nas relações de trígonos, vocês precisarão preservar um pouco de mistério para manter as coisas excitantes. Procure manter-se ativa e em movimento, e não façam tudo juntos. Um pouco de autonomia ajuda muito a manter viva a paixão.

POR QUE VOCÊ O ATRAIU E O QUE HÁ PARA APRENDER:
- para ficar à vontade consigo e um companheiro
- como baixar as defesas e ser você mesma
- para ser compreendida sem se explicar.
- para descansar e relaxar a dois
- para ter um melhor amigo e um parceiro juntos na mesma pessoa

Cinco signos de distância (quincúncio)
Energia: carma, conciliação, mutação

ÁRIES: VIRGEM, ESCORPIÃO	LEÃO: CAPRICÓRNIO, PEIXES	SAGITÁRIO: TOURO, CÂNCER
TOURO: LIBRA, SAGITÁRIO	VIRGEM: AQUÁRIO, ÁRIES	CAPRICÓRNIO: GÊMEOS, LEÃO
GÊMEOS: ESCORPIÃO, CAPRICÓRNIO	LIBRA: PEIXES, TOURO	AQUÁRIO: CÂNCER, VIRGEM
CÂNCER: SAGITÁRIO, AQUÁRIO	ESCORPIÃO: ÁRIES, GÊMEOS	PEIXES: LEÃO, LIBRA

Essa é uma combinação fascinante e complexa que desafia explicações — o estranho casal original. Você se sentirá em companhia de sua alma gêmea ou do diabo encarnado. Os outros se perguntarão: "Como foi que esses dois acabaram juntos?" A ligação de vocês é intensa, tácita e, de certa forma, quase secreta. A pessoa que dista cinco signos do seu não tem nada em comum com você do ponto de vista astrológico. Vocês precisarão adaptar suas diferenças, o que poderia exigir grande dose de ajustes, e até o abandono do estilo de vida anterior. Para um dos dois, a relação envolverá sexo e intimidade; para o outro, dever e serviço.

POR QUE VOCÊ O ATRAIU E O QUE HÁ PARA APRENDER:
- retribuição cármica; curar um "contrato de vidas passadas" firmado entre os dois
- explorar e expandir a sexualidade
- mergulhar numa intimidade mais profunda.
- desenvolver o lado altruísta, aprender a servir/ doar
- como se ajustar a alguém extremamente diverso de você
- ter a vivência do que é encontrar a alma gêmea

Seis signos de distância (oposição)
Energia: perspectiva, contraste, responsabilidade, tornar-se adulto

ÁRIES - LIBRA	GÊMEOS - SAGITÁRIO	LEÃO - AQUÁRIO
TOURO - ESCORPIÃO	CÂNCER - CAPRICÓRNIO	VIRGEM - PEIXES

O signo que está em oposição ao seu vive no lado diametralmente oposto da roda zodiacal. Entretanto, vocês têm mais em comum do que o nome "oposição" poderia sugerir. Esse signo pode ser altamente compatível, e até mesmo uma alma gêmea. Cada um de vocês tem um papel distinto, mas os dois também são como uma equipe de revezamento. Com um signo em oposição, você é desafiada a crescer como pessoa e assumir responsabilidade por sua parte no relacionamento. É como dar um grande passo atrás para ter uma perspectiva clara de sua vida. Nossa tendência é ver as coisas de muito perto, e perder a imagem do conjunto ao nos concentrarmos demais num ou outro detalhe. Com um signo oposto, sua vida aparece em pleno relevo, como uma pintura acabada. De repente, tudo faz sentido. Isso pode ser um pouco incômodo, mas se você se interessou por um signo oposto, quer dizer que está pronta para crescer.

POR QUE VOCÊ O ATRAIU E O QUE HÁ PARA APRENDER:
- para se ver de uma perspectiva iluminadora e abrangente
- para criar uma poderosa equipe de revezamento
- para unirem forças na criação de algo maior que vocês dois
- para equilibrar extremos em si mesma, como altruísmo e egoísmo, excesso de independência ou de dependência
- ele é um companheiro que complementa seu lado não desenvolvido
- para descobrir uma nova e inspiradora perspectiva da vida
- para desenvolver a arte da conciliação

Leituras recomendadas

Aqui estão alguns livros que, na busca de entender as relações e encontrar o amor duradouro, fizeram a diferença para nós.

He's Scared, She's Scared: Understanding the Hidden Fears That Sabotage Your Relationship
STEVEN CARTER E JULIA SOKOL
Por que você continua atraindo homens que não estão disponíveis — ou os tão disponíveis que lhe dão vontade de sair correndo? Uma compreensão essencial da forma de agir na relação de uma pessoa refratária ao compromisso. Bônus: descubra e cure o próprio medo do compromisso (que surpresa — você também tem!).

Calling in the One: 7 Weeks to Attract the Love of Your Life
KATHERINE WOODWARD THOMAS
Três semanas depois de ter lido esse livro, Ophira arranjou um marido. Passou o livro para a amiga, que agora está noiva. Um surpreendente manual que não deixará uma pedra no lugar!

Você é a pessoa certa para mim?
BARBARA DE ANGELIS
NOBEL, 1992, TRAD. RONALDO ANTONELLI

Why Wait? Create Your Soul Mate Now!
FRANK POLANCIC
Um livrinho poderoso que ajudará você a limpar seu espaço e conhecer um ótimo parceiro.

The Commitment Dialogues
MATTHEW McKAY E BARBARA QUICK
Escrito por um casal de terapeutas; especialmente útil se você namora alguém de signo refratário ao compromisso ou vive um conflito pessoal com os mitos sobre o compromisso.

Milagres práticos para Marte e Vênus
JOHN GRAY
ROCCO, 2004, TRAD. ALYDA CHRISTINA SAUER
Não importa o que digam os outros, esse homem tem ótimos argumentos. Finalmente uma explicação para a pergunta "por que ele não telefonou?"

Making Sense of Men™: A Woman's Guide to a Lifetime of Love, Care and Attention from All Men
ALISON ARMSTRONG
Armstrong estudou milhares de homens e desenhou um programa completo para ajudar as mulheres a entenderem por que os homens fazem o que fazem. Esse livro resume a série de oficinas coordenadas por ela e intituladas Celebrating Men, Satisfying Women© (de que vale a pena participar!). Visite o site www.understandmen.com

O que a baleia Shamu me ensinou sobre vida, amor e casamento: lições dos animais e seus treinadores para todos nós
AMY SUTHERLAND
BESTSELLER, 2008, TRAD. ALICE XAVIER

Sexo no cativeiro: driblando as armadilhas do casamento
ESTHER PEREL
OBJETIVA, 2007, TRAD. ADALGISA CAMPOS DA SILVA
Fascinante tratado sobre como a autonomia e a saudável separação podem ajudar casais que estão juntos há muito tempo a manter a intimidade e a atração sexual.

Peça e será atendido: aprendendo a manifestar seus desejos
ESTHER E JERRY HICKS
SEXTANTE, 2007, TRAD. REGINA DA VEIGA PEREIRA, ROSANE NEVES, MARILENA REGINATO DE MORAES
Recomendado para quando você quiser adotar uma abordagem mais mística do amor, o livro explica a Lei da Atração e como visualizar e criar aquilo que você verdadeiramente deseja.

O nativo de Áries

Período: 21 de março — 19 de abril
Símbolo: o carneiro
Planeta regente: Marte, o planeta da ação, da energia e da guerra
Elemento: fogo — passional, dinâmico, ativo
Qualidade: cardinal
Missão: ardentes companheiros de brincadeiras

Ambiente natural — onde você vai encontrá-lo: lendo um excelente romance americano editado em brochura; cercado de mulheres na pista de dança; gritando diante da televisão num bar esportivo; liderando um grupo de jovens em serviços comunitários; jogando ou assistindo a esportes violentos como futebol profissional, hóquei ou luta livre; competindo num campeonato Ultimate Fighting; jogando xadrez ou jogos estratégicos; expressando-se com entusiasmo por meio da escrita ou do discurso; debatendo política; liderando uma facção militar; relaxando no sofá, vestindo cueca e camiseta machão; perdido em pensamentos obsessivos; arquitetando uma filosofia ou argumentação que o permita vencer um debate muito antigo.

Meio de vida: advogado, político, estrategista, oficial militar, chefe de cozinha, escritor, comediante, DJ, atleta profissional, líder de empresa ou de departamento, empreendedor, palestrante motivacional, representante de vendas, cabeleireiro, editor de revistas, técnico de time infantil, defensor de direitos humanos, ativista, dublê de acrobacias, bombeiro, professor universitário.

Notáveis e notórios nativos de Áries: Eddie Murphy, Vince Vaughn, Hugh Hefner, Zach Braff, Marc Jacobs, Jackie Chan, Al Gore, Thomas Jefferson, Kevin Federline, Martin Lawrence, Heath Ledger, Alec Baldwin, Spike Lee, Haley Joel Osment, Robert Kiyosaki, Hayden Christensen, Q-Tip, Ewan Mcgregor, Mark Consuelos, MC Hammer, Redman, Steven Tyler, Babyface, Eric McCormack, Steven Segal,

O nativo de Áries

Method Man, Christopher Walken, Cesar Chavez, Conan O'Brien, David Letterman, Eric Clapton, Quentin Tarantino, Leonard Nimoy, William Shatner, Pharrell Williams, Marvin Gaye, Matthew Broderick, Warren Beatty, Michael Rapaport.

O ariano: como localizá-lo

- sobrecenho tensionado; com frequência parece carrancudo ou zangado
- pode caminhar com a cabeça inclinada para frente, como o carneiro no ataque
- postura corporal assertiva ou dominante que diz: "Este lugar me pertence"
- move-se com gestos rápidos e enérgicos
- olhar poderoso e direto
- transpira energia sexual crua
- semidespido (camiseta machão, camisa aberta ao peito, sandália de dedo, shorts folgados e caídos atrás)
- sarcástico e brusco
- berrando, gritando, aplaudindo, dando vivas
- andando de um lado para outro, nervoso, correndo os dedos entre os cabelos
- usando chapéu, boné de beisebol ou de motorista de caminhão, ou bandana (o signo rege a cabeça)
- corpo robusto e sensual, postura de prontidão para o combate

O ariano: seu jeito de lidar com...

Dinheiro

Não consegue deixar de gastá-lo. Pode se tornar milionário como empreendedor, como Robert Kiyosaki, o famoso autor de *Pai rico, pai pobre*. Pode fracassar em diversos negócios e, no esforço para enriquecer, perder a fortuna da família.

Família
Uma dinâmica muito estranha — ele pode ser totalmente independente, mas também ter explosões infantis, ficando meses sem falar com os parentes.

Amor
De tão idealizada, sua visão do amor é quase impossível de concretizar. Recusa-se a aceitar uma relação simplória.

Sexo
Tão necessário quanto o ar que respira.

Filhos
Ou não os quer (não deseja responsabilidade ou não quer partilhar a atenção da amada), ou quer ter uma família enorme. É um pai severo, que pode se tornar um pouco exigente demais, mas também prestativo.

Animais de estimação
Preocupa-se com germes, mas gosta de receber deles amor e afeto incondicionais.

Quando você surta
Um herói maravilhoso e solícito, desde que a crise não tenha a ver com ele.

Quando ele surta
Discussões explosivas, intensas, de fundir a cabeça. Poderiam levar você à clínica psiquiátrica.

O rompimento
Se for de comum acordo, o nativo de Áries se tornará seu amigo para o resto da vida. Se a iniciativa for tomada por você, ele ficará arrasado na relação. Depois de haver entrado na relação, ele não vai querer sair — levou bastante tempo para chegar lá!

O ariano: tudo sobre ele

Você quer empurrar o movimento de liberação feminina de volta à pré-história? Coloque o nativo de Áries numa sala cheia de mulheres instruídas e seguras de si. De repente, muitas costas ficam eretas e há muito piscar de olhos e enrolar de cabelos nos dedos. Vitorioso da caçada, chegou o viril cavaleiro andante/ homem das cavernas, arrastando o animal que abateu. Ele está aqui para proteger e defender as frágeis donzelas do lugar.

Certamente, é possível que haja donzelas em perigo nesse recinto? O nativo de Áries tem um jeito próprio de fazer você "se assumir". A masculinidade dele revela um instinto primal de que você tem o bom-senso de se envergonhar. Você se achava talentosa demais para ficar balançada por um garanhão, não é mesmo? Depois de passar anos conquistando diplomas universitários, comprando spray de pimenta e aprendendo a tomar conta de si mesma (obrigada pela parte que me toca), você é uma versão moderna de Xena, a Princesa Guerreira.

Quer dizer, isso até que apareça Hercules, quando milênios de progresso feminista desaparecem como os dinossauros. Você pode jogar a culpa, talvez, em seu DNA darwiniano. Pesquisas indicam que as mulheres ainda estão biologicamente condicionadas a procurar o parceiro mais resistente, aquele capaz de garantir a sobrevivência em caso de enchentes, invernos rigorosos ou fome. Seja com o poderio físico ou intelectual, o nativo de Áries é um macho alfa cuja presença, como um sinal de rádio, emite sinais para essa parte arcaica do cérebro feminino.

Naturalmente, o troglodita precisa voltar à caçada; logo, a donzela "em perigo" tem de ser, por si mesma, uma boa provedora. Ou precisa ter independência suficiente para se divertir enquanto ele está longe caçando, ter uma boa dose de sensualidade para satisfazer a avassaladora libido dele, possuir bastante qualificação para sustentar os surtos de baixa remuneração dele, e ter muita inteligência para compensar a imaturidade dele. E quanto a ele — será que demonstra bastante apreço

Relacionamentos astrais

por ela? Não no grau merecido. Em sua mente confiante, nada pode estar "acima de sua faixa". Um nativo de Áries sempre consegue o melhor.

Talvez porque saiba que é o melhor naquilo que faz. Ele pode levar alguns anos até estar pronto para pôr seu exclusivo talento em ação no mundo, mas quando o fizer, causará espanto! Esse orgulhoso pavão chega exibindo a plumagem, pronto para derrubar a concorrência e impressionar você, a ponto de fazê-la tremer. Se não o fizer com a pura atração sexual, usará o intelecto, o talento musical, as piadas, a experiência política, o pensamento ligeiro — o dote que tiver, seja lá qual for. Credenciais e experiência prévia são irrelevantes: ele se esforça por afirmar sua individualidade, por ser seu próprio agente. Procure em qualquer empresa e você encontrará um ariano que chegou sem aviso e quebrou o protocolo. Democracia: Thomas Jefferson. Moda: Marc Jacobs. Produção de música pop: Pharrell Williams. Comédia: Eddie Murphy. Consciência ambiental: Al Gore. Dublê de cinema: Jackie Chan. Música de motel: Marvin Gaye, Al Green. Programa da madrugada na tevê: David Letterman. Arte dramática: Marlon Brando. E a lista não termina. Ele é o número um, entendeu? E como o revolucionário carneiro Thomas Jefferson, o ariano acredita que essa verdade seja óbvia.

Talvez dê a impressão de ser um verdadeiro idiota arrogante, mas no íntimo sente pavor de não ser o número um. O ariano Marlon Brando declarou certa vez: "Às vezes faço cena, e as pessoas pensam que sou insensível. Na verdade parece uma espécie de armadura, já que sou sensível demais. Se houver duzentas pessoas num lugar e uma delas não gostar de mim, tenho de ir embora dali." Tal é a neurose do ariano que ele se sente constantemente ameaçado e teme perder o lugar de maior destaque. Pelo desespero com que se concentra nisso, ele dá a impressão de ser assombrosamente egoísta ou de exagerar na tentativa. Isso talvez desperte o violento e imediato desagrado que você sente por ele — mas, espere um pouco. Tropece no salto agulha e num átimo ele estará a seu lado, segurando-a, levantando-a do chão. Você se sente leve como pluma, feminina, tratada com carinho, (ousaremos dizer?) salva. Putz, acho que você acabou de se apaixonar pelo cara que você adora odiar.

Evidentemente outros homens se alegram em seguir esse líder natural. Existe nele uma qualidade tosca e masculina que os homens admiram; ficar nas imediações dessa fonte de testosterona os fazem sentir mais masculinos. Ele é o perfeito morador de república estudantil, um homem entre homens, e capaz de brilhar num debate político, de aniquilar numa partida de xadrez, de se destacar na cabeceira de qualquer mesa de jantar com histórias e piadas hilariantes. Suas amizades têm uma ambiguidade que lembra a homossexualidade, uma camaradagem de machos que trocam tapinhas nas costas e se masturbam em conjunto e que nenhuma mulher consegue entender completamente. Imagine o ariano Russell Crowe em *Gladiador*, Hayden Christensen balançando o sabre de luz como o jovem Luke Skywalker. Provavelmente esses filmes fazem parte da coleção pessoal de vídeos do ariano, já que ele adora filmes de guerra sobre bandos de "manos". Ophira namorou por dois anos um ariano que toda noite antes de dormir assistia a *O senhor dos anéis* ou *Gladiador* — às vezes, aos DOIS. Ele também ganhou um torneio nacional de jiu-jítsu sem ter nenhum treinamento. Os homens o adoravam.

Ainda assim, por trás do ariano cheio de bravata existe também o garotinho mais deliciosamente vulnerável que você já conheceu. Em seus bons momentos, ele é um anjinho capaz de partir seu coração; nos momentos ruins, um legítimo terror. Como primeiro signo do zodíaco, o nativo de Áries é bastante paradoxal: essencialmente, trata-se de um "bebê machão". Embora seu planeta regente, Marte, o torne um destemido lutador, é também o recém-nascido do horóscopo. E, como no caso de qualquer bebê, as necessidades primais e o medo de abandono são mais prementes que os de qualquer outro signo. O nativo de Áries pode clamar por liberdade e, no entanto, ter um lado tão dependente quanto o de uma criança. Sua versão de "leite materno" é construir um elaborado sistema de defesa capaz de assegurar que nunca seja desamparado. Por exemplo, o octogenário Hugh Hefner, com sua mansão da Playboy e três namoradas estrelas do cinema pornô, é um rebelde sexual? Ou ele apenas está se prevenindo para nunca se ver sozinho sem a garantia, a atenção sexual e a devoção de uma mulher? Trata-se, provavelmente, das duas coisas.

O nativo de Áries tem fama de agressivo. Na verdade seu gênio e sua conduta podem ser ferozes e intimidantes. Mas o que se esconde por trás da raiva? Em geral, a dor e a sensação de impotência.

Voltemos agora à imagem do bebê, o inocente. Quando o ariano se apaixona pela primeira vez, entrega a você com plena confiança o coração inteiro, íntegro e palpitante. Ele não imagina que algo ruim possa acontecer. Ele acredita — confia no resultado puramente, sem um só pensamento que o macule. Como a criança que brinca no meio da rua, ele não vê os carros, ou imagina que não será atingido.

Há um ditado que afirma que os tolos são precipitados. O Louco é a primeira carta do baralho de tarô. Ela retrata um jovem alegre e bem disposto, à beira de um penhasco, carregando uma pequena trouxa. De tão empolgado em sua aventura jubilosa, o Louco não percebe que o próximo passo o fará despencar da montanha. O nativo de Áries começa cada empreitada como essa espécie de "louco" — lançando-se de cabeça nas chamas, na firme convicção de ser invulnerável ao fogo.

E então, que horror! Ele se queima. Ao descer sorrateiro as escadas de casa para surpreender Papai Noel, ele flagra a mãe colocando os presentes na árvore de Natal. A mulher com quem pretendia se casar o enganou. E o pior de tudo é que TODO MUNDO SABIA, MENOS ELE. Agora, ele se sente um tipo diferente de louco. Aquele que é um idiota, um otário. E esse inesperado golpe baixo o deixa sem fôlego. Conforme diz o ditado, o primeiro corte é o mais fundo. Talvez ele nunca consiga se recuperar dessa ferida primal.

É aí então que o ariano cria a "defesa do ego" para se proteger de viver de novo aquela dor. Ele pode se transformar num jogador, seduzindo e abandonando mulheres impiedosamente. Ele pode fazer voto de celibato (um completo equívoco para o signo que tem a libido mais alta do zodíaco), lançar-se às drogas e até sofrer um colapso nervoso. Ele pode se tornar rígido, desconfiado a ponto de ficar paranoico, obcecado com a ideia de nunca mais "entrar no jogo". O ariano Alec Baldwin foi exposto à mídia ao gritar na secretária eletrônica da filha pré-adolescente que ela era "uma porquinha grosseira e insensível". O que aconteceu de fato? Ela não retornou os telefonemas dele, que se sentiu ferido. Para o nativo do signo, tudo é puro e sem filtro — o sofrimento, a raiva e a indignação. Ele considera tudo no nível pessoal. Ele grita, faz beicinho, fica emburrado, dá um chute no tabuleiro do jogo porque está perdendo. Sami, nosso tio ariano que mora em Tel Aviv, fumegou de raiva durante uma semana quando visitou Nova York, porque pagou (pasme!) 3 dólares por dois tomates. "Em Israel, compro um alqueire por um shekel", ele esbravejava, invocando a feira livre em que o freguês barganha o preço das hortaliças. "O que esse cara pensa, que eu sou burro?"

O que realmente faz o ariano sofrer mais do que pagar preços de varejo numa delicatéssen coreana é recusarem a seu espírito voraz e inocente aquilo que representa o que há de mais essencial: a aventura. Agora ele se abandonou. Anseia desesperadamente entregar o coração à vida sem reservas — amar e expressar sua paixão — a cada momento. Portanto, o coração continua a bater frenético, mas em vez de saltar de seu peito, ele agora se atira contra uma fortaleza revestida de ferro, contra a armadura de aço de um cavaleiro andante que antes lançava longe o elmo e se atirava desnudo no campo de batalha.

Então, como o super-homem do zodíaco recupera seus poderes depois de um encontro tenebroso com a criptonita? Já que estamos escrevendo isso no dia 21 de março, o primeiro dia do ciclo de Áries e da primavera, lembramos que as árvores florescem até mesmo depois do mais rigoroso inverno. O ariano poderá se curar e se converter numa poderosa força da natureza quando permitir o degelo do coração. Com frequência, para que a coragem do guerreiro retorne, é preciso um amor incondicional de alguém que ele admira, que acredite nele com a mesma pureza por ele perdida.

O que ele espera de uma mulher

Quando se cruzam uma professora de educação infantil, uma super-mulher e uma estrela de filme pornô, qual o resultado obtido? É a esposa perfeita, segundo o ariano. Para acompanhá-lo vida afora, ele quer uma stripper e dançarina erótica dotada de doçura natural, instinto materno, paixão e poder de estrela (melhor ainda se fosse uma cozinheira magnífica e uma deusa doméstica). Ser essa mulher não é tarefa simples — de fato, é um trabalho inclemente para o qual você terá de rebolar. Ele é a nata, e essa camada sempre chega ao topo. Na mente do nativo, ele tem direito aos melhores recursos. As regras e normas não se aplicam a ele, que se desdobrará para comprovar isso.

A corajosa aventureira de seus sonhos é capaz de acompanhar o ritmo incansável de sua libido, de promover seu prestígio social e, ainda por cima, acalentar a frágil porção "bebê" de sua personalidade. E dizemos que se trata dos sonhos dele porque, francamente, encararemos os fatos: a maioria das mulheres desenvolve bem uma das qualidades citadas, em prejuízo das demais. Caímos em algum dos papéis: ou somos a sensual tentadora, ou a moça inteligente, ou o tipo eterna noivinha cuidadosa. Mas lá no fundo, a garota intelectual das notas altas deseja ser rainha da primavera. A boneca Barbie humana quer ser levada a sério, apesar dos peitões. A mãezona quer que as crianças travessas e ruidosas reconheçam nela uma pessoa com necessidades próprias.

Então, talvez o que pareça uma exigência arrogante e egoísta do ariano trata-se apenas de sua forma de amaciar a parada para nós. As feministas não lutaram para serem vistas como criaturas multidimensionais, que podem ser extremamente sensuais, intelectuais, e protetoras? As mães que trabalham fora não sonham contratar uma babá, deixar o trabalho durante uma hora e se permitirem um ardente romance de meio de tarde? Por que a rainha da primavera não pode também ter doutorado em História? O nativo de Áries não faz disso um problema.

Ainda assim, se fosse obrigado a escolher uma qualidade dominante, o nativo do signo optaria pelo tipo maternal. Por ser muito possessivo e ciumento, não confia na estrela pornô. Em sua opinião, talvez a intelectual tivesse excesso de inibições sexuais. Portanto, vence a parada a mamãe — ela combina perfeitamente com seu lado que necessita receber atenção constante e ter a confiança restaurada. Como já dissemos, ele é o bebê do zodíaco, e para a mamãe o centro do universo é esse garotinho. Ela cozinha, limpa e cuida da família, deixando-o livre para brincar. Providencia todos os detalhes de que ele não tem paciência de cuidar, mantém dinheiro no banco e talvez chegue mesmo a sustentá-lo. Como uma terapeuta particular, ouve as infindáveis ansiedades e neuroses dele. E seu corpo está disponível em tempo integral, 24 horas por dia, sete dias por semana — é um centro único de atendimento de todas as suas necessidades mais primitivas, da afetiva à sexual.

Agora vem a etiqueta de advertência. Toda essa dedicação pode manter gordo e feliz seu ariano, mas a deixará completamente infeliz, com uma criança mimada para cuidar. Como ele tem ego e apetite enormes, realmente não conhece limites, e encherá o prato até abarrotá-lo de tudo que você der a ele — seu tempo, sua energia, seu corpo — e depois voltará várias vezes ao bufê. Você realmente quer abandonar o emprego, recebê-lo em casa oferecendo o cachimbo e os chinelos, ouvir enquanto reclama do chefe "babaca e incompetente" ou do idiota do presidente do país, servir a ele jantares elaborados seguidos de uma maratona de duas horas de sexo, e depois botá-lo para dormir com uma canção de ninar? Ele deixará que você faça tudo isso. Mas isso sugará toda a vida de seu corpo. De repente você entenderá por que as donas de casa da década de 1950 devoravam martínis e analgésicos, e por que os serviços de acompanhantes masculinos cobram mil dólares por hora: atenção é uma mercadoria valiosa.

As duas qualidades mais importantes de que você precisará são paixão e paciência. "Esperei 14 anos para Peter se casar comigo", relata uma mulher sobre o marido ariano. "Quando nos conhecemos, ele era casado e infeliz no casamento. Trabalhávamos juntos e passamos anos flertando. Mas como sua mulher fora vítima de abuso na infância, Peter sentia que ela precisava dele e não conseguia deixá-la. Finalmente ela saiu de casa e eles se divorciaram. Acho que o ego dele evitava romper o vínculo — de certa forma Peter imaginava que ela não conseguiria viver sem ele. Ainda hoje, se ela precisa de alguma coisa, ele a ajuda."

Então, por que isso acontece com tanta frequência? O ariano é extremamente sensível ao estresse — e precisa falar disso com a mulher em quem confia. Ele fica ansioso e descontrolado, zangado consigo mesmo e com o mundo, e o convívio se torna bem difícil. Talvez ele até chore, mas este é um lado que pouca gente vê. Ele tem momentos de tão extrema vulnerabilidade que dá vontade de tomá-lo nos braços para niná-lo e dizer que tudo ficará bem. Você talvez pense "sou a única pessoa no mundo com quem ele pode se abrir. Serei sua rocha. Enquanto precisar de mim, ele nunca irá embora". A circunstância faz brotar a mãe em você, mas não confunda com fraqueza as lágrimas dele. Na verdade, trata-se de um teste.

No folclore bíblico, o poderoso Sansão (certamente do signo de Áries) confidenciou à bela Dalila que sua força se concentrava em seus longos cabelos. Ela então espera ele dormir e corta seus cabelos, fazendo com que perca seus poderes. Eis o pior pesadelo do ariano: e se você traí-lo e deixá-lo completamente impotente? Ele sabe que é facilmente influenciado pelo sexo. Quando Tammy Wynette cantou "fique ao lado de seu homem", é provável que tenha falado direto aos corações de mulheres que ficaram valentemente ao lado de arianos, enquanto eles as submetiam a intermináveis testes de lealdade e adiamentos. Antes de ele se sentir "pronto" a manter uma autêntica relação adulta, pode haver um longo processo de espera.

Não atropele o processo do ariano tentando "facilitar" a tarefa de assumir um compromisso. O efeito será o mesmo da criptonita sobre o Super-Homem, ou de um corte militar nos cabelos de Sansão. O nativo de Áries precisa lutar por você, e sem isso perde a força. De repente ele larga o emprego e passa o dia dentro de casa vestido de calça de moletom, afundado na depressão ou baixando vídeos da internet, em vez de enviar o currículo para novos empregos. Agora você está sobrecarregada com a tarefa de ser a provedora e a criada pessoal dele. No fim, você pode pagar muito caro por isso. Quem consegue esquecer a sagitariana Britney Spears e seu ex-marido ariano Kevin Federline? Um dançarino desconhecido de talento duvidoso, "K-Fed", seduziu uma estrela pop multimilionária que ficou extasiada com seus talentos sexuais e teve filhos com ele. Depois do divórcio, o dançarino obteve uma pensão para os filhos, uma mansão e acabou posando de "Pai do ano", enquanto ela sofria um surto bipolar.

Logo, se não quiser que isso aconteça com você, dê ao ariano o melhor e mais difícil dos presentes: limites. Conheça seus próprios limites e firme-se neles. É difícil dizer "não" a esse sedutor, negar o peito a um bebê que chora, mas Sansão precisa deixar o cabelo crescer de novo, naturalmente. Você não precisa costurar um topete postiço na cabeça dele, nem o inscrever no Hair Club for Men. Ele necessita que você acredite nele, que lhe dê coragem e não interfira em seu processo pessoal. Pratique a arte japonesa do Wu Wei — o fazer pelo não fazer (leia a respeito, se você estiver com um nativo de Áries).

Assim como a primavera que dá início ao ciclo de Áries, para romper o solo gelado do inverno sempre deve haver um combate, uma luta pela vida. Sem essa luta, não poderia haver jacintos, flores de cerejeira ou de açafrão. O "inverno" do ariano é assustador — tudo parece morto e congelado, sem esperanças. E então... as tulipas começam a brotar do solo. Você as arrancaria da terra para vê-las florir mais depressa? Só se quisesse matá-las. Deixe em paz os brotinhos vulneráveis, e quando perceber terá uma gloriosa explosão de magia, um jardim repleto de incríveis cores, fragrâncias e beleza.

O que ele espera da relação

Vamos começar com uma ressalva: você talvez não goste do que vai ouvir. Ou poderá gritar "até que enfim!". O nativo de Áries tem uma visão muito específica, grandiosa e exigente de seu supremo relacionamento. Na vida ele quer tudo personalizado segundo suas preferências, que são muito especiais. Talvez no nível subconsciente ele não entenda que seres humanos, imbuídos de algo como personalidade e livre-arbítrio, são incapazes de se ajustar, sob medida, às fantasias dele. O ariano busca aquela relação raríssima, o sonho impossível que se realiza. Quando a encontra, dedica-se a ela com cada fragmento de seu ser. Desliga o botão do egoísmo e esbanja generosidade. Então, por que deveria fazer isso para qualquer pessoa?

O nativo de Áries sobressai por fazer muito sexo com muitas pessoas diferentes, ou por se dedicar inteiramente à mesma mulher. Não há meio-termo. Ele é demasiado impaciente para dominar os aspectos mais delicados do namoro. São aspectos que nem passam por sua cabeça. O ariano é deliciosamente autêntico. Mesmo que, ao conhecer você, ele esteja saindo com diversas mulheres, confessará isso sem rodeios. Embora tal admissão pareça indelicada, sua política de transparência pode realmente criar um espaço de maior confiança.

Vejamos nossa amiga Lois, virginiana, e Charlie, seu namorado ariano. "Ele era excepcionalmente imaturo em questão de namoro, já que nunca tivera um encontro com uma desconhecida, e para ele havia relação ou casamento em oposição a jogo romântico", ela recorda sobre o primeiro encontro deles. "Por causa disso, fez tudo errado: telefonou no último minuto, falava sem parar sobre ex-namoradas e ex-mulheres, mas havia nele essa espantosa doçura. Quando tentei encerrar o primeiro encontro mais cedo alegando cansaço, ele se ofereceu para me acompanhar até em casa. Eram 35 quadras! No meio do caminho comecei a tossir e disse que precisava comprar remédio para a tosse; ele insistiu em pagar o medicamento — além de ter pagado o jantar. Quando me convidou para sair de novo, enrubesceu e baixou os olhos. Ele era tão tímido e delicado que senti um aperto no coração. Portanto, para ele foi um longo estágio de aprendizagem. Mas seu ritual de conquista se baseava muito em prestar serviços a mim. Como limpar minha despensa no apartamento, comprar toneladas de novos recipientes plásticos e organizar minhas ferramentas. Trazer de presente para mim um novo conjunto de pratos, pois os antigos estavam horrorosos. Consertar coisas. Era meu tipo ideal de homem! Fazia todas as coisas que eu nem lhe pedia que fizesse. Era muito prestativo."

Além disso, o ariano não age como se considerasse a relação o supremo objetivo da vida. Fica irrequieto, ansioso pela próxima aventura. Seus olhos buscam em torno, a imaginação divaga. Será que em algum lugar não haverá outra donzela precisando ser salva? Outra posição sexual que ele não tenha experimentado? O ariano sabe que os desejos que sente podem exceder a capacidade de uma mulher para atendê-los — e ele não exclui a ideia de completar sua lista de "víveres sexuais" comprando em lojas variadas. Para um signo tão independente, a condição de solteiro é um prêmio valioso. É a passagem para a liberdade, a aventura, a expressão ilimitada — o acesso à sensação de estar realmente vivo. Ele jamais trocará o celibato por outra condição, a não ser que acredite realmente que uma relação proverá todos aqueles tesouros e mais alguns.

Sua necessidade é um tanto contraditória: busca uma relação que ofereça o máximo de segurança, juntamente com plena liberdade para vagar. O ariano é profundamente motivado pelo medo de ser abandonado; portanto, isso não deve jamais constituir um problema entre vocês. Obtida essa garantia, ele se sente seguro para abrir as asas para a vida. Ele quer viver como se a vida fosse um grande playground — ou melhor, um parque de diversões — onde ele pudesse vagar, explorar ganhar para você bichinhos de pelúcia e curtir um ou outro espetáculo de aberrações. Em Coney Island é abolida a realidade. Ali vigora um conjunto diferente de regras, ou talvez nenhuma, o que é perfeito, pois significa que cabe ao ariano inventar. Não podemos omitir nova menção a Hugh Hefner, que mora na mansão Playboy cercado o dia inteiro de modelos seminuas. Não há quem viva daquele jeito, mas, e daí? Isso só torna o fato mais atraente para o ariano.

Se você tiver uma ligação duradoura com o nativo de Áries, deverá adotar o estilo de vida escolhido por ele. Isso significa que ele quer tudo nos próprios termos? Bom, só o que tiver importância para ele. Conhecemos toneladas de arianos que estão em relações duradouras, e

Relacionamentos astrais

até casados, mas não vivem na mesma casa que a parceira. Alguns chegam a ter relações abertas, ou alguma necessidade que exija um "acordo" entre os dois. Se o que for bom para um não for o ideal para o outro, ele preferirá voar para longe a mudar seus hábitos migratórios.

Em algum momento ele percebe que é um cara exigente, mas não vê necessidade de se desculpar por isso. Limita-se a continuar sua busca até encontrar o par perfeito. Um exemplo típico de ariano é o notório mulherengo Warren Beatty, que supostamente inspirou o sucesso da cantora e compositora Carly Simon "You're So Vain" [Você é tão vaidoso]. Embora ele tivesse a fama de implacável Don Juan, que partia corações, o que a maioria não sabe a seu respeito é que, antes de se transformar num jogador, Beatty encontrou e perdeu sua mulher ideal. Foi a atriz Julie Christie (também nativa de Áries), que ele conheceu em 1961, na projeção londrina do filme *A história de Elza*. Embora comprometidos, Beatty e Christie entenderam que eram almas gêmeas e compartilhavam um nível raro de paixão. Após um começo tumultuado, ambos abandonaram os parceiros e namoraram durante oito anos. Ao longo de todo o romance cada um manteve a própria casa. Beatty declarou à imprensa que considerava Christie sua esposa, e que em caso de separação até pagaria pensão a ela.

O único problema foi Julie Christie não querer se casar com Warren Beatty. Amantes emblemáticos, não conseguiram superar um obstáculo: ele queria filhos e ela, não. Naturalmente, na época, isso não bastou para deter Beatty. Quando verdadeiramente apaixonado, o ariano não se rende sem luta. Ele começou a preparar o tabuleiro de xadrez para tomar a rainha. Em 1974, comprou a casa de seus sonhos e convidou Christie para visitar o local. Ela imediatamente percebeu que ele preparava vários cômodos da casa com decoração infantil! Beatty estava decidido a conseguir o que queria. Por azar lidava com outro carneiro obstinado, e Christie terminou o namoro por telefone. E ele deixou um rastro de corações partidos em Hollywood, até 1992, quando engravidou Annette Bening e se casou com ela (nessa ordem, naturalmente). Como agora o casal tem quatro filhos, ele alcançou seu intento. O ariano sempre o consegue.

Por ser um líder nato, quando quer filhos, o nativo de Áries tem muito orgulho em ser "cabeça" da relação. Existe nisso uma nuance de chauvinismo exacerbado, a sensação de que vocês foram escalados para os papéis tradicionais de marido e mulher em seriados de tevê dos anos 1950. Naturalmente, vocês nunca dormirão em camas separadas, como faziam os casais da época. Na maioria das vezes, vai ser tudo figuração, outro detalhe do pavão com que você estará obrigada a lidar. Mesmo se não tiverem filhos, sempre haverá na família um importantíssimo terceiro "membro": o pênis dele, ora. O ariano sente incrível orgulho e fascínio por tudo que o dele consiga fazer. E é melhor você também sentir. Aliás, normalmente há muito que apreciar ali. E quando você o conhecer, verá logo que o nativo de Áries sabe disso.

Quando o ariano ama, ele se apega com intensidade. Isso pode transformá-lo num tirano que dirige a casa como um general quatro estrelas. Ele quer ver os filhos bem-sucedidos e exigirá deles alto desempenho — mas também os estragará absurdamente com mimos. Nem sempre a relação será fácil. Com seu príncipe guerreiro poderá haver episódios de gritos, lágrimas, objetos atirados e portas batidas. Ele é capaz de deixar você à beira de um ataque de nervos. Mas conforme disse uma vez nosso tio Sami: "Se você não pode brigar com alguém, não pode amá-lo." Para cada taça estilhaçada ou cada surto de falta de ar, haverá sexo apaixonado, intimidade sem igual e devoção tão poderosa que deixará você sem fôlego. Juntos, vocês escreverão essa inesquecível história de amor com sangue, suor e lágrimas — cada gota de que você disponha.

Sexo com o ariano

O nativo do signo é muito conhecido por sua libido. Incrivelmente físico, ele aproveitará qualquer oportunidade de tirar a roupa. Esse cara poderia transar o dia inteiro, e se ele não estiver fazendo sexo, pensará ou falará no assunto sem parar.

Como em tudo mais, o ariano está sempre em busca da máxima excitação: um momento idealizado de felicidade em que se juntem o puro amor e o êxtase, no qual silencie finalmente sua mente turbulenta e ele se renda aos sentidos. Ele não consegue suportar restrições — ou seja, qualquer nível de inibições sexuais, desde o uso de camisinha até as limitações de tempo. Um ariano revelou que teve seus melhores orgasmos quando tentava engravidar a esposa.

Como o signo de Áries rege a mente, a imaginação do nativo do signo é ilimitada em termos de sexo. Maliciosa, a natureza dele pode dar a suas fantasias uma distorção adolescente. As garotas do encarte da *Playboy*, peitos enormes de silicone, calcinhas bregas e cenas de ejaculação são coisas que podem deixá-lo muito excitado. "Para mim é irresistível um papo erótico, quando bem-feito", afirma Dirk, um escritor ariano. "E pode parecer estereótipo, mas as meias arrastão têm alguma coisa a que não consigo resistir." Então a mente dele entra no território tabu, o que normalmente o deixa perturbado e excitado ao mesmo tempo. A maioria dos nativos de Áries sonha com relações abertas e triângulos eróticos, mas são demasiado leais para pôr isso em prática — a não ser que a parceira esteja disposta. O ariano precisa de uma mulher dotada de forte impulso sexual que esteja disposta a encarnar suas fantasias e deixar que ele domine — ser dele e somente dele. "Certa vez uma jovem com quem eu saía veio à minha casa vestida numa capa de chuva e nada mais; bateu à porta e transamos horas e horas", recorda um ariano. Ele é faminto, impaciente, ávido (o aríete pode ser um símbolo adequado para a técnica que emprega). Você talvez precise moderar-lhe o ritmo, ou ele gozará antes mesmo de você entrar no clima.

O ariano tem um lado experimental que com frequência inclui jogos homossexuais. Como um cavaleiro ousado, ele precisa tentar tudo alguma vez — nem que seja para desmentir seu medo paranoico de ser gay. O símbolo sexual Marlon Brando, um ariano, mesmo sendo notoriamente bem-dotado, admitiu em sua biografia: "Como tantos homens, também tive experiências homossexuais e não me envergonho delas." Quem não ficou excitado assistindo ao ariano Heath Ledger interpretar um caubói homossexual em *O segredo de Brokeback Mountain*? De certa forma, isso só faz o ariano parecer ainda mais garanhão. É como se ele precisasse comungar com a própria masculinidade crua e desinibida em sua forma mais básica — contornar a ternura e passar ao sexo agressivo e sem verniz. "Gay" é um rótulo muito limitante para o ariano. Ele é apenas sexual de uma forma vigorosa, e a energia busca aquilo que deseja, sem emitir juízo moral.

Apesar de ser um deus do sexo, no tocante ao desempenho ele é capaz de sofrer de uma ansiedade paralisante. Depois de não ter conseguido "levantar" uma vez, um conhecido nosso de Áries passou um ano sem fazer sexo. Estava aterrorizado com a possibilidade de que tornasse a acontecer. Uma parceira paciente, compreensiva, receptiva irá restaurar a confiança dele e o devolverá à condição de Casanova sexual que ele nasceu para ter.

Tesão: o sim e o não

O que dá tesão

- você respeitar a si mesma — tenha elegância interna e autoconfiança
- ser um pouco moleca — ele não gosta de divas ou tipos excessivamente delicados
- provocar e flertar, mas deixando que ele a persiga
- ser direta, ousada e franca
- dizer obscenidades na cama
- deixar ele ser dominante em algumas áreas
- ver o copo como meio cheio: compartilhar um sentido sincero de encantamento e surpresa, mas sem ser excessivamente ingênua
- compartilhar o sentido de aventura
- ser apaixonada por sua própria vida e pelo que faz
- ter credenciais que ele admire, principalmente educacionais
- dar a ele a sensação de ser quase um deus
- ser ótima cozinheira (e valorizar os dotes culinários do ariano)

Relacionamentos astrais

- pensar de forma pouco convencional
- ter um forte sentido de justiça social
- ter "um rosto suave e curvas de matar", como propôs um ariano
- achar graça em suas piadas

O que não dá tesão

- você ter bloqueios sexuais ou uma natureza pudica
- tentar controlar seu apetite sexual, proibir pornografia, cancelar sua assinatura de revista masculina
- evitar que ele saia à noite ou que procure a companhia dos amigos
- ter ciúme de suas fantasias ou sua admiração por outras mulheres
- deixá-lo constrangido em público
- ser mandona
- persegui-lo exageradamente
- dizer-lhe que "seja adulto"
- ter mau hálito, mau cheiro ou higiene malcuidada
- desafiá-lo demais
- recusar a atenção ou o afeto de que ele necessita
- flertar com outros homens na presença dele
- pressioná-lo a ter filhos, a morar com você ou a levar uma vida tradicional

As jogadas dele

Primeiras investidas: a azaração

Para azarar, o ariano adota um de dois estilos: o do pavão que alisa as penas ou o ataque direto. Quando ele está na modalidade pavão, limita-se a amplificar a intensidade de seu encanto masculino e deixa os raios invisíveis de sua testosterona entrarem em ação. Assim consegue atrair sua atenção, embora dando a impressão de não estar fazendo nada.

Ele também pode se atirar às mulheres, como o aríete que o simboliza, deixando suas intenções tão claras quanto o dia. Certa vez, numa praia em Israel, um ariano se encaminhou à Ophira e disse, sem sequer ter se apresentado: "Você quer sair hoje à noite?" Naturalmente ele foi bastante encantador em se sentar na areia e envolver Ophira em três horas de conversa sobre a vida, os relacionamentos e a falta de sentido da monogamia. Ele foi tão honesto em relação a isso que ela acabou saindo com ele assim mesmo. Naquela noite ele deu a ela uma maravilhosa caixa de bombons Max Brenner — "chocolates feitos pelo careca" — porque ele também era careca. Quando o ariano está azarando você, sempre deixa alguma coisa para recordá-lo. E de fato, você o recordará.

Na improvável possibilidade de não ficar evidente que ele gosta de você, eis alguns sinais:

- ele se aproxima de você e começa a conversar
- quer saber tudo a seu respeito, ou revela tudo sobre ele
- dirige-se diretamente a você e declara que a acha gostosa
- convida-a sem rodeios para sair com ele
- começa uma azaração descarada (se estiver se sentindo muito confiante)
- "ronda" e estuda você para ver se está disponível
- ele a observa de longe
- banca o pavão — exibe as "penas" e deixa você percebê-lo
- fala alto, com jeito engraçado e atrevido
- põe a isca na armadilha — conversa sobre sexo, mulheres, fantasias — sabendo que você ficará excitada
- telefona para você e conversa durante horas

Como saber que ele está envolvido

Embora o cavaleiro andante ariano talvez não abandone a solteirice sem muito esperneio, depois de fazê-lo poderá ser ardentemente dedicado. Isso não se dará sem luta nem um período probatório, e possivelmente algumas "repetições", caso ele se descontrole e comece a se arrepender. Mas o ariano é principalmente uma pessoa direta; portanto, é assim que mostrará sua devoção:

Ele confessa a você. O forte dele não é a sutileza: ele fala de coração e diz o que pensa, principalmente se professa seu amor.

Ele confessa a todo mundo. Chega mesmo a gritar de cima dos telhados. Olá, todos vocês! Olhem para a mulher que eu tenho! Ela é MINHA, só minha! (tradução: olhem para mim! Eu sou *o cara* e a prova é a celebridade bonita e gostosa que consegui agarrar!) É encantador. Nossa amiga Lois nos contou que Charlie, seu namorado ariano, escreve na neve "Eu amo Preciosa" (o apelido fofo que ela usa).

Ele se torna seu defensor e seu fã-clube de um homem só. Quando está apaixonado de verdade, o ariano venera a mulher que tem. Naturalmente, ficar em cima de um pedestal tem o próprio conjunto de problemas, mas ele precisa idealizar você. A ganhadora de um prêmio concedido por seu grupo profissional de mulheres levou o namorado ariano para um jantar em que ela era homenageada. O único homem entre cem mulheres, ele parecia o garanhão do estábulo, mas não se importou. Quando ela terminou o discurso de agradecimento, ele se levantou da mesa de um salto e berrou "huu!" As mulheres todas se entreolharam, chocadas e comovidas ao mesmo tempo pela óbvia adoração que ele manifestou.

Você é a confidente dele. Ele raramente dormirá sem conversar com você por telefone, e a conversa pode levar horas. Ele precisa de sua opinião, sua reação, seu ouvido atento. Uma amiga confessou que caiu no sono enquanto seu ariano estava na metade do monólogo. Mas se ele confia em você o bastante para usá-la como caixa de ressonância, não vai querer perdê-la.

Ele muda de "eu" para "nós". Esse é um passo enorme para alguém que de vez em quando esquece que o centro do sistema solar é o Sol, e não ele. Agora para ele tudo envolve unidade, tirar férias juntos, ser a cabeça do casal e todas as outras mordomias decorrentes de trocar sua adorada independência por essa situação.

Ele chora em seu ombro — literalmente. O garotinho que existe em Áries, com toda a ansiedade e frustração reprimidas, anseia secretamente por soluçar em seus braços e extravasar tudo. Se ele confia lágrimas a você, confia também a vida dele.

O ariano infiel: por que ele a engana

Em matéria de traição, o ariano tem o próprio conjunto de regras. Se ele realmente amar você, é quase impossível sair da linha. Ele é motivado por um código de honra muito masculino que envolve lealdade, nobreza e dignidade... ou todas essas coisas tematizadas nos filmes épicos de guerra com Mel Gibson. Mas se ele não gritar a seu respeito com cada fibra do ser "ela é a mulher ideal!", sempre dormirá com um olho aberto, rastreando para encontrar o verdadeiro amor. E se por acaso ele encontrar a mulher ideal quando vocês ainda estiverem juntos, que assim seja. Ele não está enganando ninguém — só está abandonando você por alguém melhor. Como? Não consegue ver a diferença?

Pois nós também não. Mas isso não importa, já que ele é quem dita as regras. Aqui estão algumas razões por que o ariano poderia se distanciar:

Vingança. Ele está imensamente magoado e furioso. A maioria não entende que para o ariano a dor é instantânea; ele a sente em cada parte do corpo. O sofrimento se apodera dele, como qualquer emoção veemente. Ele quer que você sofra tanto quanto ele sofre, que vivencie a agonia por que ele passa, para nunca mais se atrever a feri-lo desse jeito.

Você não é a alma gêmea dele. Ou, de toda forma, ele desconfia de que não seja, e em geral a intuição dele está certa — mas será que ele não poderia ter avisado a você mais cedo?

Você o eclipsou e ele se sente um boçal. Evidentemente ele se alegra em namorar uma estrela; aliás, algo menos que isso não serviria. Mas se surgirem comentários do tipo "o que foi que ela viu nele?", o ego do ariano talvez não tenha força suficiente para aceitá-los. Ele talvez procure se fortalecer daquela forma tão surrada e automática que consiste em envolver e seduzir uma garota novinha e meiga, que o admire.

Ele ainda está "experimentando" e não está pronto para sossegar. No jogo da monogamia, o ariano amadurece tarde. Às vezes, mesmo que saiba, no fundo, que sua fase de aventuras inconsequentes ainda não terminou, ele se obriga a iniciar uma relação. Se o fizer, talvez comece a ter aventuras sexuais em paralelo.

Hormônios. Quando a testosterona dele estiver em ebulição, que ninguém o procure. Isso é particularmente potente quando ele é mais novo. Mas a juventude do ariano pode se prolongar pela casa dos trinta, dos quarenta, e até além, e sua curiosidade nunca se extingue. Um ariano especula que "seria puro oportunismo perder a cabeça por uma mulher 'idealizada' como meu tipo sexual, que provavelmente àquela altura seria muito mais nova do que eu".

Comece a cavar a cova: o fim do romance

O nativo de Áries precisa de muito tempo para terminar uma relação, pois na verdade tarda muito em assumir de fato um compromisso. Até ter certeza absoluta, processo que tanto pode levar cinco minutos quanto 15 anos, ele gosta de manter um pé dentro e outro fora. Portanto, antes de se jogar de todo na relação, aqui está o que talvez o leve a correr na direção oposta:

Vocês têm preferências diferentes na cama. O sexo é isoladamente o fator mais importante nas relações de um nativo do signo. Ele só consegue conciliar em parte as diferenças sexuais entre os dois; além desse ponto não há acordo.

A química entre vocês não é bastante forte. Para se sentir motivado, além da atração física ele precisa de compatibilidade mental, paixão e tudo o mais que consta de sua longa lista de exigências. E se isso não estiver presente, adeus.

Ele congela você com o voto de silêncio — e você não pede perdão. O ariano é famoso pela tática de fazer beicinho, típica da criança de 4 anos: vou pegar minha bola e ir embora! Naturalmente isso só quer dizer que ele está espumando de raiva, ferido até o âmago e punindo você. Espera que peça desculpas, que assuma plena responsabilidade pela briga provavelmente iniciada por ele, que passe o mês inteiro babando o ovo dele e que ature suas torturantes evasivas. Se você está disposta a esse assédio moral, boa sorte.

Ele ainda não conquistou liderança no próprio campo de atividade. O nativo de Áries precisa ser o dominante em seus círculos. Sem um pelotão para liderar, ele se sente como um idiota castrado perto de você. Deixe que vá organizar a vida dele. Não lute contra ele nesse particular.

Ele é tradicionalista e você é feminista. Ele quer ser o "cabeça" do casal e você está interessada em igualdade. Sentimos muito em informar, mas ele precisa de certo grau de dominância. Se, em vez disso, você quiser ficar no igual para igual, é melhor procurar para si um sagitariano ou um aquariano.

Vocês brigam constantemente, sem sexo de reconciliação. Ele está habituado a discussões circulares e gritarias de quatro horas de duração. Mas depois de você arrancar a porta e atirá-la em cima dele, se vocês não estiverem rasgando as roupas um do outro, qual é a graça?

Você se muda para longe. O nativo de Áries não consegue viver sem sua dose diária recomendada de afeto, sexo e contato físico — é como a vitamina de que necessita todo dia. Se você decidir assinar um contrato para lecionar por um ano em Pequim, enquanto ele fica em Cincinnati, ou se você for passar o verão na Europa, ele vai preferir dizer "boa viagem".

Relacionamentos astrais

Interpretação de sinais: O que ele quer dizer com isso?

Quando ele...	...quer dizer que...	...logo você deveria...
...fica muito calado...	...observa cada movimento seu. ...faz beicinho, está ensimesmado, ou está lhe dando um gelo.	...fazer sua versão da dança do acasalamento e sinalizar com linguagem corporal para que se aproxime. ...perguntar se ele quer falar do assunto. Se não quiser, conceda a ele algum tempo para esfriar a cabeça sozinho.
...não telefona...	...ou está intimidado ou não está interessado.	...telefonar para ele. Você não tem nada a perder. Se ele não gostar de você, não telefonará de volta. Se estiver intimidado, seu telefonema dará a ele a segurança de que você não está para brincadeiras.
...telefona muitas vezes...	...realmente gosta de conversar com você e quer conhecê-la melhor.	...atender só quando tiver tempo para conversar. Ele é persistente; se gostar de você, telefonará outra hora!
...não faz um movimento depois de alguns encontros...	...tem pavor de rejeição. Se não gostasse de você, não teria se dado o trabalho de comparecer ao encontro.	...conferir sua própria linguagem corporal e atitude para ver se não está emitindo sinais de ser "perigosa" ou estar indisponível.
...passa semanas sem fazer um movimento...	...você é a nova melhor amiga dele.	...parar de gastar todo o seu tempo com ele. Ele destrói sua "energia" para o namoro, sem retorno do investimento para você.
...se move depressa...	...está confiante na química de vocês. Quando ele sabe que está certo, parte para a ação.	...curtir uns amassos gostosos e tórridos.

O nativo de Áries

Quando ele...	...quer dizer que...	...logo você deveria...
...se move depressa...	...sai com outras mulheres. Em geral ele tem um plano de contingência para se proteger de rejeição.	...conversar sobre monogamia e DSTs para conferir a postura dele.
...paga a despesa, dá flores e presentes...	...acabou de receber o pagamento e já está detonando tudo.	...se preparar para pagar na próxima vez, pois o dinheiro dele já terá evaporado.
..apresenta você aos parentes e/ou amigos mais íntimos...	...acha você capaz de causar boa impressão e contribuir para uma boa imagem dele. Gol de placa!	...fazer com que se apaixone por você.

Suas jogadas: dicas de namoro e de amor eterno

O namoro com o ariano

O caminho para chegar ao coração do ariano passa pela mente. Mesmo que se comporte como um estudante banhado em cerveja, ele não é bobo: repara em tudo. Provavelmente na altura em que você se aproximar, ele já terá passado metade da noite estudando você. Talvez até pareça um pouco intimidador, pois normalmente mantém o alerta ligado até certo ponto. Se quiser ver derretida a máscara do ariano e deixá-lo empolgado por você, eis o que fazer:

Comece um papo entusiasmado. A relação de vocês vai se centrar bastante na ligação criada por meio de ótimas conversas. Abra-se e compartilhe seu coração. Não o interrompa quando ele começar uma digressão, pois deseja vê-la fascinada com as opiniões e observações dele.

Diga a ele que o acha bonito. Ele adora uma sedução atrevida, bem ao próprio estilo dele, que é sem rodeios. O pavão gosta de ser admirado. Como vigora a sobrevivência do mais apto, você poderia se pavonear e agarrá-lo pelas plumas.

Diga alguma coisa inteligente e ousada. Faça-o rir e mostre a ele que tem um aguçado senso de humor. Ele se acha mais esperto que todo mundo; portanto, se você começar a estabelecer uma camaradagem tipo "nós contra o mundo", poderá em breve ser sua confidente favorita.

Faça sua própria versão de um chamado de acasalamento. Exiba seu próprio carisma, ria alto, seja a dançarina mais sexy da pista. Como um animal no cio, ele se concentrará em seus sinais de sedução.

Lembre-o de si mesmo. Em todo ariano há um pouco de narcisismo. Você tirou as palavras da boca dele? Fez alguma coisa exatamente do jeito que ele faria? Então deve ser amor! Nossa amiga Lisa conheceu o marido, o ariano Rob, no primeiro dia da pós-graduação. Os alunos se apresentaram aos demais dando as próprias razões por que se inscreveram no mestrado. "Rob me disse que falei exatamente o que ele ia dizer, quase palavra por palavra", conta Lisa. Ele se apaixonou na hora.

Amor eterno com o ariano

Chegar a esse ponto é percorrer uma estrada acidentada, capaz de dar a você a tentação de desistir ou de procurar uma via mais fácil. O ariano sabe disso, e quer uma mulher que fique firme a seu lado quando ele estiver no melhor e no pior comportamento. Quer mostrar a ele que é a mulher de seus sonhos? Experimente isto:

Limpe o apartamento dele. Juramos por Deus que isso funcionou para diversas mulheres que conhecemos. Depois de entrar na zona de guerra, que é o lar de um ariano, elas arregaçaram as mangas e passaram um dia organizando, jogando fora as tranqueiras e limpando. A relação começou imediatamente.

Compartilhe a visão dele. Queira adotar o mesmo estilo de vida que ele curte e permita que ele explore plenamente o que você não compartilha. Um casal que conhecemos adora Barcelona, filosofia e tem paixão pelo mergulho. Portanto, o tempo todo eles fazem juntos cursos e viagens.

Tenha um forte senso de justiça social. Apesar de ser egocêntrico, o ariano também é capaz de retribuir generosamente. Com frequência se envolve com direitos civis, justiça social e grupos comunitários para deixar sua marca no mundo. Tem forte aversão à injustiça e ao sofrimento humano. O trabalho com crianças e grupos de jovens como o programa Big Brothers/ Big Sisters* é especialmente gratificante para o ariano, que gosta muito de ser visto como mentor. Se a possibilidade de fazer a diferença no mundo e lutar por uma causa a empolga, ele terá profunda admiração por você.

Aguente as esquisitices dele. Embaixo daqueles bíceps ondulantes, o ariano pode ser um obsessivo-compulsivo carente e neurótico. Normalmente ele já adquiriu um elaborado arsenal de mecanismos para lidar com o problema. Por exemplo, talvez a bactéria *E. coli* inspire nele

---

* Big Brothers/Big Sisters of America é uma organização sem fins lucrativos de caráter educativo e profissionalizante, voltada para crianças e adolescentes nos Estados Unidos. (*N. da E.*)

Relacionamentos astrais

verdadeira paronoia; portanto, ele precisa enxaguar quatro vezes o espinafre com aquele desinfetante especial da loja de produtos orgânicos. Ou o constante pavor de morrer num acidente aéreo chega a lhe causar pesadelos; logo, ele se recusa a viajar de avião. Se você estiver disposta a contornar essas limitações, ele vai adorá-la por isso.

Seja muito, muito paciente. O ariano quer ser alguém que vence pelo próprio esforço. Ele precisa crescer em seu próprio ritmo, fazer as coisas à sua maneira, principalmente na carreira profissional. Stephanie, designer gráfica, ofereceu-se para ensinar criação de websites ao namorado ariano, quando este ficou desempregado durante meses. Ele recusou a ajuda dela. Anos depois fez em segredo um empréstimo estudantil para pagar um curso on-line de webdesign. Quando arranjou emprego numa agência de publicidade, contou a ela o que fizera. O ariano é orgulhoso demais para deixar você interferir em seus processos. Deixe-o tornar-se um homem nos próprios termos.

Esteja preparada para...

O primeiro encontro

Embora o signo de Áries seja o signo das iniciativas, no encontro inicial o ariano não lança mão de todos os recursos. É um processo de sondagem, a chance de observar o que você representa e se será uma boa companheira para as aventuras dele. Além disso, provavelmente estará um pouco nervoso, embora procure escondê-lo. Se a conversa e a química rolarem naturalmente, ele começará a relaxar. Para o ariano, a paixão é o principal ingrediente. Se ela estiver presente, na verdade não importa muito o que vocês farão, ou para onde irão, desde que exista uma carga sexual entre os dois. Vocês podem até perambular pela cidade toda, guiados pela fantasia e pelo momento.

Aliás, ele odeia fazer as coisas da forma típica, e normalmente tem alguma reserva quanto a se expor a uma possível rejeição. "Francamente, não costumo sair muito, e até certo ponto é porque não estou nem um pouco interessado em todas as babaquices programadas que fazem parte do encontro", confessa Dirk. "Há um excesso de regras e de expectativas. Se eu me encontrar com a pessoa certa, naturalmente me esforçarei, mas não quero conduzir as relações seguindo alguma espécie de manual ou parâmetros que foram estabelecidos pela equipe editorial de uma revista feminina ou os produtores de um programa de TV a cabo."

A energia básica: se você quer um encontro formal, saia com um taurino ou um canceriano. O ariano não quer procurar um compromisso sério e dispendioso. Ele só quer se divertir, conversar e se relacionar. "Vou a um restaurante agradável e simples", revela Daniel, um historiador de arte. "Depois vamos tomar um drinque, muito recatado, só para ficar conhecendo a pessoa. Planejo algo mais sexy para o segundo encontro." Prepare-se para conversas animadas e espontâneas; esteja preparada para seguir o fluxo. Antes do encontro, descanse bastante e prepare-se bem — não para sair toda produzida, mas porque você precisará estar concentrada e atenta. Quando sair com um ariano, procure não estar com baixa energia ou exausta do trabalho.

O que usar: pode descer do salto! O nativo de Áries prefere uma moleca sexy que seja mais bonitinha do que sofisticada. Ele não gosta de estar confinado em excesso de roupas, portanto nem tire seus trajes formais da naftalina. Vista alguma coisa versátil que realce suas formas, sua pele e tenha um decote — como uma blusa sensual de costas nuas, combinada com jeans e sapatos baixos. Por mais previsível que seja, ele perde a cabeça quando vê a calcinha fio dental aparecendo pelos jeans de cintura baixa ou a camiseta regata que deixa transparecer uma alça de sutiã de renda. As cores vivas lhe chamam a atenção, portanto não tenha medo de usar cores atrevidas como rosa-choque e vermelho, ou branco, se você tiver pele morena. Como a noite pode ser agitada, não limite seus movimentos físicos de forma alguma. Trate de vestir roupas que lhe permitam liberdade para caminhar, dançar e dar uns amassos em algum beco no caminho para casa.

O que não usar: se não for sexy, esqueça. Com o ariano é melhor errar pelo lado do juvenil ou ludicamente sensual. Qualquer coisa excessivamente adulta e sofisticada o esfriará, pela falta de um sentido lúdico ou sedutor de que ele possa desfrutar. O vestidinho tipo bata de camponesa pode parecer fantástico na vitrine da melhor loja, mas fará o ariano pensar numa roupa da avó. O mesmo vale para colar de pérolas, suéter de tricô e saia rodada. Por outro lado, não sacrifique o conforto pela sensualidade. Salto agulha, corselete e outras peças amarradas e complexas parecem picantes, mas deixe tudo de lado se forem muito difíceis de arrancar no calor da paixão, ou se lembrarem a ele a indumentária de uma *dominatrix* (jamais!).

Pagar ou não pagar? O ariano é seletivamente cavalheiresco, mas infelizmente seus valores antiquados nem sempre incluem pagar as despesas. Ele costuma queimar depressa o dinheiro, do qual raramente sobra o suficiente para tratar você bem. Isso é também uma estratégia de autodefesa, pois ele é hipersensível a ser vítima de "joguinhos". Leve dinheiro bastante para dividir a conta. Quando ele sentir que você não se aproveita, poderá começar a pagar as despesas sempre que possível. Com o tempo e a confiança o ariano se torna mais generoso.

Na hora da despedida: ele está sempre a fim de sexo, mas nunca está preparado para rejeição. Se a noite não terminar com a língua dele em sua garganta e a mão dele em seu traseiro, é só porque ele tem medo de levar um fora. Rondará para ler sua vibração e se não receber um sinal claro, dirá um comportado boa-noite. Se for óbvia a química entre os dois, vocês poderiam estar aos amassos já na primeira hora do encontro — que talvez não termine até o dia seguinte. É quente!

A primeira visita dele à sua casa

Pode tocar as trombetas e se preparar para a recepção real! O ariano está vindo à sua casa e é melhor se preparar. Ora, a casa dele pode parecer uma paisagem pós-guerra nuclear, com um colchão enterrado em algum lugar, sob uma pilha de jornais, de roupas e sabe-se lá mais o quê. Se você acha que isso a autoriza a deixar de varrer os cantinhos ou não tirar sujeira dos azulejos do banheiro, está redondamente enganada. Veja bem, o cavaleiro andante é convocado para a batalha sem aviso prévio. Você acha que ele deixará de defender o país porque a pia está cheia de pratos sujos? Pois bem, linda donzela, se você quer que ele estacione o cavalo branco à sua porta, é melhor preparar o trono para ele. Veja como:

Tenha uma despensa bem-equipada. O ariano adora guloseimas. Ele poderia comer sem parar; na verdade, é uma de suas atividades favoritas. Ele come porque está nervoso, entediado, com tesão, contente, faminto, cansado, ou qualquer coisa. Para dar conta do recado, você precisa ser sócia do supermercado. Portanto, providencie mantimentos em quantidade suficiente para ele entrar e sair da despensa sem acabar com eles.

Encomende a refeição ao restaurante favorito dele. O ariano é um comensal exigente, e gosta que sua comida seja preparada e servida exatamente de acordo com suas especificações. Raramente faz um pedido como se lê no cardápio ("vou querer os frutos do mar *a lo mein* só com as ostras, a cenoura cortada em tiras finas num ângulo de 49° e a couve-chinesa ao lado"). Ele fica extremamente feliz depois de comer a refeição perfeita... e naturalmente vai querer você de sobremesa.

Fale de política. Ou de esportes, filosofia, música, literatura — qualquer assunto que ele conheça muito. Ele adora exibir sua capacidade intelectual, derramar opiniões e curtir uma conversa animada sobre algum assunto interessante.

Não o convide à casa da Barbie. Esse é o supermacho durão que preferiria estar numa pousada de caçadores, num bar esportivo ou jogando bilhar num porão úmido. Ele não suporta móveis cheios de detalhes e objetos preciosos. Remova a capa de plástico do sofá e o dossel da cama. Qualquer coisa muito "princesinha" vai fazê-lo vomitar.

Esconda o controle remoto. Se você permitir, o ariano entra depressa demais na modalidade viciado em tevê. Basta ligar a televisão para fazê-lo sair do ar, como um colegial depois do treino de futebol na escola. Quando você se der conta, ele terá jogado as roupas no chão e ficado só de cueca assistindo à CNN e comendo Cheetos. Para onde terá ido o clima romântico?

Lave e esterilize. Para começo de conversa, o nativo de Áries é um hipocondríaco, com mania de contaminação por germes, e fica facilmente enojado diante de uma casa suja. Conhecemos um ariano que entrou na casa da atual namorada, farejou o ar e comentou que o lugar fedia a xixi de gato; ela ficou arrasada.

Reserve uma gaveta para ele. Ainda que extraoficialmente, ele poderá em breve se mudar para sua casa. Mesmo assim, por muito que adore passar as sete noites da semana com você, ele talvez mantenha o próprio apartamento de solteiro, imundo e mobiliado com caixotes e recipientes organizadores de plástico.

O encontro com a família dele

Talvez o ariano ainda more com a família, na altura em que vocês se conhecerem, pois ele precisa de muito tempo para descobrir o que deseja fazer da vida. Até que o ariano resolva "se estabelecer", o lar é para ele pouco mais que um local de dormida, um lugar para tomar banho entre aventuras sexuais, ou para lavar meias e cuecas. Se vocês resolverem viver juntos, isso pode ser muito conveniente, já que não haverá lacrimosas negociações sobre onde o casal irá morar.

Mesmo que ele esteja acampado na casa dos pais sem pagar aluguel, o relacionamento que tem com eles ainda pode ser muito tenso. Normalmente isso se origina de um trauma da primeira infância, que ele parece incapaz de superar — divórcio, falta de atenção suficiente alguma outra deficiência da parte deles em satisfazer as expectativas incrivelmente altas do filho. Este poderia se recusar a virar adulto só para castigá-los!

O nativo de Áries sempre tem problemas com a mãe. Ou a idealiza, ou a demoniza. Se ela estiver num pedestal, não se atreva a fazer um comentário sequer que possa macular sua imagem sagrada e santa. Na infância do filho ela provavelmente o tratou como um príncipe herdeiro, sem jamais criticá-lo ou discipliná-lo, criando ao mesmo tempo um monstro.

Se a relação for ruim, normalmente será porque ele se sente "sufocado" — culpado demais para cortar o cordão, e talvez relutando secretamente em abrir mão dos privilégios que teria por mantê-lo intocado. Ele anseia por fugir e ser dono da própria vida, mas tem consciência da própria dependência, sentimento que pode alimentar certa hostilidade profundamente arraigada e ressentimentos. Para ele se aproximar dos parentes a unidade familiar precisa ser apoiadora, e não restritiva.

Mesmo assim, não creia que está autorizada a criticá-los. Em relação a críticas de terceiros aos parentes, o ariano é como um gângster. Só porque ele a fez pensar que estaria herdando uma sogra-monstro ou um futuro sogro submisso, não acredite nesse exagero. Ele ainda entregaria aos pais o salário do mês, os tiraria da prisão e serviria devidamente a eles, mesmo quando se queixa de que são terríveis.

No fundo, ele deseja desesperadamente a aprovação da família. Se os parentes gostarem de você, conte pontos para os dois. Tenha por única tarefa procurar ser o mais agradável possível aos parentes dele. Se conseguir encantá-los, os próprios laços desfeitos que o ariano tem com eles talvez se recomponham, o que no longo prazo será saudável para todos os envolvidos.

Para dizer adeus

O fim do romance com o ariano

Terminar o caso com o ariano não é difícil; o duro é vocês se forçarem a ficar juntos. No convívio com o ariano chega uma época em que, depois de muito grito, muito bate-boca, vocês precisam agitar a bandeira branca. Abram mão de tudo. Ambos já mantiveram a relação pelo tempo que foi possível, e ninguém está querendo ceder. Não há terapia de

Relacionamentos astrais

casal, sedativos e oficinas de diálogo que possam salvar esse *Titanic*. O barco bateu no iceberg e está indo para o fundo.

Depois de vocês concordarem mutuamente que é melhor se separar, o diálogo se torna extremamente civilizado — e até carinhoso. Você o está libertando para que busque a verdadeira felicidade, devolvendo-o às suas adoradas raízes do celibato. O ariano deseja pensar em si mesmo como um sujeito decente, e não como aquele canalha que acusou você de ficar azarando o empacotador do supermercado. Meu Deus, ele não consegue acreditar que tenha feito semelhante papel. Quer que vocês continuem amigos para sempre; e, sabe o quê? Se algum dia você precisar de alguém para carregar suas sacolas de compras, basta chamá-lo, entendeu? E não chamar àquele idiota do supermercado, que ele vai nocautear.

Mas se você decidir puxar o tapete do ariano ou desaparecer, pode mudar de ideia. Ele tem problemas demais com o abandono para ser capaz de lidar bem com isso. Ficará arrasado, e enfurecido de que você não tenha simplesmente falado com ele. Uma conhecida nossa, em vez de romper diretamente com seu ariano, preferiu se mudar para outra cidade. Ele jamais conseguiu perdoá-la.

Superando a perda: quando o ariano vai embora

Detestamos ser portadoras de más notícias, mas se algum ariano deixá-la, ele: a) nunca esteve realmente apaixonado por você, b) você o ofendeu de uma forma completamente imperdoável, ou c) foi apenas uma tática para ver se você mudava de jogada. Ele é o sujeito que, quando não consegue o que deseja, sai furioso e arma escândalo até você ceder e fazer as coisas nos termos dele.

Se o bebê do zodíaco for mesmo dependente de você, jamais romperá a ligação. O bebê não pede à mãe que pare de amamentá-lo, não é? A verdade é cruel, sabemos disso, mas ele realmente se sente ligado à mulher amada por uma espécie de cordão umbilical espiritual. Por que iria cortar a conexão que o mantém vivo?

A única exceção é se um de vocês mudar de domicílio por certo tempo. Mesmo então, se ele realmente estiver envolvido, acreditará que o amor vence tudo. Talvez espere durante algum tempo, porém precisa de sexo, afeto e contato regulares. Continue a prolongar suas viagens ou comece a lançar raízes numa localidade distante — ou seja, deixe claro que você está construindo o próximo capítulo de sua vida sem a presença dele — e o nativo desistirá. Nesse caso, desejará comunicar diretamente a você a desistência e continuar seu amigo pelo resto da vida.

Pela última vez, chore a falta que sentirá...
- do quanto ele a fazia se sentir sexy
- daquela energia malandra, atrevida, de menino travesso
- do quanto ele era gostoso
- do jeito como ele a puxava pelos quadris para transar
- de seu humor requintado e sarcástico
- do jeito como ele agarrava a vida com ambas as mãos
- de seus momentos de comovente ingenuidade e inocência
- de sua doce lealdade sob a armadura de ogro
- de ser apreciada em toda a sua fama de moleca

Agradeça ao universo por nunca mais ser obrigada a lidar com...
- pagar as contas dele, lavar sua roupa, bancar a mamãe
- a imaturidade e o amadurecimento tardio dele
- a eterna espera da decisão dele sobre vocês
- as intermináveis críticas e desvarios da parte dele
- a tendência à infidelidade e as fantasias sexuais que não a incluíam
- um troglodita: ele acha que "colarinho branco" significa usar camiseta de manga curta, em vez de camiseta regata?
- toda a insegurança dele
- todo o egoísmo dele

Relacionamentos astrais

A combinação amorosa:
Vocês falam a mesma língua?

Você é do signo de...	Ele acha que você é...	Você acha que ele é...	Linguagem comum
Áries	...admiravelmente ambiciosa, mas um pouco diva. Bastante parecida com ele de modos sensuais e desafiadores.	...uma alma vulcânica, pensativa, complicada — o tipo que ninguém entende, só você.	Discussão, competição, vencer, fortes impulsos (sexuais e outros), ser uma estrela, fazer coisas em seus próprios termos, liberdade.
Touro	...uma força bonita, graciosa, estabilizante: a terra sob os pés dele sempre em movimento.	...um malandro sensual que precisa de sua paciência e toque delicado.	Sexo intenso, mimos, comida, massagem.
Gêmeos	...sua companheira ideal para brincar, com sensacionais dotes intelectuais e físicos.	...alguém com quem ir a festas e conversar a noite toda, mas que pensa demais. Por que ele não pega leve?	Livros, ideias, música, política, intelecto, jogos psicológicos, aventuras, conversas, aconselhamento mútuo.
Câncer	...o tipo maternal que ele adora (principalmente aqueles peitões!), mas também um pouco grudenta demais. Por favor, um pouco de espaço para respirar!	...tão sedutor, mas tããoo imaturo. Aceita de bom grado seus cuidados, mas talvez sem valorizá-los devidamente.	Atender às necessidades dele, processar as próprias emoções, levar tudo para o lado pessoal.
Leão	...uma fogosa alma gêmea que é exigente demais e ingenuamente otimista.	...impetuoso e veemente, mas também exaustivo — muito deprimente. Você também desejaria que ele fosse um pouco mais estável do ponto de vista financeiro e emocional.	Luta para dominar o mundo, o amor pela atenção e pelo som de suas próprias vozes.
Virgem	...insuportavelmente careta, mas de certa forma vocês acabam juntos.	...uma completa perturbação de sua paz interior.	Hábitos obsessivo-compulsivos, hipersensibilidade a cheiros e sons.

O NATIVO DE ÁRIES

Você é do signo de...	Ele acha que você é...	Você acha que ele é...	Linguagem comum
Libra	...doce e sedutora, mas um pouco delicada demais para o estilo direto dele.	...tosco demais para seu gosto refinado.	Causas sociais, problemas, festas, música, arte.
Escorpião	...a deusa sexual igualmente impetuosa das fantasias dele.	...o completo astro de filmes pornô, mas dificílimo de controlar no longo prazo.	Sexo, veemência.
Sagitário	...uma inspirada empreendedora, mas um pouco ambiciosa demais para convertê-lo no centro de seu universo.	...sexy, mas demasiado carente de atenção.	Viagens, o amor dos dois por liberdade e independência.
Capricórnio	...maternal da melhor maneira, excêntrica em todas as outras.	...o garotinho travesso que você com certeza não quer castigar.	Sexo do tipo divulgado nas revistas especializadas mais extravagantes.
Aquário	...uma adorável melhor amiga com quem tomar uma cerveja, mas sem o pensamento impetuoso que agrada a ele.	...bonito e divertido, mas que a faz lembrar seu irmão.	Esportes, conversas, aptidão física, humor negro, curtir a companhia um do outro, filmes.
Peixes	...exatamente a donzela em apuros que ele procura.	...um cavaleiro andante numa bela armadura. Salve-me!	Romance, artes plásticas, cinema, procriação, desafio às convenções e rebelião contra "o opressor".

79

Relacionamentos astrais

O nativo de Touro

Período: 20 de abril — 20 de maio
Símbolo: o touro
Planeta regente: Vênus, o planeta da beleza, da arte e do romance
Elemento: terra — estável, realista, quer segurança material
Qualidade: fixo
Missão: uma esposa para a vida toda

Ambiente natural — onde você o encontrará: Num restaurante curtindo um filé com fritas; bebericando um vinho tinto num bar; fazendo compras numa loja de luxo; praticando um esporte radical; relaxando com parentes e amigos; escrevendo ou baixando música na internet; analisando obras de arte numa galeria; discursando em voz retumbante sobre seus temas favoritos; andando nervosamente de um lado para outro; mergulhando na beleza da paisagem; dormindo tranquilamente num colchão de plumas com lençóis de algodão 600 fios; fumando charuto; dirigindo ou consertando uma motocicleta; ao volante de um carro esportivo; promovendo um imenso jantar festivo; cantando a plenos pulmões as músicas de Frank Sinatra num bar de karaokê; balançando-se de olhos fechados ao som do CD favorito; liderando um comício político; pintando; tocando música de ouvido.

Meio de vida: músico, bancário, corretor, vendedor, estilista, modelo, ator, artista plástico, diretor de escola secundária, apresentador, decorador, mecânico, líder político, dançarino, diretor cinematográfico, atleta, construtor.

Taurinos notáveis e notórios: George Clooney, David Beckhan, Jack Nicholson, Enrique Iglesias, Tim McGraw, Busta Rhymes, Jay Leno, Jerry Seinfeld, The Rock, Jason Biggs, Darius Rucker, Tony Hawk, Craig David, Lance Bass, Joey Lawrence, Al Pacino, Trent Reznor, Jason Lee, Ving Rhames, Jacob Underwood, Bono Vox, John Corbett, Pierce Brosnan, Fred Astaire, Sigmund Freud, Salvador Dali,

O NATIVO DE TOURO

Malcolm X, Karl Marx, Stevie Wonder, Billy Joel, Saddam Hussein, Adolf Hitler, General Ulysses Grant, Willie Nelson, Chow-Yun Fat, John Woo, George Lucas, Papa João Paulo II, Dennis Rodman, Andre Agassi.

O taurino: como localizá-lo

- Vestido com estilo, metrossexual sofisticado ou totalmente roqueiro
- O taurino metrossexual prefere blazer e camisa social com jeans
- O taurino roqueiro pode se vestir totalmente de preto, com botas e acessórios de motociclista
- Queixo definido e mandíbula poderosa
- Pescoço grosso ou longo, ombros largos
- Olhos eloquentes, olhar intenso
- Voz grave, retumbante ou rouca
- Cabelos fartos, com frequência cortados com originalidade
- Sapatos e acessórios de couro — às vezes até as calças
- Estrutura corporal robusta ou compacta, por vezes baixa estatura (mas ele age como se tivesse mais de 2 metros de altura)
- Dedos grossos ou curtos
- Caminha com o peito estufado
- Gesticulação forte e enérgica e um ar de autoridade

O taurino: seu jeito de lidar com...

Dinheiro

Ele adora dinheiro, precisa dele, quer comprar o que há de melhor. É o signo do provedor e em geral o taurino administra bem as finanças. Sua inclinação por gastronomia, música e roupas sofisticadas pode esvaziar sua carteira numa tarde. E você também.

Família

Ele é o típico pai de família e mal pode esperar para dar início à própria. No entanto, sua conduta rígida ou explosiva pode dissolver o clã. Ele não fala com os pais, e não tem o telefone deles na discagem rápida do celular.

Amor

Romântico em teoria, ele é realista na prática. Embora convide muitas garotas a sair, seu amor está reservado para a esposa que decerto encontrará — e com ela ficará para sempre.

Sexo

Adora sexo, precisa dele, mas pode prescindir por meses se a mulher certa não tiver aparecido. Um monógamo disfarçado de Casanova.

Filhos

Mal pode esperar para tê-los — desde que tenha dinheiro para mantê-los. Quando chega o momento, é o máximo em matéria de pai.

Animais de estimação

Não gosta muito, a não ser que façam a felicidade da esposa ou dos filhos. Um maravilhoso adestrador de cães.

Quando você surta

Mal pode tolerar as crises da parceira; mas, se conseguir superá-las, dá abraços demorados.

Quando ele surta

Rosto vermelho, gritos ensurdecedores, objetos voando. Saia correndo se quiser se salvar!

O rompimento

Odeia mudança, e fica ressentido quando algo lhe é imposto. Pode levar anos para superar a separação. Por excessivo orgulho, não confessa que sente saudade.

O taurino: tudo sobre ele

Pois é, você procura um homem que seja leal e estável. O problema é o temor de ele se tornar um TÉDIO. No caso do taurino, isso pode acontecer ou não — ele tem seu jeito próprio, e você deve amá-lo assim ou deixá-lo em paz. É uma criatura que cultiva hábitos e se apega lealmente às próprias opiniões arraigadas, restaurantes favoritos e confortos materiais. Ele adora a família e anseia por um estilo convencional, completo, com direito a filhos e um financiamento de trinta anos.

 E aí, onde fica o lado estimulante? Para encontrá-lo você precisa estar muito presente. O taurino é mais capaz de apreciar os prazeres simples da vida que qualquer outro signo. Ele vive no presente e se contagia com cada delicioso momento. Você é estável o bastante para viver com ele? Se for semelhante à maioria das mulheres multitarefas, talvez ache difícil estar presente. Se a vida profissional devora todo o seu tempo livre, procure namorar um capricorniano viciado em trabalho — ele será compreensivo. Ou, se você precisa rever seu dia de trabalho em vez de deixá-lo na empresa, o virginiano dará ouvidos às suas queixas constantes. O taurino quer passar com você momentos conjugais de qualidade.

 O nativo de Touro adora arte e cultura. O signo é regido por Vênus, o planeta da beleza e da criatividade. Mas Touro é signo de terra, o que transforma o rapaz num realista. Quando você confidenciar a ele seus sonhos mais pessoais, ele talvez lhe dê um banho de água fria; mas, respire fundo e ouça. Ele pode oferecer uma necessária dose de realidade e estrutura. Apoiará suas ambições criativas, desde que você esteja disposta a ser prática. Não conte com ele se você planeja enfrentar uma

Relacionamentos astrais

fila de 16 quilômetros para a seleção de um show de talentos, ou viajar de carona a Hollywood para ser "descoberta". Ele não acredita em sucesso da noite para o dia. O taurino dá passos pequenos e concretos em direção à meta, e ajudará você a mapear a sua.

Uma nota para as mulheres que gostam de mudar os namorados: não se dê esse trabalho. Muitas de nós nos sentimos poderosas em deixar uma marca num homem, em ser aquela que o ajuda a "ver a luz". Seu terapeuta chamaria o fenômeno de codependência, mas isso não impediu a maioria de nós de transformar o namoro em clínica de reabilitação do namorado. Instalar um reformatório para o taurino é uma completa perda de tempo. O nativo do signo não acredita em mudança; isso lhe causa repulsa. Aliás, desde o começo ele deixou claro quem era. Portanto, mudá-lo seria uma mentira — o taurino odeia mentirosos.

Com sua personalidade obstinada, o taurino só mudará se houver para isso uma razão extremamente forte — como uma ameaça à família ou a pessoas queridas caso ele não mudasse. Para salvar a relação? Só valeria a pena se houvesse envolvimento dos filhos, da propriedade ou dos investimentos conjuntos; ou seja, quando estivesse em risco a vida que leva atualmente. Ele valoriza mais a segurança de uma vida estável do que um romance passageiro. Embora talvez mantenha romances passageiros de vez em quando, não fará um movimento concreto sem se perguntar: *será que vale a pena?*

Você acredita que as pessoas possam mudar? Que nada! O taurino zomba. Ele acredita que o que se vê é o que existe. "Alguém pode crescer e aprender com os próprios erros", o taurino Jeffrey admite, "mas você ainda é a mesma pessoa que foi na infância, e sempre será. Pode ficar mais sábio, mas é quem você é, e fim de papo." Se o otimismo, a espiritualidade e a fé no espírito humano estão entre os valores essenciais que você adota, é melhor namorar um sagitariano ou um geminiano. O taurino só achará graça e revirará os olhos diante de sua "infantilidade", deixando você enfurecida.

O nativo de Touro é um provedor. O signo rege o conforto material e a remuneração diária, e esse é seu foco. Se você é o tipo de mulher que traz para casa pássaros feridos, vá bancar a mamãe para um nativo de Áries ou de Escorpião. O taurino acha ótimo você trazer para casa um contracheque. Mas não se engane: é ele quem sustenta a casa. Você pode entender que estamos no século XXI, mas tal fato nada significa para esse signo tradicionalista. Ele vai preferir ver você usar o salário na compra de algo bonito para si mesma em vez de utilizá-lo no pagamento do aluguel.

Você gosta de ser mimada? O taurino é a sua alma gêmea. É uma descarada cavadora de ouro? Pode ir pegando uma pá. Mas se você pleiteia a igualdade e deseja pagar a própria despesa, pode desistir de namorar alguém desse signo. Cada vez que o garçom trouxer a conta, você terá a impressão de fazer o movimento feminista recuar duzentos anos. E se o taurino deixar você pagá-la, ele se sentirá um idiota. Divida a despesa com um virginiano consciente do orçamento ou um aquariano de mentalidade igualitária. Na tentativa de impressionar o taurino, e em comemoração ao aniversário dele, uma conhecida nossa convidou o rapaz para jantar num restaurante francês elegante e caro — o tipo de lugar da moda aonde as pessoas vão para verem e serem vistas. Mesmo deixando no vermelho a própria conta bancária, ele tomou a conta das mãos dela e pagou. O amor de um taurino não se compra!

Se você se sentir culpada, dê presentes a ele. Cachecóis de caxemira, carteiras de couro, chocolates de luxo, uma caixa de CDs — ele aceitará. O taurino quer para si o que há de melhor. Tire a etiqueta de preço e mande embrulhar para presente. Escolha delícias gastronômicas e ele cederá alegremente à tentação. Não o deixe ver a nota fiscal, e ele não se importará.

Touro é um signo estável, e exatamente o que parece — uma pessoa que está "fixada" num lugar e não se mexe. É o lado frustrante da natureza leal do taurino. Às vezes, você precisa de um parceiro que a deixe insegura, ou cujo espírito nômade a obrigue a sair da rotina. Se você acha estimulantes as surpresas e mudanças constantes, procure um dos quatro signos "mutáveis" que estão sempre em evolução: Gêmeos, Virgem, Sagitário e Peixes.

Porém, se desejar mais excitação de seu taurino, tenha cuidado com o que deseja. Ele é estável 95% do tempo, e como você sabe, o touro ataca quando ameaçado. Zangado, o taurino se transforma — de um homem zen torna-se uma máquina de fúria, decidida a destruir o que passar pela frente. Durante esses ataques raros, mas assustadores, ele se repetirá interminavelmente, referindo-se a si mesmo na terceira pessoa, dando socos nas paredes ou gritando a plenos pulmões. (Falaremos sobre isso mais adiante. Mas se você sentir o vulcão a ponto de explodir, fuja.) Seu nativo de Touro também pode ser um trator. Quando ele forçar a barra, você precisa ter força para contra-atacá-lo. Isso implica se conhecer e se aceitar o suficiente para ficar firme nas próprias convicções. De outra forma você terá a sensação de estar namorando um ditador (Saddam Hussein e Adolf Hitler estavam ambos no rol dos taurinos). Conhece-te a ti mesma e a tuas limitações. Uma mulher que afirma os próprios limites, sem atacar nem humilhar o taurino, ganhará o coração e o respeito dele.

O que ele espera de uma mulher

Touro é o signo da autoestima, e você precisará ter muito amor próprio para ficar com o taurino. Ele adora a mulher segura, bonita, brilhante e forte. É muita exigência? Não na mente dele. Ele é o tipo de homem cujo perfil nos sites de relacionamentos declara: "Procuro uma mulher que fique igualmente à vontade em vestido de baile ou em calça de agasalho." Brega e convencional? Com certeza. Mas o taurino quer o pacote completo, e é isso que continuará a exigir.

Embora valorize aparência, o homem de Touro quer uma companheira resistente e flexível, que não se desintegre diante das dificuldades da vida — nem da avassaladora personalidade dele. A mulher ideal tem uma reserva de força interior, a graciosidade de uma deusa e a sabedoria de escolher as batalhas em que se empenhará. Ela não o forçará a assumir compromisso antes de estar pronto; mas, quando ele o fizer, ela estará totalmente receptiva e disponível. Você ficou ofendida? Pule para o capítulo sobre Gêmeos ou Libra.

A visão de uma supermodelo pode virar a cabeça do taurino (ele é regido por Vênus, amante da beleza), mas ele anseia por substância. Quem é você exatamente? Uma mulher confiante em declarar sua própria verdade irá impressioná-lo muito mais do que uma que aceite tudo o que ele diz. No mundo dele não se pode confiar numa mulher destituída de vontade própria. O taurino precisa saber em que time você joga. Se ele admirar a beleza de outra, não tenha ciúmes: se ele estiver com você, é com quem ele quer estar.

Embora interprete o papel paterno nos relacionamentos e até sustente financeiramente a companheira, o taurino espera que ela se comporte como adulta. Ele fará corpo mole enquanto avalia seu grau de contato com a realidade. Alguns indícios que usará: você paga suas contas, tem um emprego estável, mantém abastecida a geladeira (comida é prioridade para o taurino), e tem a casa decorada com móveis de adulto. Não é imperativo cozinhar e limpar (para isso ele considera que existem restaurantes e faxineiras), mas mesmo assim você precisa saber como fazer as duas coisas. Uma parte primitiva do cérebro dele sempre se pergunta: e se amanhã o mercado de ações cair rigorosamente, ela seria capaz de nos manter a salvo? O instinto de sobrevivência não deixará que o taurino se case com você se a resposta for negativa. Um detalhe mais corriqueiro: ele também não suporta sujeira nem mau cheiro. Em cada taurino existe uma dondoca.

Mulheres do tipo agressivo o afugentam; por conseguinte, se você quiser mandar em tudo, experimente um nativo de Peixes, que é o signo do mártir, ou um nativo de Escorpião, que adora uma boa disputa de poder (ora, cada qual tem seu igual, não é verdade? Jamais afirmamos que você deveria mudar por causa de um homem). Os tipos passivos ou tímidos também não conseguem agarrar um taurino. Um leve mistério só contribui no começo, mas no final ele vai querer conhecê-la bem. Os nativos do signo formarão conexões genuínas e duradouras com mulheres que tenham o pé na realidade. O taurino é capaz de localizar de longe a simulação. Diga o que tiver vontade, mas mantenha o que disse. Fundamentar-se na honestidade é o segredo para conquistar para sempre o nativo de Touro.

O que ele espera da relação

Em resumo, o taurino procura uma esposa. Para ele o que vale é lançar raízes: a família, a companheira perfeita para envelhecer ao lado, e uma linda casa para compartilhar. Em vez de mudar constantemente de parceira ele prefere seguir a rotina com a mesma pessoa durante sessenta anos. Obviamente ele tem um vigoroso apetite, mas a maioria dos nativos de Touro acha que variedade significa levar você a um novo restaurante. Mudanças dão muito trabalho, e ele não é do tipo que perde tempo com isso. Quer só se estabelecer num caminho estável, com alguém para adorar. A você cabe a tarefa de aparecer e tornar-se aquela pessoa. Pensando bem, não é mau negócio.

O taurino solteiro está constantemente em modalidade de "entrevista". Carrega uma lista mental de itens e avalia toda mulher que encontra, para ver se ela se enquadra. Embora ele talvez aceite uma substituta temporária, não tem medo de dispensá-la se aparecer o par perfeito. Geralmente fica à espera da perfeita combinação e ao longo do caminho parte muitos corações esperançosos.

O taurino quer perseguir você, mesmo contrariando as expectativas. Por quê? Porque se ele mexer aquela bunda preguiçosa o suficiente para caçá-la, pretende fazer o esforço valer a pena. O taurino David Beckham, casado com Victoria "Posh Spice" Beckham, ex-integrante do grupo Spice Girls (uma ariana), é um perfeito exemplo. Em 1996, o supercotado Beckham, durante uma viagem que fez ao exterior, assistiu ao videoclipe do conjunto cantando "Say you'll be there". Ele apontou Posh e informou aos colegas do time de futebol que aquela era a mulher que ele queria, e se ela o quisesse eles ficariam juntos para sempre. Em questão de meses viraram um casal. Agora têm quatro filhos e uma relação que já dura mais de uma década.

A sensação de direito adquirido é típica do comportamento do jovem de Touro. O taurino se imagina um príncipe. Naturalmente ele escolhe a noiva e não consegue imaginar que será recusado. Em geral consegue o que pretende. Se o taurino quiser fazer de você a princesa dele, aceite a coroa, senão... Ele persistirá teimosamente em busca do objetivo até alcançá-lo. Não é um tipo que você consiga afastar facilmente; portanto, se não estiver interessada, não use indiretas sutis — ele não entenderá. Será preciso dizer com toda clareza que não está interessada, e é melhor fazê-lo logo, antes que ele se convença de que você é a eleita.

É bastante comum o taurino se casar cedo. Esse homem nostálgico pode até se casar com alguém da própria cidade natal, como Bono Vox, que se casou com a namorada de infância, Ali Hewson. Ativista excepcional, Hewson recusou o convite a se candidatar à presidência da Irlanda porque (no autêntico estilo taurino) Bono "não se mudaria para uma casa menor". Os homens de Touro precisam do conforto a que estão habituados.

Com exceção da tourada ocasional, a vida com um taurino é confortável e segura. Sim, ele é tremendamente exigente, mas recompensa você com uma lealdade sem igual. Se estiver cansada de se queixar aos amigos de que "os homens não assumem compromisso", ou se estiver pronta para começar uma família, vire as baterias na direção de um taurino. Saiba que a verdadeira aventura com o nativo de Touro começa depois do compromisso. É aí então que ele começa a construir uma vida preenchida de férias, presentes de aniversário, filhos para mimar e, em geral, muito aconchego. Se o projeto do taurino agradar a você, inscreva-se e planeje ficar até o fim.

Sexo com o taurino

Em matéria de sexo, o taurino se comporta com a empáfia de quem recebeu prêmios de excelência. Ele sabe que dá conta do recado, e transpira segurança sexual. Está sempre disposto a deitar e rolar com você. Escravo dos próprios sentidos, ele adora provar, ver, tocar e cheirar.

Relacionamentos astrais

Para ele o maior estimulante sexual é o cheiro natural da mulher, que adora inalar antes e depois do sexo (se não gostar do seu cheiro, isso pode gerar um impasse). Ele tampouco tem pressa de terminar. Quando curte o ato sexual, dá impressão de que você é o prato principal numa opulenta refeição. A virtude sexual dele é a paciência.

A ambientação é importante para o taurino, e ele adora criar um cenário luxuriante para vocês passarem a noite de amor. Lança mão de pétalas de rosa, velas, almofadas, o diabo — pode até trazer um tapete de pele. Uma cama confortável e limpa e lençóis macios são os mínimos requisitos. Por ser um signo de terra, ele também topará uma travessura ao ar livre, no meio do mato. Ele é da montanha e gosta de montar.

Touro é o regente do pescoço e da garganta; por isso você pode contar com alguns grunhidos e rugidos de paixão. Com frequência ele vai acelerar você beijando-a no pescoço, primeiro de leve, depois com intensidade cada vez maior. Se você namora um taurino, mantenha no guarda-roupa algumas blusas de gola rulê, porque os chupões deixaram de ser coisa dos tempos de colégio; no ardor da paixão, o taurino não tem consciência da própria força.

Em matéria de posições sexuais o taurino é mais constante que experimental. Você encontrará um de dois estilos: lento e sensual (ele começará com uma massagem e levará a noite inteira) ou o touro enfurecido que ataca diretamente o alvo. O que falta a ele em variedade é compensado pela persistência. Depois de cavalgar esse touro mecânico, você pode ficar até com dor no bumbum!

Mas isso não quer dizer que ele não aprecie uma pegada diferente. Se você der a partida, ele irá atrás. Como nativo de Touro ele está habituado ao couro — fique à vontade para trazer roupas de couro e algemas. Só não espere dar chicotadas no lombo desse macho dominante. Provoque-o usando sapatos sensuais de salto agulha ou um corselete; ele adora ver você se esforçar um pouco para impressioná-lo. Mesmo assim, ele prefere que tire a roupa, em vez de fazer joguinhos. Para o taurino sua feminilidade e suas curvas são o evento principal, e ele não quer perder tempo!

Tesão: o sim e o não

O que dá tesão

- você ser coerente; o taurino gosta do que conhece e odeia mudanças repentinas
- chegar na hora — esse signo é extremamente pontual!
- gostar de música, de arte e ser culturalmente informada
- ter genuína admiração por ele — faça-o sentir-se brilhante e bem-sucedido
- pedir conselhos e opiniões a ele e ouvir embevecida suas respostas
- expressar veementemente sua verdade — ele considera fracas as pessoas sem opinião própria
- ser sensual, forte e refinada
- ter amor à comida e ao vinho — e estar disposta a desfrutar de ambos em companhia dele
- vestir-se na moda, com roupas elegantes e originais
- massagear-lhe o pescoço, a cabeça e os ombros
- administrar sua vida como uma máquina de eficiência, equilibrando família, trabalho e diversão
- reservar tempo para compartilhar os prazeres simples da vida, como um crepúsculo ou um passeio a pé
- querer filhos e uma família
- estar disponível quando ele precisar de consolo, afeto ou atenção
- ser calorosa, real e pragmática
- dar nome aos bois (de uma forma apoiadora, sem críticas)
- comprar para ele produtos de beleza caros ou outros acessórios típicos dos metrossexuais

O que não dá tesão

- interrompê-lo quando ele estiver falando
- falar alto demais ou fazer cena

Relacionamentos astrais

- deixar a geladeira vazia ou a casa bagunçada
- tentar mudá-lo ou dizer a ele o que fazer
- elogiá-lo com demasiada frequência — ele pensará que você tem segundas intenções (e tem?)
- ter medo de discordar dele
- brigar só por brigar — o taurino precisa de sossego!
- ser desleixada ou vulgar
- tomar pouco banho ou usar um perfume que ele detesta — o olfato dele é incomparável
- ser fria ou misteriosa
- fazer joguinhos ou provocar ciúmes — ele irá embora
- colocar-se entre ele e os parentes ou amigos dele
- exibir-se com ele, fazê-lo passar vergonha em público, ou "queimar o filme" dele de alguma forma
- insistir em dizer a última palavra numa discussão
- apressá-lo enquanto ele cuida da aparência, o que pode levar horas
- azarar alguém na presença dele
- passar a noite fora de casa ou ser nômade de alguma forma

As jogadas dele

Primeiras investidas: a azaração

Então você acha que ele gosta de você, mas uma vozinha insistente duvida de que sua leitura esteja correta. Com os nativos de Touro, essa é uma boa questão a averiguar, pois eles são famosos por se fingirem envolvidos (falaremos mais tarde sobre isso). Decididamente, esse signo temeroso ao compromisso adota a abordagem do "experimente antes de comprar".

O taurino a convida para sair e, durante o encontro, observa de que modo você se encaixa no mundo dele, como se comporta, e se causará a ele algum constrangimento em público. Touro é um signo consciente do status; em sua antiquada visão, a conduta pública da esposa se reflete nele. Não importa o quanto goste de você, ele precisa ter certeza de que esse vínculo ajudará a manter sua boa imagem em qualquer situação. Se você gosta dele, trate de se comportar o melhor possível!

A seguir, alguns sinais de que ele a observa como potencial candidata:
- ele a persegue sem trégua, imune à resistência que você oferece
- ele a convida para um restaurante chique e pede um vinho
- ele a leva para um concerto ou peça de teatro
- ele compartilha com você a música ou livro preferido
- ele lhe dá flores ou um presente cuidadosamente escolhido
- ele declara diretamente a você que a deseja

Como saber que ele está envolvido

Você passou com sucesso pelo extensivo processo de filtragem do taurino, que decidiu que você corresponde ao esperado. Agora, ele começa a construir uma vida boa demais para ser abandonada. Eis aqui como você saberá:

Ele age como se fossem casados. Quando o taurino se compromete, começa a agir como se fosse seu marido. Talvez até avise que planeja pedir você em casamento. Refere-se a você publicamente como namorada, às vezes se torna possessivo, e geralmente age como se fosse seu dono. Quer que você vá morar com ele imediatamente.

Ele suspende a caça, mas a relação se torna fisicamente íntima. Os taurinos têm duas velocidades: perseguição ou o relaxamento completos. Ele ganhou o prêmio e agora passou a marcha para um ritmo mais calmo, em que pode saborear sua companhia. Da tentativa de ganhá-la com restaurantes de luxo e entradas para a ópera, ele muda para delivery de comida chinesa e vídeo locadora. Ora, que problema há em um sofá confortável e um som *surround*?

Ele a leva às compras. Depois de você ser conquistada pelo taurino, sua apresentação se reflete nele. Agora os dois são como sal e pimenta,

Relacionamentos astrais

e devem se vestir em estilo complementar. Aquela saia de bailarina e as asinhas de fada que ele achava tão fofas quando era seu amigo agora serão a sentença de morte da reputação dele. Portanto, diga adeus aos modelitos de brechó e adote o visual sofisticado. Além disso, ele se sente muito másculo, como provedor natural, ao agasalhar os seres amados.

Toda noite ele quer que você fique para dormir. O sono é sagrado para o taurino, e se, para ter uma boa noite de descanso, ele precisar de sua presença, você é indispensável.

Você conheceu os parentes (ou amigos íntimos) dele, que a adoraram, sem exceção. Parabéns, passou no teste! Se conseguir o selo de aprovação da galera mais importante da vida dele, não se surpreenda se ele a convidar para as festas de fim de ano.

O taurino infiel: por que ele a engana

O signo de Touro é leal por natureza. Para o taurino trair alguém é preciso um forte motivo. Em geral ele emitirá muitos sinais de advertência antes de apelar para medidas tão drásticas. Prático demais para querer estragar a própria vida com o drama de um lar desfeito ou de uma família destruída, ele também se preocupa muito com a própria reputação para manchá-la com um escândalo. Possivelmente está magoado ou solitário e você não reparou. Os romances extraconjugais podem ser facilmente evitados, no caso do nativo de Touro: basta você se manter regularmente sintonizada com ele.

Ele não sente que é "o cara". Ainda que se conduza com orgulho, e até com arrogância, o taurino tem um ego frágil. Precisa se sentir especial e admirado. Ele tem recebido críticas ou restrições de sua parte? Você o interrompeu quando ele dava notícias importantes? Dê um jeito de aplaudi-lo, ou ele buscará novas fãs em outra parte.

Ele se sente negligenciado, sozinho ou esquecido. Os nativos deste signo sentem falta de contato físico e afeto. Se você não abrir espaço para ele em sua agenda cheia, talvez ele encontre consolo em outros braços. Quer manter seu taurino? Não dê a ele a sensação de estar em segundo plano.

Ele foi dominado pelo vigoroso apetite sexual. Touro é regente dos cinco sentidos e ocasionalmente o taurino fica intoxicado por um impetuoso ataque de beleza feminina. Só em raras ocasiões ele age, e normalmente é movido pela imaturidade ou por uma das duas razões mencionadas. Antes de assumir um compromisso, certifique-se de que ele já superou as loucuras da juventude.

Ele achou que você não é a "mulher ideal" e na visão dele o romance acabou. Embora talvez não tenha comunicado a você o rompimento, ele se considera livre para deixá-la se já tiver tomado a decisão. Mas a integridade ainda conta para ele; logo, espere para breve o fatídico telefonema.

Comece a cavar a cova: o fim do romance

O taurino odeia mudança e para encerrar uma relação é preciso um forte motivo. Depois de tomada tão difícil decisão, ele se dedicará a ela com a mesma energia utilizada no início do romance. Se a iniciativa da separação partiu dele, talvez você — ou ele — tenha pisado na bola para valer, levando-o a considerar os danos irreparáveis. Como saber se não há mais esperança?

Ele para de dar em cima de você. Quando o taurino acha que você pode ser "a mulher ideal", ele não larga o pé. Agora é muito possível que ele esteja correndo atrás de outra.

Ele usa uma velha camiseta ou calça de moletom na sua presença, e não está na hora de dormir. Tradução: você já não merece que ele se arrume por sua causa, e está fora da lista VIP. Como já não faz parte da vida dele, pouco importa a sua opinião. O taurino não tenciona convidá-la para sair hoje à noite nem nunca mais.

Ele não paga a despesa. O taurino adora mimar a namorada. Se na hora da conta ele não botar o dinheiro na mesa, ou está quebrado (o próximo item) ou odeia você.

Ele não tem dinheiro para manter uma esposa ou uma família. Touro é o signo do provedor, e ele sempre pensa em longo prazo. Se souber que não pode oferecer casa, comida e roupas, ele não se comprometerá (por mais irracional que isso pareça). Para ele, quem está numa relação quando é incapaz de prover dá impressão de extremo fracasso. E nem tente mudar a visão dele em relação a isso.

Ele declara que não vê vocês como um casal. Acredite nele. A tentativa de fazê-lo mudar de ideia poderia levar décadas. Uma amiga nossa passou quase dois anos convencendo um taurino a namorá-la! Nós desaconselhamos esse caminho exaustivo.

As brigas de vocês atingem um nível assustador. Touro é o regente da garganta e o nativo pode berrar a plenos pulmões, ou usar outras formas para intimidar. Isso acontece quando o taurino foi levado a ultrapassar o ponto de ruptura. Se uma medida cautelar parece boa ideia, fuja da trajetória do ataque desse touro.

Você ainda quer modificá-lo. Os nativos de Touro se manifestam e mostram tudo que são. Você não gostou? Pois ele não mudará. Se você precisa de um homem de evolução constante, experimente um nativo de Sagitário ou de Gêmeos. Com o de Touro você leva só o que comprou.

Interpretação de sinais: O que ele quer dizer com isso?

Quando ele...	...quer dizer que...	...logo você deveria...
...fica muito calado...	...está digerindo a comida, saboreando o momento, ou apenas relaxando. ... observa você para ver se serve como esposa.	...deixar o homem digerir ou vibrar junto a ele. ...se expressar! Se você não sabe o que dizer, pergunte a opinião dele sobre um assunto que ele domine.
...não telefona...	...acha que você não é a mulher ideal. ...você o ofendeu e ele espera um pedido de desculpas.	...convidá-lo para sair e mostrar-lhe o engano, se acha que ele está errado. Se ele não reagir bem, desista. ...telefonar e perguntar se o ofendeu. Em caso afirmativo, desculpe-se graciosamente e não volte a repetir a ofensa!
...telefona muitas vezes...	...acha que você poderia ser a mulher ideal e está ansioso para descobrir.	...atender ao telefone só quando tiver tempo para conversar. Ele é persistente; se ele gostar de você, telefonará de novo!
...não mostra interesse depois de alguns encontros...	...está interessado, mas ainda inseguro. O taurino procura uma esposa, e não quer começar algo que não poderá levar adiante.	...ter paciência e tomar um banho frio. Nunca force nem dê início ao contato físico com o taurino se não quiser assustá-lo.
...passa semanas sem mostrar algum interesse...	...adora sua companhia, mas não vê em você a mulher ideal — com potencial de esposa.	...se a visão que ele tem de mulher ideal e potencial esposa agrada a você, começar a encarnar essa visão e observar se ele reage bem. Se não, deixe para lá!
...age depressa...	...ele tem certeza absoluta de que você é a mulher ideal, ou então de que não é.	...ficar a distância, vendo se ele continua a persegui-la. Se ele estiver interessado num caso passageiro, deixará de telefonar. Se achar que você tem potencial de esposa, perseguirá você até conseguir convencê-la — não importa o tempo que leve.

Relacionamentos astrais

Quando ele...	...quer dizer que...	...logo você deveria...
...paga a despesa, dá flores e presentes...	...não quer dizer nada. Os nativos de Touro estragam com mimos as pessoas queridas, tendo ou não interesse romântico.	...desfrutar, mas não interpretar o gesto como uma ligação amorosa. Se quiser mais, ele dirá.
...apresenta você aos parentes e/ou amigos mais íntimos...	...está vendo de que modo você se enquadra. Como o taurino é uma pessoa leal, uma química ruim com o clã dele leva ao impasse. "... ele confia em você."	...família é assunto pessoal, e quando o taurino revela coisas íntimas é porque ele gosta de você. Seja amável, interessada e cause boa impressão. Escute mais do que fala. ...dizer a ele que se sente lisonjeada. Seja receptiva, carinhosa e guarde suas opiniões para si.

Suas jogadas: dicas de namoro e de amor eterno

O namoro com o taurino

O flerte faz parte da natureza dos taurinos. O signo é regido por Vênus, planeta da beleza e do romance. O taurino adora admirar você e facilmente se deixa envolver em provocações bem-humoradas. No entanto, alavancar uma interação de flerte para que vire um namoro exige algumas atitudes cruciais. Como seduzir o nativo a convidá-la a sair?

Faça-o lembrar de uma estrela de filme preto e branco. O nativo de Touro adora mulheres sofisticadas. Evite comportamento tímido ou engraçadinho ou ele a verá como irmã caçula, em vez de namorada potencial. Para atrair a atenção do taurino, tome emprestado o glamour de estrelas de cinema como Greta Garbo ou Audrey Hepburn (uma taurina). Ele se amarra em mulheres sofisticadas. Evite jeans e minissaia e use uma sensual camisa de seda, de estilo executivo-casual, com uma insinuante saia justa e sapatos de salto. Junte os cabelos e prenda-os num coque elegante enquanto ele observa (mas não se trata de torcer os cabelos como uma adolescente nervosa!). Mova-se graciosamente e articule as palavras. Ele adora a arte da feminilidade clássica, há tanto esquecida. Aja como uma majestosa heroína de cinema.

Ofereça a ele uma garfada de seu prato ou um gole de seu drinque. Os taurinos adoram comer, portanto a comida é garantia de sedução. Peça uma garrafa de vinho e sirva a ele um cálice. Até a rolha secar, ele será seu.

Toque nele com delicadeza. O sensual nativo de Touro reage ao contato físico, portanto roce o braço ou cotovelo no dele enquanto fala. Isso comunica intimidade sem excesso de audácia, e o faz sentir-se conectado com você. Não o agarre, não dê tapinhas nas costas nem faça gestos grosseiros. Guarde-os para o ariano ou o aquariano, que fazem o tipo machão.

Peça conselhos a ele. Nada consegue deixar o taurino mais lisonjeado do que pedir sua opinião. Ele gosta de cuidar e proteger, e se alegra com a chance de fazê-lo. Peça-lhe que recomende um vinho, ou ouça embevecida enquanto ele expõe suas teorias sobre arte, política e família. Conte a ele sobre um impasse que enfrentou (desde que não seja dramático demais), e não precisará ficar de papo nem mais um segundo.

Saiam juntos para fazer compras. Isso é particularmente útil se você quiser transformá-lo de amigo em namorado. Vá a uma loja sofisticada e deixe ele orientar você na escolha de um perfume ou traje. O taurino terá a impressão de já serem namorados.

Seja uma artista ou uma estrela do rock. O nativo de Touro pode ser um sujeito simples, mas adora uma personalidade forte e um bom desempenho.

Ver você "mandando bem" lhe dá tesão. Convide-o a uma apresentação de sua banda ou a uma palestra que você vá proferir. Deixe-o assistir você na direção de uma sessão de fotos ou fazendo algo que dê impressão de que é dona do mundo. Se você é uma estrela, ele desejará gravitar em sua órbita. Ele é louco por gente famosa; portanto, seja o primeiro nome que ele irá mencionar "casualmente".

Faça-o sentir-se à vontade. Um simples sorriso pode ser o que basta para ganhar a atenção do taurino. Ele quer conviver com alguém que não o julgue. Um sorriso seu é a luz verde que diz a ele que está seguro.

Amor eterno com o taurino

Então você acha que ele é o homem ideal. Que romântico! Ora, como fazer as chamas do desejo se transformarem na fantasia do "viveram felizes para sempre"? Com o taurino, o jeito como você começa é o jeito como termina. Por conseguinte, os primeiros movimentos são os mais importantes. Se vocês estabeleceram uma conexão, aplique estas técnicas para selar o contrato.

Leve uma vida estável. Outros signos adoram uma donzela em perigo (alô, virginiano) ou uma pessoa melodramática (alô, ariano). Mas o taurino, não. Ele quer amarrar você e começar a construir um futuro. Você já organizou a bagagem psicológica? Recebe um salário regular e dá conta de seus assuntos? Se seus problemas forem mais numerosos que os itens do estoque de uma loja, não espere receber uma proposta da parte dele.

Estabeleça um bom equilíbrio trabalho/vida. O nativo de Touro é um homem de família, que precisa ter certeza de que você reserva tempo para outras coisas além da própria carreira. Ele respeita a mulher ambiciosa, desde que sobre tempo para a família e o romance (leia-se: para ele).

Seja sua esposa desde já. Allison Armstrong, criadora dos PAX Programs, pesquisou milhares de homens e descobriu que a maioria se casa com mulheres que já são suas esposas, ou agem como se o fossem. Para o taurino, isso significa se adequar à visão dele de companheira ideal (detalhada anteriormente neste capítulo).

Seja uma mulher, e não uma garotinha. Tenha acessórios adultos, pague suas contas, resolva os problemas psicológicos e conheça sua paixão na vida. Ele a protegerá, mas não vai mimá-la. Sim, ele quer criar filhos, mas isso não inclui você. O taurino espera que você seja uma parceira igualmente forte. Ele a sustentará de bom grado se souber que você é capaz de se sustentar sozinha.

Deixe-o ser seu cavaleiro andante de armadilha reluzente. Isso não quer dizer que deva se fingir de desamparada ou irresponsável. Nunca! Basta deixar o taurino lhe prover sustento, abrir portas, ajudá-la mesmo que você não precise. Ele está ansioso para fazer a diferença e torná-la feliz. Deixe-o agir!

Não esteja disponível demais. Quando um taurino gosta de você, corre atrás como um touro enfurecido. Se você quiser uma relação duradoura, faça-o esperar alguns dias pelo primeiro encontro. Nesse aspecto detestamos dar a impressão de querer ditar regras, mas o taurino só se compromete com mulheres que tenham suas próprias vidas repletas de interesses. Se sua agenda parecer vazia, ele logo perderá o interesse. Além disso, o taurino pode ser possessivo durante o namoro. O excesso de disponibilidade abre os portões para ele passar como um rolo compressor em cima de você. Estabeleça limites firmes desde o começo e você desfrutará de uma relação com equilíbrio e igualdade.

Esteja preparada para...
O primeiro encontro

Então você vai sair com um taurino. O que esperar? Eis aqui como transformar em sucesso o primeiro encontro e passar bons momentos, haja o que houver.

A energia básica: Os taurinos adoram comida e música. É muito possível que ele a convide para jantar, para assistir a um concerto ou ambos. Se você é uma comensal vigorosa, nem pense em pedir salada como entrada, nem em dividir pratos, exceto a sobremesa. O taurino é do tipo que gosta de filé com fritas. Planeje a refeição com entradas, um cardápio hedonista de gastronomia francesa ou internacional, uma garrafa de vinho e uma sobremesa suculenta, em um ambiente bem romântico.

Você teve uma semana atribulada? Então não ponha um taurino na agenda. A expectativa dele será a lenta degustação de muitos pratos e uma longa e deliciosa conversa. Depois, ele desejará relaxar tomando drinques, assistindo a um filme ou caminhando. Desculpar-se e se retirar cedo dará a ele a impressão de que você é grosseira ou não está interessada. Reserve no mínimo quatro a seis horas para o encontro. Vamos lá, você já trabalha bastante — conceda-se uma noite de diversão!

O que usar: Já que os taurinos gostam de elegância sofisticada, escolha roupas de bom gosto, mas de corte sensual e tecido refinado. Faça as unhas, ou pelo menos passe nelas a lixa, pois ele decididamente vai reparar em suas mãos. Use um estilo chique e na moda, com sapatos de salto, jeans de boa marca e top de seda ou de caxemira e blazer. Cores vivas dão um toque adicional, desde que sejam alegres, mas não berrantes. Use maquiagem elegante e natural; pode até fazê-la num profissional — esse encontro oferece uma boa desculpa para você se conceder um mimo. Devagar com o perfume: o nativo do signo tem o olfato superaguçado.

O que não usar: Diga não a qualquer roupa muito decotada ou curta demais, ou feita de tecido inferior ou sintético. Touro é o regente dos cinco sentidos e esta noite o nativo prefere não passar a mão sobre tecidos 100% poliéster. Por outro lado, não use nada mais caro do que os itens que ele tem no guarda-roupa. Salto alto é sexy, mas não coloque salto agulha muito exagerado, que a faça quebrar o tornozelo ao tentar pegar um táxi. Nesta noite, fique à vontade em seus trajes de deusa. Provavelmente vai perambular pela cidade durante o encontro; portanto, vista-se para uma longa noite ao relento.

Pagar ou não pagar? Embora alguns signos se empolguem com o costume de rachar despesas, o nativo de Touro nem sonha em deixá-la financiar um encontro. Agradeça, mas deixe o dinheiro na bolsa. Nesta noite, desfrute ser alvo de atenções.

Na hora da despedida: Se não quiser ver a conexão fracassar logo, não planeje um pernoite dele no primeiro encontro. Como os taurinos gostam de estabelecer o ritmo, seja receptiva se gostar dele, mas não tome iniciativa de contato físico. Um bom beijinho de boa-noite já basta para garantir a ele que você está interessada, enquanto o mantém ligeiramente a distância. Se ele forçar a barra querendo mais, fique firme. Agradeça-lhe pela noitada e marque um novo encontro. Não falamos isso por acreditarmos em papéis sexuais antiquados (não acreditamos). Só estamos informando a você o que funciona com o taurino, caso queira ter uma segunda chance.

A primeira visita dele à sua casa

Pois é, ele está vindo visitá-la. Será que você deveria deixar aquela pilha de jornais na mesinha de centro, ou o sutiã casualmente enrolado na maçaneta da porta? Nem pensar. Esqueça aqueles mitos sobre aparta-

Relacionamentos astrais

mentos imundos de homens solteiros, porque não se aplicam ao taurino. Ele é o típico metrossexual, sensível ao entorno, com opiniões definidas em matéria de decoração. É injusto, mas verdadeiro: ele irá avaliar sua casa para julgar que tipo de ninho você poderia enfeitar um dia para ele (e seus filhos). Se você não tiver uma empregada de plantão e a geladeira cheia, não o convide de improviso para uma primeira visita.

Limpe como se fosse uma faxineira profissional. O taurino é maníaco por limpeza, e decididamente desejará saber se você também é. Livre-se da poeira e da sujeira, principalmente no banheiro. Este é um bom momento para chamar aquele serviço de limpeza que você andou cogitando.

Acrescente toques sensuais. Flores frescas, vaporizadores de perfume (só dos leves: ele tem um olfato poderoso), retratos emoldurados de amigos e parentes e música ambiente irão criar o clima que ele gosta.

Não suponha que ele vá passar a noite. E não se ofenda se ele não ficar. O taurino pode se mover devagar, o que não quer dizer que não esteja interessado. Além disso, ele provavelmente gosta muito da própria cama e se preocupa de não ter uma boa noite de sono na sua.

Deixe à vista coleções de produtos culturais. Livros, música, arte — ele quer saber quem você é e quais são suas paixões. Esta é uma oportunidade de criar mais intimidade com ele — exiba seus interesses. Se ele não os entender, é melhor descobrir logo!

Abasteça a geladeira. Desculpe dizer, mas ele não é um convidado barato. Na noite anterior à visita, saque algum dinheiro no caixa eletrônico. Dê uma passadinha na delicatéssen para comprar azeitonas, biscoitinhos salgados e algumas guloseimas gostosas, como batatas fritas especiais e sorvete de excelente marca. Acrescente cervejas importadas e uma boa garrafa de vinho (pesquise a procedência — ele pode ser um esnobe em matéria de vinho). Tudo o que vocês puderem dar um ao outro para comer, como uvas, é vantajoso. Se você acha que ele irá pernoitar, compre um café especial moído na hora e leite semidesnatado (para o Touro, nada de leite desnatado — nunca!).

Guarde na gaveta do quarto tudo que for abertamente sexual, esquisito ou indicar um "estilo de vida alternativo". Você deveria esconder desse homem seu verdadeiro eu? Claro que não. Mas o taurino é tradicional e precisa conhecer devagar esse outro lado seu. No mínimo, mantenha seus brinquedinhos no quarto de dormir.

Procure dar a impressão de que uma mulher adulta vive ali. Você ainda come congelados, dorme num colchão e guarda livros em caixotes? Se você não deu um *upgrade* na vida que levava nos tempos de estudante, pelo menos tente introduzir algum conforto. Jogue fora os restos de velas derretidas, retire da parede a colcha artesanal e acrescente alguns toques femininos, como flores frescas, livros, velas perfumadas e almofadas.

Deixe à mão um óleo essencial para massagem. O taurino sensual adora tocar, e é um excelente recurso para vocês se empolgarem um com outro. Tenha à mão um vidrinho de óleo levemente perfumado. Providencie o produto novo — isso nos pareceu óbvio, mas não há nada que apague mais depressa o fogo do possessivo Touro do que imaginar que você massageou outro homem com o mesmo óleo.

Remova do campo visual tudo que se relacionar a trabalho. Desligue o computador, feche os arquivos e guarde qualquer elemento referente ao trabalho. O taurino exigirá sua plena atenção!

O encontro com a família dele

Se o taurino se relaciona bem com os parentes, eles significam o máximo para ele. Agora ele leva você a sério o bastante para apresentá-la à família. Seria isso um teste? Pode acreditar que sim!

Mesmo sem astrologia envolvida na situação, conhecer os pais do namorado é uma tarefa de alta pressão. Mas embora os nativos de alguns signos não considerem crucial você ter bom relacionamento com os parentes dele, o taurino o considera. Como evitar um ataque de nervos? O conselho básico saiu direto de um manual da escola de sedução dos anos 1950. Trate de se vestir adequadamente, leve flores para a mãe dele, não fale de política nem religião, e seja uma convidada calorosa e agradecida. Envie um bilhete de agradecimento, e se a mãe dele pedir a você uma carona ao supermercado, leve-a até lá. Enquanto o nativo de Escorpião ou de Áries pode perder a cabeça se você se afinar bem demais com o clã dele, o taurino estará julgando até que ponto você se encaixa bem.

E se você não se relacionar bem com a família dele? Afinal de contas, é totalmente possível. Sugerimos seriamente que reflita sobre o quanto (ou se) você ama o rapaz. Amar um taurino significa aceitar a família dele — ou a bagagem que existe em torno dele. Você consegue deixar de lado o desagrado durante o tempo suficiente de algumas saídas e festas em família? Está disposta a se lamentar com seu terapeuta, em vez de se queixar ao taurino, sobre a irritante irmã dele? Se achar que ele vale a pena, não se afaste. Mas se acha que eles serão uma eterna fonte de irritação, talvez seja melhor vocês se separarem.

Para dizer adeus

O fim do romance com o taurino

O taurino odeia mudanças, e isso vale também para rompimentos. Uma vez que vocês se estabeleçam plenamente na confortável condição de casal, ele se dedica preguiçosa e obstinadamente. Só fará algo importante (como terminar um relacionamento) se decidir que "vale o incômodo", conforme expressou um taurino. Quando o amor de vocês chegar ao fundo do poço, ele fará primeiro uma análise mental do custo-benefício de abandonar você. Se o desconforto da operação for maior do que o sofrimento de enfrentar a situação (por exemplo, os filhos ficarão desesperados, os dois respondem pela hipoteca da casa, ele não consegue viver sem os escalopes de vitela que você prepara), ele não arredará o pé. Pelo menos não precisará levantar a bunda de cima da poltrona de couro favorita e procurar novo endereço para ela.

Ainda assim, só porque ele está em negação, você não precisa estar também. Basta se lembrar de que o taurino vê tudo, inclusive você, em termos de posse. Na cabeça dele, depois que a escolheu para esposa, você se tornou propriedade dele. Se a relação já ultrapassou o ponto de retorno, você se verá obrigada a ser aquela que a termina. E ele dificultará sua partida, possivelmente até encenando uma temporária "lua de mel" para fazê-la mudar de ideia.

Caso você fique imune aos encantos dele, muito cuidado. Nem o inferno contém uma fúria igual à de um taurino desprezado. Ele ficará duplamente irritado pela inconveniência causada à confortável rotina adotada. Quanto maior a surpresa, pior a reação dele. Conte com que ele berre, quebre objetos, bata as portas e perca as estribeiras. Que coisa assustadora! Tirá-lo de sua vida pode exigir uma medida cautelar ou uma mudança para o lado oposto do país.

Superando a perda: quando o taurino vai embora

Quando é você quem termina a relação, o taurino fica amargurado e temperamental, mas quando a iniciativa é dele, não hesita em "pedir as contas". Pode-se dizer "dois pesos e duas medidas"? Se ele achar que a relação de vocês é um desperdício do tempo e dos recursos dele, não espere que ele permaneça. Não há muito como convencer o teimoso taurino a mudar de ideia. Possivelmente ele terá feito uma completa avaliação e decidido que a relação está condenada. Depois que ele vira a bússola numa nova direção, você poderá perfeitamente seguir o exemplo com a sua.

Nesse caso, faça um rompimento o mais cirúrgico possível. Mesmo que envolva mudar de domicílio ou viajar durante algumas semanas, altere depressa sua realidade. O taurino é uma criatura de hábitos, logo vocês provavelmente já estabeleceram um estilo de vida ou rotina juntos (acordar às sete da manhã, encontrar-se num barzinho depois do trabalho, jantar às quartas-feiras em seu restaurante italiano favorito...). Misture as coisas tão drasticamente quanto possível para evitar se sentir solitária e desesperançada em relação a seu futuro romântico sem ele.

Relacionamentos astrais

Pela última vez, chore a falta que sentirá...

- da obrigação de voltar a pagar as próprias despesas
- da perda de seu companheiro de compras — ele tinha excelente gosto!
- do sentimento de segurança que ele oferecia
- dos maravilhosos jantares e noitadas na cidade
- da maratona sexual
- do jeito como ele a devorava com os olhos
- de se sentir segura e protegida, como uma garotinha
- de ser obrigada a tomar novamente as próprias decisões
- da perda do companheiro bem-vestido e sensual que podia acompanhá-la a toda parte

Agradeça ao universo por nunca mais ser obrigada a lidar com...

- receber ordens e ser tratada como criança
- ter de discutir — e perder a discussão — o tempo todo
- o fato de ele nunca admitir não ter razão
- ir aos mesmos lugares o tempo todo
- arrastá-lo para fora da cama ou do sofá
- ouvi-lo vociferar, delirar e ser repetitivo
- seu esnobismo e a mania de produtos de marca
- as cenas constrangedoras e as explosões públicas quando ele perdia a calma
- os banhos de 45 minutos e o tempo que ele passava vaidosamente se arrumando — você terá de volta seu espelho!
- se conformar à tendência dele a cair na farra (aliás, por onde ele andava às quatro da manhã?)

O NATIVO DE TOURO

A combinação amorosa:
Vocês falam a mesma língua?

Você é do signo de...	Ele acha que você é...	Você acha que ele é...	Linguagem comum
Áries	...um fascinante turbilhão.	...um sólido provedor e um patrocinador.	Arrumar-se um para outro e para os demais, sexo para fins de procriação (vocês terão muitos filhos).
Touro	...um saco!	...impulsivo e irritantemente fixado nas próprias convicções.	Música, moda, a disputa para ter razão sobre todas as coisas.
Gêmeos	...interessante, eclética, mas essencialmente louca.	...tosco, sem imaginação e não é bastante brincalhão.	Provocação mútua.
Câncer	...classicamente feminina, uma mulher para exibir aos demais.	...uma opção romântica, embora às vezes sensível.	O lar, a família e o amor às artes.
Leão	...bonita, impetuosa, uma rajada de ar fresco.	...o perfeito árbitro para suas ideias.	Ser a fonte de inspiração um do outro.
Virgem	...interessante, mas você complica muito as coisas para esse amante da simplicidade.	...romântico e delicado, mas também excessivamente simplista e insensível às delicadas nuances da vida.	Segurança financeira, planejamento de longo prazo, amor à natureza.
Libra	...encantadora, bonita, mas sem bom-senso e pontualidade.	...excessivamente estrito e exigente.	Noitadas animadas na cidade, roupas de marca, gostos esnobes.
Escorpião	...exaltada.	...exaltado.	Paixão e intensos sentimentos e opiniões sobre praticamente tudo.
Sagitário	...uma divertida companheira de brincadeiras, pouco sofisticada.	...um bom parceiro de atividade; levemente preocupado com as aparências.	Serem os sabichões, dar ordens aos demais, dar nome aos bois, forçar as coisas a serem do seu jeito.

Relacionamentos astrais

Você é do signo de...	Ele acha que você é...	Você acha que ele é...	Linguagem comum
Capricórnio	...elegante, refinada, mas um tanto rígida.	...um pouco intempestivo.	Dinheiro, prestígio, investimentos, metas e planos de longo prazo, constituir família.
Aquário	...uma pirada.	...um idiota.	Sexo.
Peixes	...criativa, imaginativa, a garota das fantasias dele.	...bom demais para ser verdade.	Música, artes, gastronomia, promoção de festas elegantes, menção "casual" às ligações com pessoas famosas.

O nativo de Gêmeos

Datas: 21 de maio — 20 de junho
Símbolo: os gêmeos
Planeta regente: Mercúrio, o planeta "mensageiro" da comunicação e da mente
Elemento: ar — intelectual, mutável, social
Qualidade: mutável
Missão: o encontro das mentes

Ambiente natural – onde você vai encontrá-lo: escrevendo um roteiro de cinema ou um romance; fechando negócio; desmoralizando a concorrência; atrás de uma câmera; numa cabine de DJ ou estúdio de gravação; questionando dos dois lados de uma discussão; comprando e vendendo imóveis com lucro; envolvido em animadas conversas; num clube de comédia; lendo mais de um livro; assistindo a seriados policiais ou desenhos animados; irritando as pessoas ao citar frases inteiras de filmes; provocando alguém; comparecendo a um vernissage ou noite de autógrafos; examinando as prateleiras de uma livraria ou biblioteca; mediando um debate político; baixando música da internet ou compondo; trabalhando com as mãos; zapeando na programação da televisão; saltando na moto ou num conversível para fazer uma excursão de um dia; mandando torpedos ou conversando on-line durante horas; renovando a receita de antidepressivo; dançando numa boate enquanto as pessoas o observam com admiração.

Meio de vida: coreógrafo, dançarino, escritor, designer gráfico, locutor de rádio, operador do dia no mercado de futuros, empreendedor, colorista de cabelos, promoter, publicitário, artista fonográfico, poeta, ator, dublador, técnico de teatro, biólogo, professor do ensino fundamental, web designer, líder de seminários, palestrante motivacional, cantor, jornalista, roteirista, intérprete, mecânico (principalmente de motos e automóveis raros), colecionador, corretor da bolsa de valores, acionista de empresa de marketing de rede.

111

Relacionamentos astrais

Notáveis e notórios nativos de Gêmeos: Johnny Depp, Tupac Shakur, Ice Cube, Dave Navarro, Morrissey, George Michael, Andre 3000, Donald Trump, Mark Wahlberg, Boy George, Andy Warhol, Mike Myers, Biggie Smalls, Kanye West, Paul McCartney, Lenny Kravitz, John F. Kennedy, Drew Carey, Morgan Freeman, Allen Ginsberg, Tim Allen, Newt Gingrich, Michael J. Fox, Clint Eastwood, Tom Jones, Liam Neeson, Rudy Giuliani.

O geminiano: como localizá-lo

- olhos cintilantes que olham em torno, absorvendo tudo
- ele parece ter acabado de contar uma mentira, de ouvir uma piada restrita a poucos, ou ter informação privilegiada que deseja compartilhar
- gesticulação e fala nervosas, contrastando com uma postura relaxada
- covinhas e um lindo rosto de menino
- mãos bonitas, de dedos longos e bem torneados
- antebraços fortes com tendões e músculos bem-definidos
- tronco longo e esbelto
- trajes andróginos que às vezes o fazem parecer ainda mais masculino
- talvez use trajes pomposos e excessivamente formais: colete, relógio de bolso, camisa social, sapato de couro lustroso
- carrega uma bolsa ou mochila para notebook em que leva o computador, um bloco de anotações, o romance que está lendo etc.
- evita perguntas pessoais e mantém o papo na esfera das ideias e teorias

O geminiano: seu jeito de lidar com...

Dinheiro

Em extremos: ou se agarra firmemente a ele ou detona tudo em compras por impulso, aventuras arriscadas ou num esquema de enriquecimento rápido. Diversas vezes pode passar da falência aos bilhões.

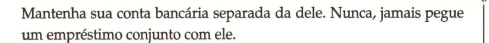

Mantenha sua conta bancária separada da dele. Nunca, jamais pegue um empréstimo conjunto com ele.

Família

Uma relação de amor e ódio, misturada com rivalidade de irmãos, alguns segredos e o senso de dever. Sente falta da aprovação da família, mas odeia tal fato. Costuma idealizar ou demonizar o pai.

Amor

Ele o encara com ceticismo frio e racional. Não confia na duração da maioria dos sentimentos. Aliás, o que é o amor? Ao mesmo tempo, sua noção de amor verdadeiro está em estágio adolescente.

Sexo

Imaginativo, tátil, hábil com as mãos. Conversas eróticas — qualquer conversa — são sempre bem-vindas. Potencial para se viciar em pornografia.

Filhos

As verdadeiras almas gêmeas dele. Embora talvez se esquive da condição paterna, torna-se um excelente pai, que se sente inspirado pela curiosidade e pelo deslumbramento dos filhos.

Animais de estimação

Adora bichos, mas talvez seja excessivamente nômade ou indisciplinado para assumir a responsabilidade. Ficará feliz em ter um zoológico se você limpar o cocô dos bichos.

Quando você surta

Ele a abraça, a consola e conversa com você — por alguns momentos. O excesso de emoções o deixa fora de si. Poderá até agravar a situação, discutindo com você, tentando ter uma conversa racional sobre emoções, bancando o advogado do diabo, ou mesmo se fechando. Em vez de recorrer a ele, mantenha o número de seu terapeuta na discagem rápida.

Quando ele surta
Implosão e angústia internalizada que se manifesta como depressão.

O rompimento
Ficará completamente obsessivo se você o abandonar; se for o contrário, logo estará recuperado. Tenta usar a razão para lidar com as emoções.

O geminiano: tudo sobre ele

Ele é dois, é três, é quatro namorados num só!

Gêmeos é o signo do duplo, cujas múltiplas personalidades fazem a monogamia parecer um harém masculino. Você nunca sabe quem o geminiano será em cada momento — mas, por outro lado, ele também não sabe. O signo de Gêmeos é regido pelo travesso Mercúrio, ágil de pensamento, o planeta da comunicação. Como um processador Pentium, a mente e a boca do geminiano se movem com velocidade superior à da luz. Mercúrio é o "mensageiro", e o geminiano é um para-raios para as novas ideias, a cultura inútil e a informação. Ele faz lembrar o pequeno jornaleiro interplanetário, que dá uma primeira olhada nas manchetes dos jornais e grita "Extra! Extra!" enquanto as apregoa ao mundo.

Com sua natureza observadora, o geminiano pode espelhar e imitar mais que nenhum outro. Mike Myers canalizou suas habilidades geminianas de transformação em sua série *Austin Powers*, interpretando Powers e o respectivo rival, Dr. Evil. Parecia um quadro vivo do geminiano na tela grande — preparado para lutar contra os próprios demônios internos, salvando o mundo e ao mesmo tempo tramando a sua derrocada.

"Sou pelo menos quatro tipos diferentes de pessoa — e essas identidades podem ser difíceis de conciliar" — admite Bryan, um publicitário nativo de Gêmeos, casado e pai de um menino de 4 anos. "Posso ser boca-suja e antipático com o grupo A, e intelectual estudioso com o grupo B. Eu costumava me esforçar muito para esses grupos jamais se cruzarem. Tinha medo de chocar as pessoas."

Entre sua magnífica gama de personalidades vemos a recorrência do velho geminiano e do "transexual" geminiano. Seu namorado nativo de Gêmeos pode se metamorfosear em baladeiro tatuado em velho rabugento e conservador, com colete e relógio de bolso, que só quer ficar lendo um livro ou sair para pescar. Outros nativos do signo transformam em arte a fusão de gêneros, no estilo e na expressão que adotam (testemunhas: Prince, Dave Navarro, Lenny Kravitz, André 3000, e Pete Wentz, do grupo Fall Out Boy, que inspirou o termo "delineador masculino" ao realçar o contorno dos olhos com rímel). Ele é o cara que pode parecer extremamente sensual usando rendas e salto alto. Até o ex-prefeito da cidade de Nova York, Rudy Giuliani, sai todo ano pela cidade, no Halloween, vestido como um transformista, e deixa todo mundo na dúvida — exatamente o que geminiano adora fazer! Desde que você fique atônita, ele conserva a liberdade de transitar entre personagens e identidades.

Ele não quer jamais se amarrar a coisa alguma, e menos ainda a uma identidade. O nativo de Gêmeos muitas vezes usa o pronome "você" em vez de "eu", ou se refere a si mesmo na terceira pessoa — quase como se falasse de outra pessoa. Ele pode ser um ótimo artista e um político inesquecível, como os geminianos John F. Kennedy e Clint Eastwood.

O nativo de Gêmeos tem uma mente ativa e inquieta, que precisa ser administrada. Se ele ficar preso na armadilha dos próprios pensamentos, pode acabar imobilizado pela "paralisia analítica". Em excesso, tal fragmentação costuma ter efeitos adversos na saúde mental dele. Depressão e até mesmo distúrbio bipolar podem afligir esse signo, para o qual um bom terapeuta poderia ser essencial. Muitos geminianos recorrem a antidepressivos, a bebidas alcoólicas e outras fugas viciantes às suas tribulações internas. O melhor para eles seria evitar

Relacionamentos astrais

a happy hour e se instalar com firmeza na livraria local, nas seções de autoajuda, neuropsicologia ou metafísica. O trabalho de consciência faz maravilhas pelo geminiano. Depois que se tornar senhor da própria mente — desmitificando suas reações intempestivas e aprendendo a controlar seus impulsos —, ele poderá usar sua força intelectual para coisas magníficas. A meditação ou as artes marciais também podem ser úteis — tudo que desacelere sua impaciência e o ajude a "manter" seus pensamentos, em vez de sumir com eles.

Por sorte, ele é um excelente estudante. Mercúrio transforma sua mente numa esponja para absorver fatos. Os dedos ágeis do geminiano voam pelo mecanismo de busca, e vão encontrar os dados mais obscuros na metade do tempo que um bibliotecário treinado levaria. Nunca o desafie para uma competição de palavras cruzadas, a não ser que planeje perder a disputa.

Gêmeos é o signo regente da comunicação, e com sua língua de prata esse geminiano sabe construir uma frase. O talento para articular palavras pode lhe valer uma carreira na produção de textos escritos ou falados, ou na mídia. Entre os mais famosos rappers, três são nativos de Gêmeos — Tupac, Biggie Smalls e Kanye West — admirados pela criatividade no jogo de palavras, e também por seus egos extravagantes e o destemido discurso agressivo. Ninguém consegue esquecer a ordem brusca do geminiano Donald Trump, no programa *O aprendiz*: "você está demitido!"

O geminiano pode ganhar fama de mentiroso, o que nem sempre procede — embora em alguns casos a fama certamente seja merecida. Na verdade, é mais como uma fala de duplo sentido. As palavras são os brinquedos dele, que costuma usá-las de forma leviana. Sua tendência a bancar o advogado do diabo costuma deixá-lo em apuros, e ele adora debates. Uma conversa com ele pode dar um nó na cabeça do interlocutor. Acredite se quiser, mas ele nem sempre percebe que age assim. O geminiano realmente pensa o que declara, no momento em que o faz. Mas acontece que... ele esquece o que disse minutos antes, ou então muda de ideia, e é daí que se arma toda a confusão. George H.W. Bush, nativo de Gêmeos, notoriamente prometeu que não imporia nova tributação e acabou aumentando os impostos dois anos depois.

Ele sempre se envolve em apuros, e o brilho característico do olhar indica que o geminiano talvez tenha procurado confusão. Na juventude ele pode ser um encrenqueiro, metendo-se com furtos em lojas, apostas a dinheiro nos esportes, latrocínio e consumo de drogas. Sua mente curiosa é mais ligeira que a da maioria, e ele se empolga em descobrir até que ponto conseguirá se safar sem punição. Mark Wahlberg, agora um ator sério, reinventou-se depois de uma encarnação como Marky Mark, modelo de roupa íntima da Calvin Klein que tirava as calças em público e rapper brega com uma enorme ficha na polícia.

O geminiano maduro aprende a aceitar suas mudanças de personalidade, cuja ocorrência pode ser súbita e inesperada. Coitado do nativo de Gêmeos que foi criado numa casa com excesso de regras ou falta de disciplina. Ele precisa de permissão para sua própria pessoa (ou pessoas, mais exatamente), mas também necessita de limites saudáveis (nem que seja para testá-los). Ele se desenvolve melhor com pais tolerantes e carinhosos que respondam repetidamente à pergunta favorita do geminiano — "Por quê?"

No fim das contas, a melhor característica do nativo de Gêmeos é sua incessante capacidade de se maravilhar. Mesmo sendo alucinadamente imaturo ou indeciso, por conta de sua eterna juventude, ele também se transforma num incansável pesquisador. Naturalmente, talvez continue até a idade avançada a assistir ao canal de desenhos animados e comer cereais matinais. Mas depois de passar a manhã vendo Bob Esponja e comendo cereais matinais coloridos, a opção noturna dele pode ser um Cabernet selecionado e entradas para uma estreia num teatro "off-off-Broadway" encontrado num site cultural obscuro. Se a variedade é o tempero da vida, o geminiano é um dos homens mais bem temperados do zodíaco.

Relacionamentos astrais

O que ele espera de uma mulher

Ele é superexigente. Com o geminiano é mais fácil falar sobre o que ele não deseja ver na companheira do que localizar o que leva esse Peter Pan astrológico a crescer e se comprometer. Ele é um editor natural, mais exigente até que o virginiano, e muito menos tolerante com os "defeitos" da namorada. Rápido na eliminação, ele reúne os dados iniciais das candidatas, passa-os por seus microprocessadores e rapidamente trata de descartá-las.

No alto de sua lista de traços indesejáveis constam: ingenuidade deslumbrada, doçura artificial e salubridade; falta de curiosidade, de cultura literária ou de imaginação; caretice excessiva: valores tradicionais, adoração indulgente e dependência. Personalidade mais fácil de ser decifrada que um cubo mágico (ele talvez leve uma hora para encontrar a solução do dele).

Não, o nativo de Gêmeos precisa de variedade e amplitude, e de um *alter ego*, ou mais. Se você é simples como a garota da casa vizinha, então é melhor que a casa vizinha seja uma casa noturna. Além disso, o lucro obtido com seu número erótico deve estar financiando um doutorado em bioquímica. Ele precisa de doses iguais de sabedoria e sacanagem. Se você quiser atrair a atenção fugidia de um geminiano, não deve nunca, de forma alguma, ser uma escolha previsível.

O nativo de Gêmeos precisa de uma mulher sofisticada e multifacetada que esteja sempre alguns passos à frente dele. Ela deve obrigá-lo a andar na linha, mas ainda assim poupar-lhe a dignidade e se deixar impressionar devidamente pelo intelecto dele. A reciprocidade é importante para ele, que adora uma mulher mundana capaz de lhe tornar a vida mais rica com novas ideias, conversas e experiências — uma versão feminina de Marco Polo que, à semelhança dele, seja também uma exímia "camaleoa".

Para o nativo de Gêmeos, um signo intelectual de ar, a atração acontece na mente. Seja você curvilínea ou magricela, rechonchuda ou varapau, ele nem sempre se importa. Muito mais importante é que seja inteligente e sagaz. Para o geminiano o tédio se instala rapidamente: lembre-se de que este é o signo capaz de resolver sem dicionário as palavras cruzadas de domingo do *New York Times*. Seu regente, Mercúrio, torna-o altamente discriminativo e dogmático. Namorador compulsivo, ele talvez prefira a ideia romantizada que faz de uma relação à realidade da mesma. Tamanha é a rapidez com que muda de ideias e preferências, que ficará solteiro por muitos anos para não seguir a estrada tediosa e convencional. De repente, com a mesma rapidez, estará no altar dizendo "sim" — possivelmente pela quinta ou sexta vez.

Os padrões adotados pelo geminiano podem ser esquizofrênicos e se alterar a cada hora. Num namoro pela internet Tali teve um breve intercâmbio com um nativo de Gêmeos (com "breve" queremos dizer de duas horas, o que para alguns geminianos pode se classificar como relação de longa duração). O referido rapaz anunciou que queria uma mulher de mente aberta e espírito liberal, de perfil pouco convencional. Perfeito. Depois de trocarem mensagens insinuantes, marcaram um papo pelo telefone. Quando ela revelou que era astróloga, ele rosnou grosseiramente: "Desculpe, mas não vai rolar. Tô fora dessas babaquices de hippie, de natureba, de bicho-grilo. Adeus, Tali." Com isso, desligou o telefone. Não dá para entender...

O nativo de Gêmeos interpreta bem o papel do eterno solteiro, como o geminiano Colin Farrell. Com suas covinhas e carinha de garoto, ele convida você, com um brilho no olhar, a se comportar mal. Apesar disso, trata-se de um signo geminado, e para ficar completo precisa de seu complemento, sua imagem especular. Quando ele é mau, precisa que a parceira seja boa. Quando esconde as patas fendidas e o rabo de seta, precisa ser espetado no traseiro com um tridente.

Portanto, se você é dessas pessoas que constantemente crescem, evoluem e buscam, tudo bem. Onde ele pode se inscrever? Traga todas as suas camadas confusas e complicadas. Prossiga e caia um pouco em contradição. Seja impetuosa e viva suas fantasias abertamente com ele. Seja uma santa com um lado obscuro. Conforme diz adequadamente a velha canção, você precisa ser cruel para ser gentil... na medida certa.

Relacionamentos astrais

Se você não visitar de vez em quando o inferno, argumenta Gêmeos, como reconheceria o céu? Deixe que ele mantenha os pés no Hades e em troca disso ele criará com você o paraíso na terra.

O que ele espera da relação

Para começar, uma advertência: o compromisso não é um estado natural para o geminiano. Ele é um mutável signo de ar, o que o mantém em fluxo constante, mais feliz no clima frio das ideias e do intelecto que no calor das emoções. O conceito de "para sempre", quando não o transtorna, é motivo de riso. O geminiano só acredita nos contos de fada que ele próprio escreve. Já assistiu a filmes suficientes para saber que, quando pensar que chegou o final feliz, a continuação do filme sai um ano depois.

O geminiano vive na imaginação, e as relações do mundo real podem ser estabilizantes demais para o signo dele. Até então, o nativo se compromete um pouco com tudo e com todos, evitando assim assumir compromisso. Como o sagitariano, ele é um amador que sente falta de variedade, e prefere a abrangência à profundidade. Pode até se casar com uma mulher do tipo muito prático e maternal, para deixar a ela a tarefa de lidar com a realidade enquanto ele conserva sua liberdade infantil.

Isso não quer dizer que o nativo de Gêmeos não assuma compromisso em caráter permanente. De fato, esse homem é capaz de se tornar o mais entediante dos maridos estereotípicos, de roupão de banho e controle remoto em punho. Ele é capaz se casar só para "acabar logo com isso". Uma vez acomodado, aguentará firme. Só não deseja entrar novamente nos trilhos vacilantes da montanha-russa que é um novo relacionamento. As explosões emocionais, os mal-entendidos, as confissões de sentimentos — eca! Ele prefere vestir o suéter favorito e ir ao cinema para o mais recente filme de ação, ou se enterrar num livro enquanto você se diverte. O programa dá sono, mas é melhor do que ficar com uma garota mimada e carente de atenção que o distraia de seus devaneios e downloads.

O NATIVO DE GÊMEOS

Ainda assim, transformar-se em Al Bundy, da série de tevê *Um amor de família*, está longe de ser o sonho do geminiano. Ele só precisa de relações com um único ingrediente fundamental: espaço. Ele necessita de distância para poder se aproximar. Seu gêmeo interior quer esse contraste, ligar e desligar o botão da intimidade. "Eu preciso de variedade; não quero falar com a mesma pessoa o tempo todo", declara John, um geminiano especialista em informática. Por mais que procure fama ou uma carreira pública, o nativo de Gêmeos tem de se ocultar nas sombras quando sente vontade, retirando-se a seu próprio mundo anônimo para recarregar as baterias. Quando não faz filmes, o geminiano Johnny Depp leva uma vida discreta e idílica no sul da França com a parceira capricorniana e os filhos. Esses extremos polares são essenciais para sua sanidade (um termo vago quando referido ao geminiano).

O nativo de Gêmeos prefere uma relação de longa distância por essa razão. Nossa amiga aquariana Neda é casada com um geminiano que vive a quase 10 mil quilômetros de distância, no Irã, enquanto ela mora em Nova York. Ela o conheceu enquanto produzia um documentário em Teerã chamado *Nobody's Enemy*, sobre as primeiras eleições públicas iranianas. Yas, o marido dela, é o primeiro cantor de hip-hop a ser gravado no Irã. Neda o filmou no estúdio recitando seus candentes versos políticos (só um geminiano poderia escapar sem punição de gravar rap "conscientizador" durante um regime totalitário). Mobilizados em relação à mudança no país, ambos tiveram uma conexão romântica, desencadeada pela química intelectual entre eles.

Ah, já mencionei que Yas era 12 anos mais jovem que Neda? Romances e contos de fadas com geminianos, caso aconteçam, sempre têm uma interessante reviravolta no enredo — quanto mais imprevisível, melhor. E a sensação de escapar impune de algo poderia inspirar a adoração do geminiano. Ele ama o desafio! "Ele sabia que me conseguiria — só esperou que eu entendesse isso", ela recorda sobre o namoro. "Ele me apresentou à mãe e à família sem que eu soubesse o que ele tramava (porque eu estava filmando e no clima de trabalho). Quando me confessou seus sentimentos e minha reação foi positiva, ele disse:

Relacionamentos astrais

'Pois bem, minha última pergunta a você é se eu devo esperá-la.' Eu disse que sim e no dia seguinte já foi como se estivéssemos casados — muito à vontade! Sem dúvidas nem joguinhos."

Na verdade, Neda talvez tenha feito o melhor negócio, já que nem sempre é fácil viver com o geminiano. As relações por telefone são bem adequadas para ele, já que o signo rege a voz e a comunicação. Antes que ele procure tocar em alguém, ou que deixe seus dedos fazerem o caminho, ele precisa saber que consegue conversar com você durante horas sem se sentir entediado. "No tempo de faculdade passei por um apuro" — conta o geminiano Brian. "Eu tinha uma ótima amizade com uma colega de turma, e percebi que preferia conversar com ela pelo telefone que com minha namorada." Quando ele notou que estava deixando em segundo plano a namorada de infância, resolveu acabar o namoro e colocar na discagem rápida a nova amiga. Eles se casaram e já estão juntos há 14 anos. Quanto mais velho fica, mais o geminiano precisa de espaço — principalmente depois de casado. Por exemplo, o pai geminiano de nossa amiga Amanda: todo dia depois do trabalho ele se retira para seu quarto, onde, relata a filha, "assiste a seriados policiais, lê pelo menos oito livros e bebe seis latinhas de refrigerante diet. Depois come um pacote inteiro de presunto, que enrola em torno de salsichas e divide com o cachorro". Outro geminiano construiu seu quarto individual de brinquedos no sótão, onde navega na internet, assiste a seriados de TV e baixa jogos. O geminiano absorve tanta informação que fica facilmente assoberbado. "Um gigantesco varejo de alimentos me deixa angustiado, pois gosto de espaços definidos", admite um geminiano. "Para tomar uma decisão ponderada, preciso saber onde estou. Aliás, não gosto de desperdício de tempo."

Para continuar interessado de forma permanente, o geminiano precisa de uma companheira que esteja interessada em todo tipo de assunto e seja espontaneamente interessante. Quando (e se) as coisas caírem na rotina, você só precisa fazer a ele uma pergunta inteligente ou solicitar sua opinião sobre algo que está nas manchetes. O nativo de Gêmeos sempre tem uma opinião. Se ele não tiver, está mentindo ou sendo gentil.

Isso só significa que ele acha que sua pergunta foi disparatada e não merece ser dignificada por uma resposta criteriosa.

Conforme declarou o geminiano Clint Eastwood: "Dizem que os casamentos são feitos no céu. Mas ali também são feitos os raios e os trovões." Ora, ele tem razão. Aliás, o geminiano sempre tem razão. E desde que veja razão em estar com você, provavelmente não irá a nenhum outro lugar — pelo menos, não até ter encontrado razão igualmente válida para ir. Complicado!

Sexo com o geminiano

O signo de Gêmeos é o regente das mãos. E os dedos longos, flexíveis e bem-torneados do geminiano sabem exatamente o que fazer com qualquer coisa que venha parar em suas mãos. Ele também reage bem ao toque da amada; portanto, trate de retribuir favor com massagens ou muitas carícias. Beije ou mordisque os dedos dele se você quiser proporcionar uma emoção adicional.

O nativo de Gêmeos tem senso de reciprocidade e gosta que o sexo seja uma ação de dar e receber. Ele também é um falastrão. Como o signo rege a comunicação, fale coisas eróticas e verbalize seu prazer. Diga a ele onde tocar em você e faça-o falar também.

Sua voz será um excitante decisivo. Você também pode seduzi-lo com mensagens ousadas por e-mail ou torpedo, enviadas durante o dia. Coloque para funcionar a imaginação dele — assim o rapaz voltará cedo do trabalho!

A curiosidade do geminiano talvez assuma formas variadas. Ele pode manter a vida sexual de vocês no território neutro, enquanto guarda para si mesmo as fantasias mais escandalosas. Conforme dissemos, Gêmeos rege as mãos — portanto, ele sempre pode encontrar uma "parceira" disposta, digamos assim. Com seu amor pela internet, é possível que prefira baixar material pornográfico antes de poder se "descarregar". Aceite nossa sugestão: deixe que o faça. Muitas mulheres têm ciúme das fantasias de seus homens, mas desde que ele não esteja assinando revistas pornográficas do tipo *Barely Legal* ou *Inches*, não perca a cabeça. Ele encontrará espaço em seu vasto universo sexual para seios pequenos como os seus ou peitões enormes que o fazem babar nos sites.

Você também poderia aprender alguns movimentos de strip-tease para surpreendê-lo. Mas o fato de ele talvez ficar excitado não justifica a instalação de um poste e um balanço de adultos em seu quarto. "Sou fã de papos eróticos e, quando existe confiança na relação, gosto de representar com ela como se nós fôssemos estrelas pornô", afirma Tyler, um ator geminiano. "Sapatos de salto ou botas na cama me deixam excitado."

Para este signo, o segredo é a variedade. Até mesmo o roqueiro geminiano Dave Navarro acabou entediado com a ex-mulher Carmen Electra (nativa de Touro), do grupo Pussycat Dolls. E ela foi pioneira na onda da *pole dance*. Mantenha-o na incerteza, esperando, imaginando um pouco. Apele para uma ou outra fantasia, e lembre-se de que o sexo espontâneo e imprevisível é sempre o tipo que ele prefere.

A emoção de quase ser apanhado também vai enlouquecer o exibicionista que há dentro dele. Um encontro amoroso semipúblico sempre será inesquecível. "Minha experiência sexual favorita foi caminhar quase dez quilômetros até o alto de uma cachoeira no Parque Nacional Yosemite", recorda Sam, um escritor geminiano. "Atingimos o topo com um grupo de estranhos que ficaram todos num pico, e então subimos um pouco mais e chegamos a uma piscina de água gelada, onde ficamos nus e fizemos sexo em cima de um lajedo fervendo de quente, vizinho à piscina de água gelada... mergulhando e saindo da piscina com todo mundo abaixo de nós a uma distância quase audível. SENSACIONAL!

Tesão: o sim e o não

O que dá tesão

- você estar a par dos acontecimentos atuais, dos livros e músicas mais recentes

- você ter um projeto grande e ambicioso para dar propósito à sua vida
- ter aparência totalmente feminina, mas ser por dentro uma moleca esperta
- ter voz e mãos bonitas
- ser inteligente e observadora
- desmascarar o papo furado dele, mas de forma brincalhona
- valorizar-lhe as ideias e o intelecto, e cumprimentá-lo por isso
- oferecer-lhe uma crítica construtiva, dando apoio à sua criatividade
- ouvir a nova composição dele, ler seu roteiro, assistir às apresentações ou palestras dele
- entender sua necessidade de variar
- dar-lhe muito tempo para si mesmo
- ser para ele a melhor amiga e o perfeito complemento

O que não dá tesão

- você ter uma voz estridente, penetrante ou irritante
- não ter senso crítico, e ser excessivamente sadia, meiga ou ingênua
- deixá-lo escapar impune — ele quer que você perceba o jogo dele (na maioria das vezes)
- bancar a mãe, recriminá-lo ou dar ordens demais
- ser insegura ou carente
- perder sua autonomia: querer fazer tudo juntos ou ser duas metades de uma unidade, em vez de duas pessoas inteiras e separadas
- sugerir que ele "seja adulto" e consiga um trabalho tradicional de tempo integral
- ter uma alimentação ruim, descuidar-se da forma física e da aparência
- fazê-lo se vestir formalmente ou participar da "política" da sua família
- não mostrar interesse na cultura inútil ou nos passatempos que agradam a ele

- precisar dele para sustentá-la financeiramente
- ter a expectativa de ser mimada, protegida e recompensada o tempo todo — ele precisa dar e receber
- exigir coerência ou tentar enquadrá-lo num perfil pré-definido

As jogadas dele

Primeiras investidas: a azaração

Falar talvez seja fácil, mas para o geminiano as palavras valem muito. Como seu signo rege a comunicação, ele precisa se conectar por meio do diálogo e do intelecto. Com sua natureza curiosa, ele adora fazer perguntas. Gosta ainda mais que você faça as perguntas, desde que as conserve no terreno "seguro" e não sejam muito pessoais.

Embora ele possa insistir para você contar seus próprios segredos, se você for demasiado acessível vai deixá-lo entediado. Portanto, mesmo que ele olhe diretamente em sua alma, ou leia você como um de seus livros favoritos, quanto mais intrigado, mais excitado.

Eis como um geminiano sinaliza seu interesse:
- ele não consegue se calar — balbucia nervoso quando está com você, e até ruboriza
- pergunta sobre os livros, a música, os filmes e os programas de televisão de sua preferência
- ele a envolve num diálogo animado, uma profunda troca de ideias
- ele se inspira em você para uma canção, poema ou um personagem do romance que está escrevendo
- lê para você um trecho do livro favorito dele, ou lhe dá um livro de presente
- passa o dia mandando torpedos com links e mensagens sedutoras
- leve agitação e provocação: ele revela que se imagina fazendo com você algo realmente provocante
- ele lhe dá nitidamente toda a sua atenção

Como saber que ele está envolvido

Chegar até aqui pode ter sido a tarefa mais difícil, mas depois de encontrar sua alma gêmea, o geminiano pode ser fiel como um cão de caça. Por se tratar de um signo verbal, ele se declara sem rodeios. Aqui estão outros sinais de que ele chegou para ficar:

Ele não quer que a conversa acabe. Se você for a primeira e a última pessoa com quem ele fala diariamente, e ele gostar de discutir com você qualquer assunto possível, a vantagem na competição será sua.

Contato visual. Você conhece aquela sensação de que o rapaz sempre tenta esconder algo de você? Bem, o poeta que disse que os olhos são "as janelas da alma" tinha razão. Se o geminiano abrir as cortinas e deixá-la contemplar a alma dele, é porque confia. Isso, minha amiga, transforma você em uma das poucas a merecer tal privilégio.

Ele aceita seu ultimato. Com este signo, você talvez precise forçá-lo a marcar uma data. Ele não tem a menor pressa em se definir, mas respeita você por ter tido a coragem de ser firme com ele.

Ele para de tomar antidepressivos. O nativo de Gêmeos é uma criatura ansiosa, que talvez precise mergulhar no bufê farmacêutico para acalmar sua natureza neurótica. Ele parou de renovar as receitas, mas ainda parece feliz? Parabéns — você se tornou para ele o calmante pessoal (advertência: pode causar efeitos colaterais como dor de cabeça, vertigens e náusea).

Você se transforma na musa dele. O geminiano é artístico, e adora uma mulher que inspire sua criatividade. Ele também será muito franco a esse respeito. Quando realmente apaixonado, o nativo de gêmeos se alegra em revelar isso ao mundo. Ele talvez ponha no animal de estimação o nome da personagem do seu filme preferido, ou talvez faça algo igualmente infantil, meigo e encantador.

Seu intelecto é maior que o dele, ou semelhante. Se você tem uma mente brilhante, a necessidade de buscar estímulos externos diminui muito para ele.

O geminiano infiel: por que ele a engana

O nativo de Gêmeos pode sofrer de um caso terminal de insatisfação com a própria sorte. Nos anos de juventude ele pode ficar eternamente tentando "aumentar o cacife". Acossado pela indecisão e ainda na busca do próprio caminho, ele encontra dificuldade em se comprometer com outro ser humano. Até deixar sua marca, ou ser definido por meio de algum tipo de realização, o geminiano luta para se satisfazer com o que tem. Naturalmente, se for capaz de perseverar em algo por mais de um mês, talvez consiga aquela vitória. Mas não adianta: ele será obrigado a descobrir isso da forma mais difícil.

Por seu signo ter um lado insidioso, o geminiano imaturo pode ter o hábito de se esgueirar. Mesmo assim, as mentiras pesarão sobre ele, que se sentirá obrigado a se portar como adulto. Conforme um geminiano observou com eloquência: "Percebi que era mais fácil tomar uma decisão firme que procurar encobrir vinte decisões ruins." Até que isso aconteça, eis o que poderá desviá-lo:

O puro impulso. Indagado por que traiu, um geminiano respondeu imediatamente, "Porque ela estava disponível". (Naturalmente, essa foi a mesma razão que apresentou quando lhe perguntaram por que se havia comprometido com alguém.)

Tédio. A falta de variedade ou de espontaneidade acaba com a excitação do geminiano. Você não precisa ter um guarda-roupa completo de fantasias ou uma masmorra, mas uma vida sexual excessivamente previsível poderia levá-lo a buscar emoções em outra parte.

Você é ingênua ou "boazinha demais". Por mais que ele goste de doçura, o excesso pode fazê-lo entrar num coma diabético sexual. Um geminiano ficou decepcionado com a namorada "coração mole" que ingenuamente emprestava dinheiro à família e oferecia o apartamento a qualquer visitante de outra cidade. "A meu ver ela trazia a palavra 'babaca' escrita na testa", ele confessa. "Isso me preocupava tanto que matou a empolgação. Roubou parte da atração física."

Provar alguma coisa ou verificar a própria capacidade de ser autossuficiente. O nativo de Gêmeos adora a emoção de desafiar o destino, alcançar o impossível e vencer. Várias gerações depois, ainda assistimos à sequência emblemática do geminiano presidente John F. Kennedy sendo alvo de uma serenata promovida por sua suposta amante Marilyn Monroe (também nativa de Gêmeos) enquanto ela arrulhava "Happy birthday, Mr. President" — seduzindo-o descaradamente diante das câmaras.

Curiosidade. Alô, crise da meia-idade. O nativo de Gêmeos que recebeu uma educação repressiva está especialmente suscetível ao desejo de vagar. Se tiver sido criado acreditando que a curiosidade natural era "ruim", provavelmente reprimiu sua natureza experimental. Anos depois, já casado e com uma família, ele silenciosamente pulará a cerca.

Comece a cavar a cova: o fim do romance

Se parar de sentir amor, o impulsivo geminiano, bastante habituado a tomar decisões intempestivas, não tardará em seguir adiante. Ele pode ser lento para assumir compromisso, mas é rápido para sair dele. Com frequência seu cronograma registra uma série de "relacionamentos" de duas semanas. Em romances de longa duração, ele pode aguentar firme e ultrapassar o prazo de validade, torturando-se com a culpa ou inventando motivos para ficar. "Mas ela é tão legal e minha família gosta tanto dela" ou "Que espécie de imbecil abandona uma modelo europeia de moda íntima com doutorado em Yale?" Mentalmente, no entanto, ele já caiu fora do relacionamento — e você sabe disso. Quando ele se desliga, não há retorno.

Ele descreve você como "uma fofa" ou "uma gracinha de pessoa". Isso parece um elogio? No caso do geminiano é, na verdade, o beijo da morte. Com esse sujeito arisco, as garotas legais ficam por último. Se você for muito deslumbrada ou conciliatória, ele levará alguns segundos para passar o rolo compressor por cima de você e depois seguir em frente para o próximo brinquedo. Ele precisa de uma megera bastante peçonhenta!

Você não é bastante avançada para ele. O geminiano pode ser esnobe, e adora se pavonear com seu gosto vanguardista. Precisa de uma companheira que se equipare ao nível dele. Um geminiano se queixava de que a namorada não lia o suficiente. "Se eu lhe comprar um livro, ela o lerá, mas não toma a iniciativa nem compra livros por conta própria." Com esse rapaz você precisa gostar de ideias, cultura e meios de comunicação — e quanto mais desconhecidos, melhor.

Ele é obrigado a cuidar de você. Você gosta de um homem que faz mimos, banca o coruja e a chama por apelidos engraçadinhos? Então chame um taurino ou um canceriano. O nativo de Gêmeos não tem interesse em ser seu mentor de vida codependente nem em ser um pai para você. Ele é um eterno garoto, o que quer dizer que prefere brincar de pirata em vez de cuidar da criança interior que há em você. Se não for capaz de agarrar uma espada e lutar com ele — ou de se entreter até ele voltar —, o relacionamento de vocês afundará.

O fogo se apagou. Seja qual for a divertida explosão de química inicial, ela precisa ser prolongada pela duração inteira do relacionamento de vocês. Como se fossem dois tigres que andam em círculo ao redor um do outro, essa dança é ao mesmo tempo perigosa e provocante. Se a dança acabar, também termina a atração.

O NATIVO DE GÊMEOS

Interpretação de sinais:
O que ele quer dizer com isso?

Quando ele...	...quer dizer que...	...logo você deveria...
...fica muito calado...	...está em seu próprio mundo, e provavelmente feliz com isso.	...dar uma folga. Ele já teve bastante tempo a dois, e agora precisa ficar sozinho com os próprios pensamentos. Em breve sentirá falta de você.
...não telefona...	...acha que vocês não têm suficientes pontos em comum.	...o geminiano faz conexão por meio do diálogo. Se ele não está louco para conversar, talvez já tenha descartado você.
	...é sua vez de telefonar para ele.	Ele já telefonou várias vezes? Mande-lhe um e-mail ou atenda o telefone. Ele gosta de relações equilibradas. Talvez ache que investiu mais esforço do que você.
...telefona muitas vezes...	...está realmente interessado. Talvez também lhe envie mensagens instantâneas, e-mails, torpedos.	...responder, mas sem ficar disponível o tempo todo. Provoque-o com brincadeiras espirituosas, depois volte ao trabalho regular (alguém precisa ter um) para ele não pensar que você é fácil demais.
...não faz um movimento depois de alguns encontros...	...talvez seja tímido, ou esteja nervoso, ou ainda inseguro quanto à química de vocês.	...ver se ele continua a convidá-la para sair. Se continuar, você ainda está no páreo. No entanto, não dê a ele ainda a garantia de acesso exclusivo.
...passa semanas sem dar notícias...	...ou ele estava numa fase celibatária ou intimidado por você.	...jogar ao vento a cautela e beijá-lo! Pelo menos você descobrirá do que se trata.
...age depressa...	...ele está comprando por impulso e tem vontade de aproveitar a chance. Não pensa nas consequências, mas também não exclui uma ligação amorosa.	...esquecer as recomendações antiquadas e deixar a imaginação dele levar você a lugares estimulantes — alguns dos melhores momentos de verdadeiro amor do geminiano acontecem espontaneamente.

131

Relacionamentos astrais

Quando ele...	...quer dizer que...	...logo você deveria...
...paga a despesa, dá flores e presentes...	...está no clima de namoro.	...ser generosa e agradecida, mas não espere que isso continue por muito tempo. Ele não está a fim de comprar seu amor.
...apresenta você aos parentes e/ou amigos mais íntimos...	... verifica de que modo você se enquadra. O geminiano é uma pessoa leal, portanto a química negativa com o clã dele é um impasse.	A família é uma questão pessoal, e quando o geminiano revela algo íntimo, ele gosta de você. Seja amável, interessada e cause boa impressão. Tente ouvir mais do que falar.

Suas jogadas: dicas de namoro e de amor eterno

O namoro com o geminiano

Como o proverbial gato que come o canário, o estilo de azaração do geminiano é ao mesmo tempo brincalhão e premeditado. Ele provoca com palavras cuidadosamente escolhidas, comentários polêmicos e um campo minado de jogos psicológicos. Gosta de testar os limites alheios e se entedia facilmente. Para se divertir, ele presunçosamente irrita ou deixa você furiosa de propósito.

Ou você cai no choro (como fez Ophira certa vez, depois que um geminiano de pensamento sagaz levou longe demais um debate), ou responde ao desafio. Estude o jogo de tênis e você terá a fórmula perfeita para azarar o geminiano. Leia *A arte da guerra*, de Sun Tzu, como se fosse um manual de namoro. O que ele fizer a você, retribua em dobro. O desafio o instigará. De toda forma, por considerar a vida um jogo, ele não se importa de você ser um tanto jogadora. Veja como ganhar aquele derradeiro ponto e zerar o placar com este signo de atenção curta:

Deflagre um debate intelectual ou político. Não é excitante? Toda aquela tensão da disputa, a adrenalina de discutir sobre fatos e números... Vocês podem realmente despertar o apetite sexual. Certo geminiano recorda um memorável primeiro encontro em que ele "discutiu psicologia durante três horas".

Deixe seus dedos falarem. A estimulação verbal faz maravilhas pelo geminiano, a quem a palavra escrita pode deixar loucamente excitado. Um papo provocante em mensagem instantânea pode rapidamente pegar fogo. Ou então, do celular, mande um torpedo erótico.

Convide-o para uma aventura espontânea. De forma inesperada, ligue para ele convidando-o a ouvir uma leitura dramática, ir a um bar de música ao vivo, um clube de swing, qualquer tipo de noitada com que você sonha. Ele adora surpresas, e não é um desses caras antiquados que se recusa a aceitar de uma mulher um convite para sair.

Relacionamentos astrais

Transporte a imaginação dele para outra realidade. Para o nativo de Gêmeos existe uma linha tênue entre a fantasia e a vida cotidiana. Ele gosta de manter entre elas pelo menos uma zona difusa. Dan, um programador nativo do signo nos contou que teve seu melhor momento de "amor verdadeiro" com uma mulher que jamais conheceu oficialmente! "Aconteceu no aeroporto de Roma. Havia uma mulher sentada atrás de um balcão, a menos de 1,5 metro. Não conseguíamos tirar os olhos um do outro. Aquilo durou uns dois minutos. Em nenhum momento nos falamos. Ela foi chamada para longe e eu fui pegar o avião." Isso é que foi uma rapidinha!

Amor eterno com o geminiano

A tentativa de fazer o nativo do signo se estabelecer é como caçar borboletas com uma rede. Você até poderá conseguir caçá-la, mas a pobre criatura baterá as lindas asas sem cessar, em sinal de protesto. Logo você começará a se sentir um monstro por mantê-la presa. Se desejar deixar o geminiano voando no seu jardim, abandone a rede e deixe nascerem asas em você também. Depois voe por ali com ele — ou sem ele. Com este signo de ar, a magia realmente acontece quando vocês pairam acima de tudo, contemplando juntos e maravilhados o mundo lá embaixo. Aqui está o jeito de navegar nas brisas com o geminiano para sempre a seu lado:

Tenha inteligência emocional. Se você tiver um firme domínio de seus problemas (em vez de ficar se agarrando à bagagem antiga), o geminiano a verá como uma aposta estável de longo prazo. Ele talvez mantenha o próprio terapeuta na discagem rápida, e não se importará se você fizer o mesmo — solução melhor do que você despejar seus problemas em cima dele. De uma perspectiva científica, pelo menos, o geminiano é fascinado pela natureza humana e você ganhará pontos extras se conhecer um pouco de neurociência e da química do cérebro (uma dica: "hipotálamo" não é palavrão).

Tenha cultura literária. Como um ímã que atrai informação, o geminiano está sempre em dia em termos de livros, política, filmes, programas de televisão e música. Mesmo que torça o nariz para a cultura popular, ele precisa que você se torne uma fonte de ideias, palavras e informação.

Tenha amor à mente dele. O nativo de Gêmeos aparecerá com ideias bastante estapafúrdias. Mas, quer saber? Ele talvez consiga fazê-las acontecer. Ele precisa que os olhos da namorada brilhem diante da profusão de pensamentos inventivos e de esquemas de enriquecimento rápido. Afinal de contas, são essas as melhores dádivas que oferece. Se você ignorar a visão dele ou revirar os olhos, ele se sentirá como se atirasse pérolas aos porcos. Valorize o cérebro generoso de seu geminiano, mesmo que você se pergunte secretamente se ele é um gênio ou um maluco total (é possível que seja as duas coisas).

Inspire nele o sentido de encantamento infantil. Nosso amigo Douglas descreve com nostalgia o beijo dado em uma jovem que conheceu no Brasil. "Foi como o primeiro beijo dos tempos de colégio", ele recorda. "Eu não sabia que ainda era capaz de me sentir assim." O lado infantil de seu geminiano nunca se extingue, portanto, quanto mais você o trouxer à luz, melhor.

Evolua sem parar e desafie classificações. Você nunca deve se encaixar exatamente num perfil previsto, e se o fizer, não permaneça ali por muito tempo.

Esteja preparada para...

O primeiro encontro

Então um geminiano convidou você para sair. Junte-se às demais: quase todas as mulheres são vistas por ele como companhia potencial. Assim como, em velocidade superior à da luz, ele atravessa livros, websites e informação, adota para o namoro a mesma abordagem de seleção acelerada: sim/não, sim/não, sim/não. Como para ele o pró-

Relacionamentos astrais

prio tempo é um patrimônio precioso, quer empregá-lo bem. Veja aqui como chegar à próxima etapa:

A energia básica: Tente não julgá-lo com base no primeiro encontro, que poderá ser um pouco esquizofrênico. Em seu habitual estilo bipolar, o geminiano tentará se conectar e não se conectar com você — as duas coisas ao mesmo tempo! Pois é, ele adora um desafio. Mais do que isso, ele detesta se sentir prematuramente vulnerável. Isso de vocês ficarem se contemplando com ar sonhador, olhos nos olhos, não vai rolar até que ele relaxe. No começo você talvez seja obrigada a suportar muita tagarelice nervosa, silêncios constrangedores e papo superficial. Pode até pensar: *se ele não se abrir, eu também não me abrirei*. No entanto, quanto mais você der mostras de vulnerabilidade, menos defensivo e nervoso ele se mostrará.

Ainda assim, há técnicas de relaxamento mais seguras do que o desnudamento da alma. Mantenha o clima amistoso e divertido. O geminiano se sai bem nos encontros com atividades. Nunca encontramos um signo que gostasse tanto de comédia; não se surpreenda se ele aparecer com entradas para o teatro de improviso local. Se for um cara mais sofisticado, talvez tenha passe permanente para o museu, entradas para concertos ou um convite para uma leitura feita por seu novo escritor favorito.

"Gosto de fazer algo em que podemos estar juntos, conversar e aprender sobre o outro", declara o geminiano Tyler. "Isso pode parecer preguiça, mas o melhor primeiro encontro que eu tive foi num estúdio de cerâmica. Nós nos sentamos e pintamos umas pecinhas de cerâmica, mas aquilo manteve o foco deslocado diretamente de nós e ainda assim nos permitiu conversar bastante."

O que usar: Quer saber francamente? Embora ele vá reparar em seu estilo (pois gosta de personalidade), o melhor acessório a usar será o cérebro. E afinal de contas, o cérebro é o maior dos órgãos sexuais. Portanto, exiba seu intelecto e um pouco do decote para acender a curiosidade dele. Deixe-o notar sua esperteza e sua beleza. Quanto ao modelito, siga a regra 80/20. Monte uma produção 80% básica, depois acrescente alguns detalhes descolados e femininos: sapatos bonitos com um toque incomum, um babadinho faceiro numa jaqueta curta de couro, brincos de pingente. Escolha roupas simples e bem-feitas, de modelagem original e com toques femininos, como um corselete estilo bailarina, com nervuras, sob uma jaqueta jeans, ou um vestido estruturado com uma saia com pontas de lenço esvoaçante.

O que não usar. O geminiano gosta de mulheres confiantes. Se a roupa que você usa aparenta ser cara, ele vai supor que você também é dispendiosa de manter. E no mundo dele isso significa que você precisará de atenção, dinheiro e tempo em quantidades excessivas. Ele não precisa de uma pessoa carente que o deixe disperso, e sim de uma mulher que dê apoio aos numerosos passatempos de que ele se ocupa. Por enquanto, não use nada excessivamente ousado, colorido ou chamativo. Você poderá exibir essas roupas mais tarde, quando o outro lado dele emergir. É melhor errar pelo lado do demasiado discreto ou do encanto feminino do dia a dia. Pense em Gisele Bündchen quando está fora da passarela, circulando pela cidade de Nova York. Ela sempre parece bonita e elegante, mas obviamente não faz muito esforço para isso.

Pagar ou não pagar? Como signo duplo, Gêmeos gosta de reciprocidade. Embora ele talvez pague a despesa nos dois primeiros encontros, isso não poderá continuar para sempre. Ele gosta de uma permuta, de divisões meio a meio. Como também pode ser artista plástico ou empreendedor, seja sensível às restrições de orçamento a que ele está sujeito e não peça lagosta no jantar.

Na hora da despedida: Se o geminiano gosta de você, com frequência será gentil, deixando-a na porta de casa com um beijo delicado. Mas você fica matutando: "Quando ele disse 'obrigado pela noite maravilhosa', o que quis dizer?" Isso só Deus sabe. Principalmente porque a essa altura é provável que as mãos dele deem uma geral em você, tentando faturar alguma emoção barata. Para esse sujeito impulsivo e imprevisível, não há regras. Nunca se sabe! Muito mais revelador será o fato de convidá-la para sair de novo.

Relacionamentos astrais

A primeira visita dele à sua casa

Sempre à caça de pistas sobre a verdadeira personalidade da pretendente, o dogmático nativo de Gêmeos as recolhe visualmente do ambiente em que você vive. Provavelmente a casa dele é uma bagunça cheia de tranqueiras, repleta de recortes de jornal, livros, discos, equipamento de som e um milhão de acessórios de zilhões de passatempos (que mudam a cada seis meses). Que ele a visite em seu apartamento, em geral, sinaliza confiança: ele já não se preocupa em dar a você a "ideia equivocada". Dicas para transformar a visita dele numa boa experiência:

Preserve um pouco do entulho. Despeça o consultor de Feng Shui! Cancele a assinatura da revista de decoração *Martha Stewart Living*! Projetos empilhados, manuscritos em elaboração, e até mesmo fios de cabelo e poeira comunicam uma importante verdade: você tem uma vida própria, que o geminiano preferiria que você priorizasse, em vez de dominar a antiga arte chinesa de harmonizar os espaços ou bancar a deusa do lar.

Sirva um vinho. O geminiano, se costumar beber, talvez goste muito de vinho. Nossa teoria é de que, devido ao signo reger a comunicação, o geminiano tem uma língua falastrona que também é sensível aos paladares, às notas e às sutilezas da uva. Forneça o fruto das vinhas — ou melhor, peça a ele que traga uma das garrafas que prefere e você oferecerá o jantar.

Faça dessa noite um festival Blockbuster. O signo rege os meios de comunicação, portanto um ótimo filme ou uma temporada de excelentes seriados de televisão dará a vocês muito material para discussão.

Organize uma noite de jogos a dois. Lúdico, o geminiano adora jogos de qualquer tipo: de tabuleiro, videogames etc. Comece com um jogo bem-comportado, como Scrabble*, para impressioná-lo com seus dotes verbais. Passe para Trivial Pursuit** (mais um golpe para a

---
* Jogo de tabuleiro popular nos EUA que os jogadores formam palavras interligadas usando pedras com letras sobre um quadro dividido em 225 casas. (N. da T.)
** Jogo de perguntas e respostas sobre diversos assuntos, lançado no Brasil com o nome de Master. (N. da T.)

espantosa memória dele), depois proponha uma rodada de desafios em que o perdedor tem de despir uma peça de roupa. Ou então, ligue o karaokê e relaxem com um festival de canções bregas.

Deixe-o voltar para casa se ele quiser. O geminiano precisa oscilar entre momentos de solidão e de convívio, e é muito suscetível a sofrer sobrecarga de qualquer dos dois tipos. Se ele resolver encerrar a noite mais cedo, não se ofenda. Provavelmente está obcecado com alguns dos próprios problemas — ou talvez tenha tido um momento de revelação de como terminar o romance que está escrevendo e precise fazer isso imediatamente.

O encontro com a família dele

Quando o nativo de Gêmeos revela à própria família algo pessoal, normalmente o caso é sério. Não espere conhecer imediatamente os parentes dele. A privacidade é importante para o geminiano, que não deseja ver ninguém se intrometer em seus negócios. Os parentes são os que mais sabem o quanto ele é mutável, e preferem não se apegar a alguém que será trocado por outra duas semanas depois.

Gêmeos é o signo que rege os irmãos, e o nativo deste signo pode ter uma estranha rivalidade com irmãos e irmãs mais velhos. Por um lado, ele pode ser deslumbrado e reverente. Ao mesmo tempo, talvez tenha a necessidade de ser elogiado por suas conquistas, e disputará o título de "menino de ouro". Na qualidade de irmão mais velho, o geminiano é um irmão-coruja e protetor. É melhor você se dar bem com os irmãos e irmãs menores, porque conviverá muito com eles.

O geminiano pode idealizar e até venerar a própria mãe. Isso quer dizer que é melhor ela gostar de você como se tivesse saído da barriga dela. Isso não é garantia, mas sem a aprovação dela, o caso está encerrado. O filho pode até descrevê-la como a melhor amiga dele, ou ser ligeiramente filhinho da mamãe (os rappers geminianos Kanye West e Tupak Shakur compuseram sucessos intitulados "Querida mamãe").

O pai dele também ocupa um pedestal, mas, em geral, a este o geminiano tenta provar a masculinidade, e não torná-lo seu melhor amigo. Como a natureza dupla do signo é masculina e feminina, o geminiano sofrerá com um pai machão, militarista ou inexpressivo. Se o pai for um sargentão, reze para seu geminiano ter um bom terapeuta. Senão ele talvez passe anos tentando provar que é macho, conquistando infindável titulação universitária e tornando a carreira uma obsessão.

A tarefa que cabe a você é permanecer respeitosa e meiga, e ajudá-lo a ser bem-sucedido. Melhor ainda se você se tornar a melhor amiga da irmã e da mãe dele (desde que não dê a impressão de que fala dele pelas costas). Ele precisa manter os parentes a distância e ganhar-lhes a admiração. Perto deles, esconda seu próprio lado selvagem — ele certamente fará isso.

Para dizer adeus
O fim do romance com o geminiano

Em relação ao compromisso, o geminiano pode ser tão passivo que você talvez o abandone por pura irritação. Depois de um tempo o drama de sua indecisão é suficiente para enlouquecer qualquer mulher. Se você der um ultimato e ele se fizer de surdo, o último recurso pode ser catar do chão os restos de sua dignidade e seguir em frente. Como o geminiano raramente mostra o que tem no coração, quando você for embora, talvez não veja seu coração partido. Com frequência ele se afundará numa silenciosa depressão, tratando as próprias feridas com remédios para dormir ou noites insones na internet.

Por ser um pensador, o geminiano é muito hábil em usar o raciocínio para contornar qualquer dor emocional profunda. E isso naturalmente poderá privá-lo dos processos essenciais do luto e da cura. Talvez ele arraste por aí durante alguns anos uma bagagem não resolvida, capaz de se expressar em um comportamento patológico. Ele pode ficar obcecado com os fatos, sem nunca mergulhar na necessária introspecção. Infelizmente, lidar com problemas de relacionamento usando os métodos de um legista nunca traz de volta a mulher amada. Às vezes a pessoa precisa chegar ao fundo do poço da emoção para realmente ficar curada. O nativo de Gêmeos com frequência necessita de uma separação dramática que o ponha de joelhos e que possa, no final de tudo, conectá-lo com os próprios sentimentos.

Por outro lado, há instâncias em que o geminiano merece o abandono sumário — como quando age como o jogador do zodíaco. Ele dormiu com sua colega de apartamento, cometeu fraude bancária usando seu nome, contou para os amigos que só se casou com você por causa do visto de permanência. Se esse "outro lado" dele se revelar um total psicopata, não fique por perto à espera do bis.

Superando a perda: quando o geminiano vai embora

Considerando que as relações com o geminiano podem ter uma vida muito curta, superar a perda dele talvez seja tão simples quanto postar novamente o próprio perfil (que provavelmente ainda está em dia) no site de encontros da internet. No entanto, se ele terminou uma relação de longo prazo, provavelmente houve várias idas e vindas e muita reciclagem de material antigo — você não foi apanhada de surpresa. Talvez tenha ouvido uma ladainha dolorosamente incisiva sobre todas as razões por que ele a ama, e aquelas por que não tem certeza de terem sido feitos um para outro. É em momentos assim que o talento dele para dialogar se transforma em maldição. É mesmo necessário ouvi-lo declarar que você não é tão inteligente quanto ele, ou que na cama é um pouco fria? Ou ele terá se limitado a se afastar, largando o volante e deixando a relação se dissolver?

Se você não for um espectro do que já foi, provavelmente estará exausta! Para começar, precisará dormir uns quatro dias seguidos. Transforme isso na visita a um amigo, a um spa ou a ambos. É provável que esteja tão cansada de falar que prefira uma escapada solitária. Leia alguns livros de autoajuda na praia (não aqueles que ele comprou para você como parte de sua campanha para mudá-la ou aperfeiçoá-la).

141

Relacionamentos astrais

Melhor ainda seria ler livros completamente desvinculados dele — talvez aqueles clássicos da literatura água com açúcar que despertavam nele tanto desprezo. "Não acredito que você esteja lendo isso", torcia o nariz um geminiano conhecido nosso.

Superada a separação, vocês poderiam se tornar amigos. Ele decerto manterá seu nome na agenda. Os geminianos gostam de ficar em contato, nem que seja para dizer um alô ocasional, tomar um café de vez em quando, e ter certeza de que você está bem. De certa forma, ele pode ser melhor como amigo que como namorado — e haverá menos problemas com que lidar.

Pela última vez, chore a falta que sentirá...
- das observações hilariantes, incisivas e perspicazes
- de namorar uma enciclopédia ambulante e um especialista em cultura
- da inteligência e das ideias fascinantes
- dos bate-papos sensacionais
- das coisas, ah, que coisas! que ele fazia com as mãos (adeus, dedos mágicos)
- das promessas românticas que ele fez no começo e jamais cumpriu
- do lado meigo de garotinho tímido e enternecedor que tanto precisava de você

Agradeça ao universo por nunca mais ser obrigada a lidar com...
- implorar a dispersa atenção dele
- a diarreia verbal e a crítica insensível
- o constrangimento nas festas quando ele começava a proclamar as crenças políticas que adotava e discutir com seu melhor amigo
- a absoluta recusa em aceitar instruções ou assumir compromisso
- a insistência em fazer tudo da forma mais difícil só para provar um argumento
- a prolongada espera de que "descobrisse" o que queria

O nativo de Gêmeos

- a irritante insegurança e a recusa em ficar satisfeito com o que possuía
- os soturnos ataques depressivos dele, que a deixavam completamente isolada pela hostilidade
- a constante preocupação com ele

Relacionamentos astrais

A combinação amorosa:
Vocês falam a mesma língua?

Você é do signo de...	Ele acha que você é...	Você acha que ele é...	Linguagem comum
Áries	...inteligente e sofisticada, e respeita o espaço dele, mas é um pouco dondoca.	...levemente neurótico e carente.	Intelecto, livros, poesia.
Touro	...excessivamente convencional.	...excessivamente anticonvencional.	Afeição, contato físico, gastronomia e vinho.
Gêmeos	...tão alucinada e louca quanto ele — uma esposa em potencial.	...excêntrico, inteligente e indomável — do jeitinho que você gosta.	Tudo.
Câncer	...alguém para cuidar dos "pepinos" com que ele não quer lidar.	...excêntrico e estimulante, mas irresponsável a ponto de irritar.	Programas de televisão, atividades culturais, música, livros.
Leão	...autoritária, dominadora e emocionalmente exagerada.	...frio, insensível e emocionalmente estúpido.	Ganhar a discussão, debates, política.
Virgem	...inteligente, experiente, boa de papo.	...esperto, interessante, mas levemente disperso.	Palavras, escrita, política, ideias.
Libra	...ligeiramente mulherzinha demais e carente de atenção.	...vulgar e egocêntrico.	Festas, socialização, vinhos, restaurantes.
Escorpião	...uma conexão elétrica e um desafio sexual.	...o escravo perfeito para suas fantasias de dominadora.	Excentricidades no sexo, libertinagem, exploração do submundo.
Sagitário	...a concorrente dele: irritante, subversiva, insolente e sem sofisticação.	...um esnobe esquisito, neurótico e tenso.	Brigar e escrever, juntar palavras para compor o insulto perfeito.

O nativo de Gêmeos

Você é do signo de...	Ele acha que você é...	Você acha que ele é...	Linguagem comum
Capricórnio	...serena de um jeito que ele gostaria de poder ser.	...excêntrico de um jeito que você gostaria de poder ser.	Representar para o outro o *alter ego* reprimido.
Aquário	...a excêntrica alma gêmea e companheira de brinquedos dele.	...um livre pensador que você admira.	Pensamento revolucionário.
Peixes	...uma adorável confusão.	...o poético rapaz de alma torturada que povoa suas fantasias.	Neuroses, música, arte, o ambiente da cultura alternativa.

Relacionamentos astrais

O nativo de Câncer

Datas: 21 de junho — 22 de julho
Símbolo: o caranguejo
Planeta regente: a Lua (sempre em mutação)
Elemento: água
Qualidade: cardinal
Missão: felicidade doméstica

Ambiente natural — onde você o encontrará: Conduzindo os negócios da família; preparando um menu degustação; provando vinhos numa vinícola; ajudando amigos a decorarem a casa; recebendo convidados para uma festa elegante; torcendo pelo time dele num bar; visitando ruínas históricas com um guia de viagem surrado na bagagem; construindo com as próprias mãos um elaborado projeto artístico no porão ou na garagem; dançando num show de rock independente; aconchegado aos amigos num pé-sujo; acampando (com seus dois cachorros) numa cabana à margem de um lago; liderando uma patrulha de escoteiros numa aventura pela mata; servindo de técnico para um time de futebol juvenil; comparecendo a um jantar beneficente de uma sociedade de apoio a pacientes de leucemia e linfoma; sendo o único heterossexual numa despedida de solteira ou numa noitada só de garotas; treinando para um triatlo; viajando, com uma mochila e um sorriso, para pontos remotos do planeta; velejando na baía em seu barco.

Meio de vida: corretor imobiliário, designer de interiores ou de cenografia, arquiteto, estilista, comediante, ator, colecionador de arte, engenheiro elétrico, chefe de cozinha, barman, roteirista de televisão, planejador financeiro, editor de vídeo, webdesigner, coordenador de efeitos especiais, jornalista, dono de restaurante, crítico, terapeuta, compositor/ letrista, político local, ativista de direitos humanos, soldado, poeta, romancista, professor de inglês, advogado de defesa, nadador/ mergulhador olímpico, gerente de recursos humanos, gerente de construção, pediatra, ginecologista.

Cancerianos notáveis e notórios: Robin Williams, 50 Cent, Tom Cruise, Beck, Derek Jeter, Tobey Maguire, Will Ferrell, Tom Hanks, Harrison Ford, O.J. Simpson, Sylvester Stallone, príncipe Williams, Carlos Santana, Bill Blass, Geraldo Rivera, Josh Hartnett, Adrian Grernier, Chace Crawford, George Orwell, Ringo Starr, o Dalai Lama, John Glenn, Ernest Hemingway, John Cusack, Neil Simon, Giorgio Armani, Bill Cosby, David Hasselhoff, Forest Whitaker, Nelson Mandela, George W. Bush, George M. Cohan, Pierre Cardin, Richard Simmons, Arthur Ashe, Milton Berle, Andrew Wyeth, Thurgood Marshall, Kevin Bacon, P.T. Barnum, Mel Brooks, Larry David, Chris Cornell, Randy Jackson, Hunter S. Thompson, Alex Trebek, Mr. Rogers.

O canceriano: como localizá-lo

- O peito é o ponto mais sensível do caranguejo, e o canceriano com frequência caminha com o peito estufado — oferecendo a você o coração, ao mesmo tempo em que o protege
- no bar, comprando uma rodada de bebidas para todos — antes de sair da carapaça ele quer ver você fora da sua
- estilo mauricinho ou conservador: camisa social, suéter, colete ou blazer (mistura de Mr. Rogers e capitão do time universitário de lacrosse)
- roupas metrossexuais, como camisas ligeiramente ajustadas, revelando a musculatura peitoral (quase sempre bem-definida)
- rosto redondo tipo "cara de lua" ou corpo arredondado
- boné de beisebol e camiseta surrada da universidade, sandália de dedo — o guarda-roupa de valor sentimental de que ele não abre mão
- sendo o centro da atenção num grupo de mulheres
- olhar suave e protetor... se ele gostar de você; frio e distante, se não gostar
- num grupinho de rapazes, em geral colegas de faculdade ou amigos de infância
- ativamente envolvido num jogo de bilhar, videogame ou pinball — o canceriano adora jogos

Relacionamentos astrais

- ouvindo, calado e interessado, o relato de um amigo durante o jantar, com um ar de solidariedade no rosto
- sentado num café com seu notebook, um caderno muito usado ou um romance surrado
- examinando por horas o acervo de um sebo ou loja de vídeos independentes
- garimpando no lixo objetos para vender na internet; arrastando escada acima, por cinco andares, móveis que foram descartados na calçada
- correndo para a cabine do DJ, no meio da festa, para restaurar a eletricidade que faltou
- traços fisionômicos delicados: pele macia e faces rosadas

O canceriano: seu jeito de lidar com...

Dinheiro

Bulimia financeira. Segura avidamente o dinheiro nas pinças de caranguejo (um conhecido nosso escondeu mais de 100 mil dólares no colchão!) para depois detoná-lo desmioladamente em comida, viagens ou equipamentos eletrônicos. Repete o ciclo de fome até recuperar a fortuna.

Família

Conexão intensamente passional, complicada e codependente com a família. Forma um elo com os parentes que prefere (normalmente do sexo feminino) e condena ao ostracismo aqueles que detesta. Câncer é o signo associado com a mãe — muito cuidado com os nativos que entram em choque com as mães ou você poderá passar o resto da vida carregando o peso dos problemas dele.

Amor

A procura de felicidade doméstica com uma mulher dependente de sua boa vontade.

Sexo

Conectado com as próprias emoções, mesmo quando não passa de uma "ficada". Para ele é essencial "cuidar das mulheres"; logo, é melhor você guardar a dança sensual para o geminiano e dizer ao canceriano que ele está agradando. Mesmo quando se trata de um caso passageiro, o nativo de Câncer é atencioso o bastante para telefonar na manhã seguinte.

Filhos

Quer ter no mínimo cinco. Uma verdadeira supermãe.

Animais de estimação

Ele cuida de todas as criaturas, sem preconceito. Adora um cão sem dono, de abrigo de animais, e pode passar horas no parquinho brincando com o totó.

Quando você surta

Ele vive para essas ocasiões — esse é seu momento de brilhar, se você não estiver furiosa com ele. É capaz de passar horas abraçando você para consolá-la. Caso vire a mesa em cima dele, fará o mesmo com você. Não ataque o ponto fraco do caranguejo. Ele revidará cegamente numa explosão emocional que pode se tornar violenta (Mike Tyson e O.J. Simpson são cancerianos).

Quando ele surta

Absoluto furor emocional. Ele se retirará completamente para dentro da carapaça (deixe-o sozinho e esconda as bebidas!) ou dará vazão à raiva e arrebentará a porta, a parede, ou o objeto mais próximo (esperemos que inanimado). Talvez saia para o bar e comece uma briga.

O rompimento

Mais complicado que o comum dos processos de divórcio — boa sorte na divisão do patrimônio. Ele irá manter os objetos que você prefere, pelo valor sentimental... ou por puro despeito.

O canceriano: tudo sobre ele

Alô, chamando o rapaz que está no corredor sete da loja de artigos culinários! Estamos liquidando *rechauds* e panelas de fundo de cobre. O quê? Você já tem um conjunto completo? Ah, sim, você procura uma máquina de café espresso para dar de presente à sua namorada. Ela não tem uma cozinha tão equipada quanto a sua. Entendi. Você deve ser do signo de... Câncer?

Tudo bem, meninas, agora vamos falar sério. Estamos oficialmente na era pós-pós-feminista, ou algo assim (não dá para acompanhar direito). Neste momento é muito provável que você seja uma profissional bem-sucedida, e que essa história de cozinha bem-equipada não represente nada para você, que não tem tempo para cozinhar limpar, e enxugar a baba do bebê — pelo menos, não sozinha. Você não precisa de um marido — precisa mesmo é de uma mulher.

É nesse ponto que entra o caranguejo. O jantar está na mesa (ou foram feitas as reservas), as crianças cochilam ao som da coleção de música clássica dele, que já está pintando de branco a cerquinha de madeira do jardim. Para seu canceriano, uma excursão às lojas de móveis e acessórios funciona como preliminar: ele dará conta da louça, da roupa e de você. Quer coisa melhor do que isso?

Câncer é o signo que rege a mulher e a feminilidade. A felicidade doméstica é a missão principal do canceriano. Sua ideia de nirvana é uma casa acolhedora e bem-decorada, cheia de objetos artísticos, música e uma prole em perene expansão (pontos adicionais se vocês cozinharem juntos, pois esse comensal emotivo ama a comida quase tanto quanto ama você. O lar, a família e a segurança são suas prioridades — além dos nativos de Touro e Capricórnio, ele também é um importante "pai de família".

Então, onde está a desvantagem? Bom, ele pode ser muito sensível, e até choramingar. Ora, a quem tentamos enganar? Em seus piores momentos, ele é um pé no saco. Seu signo é regido pela Lua, que leva o ânimo dele a flutuar com as marés. É isso mesmo: exatamente como os seus. Com ele você terá tantos momentos "Tampax" quanto momentos "Kodak". Se fosse realizado um estudo, o canceriano poderia provar que a "TPM masculina" não é um mito.

Embora o canceriano goste muito de conviver com mulheres, às vezes ele É A MULHER. Quer uma prova? Basta forçar a barra. O nativo de Câncer reage de todas as maneiras do estereótipo feminino, tomando cada ofensa pessoalmente, se perguntando "O que ela quis dizer com aquilo?", e cozinhando no fogo lento da depressão. Ele também se apega facilmente a seus pertences. Um canceriano amigo nosso gostava muito de certo estilo de sandálias de dedo da Adidas, que usou durante anos. Depois de vasculhar na internet (as sandálias finalmente se desmancharam), ele comprou cinco pares, que em sua estimativa vão durar pelos próximos vinte ou trinta anos.

Por mais feminino que ele talvez seja, o canceriano irá defendê-la como um cavaleiro andante. Ele é furiosamente protetor dos seres amados. No reino animal, as mães são com frequência as mais ferozes, e como a mamãe-ursa, ele é capaz de despedaçar qualquer um que se meta com seu clã Em raros casos, as frustrações acumuladas e reprimidas no canceriano podem entrar em erupção com fúria assustadora ou violenta. Na infância, ele pode chegar a ser o mau-elemento do bairro. Não é fácil ser tão sensível quanto são os cancerianos, e a exemplo de um caranguejo irritado, ele pode beliscar qualquer um que chegue perto demais. Decididamente esse homem precisa de muitos escoadouros onde descarregar suas emoções: artes marciais, esportes, o mercado de capitais ou uma máquina de pinball — algo que ele possa "conquistar" quando sente que está perdendo o controle.

Leal aos companheiros, ele é o tipo de homem adepto ao espírito de confraria. Na universidade, o canceriano com frequência faz parte de uma república de estudantes — embora suspeitemos que seu objetivo seja garantir alojamento para si mesmo. Como signo regente da família ele precisa pertencer a uma, e até que possa começar a sua própria, organizará um pseudoclã, aderindo a um grêmio estudantil, time esportivo ou clube artístico, visitando o mesmo bar toda noite ou entrando para uma gangue. Há no canceriano uma qualidade obstinadamente patriótica. Levada ao extremo, ele pode ser xenófobo, como George W. Bush. Seria surpresa um presidente nativo de Câncer se preocupar com a "segurança da pátria"?

Felizmente ele também se preocupa com a segurança da amada. Se você quiser o tipo de homem que entende as mulheres, que se preocupa com seus sentimentos e lhe dará apoio em troca de ser seu herói "macho porém maternal", o canceriano tem na carapaça um cantinho acolhedor à sua espera.

O que ele espera de uma mulher

O nativo de Câncer quer uma mulher inteligente e poderosa que jamais o abandone. Ele está procurando a esposa sonhada, a mãe de seus filhos. É bastante simples, não? Você acha que dá conta do papel: é esperta, segura de si e já abusou do recurso de interromper o relógio biológico. Vá à luta!

Bom, amiga, há um obstáculo: o canceriano não gosta de mulher *prêt-à-porter*. Para conquistar o coração dele, você precisa ser um pouco inacabada. Ele é, até certo ponto, um Pigmalião, e gosta de usar seu toque mágico para transformar em deusa uma dócil Galateia.

Mesmo adorando a sofisticação e a graça femininas, ele alegremente ensinará a você essas habilidades. O canceriano prefere uma mulher fragmentária em vias de formação — alguém que ele possa civilizar e conduzir ao lado bem-sucedido da sociedade.

No tocante à mulher, o canceriano é um "encantador de cavalos". Ele sabe como convencer a mulher amada a se sentir tão segura e confiante que permanecerá de bom grado sob as ordens dele. Antes que você perceba, já estará selada, feliz em deixar as rédeas ao controle dele. Embora talvez sinta saudade de seus dias de animal selvagem, também experimentará certo bem-estar em se deixar conduzir, em permitir que outra pessoa tome todas as decisões.

O NATIVO DE CÂNCER

É por isso que os nativos de Câncer muitas vezes são encontrados com uma mulher mais jovem ao lado. Para falar em termos claros, eles necessitam de uma potranca para domar. Isso é exatamente o que poderia explicar a misteriosa ligação entre o canceriano Tom Cruise e a atriz Katie Holmes. Ela é de Sagitário, um dos signos mais turbulentos e independentes do zodíaco. Domar uma sagitariana, tal como domar um potro selvagem, representa um desafio. O experiente canceriano sabe como dar às mulheres a ilusão de liberdade e aventura (leia-se: guarda-roupa Armani, jatinho particular e casa de campo luxuosa). Em pouco tempo, mulheres de espírito livre como Katie mal percebem que usam arreios e sela, e são conduzidas pelo nariz.

A especialidade do nativo de Câncer é a Síndrome de Estocolmo. Para quem não sabe: é o fenômeno em que a prisioneira se identifica com seu captor, e até desenvolve uma relação que lembra o amor. Não estamos dizendo que estar com um canceriano se equipara a ser vítima de sequestro por um psicopata (nossos amigos nativos do signo nunca iriam nos perdoar). Mas quando o caranguejo permite você na carapaça dele, ou prende você entre as pinças, não pense que escapará facilmente. É preferível que você se apaixone pelo sujeito, pois ele não vai libertá-la sem luta.

Tratemos agora do aspecto da mãe. Ao contrário do nativo de Escorpião, o canceriano — graças a Deus! — não sofre de complexo de Édipo; mas como o "signo materno" do zodíaco, ele tem uma relação excepcional com a mãe. Com frequência ela é a melhor amiga e confidente dele (a mãe e a irmã de Tom Cruise moram com o casal). Em alguns casos, o filho a enxerga como uma santa padroeira, incapaz de errar. No mínimo, ele respeita o poderoso papel que ela desempenha. A tragédia perseguirá o canceriano cuja mãe o abandonou ou abusou dele. Por causa das transgressões maternas ele poderá atormentar todas as mulheres que conhecer.

O canceriano espera que você mereça a aprovação da mãe dele ou esteja à altura do legado dela? Até certo ponto, sim. No mínimo, jamais procure derrubá-la do pedestal. Se você pretende ficar com o nativo de

153

Relacionamentos astrais

Câncer, abra os braços de par em par à família dele. Amar o canceriano significa amar a família dele (ou, em raros casos, odiá-la com igual malignidade).

O que ele espera da relação

Você já teve algum namorado que oferecia a você o braço para andar, ou envolvia seus ombros com o braço, fazendo-a sentir-se totalmente protegida, segura e amada? Talvez ele aperte um pouco demais, puxe-a para muito perto. Porém, você não se importa: sente-se como a filhinha do papai, feminina de uma forma primária, talvez até como se faltasse o chão.

Prepare os formulários de cessão de direitos e peça a seu advogado que redija os documentos. O possessivo canceriano quer ter a propriedade, e ele veio reivindicar sua posse. Você receberá uma parte da arrecadação e dos direitos autorais, enquanto ele detém o controle criativo, os direitos empresariais e pelo menos 51% da parceria. Você concorda em caminhar ao lado dele ou dois passos à retaguarda; em contrapartida, ele protegerá você valentemente dos paparazzi, dos pivetes, e de outros homens interessados.

O canceriano sabe exatamente como prender uma mulher em seu aperto firme, e mantê-la ali para sempre. Com essa declaração nós talvez estejamos fazendo o feminismo recuar alguns séculos, mas... Com os diabos! É muito gostoso ter um homem que cuida da gente do jeito que ele faz. Naturalmente, entre segurança e sufocação o limite é tênue. Quando ele chega por trás e passa o braço ao redor da cintura da gente, a vontade é de que ele nunca mais solte, ou então a gente anota mentalmente que ele é a pessoa certa para chamar se uma vítima de sufocação precisar da manobra de Heimlich.

Nada mais realizador para o nativo de Câncer do que uma família feliz com ele na direção. Câncer rege a quarta casa do zodíaco, a do lar e da família. A segurança permanente é a missão dele. Na roda zodiacal, a quarta casa está localizada na própria base, representando o fundamento do mapa. De fato, o canceriano constrói sua vida amorosa a partir da base, plantando raízes profundas e nutrindo-as para formar uma árvore genealógica poderosa e de muitas gerações.

O canceriano quer construir um legado, e isso começa com mulher e filhos. Ele é um pai orgulhoso que mal pode esperar para criar filhos e transmitir suas conexões familiares. A paternidade dá a ele o sentido de dever e propósito. Câncer é um signo de formar "panelinhas" e ele trata os filhos como herdeiros do trono, moldando-os para continuar seu legado.

Fascinado por mulheres poderosas, o canceriano pode passar por diversos casamentos com parceiras bonitas e vibrantes antes de aperfeiçoar a receita de felicidade duradoura. Qual é o impasse? O fato de precisar que precisem dele, exigência absurda para um homem que se sente atraído por mulheres inteligentes e independentes, que, ao conhecê-lo, já têm suas vidas próprias e repletas.

Ele quer comer e também guardar o bolo. Se isso significar assá-lo pessoalmente, dê a ele o avental e a batedeira. O par ideal do canceriano é a mulher capaz de fazê-lo rir *e também* pensar, que seja simples no exterior com camadas de profundidade e — principalmente — que sempre esteja ao lado quando ele precisar. Ele quer uma companheira voluntária que também tenha vida própria, mas não tão intensa que vá competir com a dele. Um copiloto não funciona, mas um assistente sensual e firme será sensacional.

O canceriano precisa criar dependentes — e isso vale também para você. Pretende ser mimada, assediada e receber cuidados maternos? Então você precisa conservá-lo.

Veja o exemplo de nossa amiga virginiana Nancy, que se tornou milionária por esforço próprio e viaja pelo mundo inteiro. No terceiro encontro ela convidou o pretendente a namorado, o canceriano Edward, para vir a seu apartamento em Nova York, decorado com bom-gosto e cheio de obras de arte. Em vez de se maravilhar com a rara coleção de livros e as cerâmicas africanas de Nancy, Edward notou duas coisas: que o ar-condicionado da sala de visitas não funcionava, e que faltava um antiderrapante sob o tapetinho da cozinha.

Relacionamentos astrais

Nancy ficou irritada, mas também queria que ele ficasse à vontade na casa dela. Antes do encontro seguinte ela substituiu o aparelho de ar-condicionado, mas a paixão esfriou juntamente com a sala de visitas.

"Que droga de problema houve aqui?", ela pergunta exasperada, erguendo os braços. "Eu só queria tomar uma taça de vinho e falar da vida, queria que nos conhecêssemos melhor. Parece que ele não conseguiu superar a porcaria do tapete. Quem se importa com isso?"

Ora, Nancy, você perdeu as dicas dadas por seu canceriano. Edward estava testando para ver se ela precisava dele. Em vez de resolver por conta própria o problema do ar-condicionado, esperava que ela pedisse ajuda a ele para a substituição. Pelas regras de relacionamento do canceriano, ele não é apenas seu namorado, mas também seu homem da manutenção e cuidador. Para ela, um pouco de desconforto doméstico não era nada demais: tinha imaginado que no quarto encontro eles tomariam coquetéis, em vez de sair para comprar eletrodomésticos.

Por isso é tão importante entender o signo de seu homem. Para algumas mulheres, vale a pena fingir que precisam de um homem quando elas não precisam. Elas têm a sensação de que se fazem de bobas ou, conforme esclarece nossa perspicaz amiga Neda "ofuscam as próprias luzes para ele poder brilhar". Com o nativo de Câncer, você sempre se sentirá um pouco... secundária.

Por outro lado, se você se dispõe a abrandar um pouco sua deusa interior em troca da proteção e da orientação dele, a oferecer seu apreço e despertar sua admiração, ele vai trabalhar arduamente para manter seus olhos deslumbrados.

Sexo com o canceriano

É o tema dos romances baratos de banca de jornal: a mocinha despenteada pelo vento e o herói galante que a recolhe num vigoroso abraço, arrastando-a para os tormentos da paixão. O canceriano romântico sabe como "domar" você, deixando-a de pernas bambas, num estado de entrega total. Ele é sensível às suas necessidades e adora agradá-la. Esse não é um amante apressado.

O nativo de Câncer

Você conhece o símbolo astrológico do signo de Câncer? Lembra o número 69. De fato, o canceriano é muito talentoso com a língua. O símbolo do Câncer também lembra suspeitamente a forma de seios, o que tem lógica, pois o signo rege o peito. Ele gosta de seios e não tem medo de confessar isso. Ele venera sua feminilidade e adora acariciar suas curvas.

Quando o canceriano gosta de você, ele é "grudento". Aquelas pinças do caranguejo vão circundar sua cintura e ele vai puxá-la contra o peito de forma primitiva, tribal. O canceriano também é loquaz — pode seduzi-la com um papo "mulherzinha", e ouvir embevecido você tagarelar sobre seu drama mais recente. Ele se inclina para perto ou toca em seu braço, enquanto pontua a conversa com perguntas inspiradas. Antes que você perceba, vocês estarão praticamente no colo um do outro, e... bom, daqui em diante você sabe como a história continua.

Você gosta de um jogo de disfarces? O canceriano prefere algumas fantasias leves. De fato, representar uma nova personalidade ou um novo papel pode aliviar sua timidez. Muitos nativos de Câncer são grandes atores, já que eles se sentem seguros em revelar o amplo espectro da honestidade quando retratam um *alter ego*. Algemas ou amarras nos pulsos são os favoritos. Afinal de contas, nada o empolga mais que saber que você não poderá abandoná-lo.

Tesão: o sim e o não

O que dá tesão

- você exibir suas curvas — regido pela Lua, ele uivará para seu corpo celestial se você tiver bumbum, seios, e quadris arredondados e cheios
- exagerar nos toques femininos, como uma flor nos cabelos, batom vermelho, rendas, cabelos cacheados esvoaçantes, vestidos e sapatos de salto
- encarar o mundo com inocência ou admiração deslumbrada

Relacionamentos astrais

- ser uma gastrônoma que adora comer e fazer comida
- pedir conselhos a ele em qualquer situação, e colocá-los em prática
- ser vibrante e cheia de vida; ele precisa de uma companheira ativa e efervescente
- ser efusiva sobre sua família e perguntar pela família dele
- ter um passatempo interessante
- frequentar cursos sobre os quais possa comentar com ele
- ser bem-instruída e ter cultura literária
- acreditar em amor verdadeiro e romance de conto de fadas
- dar a ele um olhar meloso, do tipo "você me completa"
- ter um pouco de esposa e mãe ideal e uma pitada de garota decidida
- pedir ajuda a ele para consertar coisas em casa

O que não dá tesão

- ser amargurada, dura ou descrente
- ter uma carreira ou uma vida bem-definida, que não dê a ele a chance de contribuir com você
- insistir em consertar sozinha tudo em sua casa
- ter ciúme das amigas dele ou tentar interferir nessas relações
- declarar a morte do cavalheirismo
- bancar o pai ou a mãe dele — nessa relação, ELE é a mãe
- difamar a mãe dele, mesmo quando ele diz que a odeia — você jamais a substituirá na vida dele e nunca deve tentar
- não se interessar por se arrumar, se vestir, se cuidar
- criticar as preferências dele em literatura, arte ou música... ele vai considerar a crítica um ataque aos sentimentos dele
- cortar a onda dele quando estiver tentando impressionar, fazer graça ou se exibir
- recusar-se a ir acampar, velejar, caminhar, surfar etc., com ele
- dizer a ele o que fazer — mesmo bem-intencionado, o conselho não requisitado o levará a se rebelar
- revelar a outros os segredos ou informação pessoal dele (mesmo inocentemente) — os caranguejos ODEIAM ser expostos

- rir de seu sentimento poético — ou zombar dele de algum modo
- dizer a ele que não quer ter filhos
- recusar convites para conviver com a família dele — principalmente com a mãe ou as irmãs

As jogadas dele

Primeiras investidas: a azaração

Se os olhos são as janelas da alma, o canceriano deixa as cortinas abertas quando está apaixonado. Suave e terno, o olhar dele derreterá seu coração (ou fará você vomitar, se o interesse não for recíproco). É semelhante à mãe que olha o filho recém-nascido — irradia deslumbramento e esperança. Toquem um fundo musical de violinos! Joguem pétalas de rosa! Soltem querubins e suas harpas mágicas!

Não que seus olhos também não lacrimejem diante de filhotes de cachorro, bebês e outros momentos sentimentais. O coração do canceriano é facilmente mobilizado. Ainda assim, há algo na forma como ele olha para você que deixará óbvio o interesse. O namoro com o nativo de Câncer pode ser divertido e romântico. No mínimo, você curtirá alguns encontros deliciosos, cuidadosamente planejados.

Aqui estão alguns sinais de que ele a examina como namorada potencial:

- ele faz contato físico, toca seu braço ou o pulso quando fala
- passa o braço a seu redor, abraça você, ou a puxa para junto de si
- fica atento a cada palavra sua e se envolve muito na conversa
- liga para "ver como você está" — uma amável inspeção do bem-estar
- torna-se totalmente gentil — abre portas, beija sua mão, acompanha você até a porta de casa
- oferece ajuda para um problema ou reparo na sua casa
- escuta você desabafar sobre o inútil de seu ex (ele é competitivo e adora superar outros homens)
- pergunta sobre você a seus amigos sem que saiba (a estratégia dele de "defesa contra rejeição")

Relacionamentos astrais

- faz perguntas deliberadas que o ajudem a entender quem é você
- convida você para acompanhá-lo a um evento cultural ou planeja um encontro
- ele se oferece para levar almoço para você no escritório ou em casa

Como saber que ele está envolvido

Este rapaz de coração brando não confia facilmente, mas depois que você conquistar sua confiança (o que pode levar anos ou um instante), ele anseia por formalizar a situação. Uma vez convencido de que você é a mulher perfeita, o canceriano avança sem hesitação. Como tem obsessão por segurança, ele costuma ter atitudes prudentes e calculadas. Para evitar que outro a reivindique, ele trabalha dobrado para fechar contrato. Aqui estão alguns sinais de que ele poderia durar mais que as flores que envia a você no escritório:

Ele confessa a paixão por você. O canceriano romântico não tem medo de dizer que está enfeitiçado. Se confessar seu amor, é porque está envolvido.

Ele fala de casamento e de família. No primeiro encontro deles, nosso amigo canceriano e a atual esposa sentaram-se do lado de fora do café Starbucks e passaram quatro horas seguidas falando de casamento, de nomes de bebês e do lugar onde eles gostariam de morar. Alguns se limitariam a tomar um *latte*. Mas ele, não: se avistar um futuro com você, quer ter certeza de que ambos partilham a visão dele.

Ele parece conhecê-la melhor do que você mesma. Bom, ele tem estudado você. Nosso amigo canceriano Gary explica esta estratégia: "Conheça seu parceiro", ensina ele. "Gosto de averiguar o que a outra pessoa precisa num parceiro, o que falta na vida dela — e é nisso que me transformo. Reforço em minha personalidade o que falta à dela." Se um homem se preocupa tanto com a felicidade de uma mulher mudando a si mesmo dessa forma, está realmente interessado.

Ele dá a você um ultimato. Jogo duro é isso aí. O canceriano não tem medo de se afastar de uma mulher indecisa que brinca com as

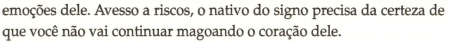

emoções dele. Avesso a riscos, o nativo do signo precisa da certeza de que você não vai continuar magoando o coração dele.

Ele conta à mãe a seu respeito. Você sabe quem é "a outra" na vida dele? A opinião dela importa mais para ele do que a de que qualquer outra pessoa. Portanto, se ela tiver recebido um bom relatório a seu respeito, é possível que em breve você vá conhecê-la.

Ele convida você para morar com ele. O lar é onde fica o tesão dele. Se ele quiser dividir um endereço, não será só para economizar nas contas de gás e luz (mesmo que considere isso vantajoso).

O canceriano infiel: por que ele a engana

Embora um canceriano feliz seja um leal chefe de família, no canceriano em conflito as emoções podem prejudicar o julgamento. Se isso significa encontrar consolo no seio de outra mulher, é para lá que ele talvez se dirija. Para cometer traição ele precisa de fortes motivos, mas aqui estão alguns prováveis:

Você o deixou magoado. Você feriu seu caranguejo no ponto fraco, seu ventre macio? Insultou seu ego ou o deixou humilhado? Nunca subestime o poder de retaliação do canceriano quando em sofrimento. Se ele achar que você não se importa com os sentimentos dele, por que ele deveria se preocupar com os seus? Pelo menos é isso que ele diz a si mesmo, enquanto massageia os ombros de alguma mulher bonita e pensa obsessivamente em você, com rancor.

Você o deixou entediado. Para este signo, é muito tênue a linha que separa a escassez do excesso de malícia. Se a você falta curiosidade, ele fica ocioso; afinal, precisa deslumbrá-la com sua sofisticação intelectual e seu QI cultural primorosamente aguçado. Se você for demasiado "boa moça" irá motivá-lo a ir rondar outra freguesia.

Você se portou mal com ele. O canceriano protege cuidadosamente a própria reputação. Você fez algo que o deixou com cara de bobo ou se sentindo um idiota? Ele surpreendeu você espionando ou azarando outro cara? Ele talvez dê a você uma dose do próprio veneno.

Relacionamentos astrais

Você não deu a ele o devido valor. O canceriano precisa sentir que você valoriza todo o cuidado e sensibilidade especiais que lhe dedica. Se você tratar o cavalheirismo dele como lugar-comum, seu cavaleiro andante encontrará outra dama da corte.

Comece a cavar a cova: o fim do romance

Dizer adeus é uma das atividades menos apreciadas pelo nativo de Câncer. Ele se vê como um cavalheiro e não quer jamais ser aquele que faz chorar uma dama (ou que o faz chorar). Quando se trata de separação, ele é um frouxo total. O mero sentimento de culpa seria capaz de matá-lo. A partida dele poderia ocorrer de forma tão indireta que você talvez só tenha certeza dela após receber do oficial de justiça os papéis do divórcio, ou tomar conhecimento da presença de outra na vida dele. Aqui estão alguns sinais de que ele pode estar preparando uma saída:

Ele se retrai. O canceriano abomina a confrontação emocional. Se vocês estiverem travados numa batalha que não se resolve, ele talvez se limite a cortar o contato. Um cordial e-mail ou cartão de Natal chegará ocasionalmente (ele é o rei das boas maneiras), mas isso será tudo.

Ele fica realmente agitado ou rabugento em sua presença. Uma palavra: culpa. Ele está mergulhado nela por saber que está a ponto de ferir seus sentimentos.

Ele começa a consertar tudo em sua casa. Esse é um dado enganoso, já que com frequência é também seu ritual de conquista. Mas se ele configurar o WiFi para você, instalar um sistema de segurança na casa e consertar a dobradiça da porta do closet — e partir, depois de um abraço — está dando a você um presente de despedida. O canceriano ainda quer ter certeza de que você será bem-cuidada na fase pós-separação. Talvez seja por isso que as ex-mulheres sempre se transformam em suas amigas.

As melhores amigas dele começam a telefonar mais do que nunca. Não, ele não está dormindo com elas, ele se comporta como uma garota na companhia delas. Ele fala mal de você, pede conselhos, imagina o que fazer e se lamuria do quanto se sente mal.

O nativo de Câncer

Ele começa sistematicamente a romper o vínculo. Quando se aproxima de você o canceriano o faz de forma segura e sem ameaça — e também age assim quando se afasta. Seus e-mails se tornam amáveis, mas distantes. Os telefonemas ficam menos frequentes. Passo a passo, ele recua de sua vida até se sentir como se fosse seu melhor amigo platônico. Você já observou um caranguejo andando de lado pela praia? É exatamente assim que ele se esgueira do relacionamento de vocês.

Remédio do kit de emergência:

Exija uma conversa direta. Talvez ele esteja fazendo suposições, ou precise de alguma coisa que na opinião dele você não pode lhe dar. Em vez de ter uma conversa direta, pode ser que ele esteja só recuando, como um canalha. Talvez valha a pena uma conversa cara a cara, mas a iniciativa caberá a você.

Interpretação de sinais:
O que ele quer dizer com isso?

Quando ele...	...quer dizer que...	...logo você deveria...
...fica muito calado...	...está mal-humorado e taciturno.	...sair com as amigas e deixar o cafajeste sozinho. Ele precisa de seu espaço. Aceite a dica e se afaste antes que ele fique mesquinho. Em poucas horas já terá se recuperado.
...não telefona...	...acha você uma pessoa legal, mas não vê futuro na relação. ...você o ofendeu ou magoou seus sentimentos.	...desistir. Se você REALMENTE gosta dele, tente se sentar com ele para pedir desculpas e esclarecer as coisas. Advertência: depois de mordido, ele fica duas vezes mais arisco e raramente oferece uma segunda chance.
...telefona muitas vezes...	...está se apaixonando por você ou a considera a nova melhor amiga dele.	...fazer perguntas para que saia da concha. Ele precisa se sentir seguro com você antes de se envolver completamente.
...não faz um movimento depois de alguns encontros...	...está intimidado. ...não está interessado.	...mostrar um pouco de seu lado mais suave, pedir ajuda, para oferecer a ele um ponto de entrada em sua intimidade. Não o apresse. ...desistir; esse homem sabe do que gosta.
...passa semanas sem dar notícias...	...se ele ainda telefona para você, convidando-a para sair no que pode ser considerado um encontro, talvez seja muito tímido ou inseguro para fazer uma investida.	...encorajar o ego e a confiança dele. Diga a ele por que o considera muito mais bacana que os outros caras. Faça elogios para que saiba que você o acha atraente. Programe o próximo encontro com coquetéis, para quebrar a inibição.
...se move depressa...	...não faça suposições... ele acredita em amor à primeira vista, mas também pode ser um canalha com tesão.	...fazê-lo frear o entusiasmo, se você deseja algo autêntico... ele respeitará você por isso.

O nativo de Câncer

Quando ele...	...quer dizer que...	...logo você deveria...
...paga a despesa, dá flores e presentes...	...acha que você merece verdadeira consideração... esse cara não gasta dinheiro facilmente.	...ser efusiva em relação aos gestos e ao bom gosto dele.
...apresenta você aos parentes e/ou amigos mais íntimos...	...você está passando por um teste para validar seu amor.	...agir com genuíno entusiasmo por ter sido apresentada a eles. Procure cair nas boas graças — amanhã eles falarão a seu respeito e poderão ser o voto decisivo em seu futuro com ele.

Suas jogadas: dicas de namoro e de amor eterno

O namoro com o canceriano

Flertar com um canceriano é chocantemente fácil. O flerte é uma de suas atividades favoritas, e ele sempre está a fim de alguma brincadeira provocante com as mulheres. Esse é o cara que costuma flertar com as amigas da mãe, ou deixa ruborizadas as senhorinhas do asilo. Ele tem genuína preferência pela atenção e a companhia das mulheres, portanto, se você precisar de uma dose estimulante de azaração, ele é o cara. Eis aqui algumas boas dicas:

Seja óbvia. Pisque e flerte descaradamente. Ao falar com ele, curve-se para a frente, oferecendo uma visão do decote, jogue os cabelos para os lados, faça caras e bocas para a câmera dele. "Eu observo cada detalhe", confessa nosso amigo canceriano. "Reparo o novo corte de cabelo, algo que fez nas sobrancelhas, os sapatos. Sou capaz de dizer quando uma mulher faz sexo regularmente ou quando tem insônia por causa do trabalho."

Reclame de seu namorado ou de algum ex-namorado recente. Competitivo como é, o canceriano adora interpretar o herói sensível, levando vantagem sobre os outros homens. Afinal de contas, sua arma secreta é entender as mulheres. Então, coragem: conte a ele que seu ex-namorado é um babaca. Isso só vai preparar o terreno para a abertura favorita dele: "Se eu fosse seu namorado..."

Peça conselhos a ele. Conversas pessoais (sobre você, não sobre ele) são o maior quebra-gelo no caso do canceriano. Qualquer oportunidade de mostrar o quanto é sensível o ajuda a evitar a conversa fiada que ele tanto odeia.

Fale sobre livros, arte, cultura. Ele adora mulheres que tenham alto QI cultural. Fale sobre seu CD ou banda favorita, ou sobre o artigo polêmico da semana e ele vai comer na sua mão.

Seja você mesma — ousadamente. Como uma mariposa, ele gravita para a luz mais brilhante do recinto. Se você for a alma da festa ou o centro de uma conversa estimulante, ele talvez entre em sua órbita.

Seja um pouco feminina e frívola. No zodíaco inteiro, este é o signo que mais provavelmente se casará com a namorada de infância; portanto, flerte como se fosse a rainha do playground. Ele adora quando você dá risadinhas e fica vermelha como uma colegial — principalmente se for por causa dele.

Amor eterno com o canceriano

Para o canceriano, o verdadeiro amor acontece quando ele consegue senti-lo no coração. Sexo para ele é apenas sexo, e flerte é só flerte. Mas quando as emoções dele estão envolvidas, ele começa a pensar em tornar um pouco mais permanente o arranjo de vocês. Quer manter seu canceriano por perto para sempre? Aqui estão algumas maneiras de construir os alicerces.

Deixe-o ser seu cavaleiro andante de armadura reluzente. Será que ele consegue resgatá-la da torre — mesmo que seja uma torre de marfim? Ele quer transformá-la numa pessoa melhor, estimulá-la e ser seu defensor. Não precisa ser uma donzela desamparada, mas poderia ser uma rainha empresarial exausta que necessita de alguns mimos. "Se ela ronronar quando eu tocar nela, não vejo motivos para deixá-la", afirma um canceriano. Se ele souber que sempre poderá oferecer conforto, saltará imediatamente sobre o cavalo branco.

Prontifique-se a interpretar o papel de coadjuvante. Você fica bonita de braço dado com ele, e o faz parecer ainda melhor? Dá a ele a sensação de ser um deus? Esse homem sensível luta contra as próprias inseguranças secretas, e também precisa de seu apoio. Dê a ele as asas de que necessita. Uma vez que estabeleça com firmeza a posse sobre você, ele a empurrará para a luz dos holofotes e aplaudirá nos bastidores.

Conquiste e mantenha a admiração dele. O canceriano dormirá com qualquer uma, mas com certeza não se apaixonará por uma mulher que não respeite. Senão, como poderia apresentá-la à mãe?

Tenha substância de supermulher e supermãe. Para manter o canceriano a seu lado, nada melhor do que imaginar você no papel de mãe ideal dos filhos dele, e a pessoa com quem ele constituiria uma família.

Relacionamentos astrais

Dê a ele espaço ou companhia, conforme a solicitação. O caranguejo precisa entrar e sair da casca, dependendo de seu estado de humor em constante mutação. Em certos dias, ele precisa de você ao lado constantemente; em outros, só quer ter espaço. Se você conseguir se manter serena e centrada enquanto nele as marés internas oscilarem, o canceriano virá ancorar em suas praias.

Cultive uma tendência doméstica. A casa do canceriano é o palácio dele. É aí que ele recebe amigos, cozinha, alimenta e cuida do clã. É o local onde se reúne sua importantíssima família e onde ele pode ser "o senhor". Se você quer ficar com ele para sempre, precisa aprender a gostar de uma boa noitada de vídeos em casa, tanto quanto adora jantares em restaurantes e ingressos para concertos.

Esteja preparada para...

O primeiro encontro

Alerta: não julgue esse homem pelo primeiro encontro. Ele é o tipo de amigo da vida inteira que só aos poucos se anima. Mesmo ele sendo uma companhia encantadora, talvez haja momentos de constrangimento durante o primeiro encontro de vocês. O canceriano pode ser tímido ou reservado, e com certeza não desnuda a alma inteira no primeiro encontro. Para compensar a agitação nervosa, ele pode tentar ser a pessoa mais ruidosa do recinto, fazendo piadas, planejando demais, batendo um bem-ensaiado papo informal ou usando outras armaduras emocionais para proteger seus sentimentos delicados. "Eu sempre começo tomando um coquetel para relaxar", ensina um canceriano.

Você pode aliviar a tensão com um pouco de trabalho preparatório. Pense antecipadamente em alguns temas de conversação. Elabore uma lista mental de tópicos "seguros", porém interessantes, para preencher aquelas pausas constrangedoras: livros ou artigos que você leu, exposições que viu, lugares para onde quer viajar. Isso pode reativar uma conversa moribunda com ele. Ou peça o conselho dele para uma questão pessoal (mas não excessivamente íntima). Antes de se abrir, ele ficará muito mais à vontade se o assunto for você.

A energia básica: você gosta de um homem que planeja? O canceriano aborda o primeiro encontro como se fosse um experiente guia turístico. Ele gosta de encontros com atividades programadas, em que é preciso seguir um itinerário bem-pesquisado (e com frequência sobrecarregado). Embora o rapaz não seja exatamente espontâneo, tem uma energia noturna que compensa tudo. Ele é capaz de passar a noite inteira acordado!

Ficar à vontade é prioritário, já que ele deseja estar em sua melhor forma. Provavelmente a convidará para ir a lugares que ele prefere, onde se sente mais à vontade. Não se esqueça de cumprimentá-lo pelas escolhas, pois teve a preocupação de agradar você. Ele anseia por impressioná-la, e também pode passar a semana que antecede o encontro procurando uma exposição, um concerto ou casa noturna interessante. Aceite sua liderança.

O canceriano desejará ir a toda parte e ver tudo. Mesmo depois de uma copiosa refeição e de uma excursão pelos 12 andares do museu, ele ainda terá no bolso uma lista de bares da moda que deseja conferir. Sua curiosidade cultural não conhece limites, principalmente quando há uma mulher bonita com quem partilhar.

Por ser um apreciador da gastronomia, o canceriano provavelmente incluirá um restaurante na programação. "As pessoas ficam felizes quando comem", afirma Gary, nosso amigo canceriano. "Comer faz as mulheres se abrirem, relaxarem no começo do encontro. Os homens precisam fazer com que elas falem. Para poder satisfazer as mulheres, é preciso entendê-las, saber do que necessitam." Se você também tem dificuldade em se abrir, recomendamos começarem a noite tomando um drinque, depois indo ao cinema, recital de poesia ou evento cultural, e daí ao restaurante para jantar. Assim, se não conseguirem desenvolver uma conversa, terão algum tema para discussão.

O que usar: para este nativo, a feminilidade é como um vinho de boa qualidade, e ele sorverá a sua como um cão sedento. O canceriano

Relacionamentos astrais

gosta de perfume discreto, cabelos soltos e esvoaçantes, joias bonitas que sirvam também como assunto para um papo. No entanto, o que mais importa para ele é você estar à vontade e se sentir bem com o próprio corpo. Vista algo simples que o deixe perceber seu andar quando você se levantar para ir ao banheiro. Como o signo de Câncer rege o peito, o decote é o principal acessório a usar. Você tem seios pequenos? Então use um colar chamativo e procure destacar todas as curvas que tem. Deixe em casa o escarpim de salto agulha e use botas sensuais, ou sapatilhas. Você precisa ter conforto no primeiro encontro, pois ele vai querer muito agito.

O que não usar: segure a onda, dominadora. Você o seduz, ou compete com ele? Como regra básica, não se vista como uma total fêmea dominante. Para este nativo, evite usar qualquer coisa excessivamente rígida ou severa. Ele adora feminilidade, portanto cuidado com os toques másculos, como fivelas elaboradas, botões de metal ou acessórios de roqueiro! Evite também produções muito montadas que escondam a silhueta. Se você usar um conjunto ou um blazer, trate de suavizá-los com uma camiseta rendada ou uma echarpe transparente. Se suas roupas não a fazem sentir-se como uma deusa, vista algo que dê essa sensação.

Pagar ou não pagar? Embora normalmente ele seja um cavalheiro, o caranguejo pode segurar os trocados na pinça. Leve dinheiro para o caso de você querer água mineral em vez de água da torneira. O nativo pode estar em plena temporada de encontros às cegas, e se a semana tiver sido agitada, ele pode ter estourado o orçamento. Se vocês forem jantar (e provavelmente irão) ele vai conferir a conta para verificar se foi acrescentada alguma despesa indevida. Também vai querer guardar a nota fiscal para seu controle pessoal.

Na hora da despedida: apesar de seu cavalheirismo, isso não significa que o canceriano não vá agarrar você para uma despedida apaixonada. Provavelmente, enquanto a noite prosseguia (e as bebidas também) ele foi ficando mais tátil. Normalmente o canceriano beija muito bem, portanto se você gostar dele, faça bom proveito. Este é o homem que vai dar uns amassos em você e telefonar na manhã seguinte.

A primeira visita dele à sua casa

Alerta! O canceriano fará qualquer coisa para entrar em sua casa. Não só por querer atirá-la no sofá e dar uns amassos (e ele quer), mas porque deseja "fazer uma leitura" de você. Em matéria de condições habitacionais, este nativo é mais exigente que um mordomo inglês; portanto, para esse sujeito doméstico, o modo como você vive é um fator decisivo. Ele quer saber principalmente se sua decoração entrará em choque ou concorrerá com a estética dele.

Há uma anedota que talvez você conheça:
— O que as lésbicas levam para o segundo encontro?
— Um caminhão de mudança.

Pois o mesmo vale para o canceriano — ele sempre pensa em coabitar. Tali saía com um canceriano que levou um aparelho de barbear descartável e uma escova de dente para o terceiro encontro deles! Outra amiga terminou uma relação de quatro anos com um canceriano porque, conforme ela descreve, "na noite de nosso primeiro encontro ele ficou para dormir lá em casa e nunca mais foi embora". O canceriano está pronto para se aconchegar no minuto em que você estiver pronta. Eis como tornar sua casa um espaço receptivo para ele:

Consiga algum objeto quebrado. Cansamos de dizer: o nativo de Câncer necessita de alguém que precise dele. Se ele puder consertar o aquecedor ou instalar um novo interruptor do quarto, você deu uma função a esse homem ansioso por agradar.

Exponha suas fotos e álbuns de família. Ao contrário da maioria dos homens, este gostaria de ver fotos emolduradas dos pais, colegas de república e pequenos sobrinhos bonitinhos da namorada. Pode crer, ele também compartilha sua galeria de fotos. Ele a avalia como potencial reprodutora, logo precisa de confirmação de que você goste desse lance de família. Forneça-lhe as provas. "Eu preciso saber", alega um canceriano, "se ela teve uma infância feliz. Se recebeu uma educação severa e amargurada, será difícil fazê-la feliz. Ela sempre retornará à pessoa que foi na infância."

Relacionamentos astrais

Deixe pendurado no banheiro um roupão de renda ou de seda. Os toques femininos deixam muito excitado o canceriano. Ele gosta de mulher que gosta de ser mulher. Quanto mais sua casa der a impressão de ser um salão francês, melhor. Um frasco de perfume francês sobre a bancada da pia, um colar de pérolas e echarpes de seda no espaldar de uma cadeira etc. Procure criar aquele clima hipnótico.

Não tenha uma casa "finalizada" demais. Decoração impecável importa menos para ele que uma sensação de aconchego. No momento em que entrar em sua casa, ele pensará se vocês poderiam viver juntos. Se você gosta de juntar tranqueiras, dê uma geral de Feng Shui nas pilhas e caixas de objetos antes de ele chegar. Afinal de contas, se não houver nenhum espaço livre, onde ele guardará a coleção de discos cuidadosamente selecionados? Providencie para os queridos pertences dele encontrem um lar entre os seus.

O encontro com a família dele

Se o nativo de Câncer gostar de você, pode estar certa de que, mais cedo ou mais tarde, você conhecerá a família dele. No mínimo, ele tem uma relação obediente com a parentada. Na maioria dos casos, entretanto, ele os considera seus melhores amigos. E fala tanto sobre eles que você terá a sensação de que já os conhecia, quando finalmente estiver puxando o saco dos pais dele (uma obrigação).

— Puxa, Edna, prazer em conhecê-la. Me dê um abraço. Posso chamá-la de mamãe?

— Senhor Williams, quanta honra! Bryan me contou sobre sua oficina de aeromodelos. Eu soube que este ano o senhor terminou de montar seu 98º avião. É impressionante! Posso ver a coleção?

Mas se você não curte família, nem se dê o trabalho de continuar a leitura. Vá direto para o capítulo sobre Sagitário, Gêmeos ou Aquário. Todos esses signos pouco se importam se você não quiser curtir o verão na casa dos pais deles no lago ou passar o Natal vestida de duende, entregando presentes cuidadosamente escolhidos aos 14 sobrinhos e sobrinhas dele.

O NATIVO DE CÂNCER

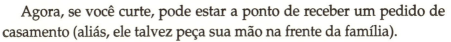

Agora, se você curte, pode estar a ponto de receber um pedido de casamento (aliás, ele talvez peça sua mão na frente da família).

Mulheres ciumentas não precisam se candidatar. O canceriano talvez tenha filhos de um casamento anterior, e você deve assumi-los como se fossem seus. Se receber de braços abertos a família dele, conquistará sua lealdade. Se a mãe dele aprovar, o contrato está fechado.

Para dizer adeus

O fim do romance com o canceriano

Agora você quer sair de qualquer jeito dessa complicação. Se o rompimento não tiver sido de ambas as partes, não será fácil escapar ao domínio encarcerador do canceriano. Ele se imagina o vigia e o guardião das chaves do relacionamento de vocês. Possessivo, não facilitará para você o acesso à saída. Ele forrou de plumas uma gaiola para você, e um pássaro domesticado não retorna à selva facilmente. Mesmo assim, você quer de volta sua liberdade.

O signo de Câncer rege o coração; portanto, se você vai partir o coração dele, prepare-se para pagar. Ele vai tirar o máximo proveito de seu sentimento de culpa e suas emoções. Não espere generosidade da parte dele. De fato, será um momento de real amargura.

Se o relacionamento foi longo, é provável que vocês tenham misturado suas vidas a ponto de tornar complicado o processo. Estamos falando de hipotecas, cartões de crédito, contas bancárias, cartões de supermercado, animais de estimação. Você não vai querer fazer acordo. Aguente firme e sobreviva às amargas negociações e aos jogos mentais. Esteja pronta para se separar de alguns pertences — é o preço que pagará para resgatar sua vida.

Superando a perda: quando o canceriano vai embora

Quer saber a verdade, sem rodeios? Ele é extremamente covarde para terminar as coisas; o canceriano não resolve bem a separação aberta.

173

Relacionamentos astrais

Mal consegue viver com o sentimento de culpa de ferir você. Ele irá desaparecer ou inventar uma desculpa para passar menos tempo em sua companhia ("ando mesmo muito ocupado no trabalho"). No fundo, você sabe o que vem por aí. Um canceriano sabia que queria se separar da namorada, mas ainda assim se mudou com ela para outro estado. No momento em que a viu instalada num apartamento e com um emprego novo, fez sua graciosa saída. Alegando que se sentia irremediavelmente infeliz na costa leste, abandonou — em um único movimento — o estado e a namorada. Com este nativo, leia nas entrelinhas e confie na própria intuição.

Pela última vez, chore a falta que sentirá...
- de ter uma melhor amiga e um namorado reunidos na mesma pessoa
- da intensa concentração dele em você e só você
- dos melhores abraços de sua vida
- do melhor sexo oral de sua vida
- da sensação de ser uma mulher e uma garotinha
- do talento dele para planejar encontros criativos
- da competência cultural dele — livros, artes plásticas, música
- de ter alguém para consertar tudo que se quebrasse
- de alguém que cozinha e lava, obrigação que você deverá reassumir para si
- a segurança

Agradeça ao universo por nunca mais ser obrigada a lidar com...
- a dependência emocional e a insegurança dele
- os ataques de mau humor e as fases de rabugice e introspecção
- o maníaco controlador que você descobriu que ele podia ser
- ser recriminada, mimada e tratada como criança
- as ocasionais observações mesquinhas ou críticas feitas por ele
- discriminar todas as contas e usar para declaração do imposto de renda

O nativo de Câncer

- o hábito de catar moedas e de garimpar objetos do lixo na rua — será que ele vai mesmo levar *isso* para casa?
- a excepcional capacidade de estragar sua festa
- a sensação de ser uma avó de classe média, apesar de ter só 32 anos

Relacionamentos astrais

A combinação amorosa:
Vocês falam a mesma língua?

Você é do signo de...	Ele acha que você é...	Você acha que ele é...	Linguagem comum
Áries	...talentosa, mas um tanto carente de atenção e levemente "deusa".	...meigo, instigante, mas excessivamente passivo e difícil de decifrar.	Vocês dois são "solitários extrovertidos" que curtem as artes tanto quanto uma boa noite em casa.
Touro	...potencial para esposa.	...potencial para marido.	O lar e a família são tudo para os dois.
Gêmeos	...instigadoramente maluco.	...a mãe de que você secretamente necessita.	Botequins pé-sujo, teatro independente, videogames e obsessão por sites de comércio on-line.
Câncer	...meigo, mas difícil de agradar.	...de uma gentileza mortal. Não exagera, garoto.	Fazer ninho... juntos, vocês poderiam montar uma bolha acolhedora.
Leão	Eu preciso apresentá-la à minha mãe?	...romântico, mas ligeiramente afeminado.	Os dois são românticos incuráveis que deixarão suas vidas serem destruídas por uma chance de amar.
Virgem	...elegante, de bom gosto, e muito sagaz... mas às vezes levemente metida a sabichona.	Até que enfim! Um cavalheiro entre os canalhas.	Livros, culinária, arquitetura, design... gastrônomos e viciados em cultura, vocês curtirão as noites em casa e na cidade.
Libra	...difícil de entender e cara de manter.	...mesquinho, carente e demasiado caseiro.	Jantares, degustação de vinhos e baladas.

O nativo de Câncer

Você é do signo de...	Ele acha que você é...	Você acha que ele é...	Linguagem comum
Escorpião	...a fantasia sexual dele, em carne e osso.	...a criatura rara em que você pode realmente confiar.	A profundidade, a intensidade e a fragilidade das emoções de vocês.
Sagitário	...lindas curvas, diz o que quer — uma insensível metralhadora giratória.	...carente de atenção, hipersensível, mas bom de papo depois de você romper a carapaça.	Sexo, mexericos, ética profissional e humor grosseiro.
Capricórnio	...a esposa ideal, num casal arquetípico.	...alguém que a faça revelar seu lado mais terno.	Uma casa em bairro de classe média, dois filhos, numa pacata cidadezinha.
Aquário	...uma fascinante maluquinha.	...uma pilha de nervos.	Sexo, discussões de política global após o ato sexual (aquecimento para ambos os sexos).
Peixes	...a donzela desamparada que ele espera para salvar.	...seu herói.	Uma crença imortal no romance de contos de fada.

177

Relacionamentos astrais

O nativo de Leão

Datas: 23 de julho — 22 de agosto
Símbolo: o leão
Planeta regente: o Sol — centro de nosso universo
Elemento: fogo — passional, dinâmico, ativo
Qualidade: fixo
Missão: a caçada de uma leoa

Ambiente natural — onde você vai encontrá-lo: produzindo, dirigindo e estrelando o próprio filme independente; arrebatado numa escapada romântica; concorrendo à presidência; tomando uma bebida na seção VIP de uma danceteria da moda; começando uma empresa superpoderosa; planejando a nova ordem mundial diante do computador; aprendendo por conta própria a falar russo ou outra língua; jogando RPG, numa convenção sobre histórias em quadrinhos; gastando os últimos recursos em biscoitos; comendo a sobremesa; no assento dianteiro de uma montanha-russa do tipo que "desafia a morte"; entre os melhores da universidade; numa palestra, num recital de poesia ou numa oficina de desenvolvimento espiritual; no centro das atenções como anfitrião da comemoração do próprio aniversário; a caminho de um teste de elenco; no ensaio da banda; escrevendo letras de canções num surrado moleskine; lendo literatura clássica; fazendo depilação no peito e nas costas com cera quente num spa; fazendo as unhas dos pés e das mãos e recebendo uma massagem; cantando músicas num karaokê em cima do balcão de bar.

Meio de vida: ator de cinema, líder mundial, guarda-costas, advogado, especialista em linguística, treinador ou técnico, cantor solista, artista cênico, diretor de instituição educacional, gerente de departamento, cineasta, diretor, dançarino, político, advogado, dublê, fisiculturista, lutador profissional.

Leoninos notáveis e notórios: Ben Affleck, Matt LeBlanc, Daniel Radcliffe, Matthew Perry, Arnold Schwarzenegger, Robert Redford,

O nativo de Leão

Andy Warhol, Fred Durst, J.C. Chasez, Tom Green, Scott Stapp, Ed Norton, Robert De Niro, Kevin Spacey, The Edge, Ashley Parker Angel, Billy Bob Thornton, Kevin Smith, Antonio Banderas, Wesley Snipes, Pete Sampras, Sir Mix-A-Lot, Omar Epps, Bill Clinton, Barack Obama, Chuck D, Fat Joe, Mick Jagger, James Cameron, Steve Carell.

O leonino: como localizá-lo

- olhos concentrados, olhar penetrante
- nariz pequeno e felino, ou nariz protuberante que o faz parecer durão e sexy
- faz lembrar um leão ou um gato
- corpo vigoroso, braços e pernas musculosos
- cabeleira distintiva — abundante e cheia, ou calvície precoce
- usa óculos escuros estilo James Bond ao pôr do sol
- é o oposto dos demais: o único sujeito calado no recinto barulhento ou o falastrão que quebra o silêncio
- o peito estufado com orgulho
- o favorito da professora ou o seguidor entusiasmado de todos a que admira
- roupas extravagantes (alguém tinha de comprar aquelas camisas pavorosas que você viu no shopping: desvendado o mistério!)
- cercado por um grupo de mulheres que podem ser strippers, garotas de programa ou um punhado de ex-namoradas
- casacos e chapéus de tamanho exagerado — o rei precisa de seu manto e sua coroa
- lendo Tolstoi ou uma biografia histórica, com o cenho franzido
- dançando extravagante e graciosamente em roupas justas — rumba, chá-chá-chá, merengue (pense no leonino Patrick Swayze)

O leonino: seu jeito de lidar com...

Dinheiro
Seletivamente mesquinho, impulsivamente extravagante. O dinheiro voa de suas mãos, gasto principalmente com diversão. Ele adora mimar a namorada e a si próprio.

Família
Leal, é apegado ao clã; muito protetor e afetuoso. Com frequência é o favorito dos pais.

Amor
Um completo idealista romântico, apaixonado por se apaixonar. Com você, sonha criar uma lendária história de amor capaz de inspirar inveja e admiração.

Sexo
Febre felina! Paixão ardente e selvagem, capaz de deixar você com as costas marcadas de garras. Miiaauuu!

Filhos
Quanto mais numerosos, melhor — ele mal pode esperar para deixar seu legado. Um pai carinhoso e brincalhão, que também pode ser rigoroso e exigente.

Animais de estimação
Adora a bicharada. Gosta muito de bancar o adestrador de um animal hiperativo. Preferência especial por gatos e cachorros carinhosos que podem se tornar seus companheiros.

Quando você surta
Crises mínimas em comparação com as dele. Se você atacar seu orgulho, ego ou honra, ele se defenderá com furor. Afora isso, aceitará suas crises com serenidade.

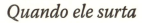

Quando ele surta

Um verdadeiro melodrama. Quando o leão rugir, corra! Para descarregar a raiva, ele é capaz de sair de casa e começar uma briga no bar ou um bate-boca. Anda por aí num silêncio arrogante e orgulhoso.

O rompimento

Acontecimento devastador que inspira poemas, letras de canções e sessões de dor de cotovelo no bar. Enquanto faz anotações no diário, ele atrai a atenção da linda jovem que se sentou a seu lado. Ele se abre com ela e, uma semana depois, já estão namorando.

O leonino: tudo sobre ele

O nativo de Leão sempre dá um jeito de conseguir chamar atenção, mesmo sem esforço — basta entrarmos num recinto e vermos para onde nossos olhos são atraídos. O leonino é a pessoa mais ruidosa e animada — rindo impetuosamente, empunhando o copo de cerveja enquanto faz piadas insolentes, começando uma briga quando sua supremacia é desafiada. Ou então ele é um gatão majestoso e tranquilo, que arde em fogo lento nos bastidores, taciturno e amuado até você reparar nele. Seja como for, é impossível não notá-lo.

O leonino é regido pelo Sol, o centro de nosso Sistema Solar. Não admira que o signo dele tenha fama de egoísta ou egocêntrico, pois tudo gira em torno desse homem, como planetas em órbita. Na pior das hipóteses, ele é um narcisista pomposo, movido pelos próprios desejos hedonistas. Na melhor hipótese, é um filhotinho brincalhão com energia ilimitada que constantemente requer ação, atenção e diversão.

O símbolo zodiacal do signo, o majestoso leão, é o rei da selva — e sabe disso. Seja no que for, o leonino precisa dominar o que faz, do contrário ele perde depressa o interesse. Jogando para ganhar, ele não se intimida de se gabar quando vence, mesmo que isso o faça parecer arrogante. Quando foi agraciado com o Oscar pelo filme *Titanic*, o

Relacionamentos astrais

diretor James Cameron, nativo do signo, proclamou: "Eu sou o rei do mundo!"

Ele tem tantos traços em comum com seu animal emblemático que, para entendê-lo melhor, fomos buscar ajuda nos especialistas da vida selvagem. Os profissionais nos ajudaram a explicar seu leonino:

Comportamento selvagem nº 1

Os grupos sociais de leões se compõem de 1-3 machos, de 2-15 fêmeas e de sua prole (*Animal Planet*)

Esperem, há alguma celebridade por aqui? Por que todas aquelas mulheres estão reunidas ao redor daquele cara? Ora, é apenas o leonino sendo alvo das atenções de todas as amigas dele. A maioria ou dormiu com ele ou espera fazê-lo em algum momento, mas não é preciso ficar agressiva; ele tem bastante para todas.

Com seu forte impulso sexual, a monogamia não é o estado natural para o nativo de Leão, embora ele seja capaz de se manter assim, se você tiver a libido de ao menos três mulheres. Na verdade, ele tende a ser um monógamo em série, e nunca fica muito tempo sem ter um corpo quente a seu lado.

Comportamento selvagem nº 2

Quando os machos são forçados a deixar o bando em que nasceram, formam pequenos grupos itinerantes de solteiros.

O nativo de Leão também é o líder do grupo entre os amigos do sexo masculino. Por mais que ele adore as mulheres, precisa de um bando itinerante de irmãos: os colegas de bar, a galera do RPG, ou a turma da pelada de domingo. Com sua bravata de exuberante demonstração de afeto e sua risada contagiosa, ele faz qualquer homem se sentir "o cara". Depois de escreverem juntos o roteiro de *Gênio indomável*, o leonino Ben Affleck e seu parceiro libriano Matt Damon se tornaram uma dupla tão inseparável que inspiraram os tabloides a cunharem o termo "bromossexual" para descrever o amoroso vínculo fraterno entre os dois.*

Comportamento selvagem nº 3

Os leões vivem numa sociedade matriarcal. As leoas trabalham juntas para caçar e criar os filhotes (Zoológico de San Diego).

Com o nativo de Leão, não é preciso você se fazer de tonta nem diminuir as próprias luzes. O leonino está muito consciente do poder feminino, que ele aceita de bom grado. Fica extremamente feliz por você bancar a supermãe; de fato, espera que tenha uma carreira profissional estelar e também seja uma mãe extraordinária. O que mais lhe agrada é uma mulher forte e capaz de dar conta do recado.

Comportamento selvagem nº 4

Os machos protegem o território e comem primeiro; as fêmeas fazem a maior parte da caçada. Embora os machos comam mais do que as fêmeas e tragam muito menos comida (caçam menos de 10% do tempo), eles patrulham, demarcam e guardam o território do bando (*National Geographic*, Zoológico de San Diego).

Sim, ele ainda é o rei do castelo, mesmo que você ganhe o dobro do salário dele. Na condição de autoproclamado cabeça da família, o leonino é incrivelmente protetor e destruirá qualquer um que se meta com seu clã. Ele costuma ter um forte sentido de direito adquirido, que em certas ocasiões deixará você com vontade de chutar seu traseiro. Também está propenso a abusar de prazeres — comida, bebida alcoólica, cigarros e outros hábitos hedonistas. O leonino Sean Penn fumava quatro maços de cigarro por dia antes de parar de fumar, aos 40 anos.

---

* *Bromo*, a abreviação da expressão <u>brother</u> from another <u>mother</u>, irmão nascido de outra mãe, usada entre homens ligados por amizade profunda, quase como irmãos. (*N. da T.*)

Comportamento selvagem nº 5

Normalmente os leões caçam à noite e passam quase vinte horas por dia dormindo ou relaxando com os filhotes brincalhões.

O leonino é um pai excelente e participativo, que gosta de brincar no chão com o bebê e sente muito orgulho de educar os filhos a cada passo do processo. Ele tem energia inesgotável para as horas de brincadeira. Na maioria dos casos, o leonino está longe de ser preguiçoso, mas com certeza consegue fazer tudo em ritmo lânguido, de acordo com o próprio cronograma. Esse jeito vagaroso e felino é parte de seu encanto. A maioria dos nativos de Leão é noturna. O leonino Barack Obama escreveu sua biografia à noite enquanto a família dormia. Ele gosta de construir seu império depois do anoitecer.

Comportamento selvagem nº 6

Eles geralmente espreitam e perseguem a presa, matando-a com uma mordida no pescoço — embora também possam levá-la à morte com uma simples patada no pescoço, que o fratura.

O violento leonino tem um espírito de luta que não se compara ao de nenhum outro signo. Ele está sempre disposto a abater o inimigo, seja no ataque verbal, com os punhos ou mesmo expondo o erro de quem duvida dele. O nativo de Leão persegue seus objetivos com o mesmo espírito guerreiro e a confiança inabalável do rei da selva. O leonino Arnold Schwarzenegger, outrora um desconhecido fisiculturista austríaco, foi alvo de chacota quando declarou seu desejo de ser ator. Segundo amigos de infância, ele sempre dizia que suas metas eram se mudar para os Estados Unidos, se tornar ator e se casar com uma Kennedy. Ele realizou as três metas, e até se tornou o governador da Califórnia. A arte pop do leonino Andy Warhol foi ridicularizada, mas ele se tornou um ícone internacional, com museus dedicados à sua obra. E mesmo Roberto de Niro alegadamente saiu de um cinema aos 17 anos e anunciou aos amigos surpresos sua intenção de se tornar ator. Quando o leonino coloca na mira um objetivo, ele o alcança.

Comportamento selvagem nº 7

Um forte rugido do macho, geralmente ouvido após o pôr do sol, pode se transportar por, no mínimo, oito quilômetros. O rugido adverte os intrusos e ajuda a reagrupar os membros extraviados do bando (*National Geographic*).

O leonino é extremamente propenso a verbalizar suas crenças e valores. Sendo ele mesmo um líder natural, frequentemente se envolve em política — ou pelo menos está a par dos acontecimentos atuais. O leonino é altamente crítico dos líderes de que não gosta, e apoia intensamente os candidatos em quem acredita. Para ele, tudo tem de ser uma declaração grandiosa: os times esportivos, as bandas, os autores e as figuras históricas de sua preferência.

Como um gato com suas sete vidas, o leonino se recupera de cada revés com impressionante elasticidade. Em tudo ele mergulha de cabeça. Se não puder atuar de forma passional, por que motivo agiria? Talvez por ser subestimado, isso o deixa mais determinado a mostrar quem ele é. De fato, o leonino jamais entrega os pontos. Não se surpreenda se algum dia você vir o rosto dele ou a empresa dele num outdoor. O que você acha? Ele conseguiu. Ele realizou seus sonhos, no final.

O que ele espera de uma mulher

Na selva, tudo se relaciona à sobrevivência do mais apto. O leonino tem a própria versão da seleção natural no jogo do amor. No darwinismo romântico do leonino, ele explora todas as opções de acasalamento possíveis, até encontrar a melhor reprodutora. Ao longo do caminho, ele talvez adquira a fama de mulherengo, de galinha, de destruidor de corações. É a vida. O leonino se recusa a se acomodar. Depois que ele encontra a parceira perfeita, começa o processo de vinculação do casal, de transformá-la em parte da família dele, de criar um pequeno covil de amor só para dois.

Os leões vivem em sociedades matriarcais em que a leoa está encarregada de caçar. Para ser a mulher do leonino, você precisa ser forte,

Relacionamentos astrais

resistente e valente — serenamente poderosa para não fazer sombra a ele, mas mesmo assim uma séria competidora. Você é capaz de capturar um antílope e arrastá-lo de volta ao covil? Está disponível para acasalar e produzir uma ninhada de filhotes de alto nível? Se estiver, ele desejará formar uma sociedade de mútua admiração. "Ele faz você se sentir como uma pessoa inteligente, capaz, adorada, bem-vista", afirma uma mulher sobre seu marido leonino. Esse é o presente dado pelo nativo de Leão à sua mulher, depois de tê-la consagrado sua rainha. Você se sentirá como a joia da coroa... a coroa dele, claro.

A lealdade é uma das qualidades mais importantes de que você vai precisar para mantê-lo presente. O leonino não tolera vacilação na companheira. Só porque ele perambula nas savanas, isso não quer dizer que você não tem de esperar em casa a chegada dele. É claro que ele respeita o poder e a autonomia da mulher, mas quer voltar para casa e encontrá-la de braços abertos, esperando ansiosa por ele e disposta a brincar. Ele se casa com sua melhor amiga e suprema confidente, mulher poderosa e bem-sucedida de quem ele possa se gabar.

Pode até ser um pouco autoritária, se for também carinhosa e meiga. E você poderá ficar à vontade para assumir algumas responsabilidades, como fazer as compras ou planejar o orçamento, já que o rei nem sempre pode se incomodar com essas tarefas menores — e às vezes os gastos dele podem fugir ao controle. "Temos uma conta conjunta e estou a cargo do dinheiro", relata Lynn, sagitariana casada com leonino. "Ele é extremamente hedonista. Precisamos quase entrar no vermelho para ele realmente prestar atenção no destino do dinheiro."

Regido pelo coração e pela paixão, o leonino precisa de afeto e contato físico, de risos e brincadeiras. Ele quer mimar e se mimado, ter uma receptora ávida por seus gestos românticos efusivos. Simone, uma ariana, recorda a elaborada surpresa que o marido leonino preparou para ela no primeiro Dia dos Namorados que passaram juntos. "Ele me disse que íamos à praia", conta Simone. "Eram nove da manhã e ele estava me apressando. Eu me perguntava qual seria o problema, pois ninguém vai à praia tão cedo. Entramos no carro e ele, depois de me vendar os olhos, revelou que não iríamos à praia. Chegamos a um lugar onde se ouvia um agradável tema de jazz. Eu estava num spa e passei um dia inteiro de mordomias — massagem, limpeza de pele, pedicure, manicure. Quando me tiraram a venda, eu chorei. Decididamente, é uma de minhas recordações favoritas!"

Quando o leonino se apaixona por você, não há nada que o impeça de se declarar. Dinheiro não é obstáculo quando ele sente a premência de ser extravagante. Lynn recorda: "No primeiro Dia dos Namorados depois de nos casarmos, gritei com ele porque mandou para mim, em casa, um buquê de rosas — com vaso e tudo — no valor de US$99. Na época ele recebia 725 dólares de salário mensal."

O leonino requer muita energia e precisa ter meios suficientes de expressar sua paixão. Estoque a dispensa com bebidas energéticas, porque você precisará ter um altíssimo nível de atenção. Quando o leonino começa, persiste por tempo indefinido. Embora ele possa prender a atenção de um estádio ou ser o foco da atenção de uma multidão, individualmente ele se torna exaustivo. Procure estimulá-lo a cultivar passatempos e procurar os colegas. Caso contrário, ele pode se tornar sufocante e cansativo — um trabalho em tempo integral que você rapidamente se arrependerá de ter aceitado.

O leonino gosta de se envolver em conversas fascinantes (que ele talvez monopolize, se você não lembrar com todo jeitinho que há dez minutos ele fala sem parar). Ele é capaz de discorrer sobre qualquer assunto: de política e música a fofocas de revista feminina. Ele precisa de uma companheira impetuosa, que deteste as despedidas tanto quanto ele as repudia. O leonino gosta de ficar acordado até de madrugada e ver seu regente, o Sol, romper a alvorada no horizonte. Se você o acompanhar por uma noite inteira de bate-papo, ele saberá que você é a eleita.

Acredite se quiser, mas o leonino também tem um lado tímido. Ele pode sofrer de angústia social e da paralisante consciência de si mesmo (sintoma de seu egocentrismo, mas não revele isso a ele). Embora possa agir com presunção e arrogância, ele se preocupa muito com o que os outros pensam a seu respeito, pois deseja ser querido e admirado.

Em sua companhia ele se sentirá mais seguro para se abrir — pelo menos sabe que há um facho de luz para onde sempre poderá voltar, mesmo que outros não o aceitem de braços abertos.

Mesmo assim, se quiser manter a chama acesa, você precisará dosar esse lado carente do leonino. Talvez seja difícil dizer "não" ou enxotá-lo, mas a atitude será benéfica para ele. Você não deseja vê-lo agarrado à sua saia como um tímido filhote. Procure estimulá-lo e alimentar a confiança dele. Dê a ele toda a segurança de que for capaz, mas não deixe que o leonino a sufoque com seu amor.

O que ele espera da relação

Sabe aquelas fotos ensaiadas de casais apaixonados que se olham ternamente nos olhos, abraçados com invejável afeição? Normalmente é a foto que vem da fábrica, enfiada no porta-retrato, que você remove e substitui pela sua, do mundo real. Pois bem, o leonino deseja aquele tipo de amor "de cinema". Ele quer um romance convencional, com os devidos acessórios.

Quando está apaixonado, o leonino quer celebrar a relação. É mais provável que ele, e não você, se lembre do aniversário de namoro, cobrindo-a de mimos comemorativos. Estamos falando de uma dúzia de rosas vermelhas saídas diretamente da floricultura com tufos de gipsofila branca entre elas. Talvez um ursinho de pelúcia segurando um balão, uma corrente de ouro de 14 quilates, ou o livro de poemas favorito dele. Um jeans de marca que você andou cobiçando, ou uma lingerie sensual. Cafona e sentimental é o jeito do Leão — mas, de certo modo, isso combina com a efusiva personalidade dele.

Como dois leões que constituem um bando, o leonino forma uma unidade com sua mulher. Ele vibra quando, juntos, vocês se tornam o alvo dos holofotes; de fato, ele alegremente faz a corte aos paparazzi. Quem poderia esquecer o lendário casal de leoninos J. Lo (Jennifer

O nativo de Leão

Lopez) e Ben Affleck, também conhecido como "Bennifer"? Durante a campanha presidencial, o leonino Bill Clinton envolveu Hillary a tal ponto que a imprensa começou a chamá-los de "Billary". Uma manchete tem seu valor, e ele ficará feliz em dividir as notícias com a devotada cara-metade (é claro que Clinton também as dividiu com uma colega de signo, Mônica Lewinsky. Dois felinos acabam sempre se cheirando!).

Naturalmente, se a outra metade começar a ofuscá-lo ou fazê-lo parecer um tolo (lembram-se do fracasso de bilheteria do casal Bennifer, o filme *Jersey Girl*, que marcou o começo do declínio do casal?), as cortinas se fecharão sobre essa produção real. Para não tocar de novo no fogão quente, um leonino precisa se queimar muito. Depois do namoro com a vida de ostentação, Ben Affleck voltou às origens de leonino: torcendo pelo Red Sox e apoiando a candidatura de seus políticos favoritos, perambulando com Jennifer Garner em agasalho de moletom, ligando-se à família e socializando com amigos fiéis.

O que o leonino deseja, em última análise, é o relacionamento fácil e divertido com uma excelente amiga que seja boa de faxina. Como o leão indolente, ele também quer que seu relacionamento seja um espaço seguro e confortável, em que pode ficar de pernas para cima e relaxar. Ele investe tanta energia no mundo que só precisa de um refúgio restaurador para recarregar as baterias. O leão em repouso precisa ter paz, sem que haja cobrança pelo tempo que gastou jogando videogames, pelo volume exagerado da música, pelo fato de ainda estar devendo o empréstimo no crédito estudantil.

O leonino tem muito orgulho da família. Ele quer criar um legado, construir um império, guiar e ensinar os filhos e transmitir a sabedoria à próxima geração. Você já viu um leão em pé sobre uma rocha supervisionando seus domínios? Pois assim é o nativo de Leão. Ele deseja se sentar no alto da montanha com você, olhar para as casas, os carros, os filhos e os anos vividos, puxar você para perto e sussurrar com admiração: "Veja o que construímos juntos."

Ele também quer inspirar a admiração alheia. O leonino tem necessidade de ser visto como um modelo social. Talvez tenha padrões bastante

Relacionamentos astrais

altos, mas nem tente dizer isso a ele: ele não dará ouvidos. Na imaginação do nativo, nada é impossível. Mesmo que ele esteja com uma mulher diferente a cada semana, isso não o impede de emitir um comunicado à imprensa e exibi-la pela cidade, apresentando-a como namorada. Ele é um monógamo serial, elevado ao grau máximo.

Há muitas aventuras à espera, e a vida ao lado do leonino é repleta delas. Quer vocês viajem para os quatro cantos do mundo ou simplesmente levem uma vida fantástica em uma bolha doméstica para dois, ele sempre trará alguma coisa nova. "Juntos, começamos a dieta de alimentos crus e compramos legumes e verduras orgânicos", relata Carol a respeito do namorado leonino. "Passamos muito tempo cozinhando, e é superdivertido. Ele gosta de que façamos tudo na companhia um do outro."

Explorar o mundo é muito mais satisfatório para o leonino quando tem ao lado uma divertida e solidária companheira de aventuras. Dê a ele um playground livre para seus passatempos, suas paixões e interesses sempre dinâmicos, seu idealismo romântico. Torça por ele e o deixe ser seu defensor. Permitam que o companheirismo de vocês floresça num legado romântico, numa história de amor que ressoe através dos tempos, o tipo de história que seus filhos contarão aos seus netos.

Sexo com o leonino

Para o leonino, que se orgulha da própria destreza, o sexo é um espetáculo majestoso. Ele adora criar o cenário para suas magníficas travessuras, chegando até a projetar a decoração do quarto de dormir como um elaborado cenário de filme. Certo leonino tinha em sua alcova um lustre do tipo bola de discoteca, luz estroboscópica e paredes espelhadas, além de um sistema de som de última geração, já que a música o deixa no clima (todo grande espetáculo precisa de trilha sonora). Outro nativo do signo decorou o quarto como uma tenda de harém ao estilo marroquino, paredes pintadas de ocre, almofadas de seda espalhadas pelo chão e tecidos com estampas sensuais envolvendo o colchão (ainda

190

assim, ele também a levará para um cômodo sem móveis — na verdade, para qualquer lugar).

O leonino é brincalhão na cama, como em qualquer outro lugar. Ele quer que vocês rolem como um casal de leões se acasalando na savana, deem patadinhas e cravem as garras um no outro, puxando o cabelo, mordendo e arranhando. O único lubrificante de que você precisará é pomada para os arranhões que ele deixará em suas costas. Por charme, ele fará algumas acrobacias e depois, erguendo-a do chão, carregará você para cada cômodo da casa. Faça antecipadamente um alongamento — você vai precisar ser mais flexível!

Embora o leonino vá deixá-la empolgada no sentimento apaixonado e romântico, ele ainda será o astro dessa produção. O cara vai pegar você por trás, diante do espelho, só para admirar o próprio corpo flexível se mover no mesmo ritmo que o seu. Ou, quando você se virar, notará um pontinho luminoso vermelho: ele deixou ligada a câmera de vídeo (felizmente está apontada para ele). Espelhos no teto? Claro que sim. Sedento de emoções, esse nativo acha estimulante um elemento de risco. Ele adora um toque de exibicionismo e, se for apanhado no ato, que importa? Isso apenas o fará se sentir ainda mais garanhão.

Em alguns casos, o leonino, de tão concentrado nas próprias necessidades, deixará você com a sensação de ser um mero acessório cenográfico. "Ele estava um pouco impressionado demais com o próprio desempenho sexual", recorda Jessica sobre o ex-namorado do signo de Leão, "mas tudo girava em torno dele. Quando acabava, deixava por isso mesmo — quer eu estivesse satisfeita ou não." E não o faça enfrentar a concorrência eletrônica. "Deus me livre de eu sugerir o uso de acessórios eróticos", acrescenta ela. "Ele levava para o lado pessoal, como se dissesse: 'Você tem a mim; para quê precisaria disso?'"

Lembre-se de que o leão pode escolher mulheres a seu bel-prazer, e sempre a melhor entre todas. Com esse homem, esqueça o desleixo. Para manter a atração sobre ele, você precisa continuar a fazer um esforço, mesmo que ele não o faça. Você não apareceria no tapete vermelho sem se maquiar e ir ao cabeleireiro, não é? Portanto, se ele desenrolar o

Relacionamentos astrais

tapete vermelho para você, desejará uma apresentação à altura da ocasião. Não poupe as produções caprichadas. Com o leonino, toda noite é momento de festa. Haverá melhor jeito de comemorar que fazer uma apaixonada queima de fogos em companhia um do outro?

Tesão: o sim e o não

O que dá tesão

- você afagar a cabeça dele, passar-lhe os dedos entre os cabelos
- estragá-lo de mimos com tratamentos de beleza, spas, cuidados pessoais
- compartilhar uma refeição opulenta
- vestir-se em trajes glamorosos, ousados, arriscados
- massageá-lo (o signo é o regente das costas)
- preparar jantares elaborados para ele
- mimá-lo um pouco — ele gosta tanto de ser bem-tratado quanto gosta de tratá-la bem
- bancar a mandona (só de brincadeira)
- desafiá-lo para um jogo — quem quer jogar paintball?
- ser inteligente e ambiciosa
- ser leal e voltada para a família
- ouvir o som da voz dele
- servir de espelho à grandeza dele
- promover encontros lúdicos: para jogar boliche, andar de patins, participar de karaokê...
- dar a ele sua dose diária de sexo

O que não dá tesão

- descuidar-se da aparência
- usar roupas de mau-gosto e que escondam a silhueta
- procurar competir com ele, e vencer muitas vezes, arranhando a imagem dele

- agir como uma desmiolada
- ser submissa demais
- ser antiquada, principalmente em termos de política
- ser tediosa ou fora de moda
- não ter interesse nas artes ou nos acontecimentos recentes
- ser excessivamente prática ou pouco sentimental
- ter baixa motivação para o sexo
- ser caseira demais ou avessa a sair
- não ter sentido de família
- ser exagerada demais ou maluca (de forma a exigir muita atenção)
- roubar a cena dele
- ridicularizá-lo por seu sentimento poético ou patriotismo
- recusar-se a crer que os sonhos se realizem
- acabar com a festa dele
- zombar dos bonecos, coleção de gibis, livros do Harry Potter e outros vestígios da infância que ele guarda

As jogadas dele

Primeiras investidas: a azaração

Luzes, câmeras, ação! O leonino vê a vida como uma produção teatral, onde ele naturalmente é a estrela, interpretando o clarividente meditativo, o amante trágico, o herói solitário. É também muito provável que o leonino tenha visto todos os filmes de seu gênero favorito — sejam eles policiais preto e branco, clássicos de cinema retrô ou dramas adolescentes dos anos 1980. Um novo interesse amoroso é apenas uma chance que ele tem de viver como John Cusack ou Humphrey Bogart, de encenar suas fantasias no imenso palco da vida.

O nativo de Leão adora a arte da conquista amorosa; pode-se mesmo dizer que, para ele, se trata de um passatempo. O leão é um animal predador, portanto a caçada é seu jogo, que o conecta com sua valentia.

Relacionamentos astrais

Só porque um leonino dá em cima de você com três dúzias de rosas, uma caixa de champanhe e poemas de próprio punho não quer dizer que é a primeira vez que ele faz isso. Você precisará esperar para ver se ele alimenta o próprio ego ou se genuinamente a deseja para ser sua rainha. Aqui estão alguns comportamentos de caçada típicos do leonino:

- ele envia a você poemas, longos e-mails falando do que sente ou um trecho literário favorito
- ele o diz com flores — suficientes para encher um quiosque
- faz serenata para você no meio da rua
- publica um anúncio no jornal elogiando sua beleza e seu talento
- ele se transforma em seu melhor amigo
- torna-se parte de suas atividades e círculos sociais
- insiste em que você lembra a estrela de cinema da preferência dele, e até começa a chamá-la pelo nome da atriz
- derrama-se em elogios a você para quem quiser ouvir
- começa uma briga com outro homem por sua causa
- desfila com você diante de todos os amigos
- propõe casamento diretamente a você ou a arrebata com um beijo apaixonado
- convida-a para dançar
- envia a você entradas para um concerto ou um convite para um evento de gala

Como saber que ele está envolvido

É um alívio saber que não é preciso ser nenhum Einstein para entender que o leonino está loucamente apaixonado por você. Confiante como ele é, provavelmente já reservou o salão para a recepção do casamento antes mesmo de convidá-la para o primeiro encontro. Ao contrário de nativos de signos que deixam você na dúvida, perguntando-se "será que ele gosta de mim?", o leonino jamais deixará você esperando um telefonema. Ele prefere buscar você no conversível de capota abaixada, com o vento soprando sua juba. Quando ele tem certeza de que deseja

você para rainha leoa, emite um de seus habituais chamados de acasalamento:

Ele se declara escrevendo nas nuvens. Quando o leonino está apaixonado, deseja gritar isso do alto dos telhados e ter certeza de que o
mundo presta atenção. Nosso amigo leonino Ming pediu a mão da esposa mandando colocar num outdoor de cinema drive-in a pergunta:
"Quer se casar comigo, Debbie?" (E o Oscar para melhor pedido de
casamento vai para... Ming!)

Ele está sempre por perto. Alguém ligou a estufa aqui dentro? Não,
isso é apenas o leonino respirando em seu cangote. Tenha cuidado com
aquilo que deseja, quando você se queixa com as amigas: "Por que não
consigo encontrar um cara que queira ficar juntinho — será que é pedir
muito?" A constante companhia ainda é atenção insuficiente para o
leonino. Exceto, naturalmente, quando ele curte com a rapaziada. Mas
como normalmente eles fazem tudo juntos, o melhor amigo dele provavelmente começará a namorar sua melhor amiga, e em breve vocês
serão uma imensa família feliz.

Ele fica possessivo e ciumento. Quando o nativo de Leão a reivin-
dica para sua mulher, ele fala sério. Naturalmente, os amigos dele podem dizer (dentro de limites) que acham você bonita, mas se um tipo
obviamente jogador se atrever a olhar em sua direção, o leonino o deixará fora de combate. Sua vida se transformará no filme *Amor, sublime
amor*, com guerras de gangues e brigas de rua encenadas em prol de
sua honra. Depressa, corra logo que a polícia vem aí!

Ele entra num clima "ele & ela". "Ah, querida, achei legal a gente
ir hoje ao parque de diversões. E adivinha o que consegui? Camisetas
combinando, com nosso sobrenome bordado; e tem para as crianças
também! Não é demais?" ou então "Feche os olhos e venha comigo;
tenho uma surpresa muito especial para você. É isso aí, um BMW combinando com o meu — igualzinho, só que dourado com forração rosa-
choque, suas cores preferidas! Feliz aniversário, meu bem!"

Ele fala e se gaba de você para quem quiser ouvir. Quando você
não está perto, o leonino age como seu relações-públicas e fica inflado

195

de orgulho com todas as vitórias que você alcança, elogiando a mãe maravilhosa que você é e a sua mais recente promoção no trabalho. O leonino Antonio Banderas afirma: "Eu a admirava [minha esposa Melanie Griffith] antes de me apaixonar por ela." Naturalmente, isso só ajuda a imagem dele e inspira ciúme a outros homens que ouvem sobre a grande conquista do ator. Mas ele sente um orgulho genuíno.

O leonino infiel: por que ele a engana

O nativo de Leão tem muito orgulho de seus relacionamentos, principalmente quando o reflexo sobre ele é positivo. Faz veementes declarações de lealdade, desprezando outros homens que cedem à fraqueza carnal e se transviam. Mas um dia... a própria natureza animal leva a melhor sobre ele. O leonino é um parceiro exigente cujo ego pode ser frágil, e quando ele se sente diminuído, tenha muito cuidado — o nativo de Leão é inteiramente capaz de colocar em risco um relacionamento de longo prazo por cometer infidelidade.

Se o leonino trai, é descuidado e em geral costuma ser apanhado. Ele pode até deixar exposto seu diário ou outras provas comprometedoras. Jerry Hall recorda o leonino Mick Jagger deixando no quarto de dormir os brincos e as roupas de outras mulheres, depois de seus encontros amorosos extraconjugais (é isso mesmo, ele enganava a esposa na própria cama do casal!). O leonino está tentando dar uma lição em você? Ou isso ou terá sucumbido ao lado egoísta. Eis aqui as razões de ele querer outra mulher para brincar de cama de gato:

Recuperação do ego. Ele está derrotado, humilhado, esmagado pela vida. Caramba, que drama! Quando o rei da selva se sente como o bobo da corte, ele fará qualquer coisa — tudo mesmo — para reconquistar o trono. Um caso amoroso pode ser a opção para curar suas feridas.

Ele adora chamar a atenção. O leonino precisa da admiração, dos elogios e do foco da mulher amada como o restante de nós precisa de oxigênio. Acenda o alerta vermelho se ele se sentir relegado, se você se afastar por muito tempo ou se tiver outra coisa ocupando sua principal concentração. Ele normalmente dispara um tiro de advertência: arma confusão, dá a você uma pequena lição, faz travessuras para chamar de novo sua atenção. Mas se o leão rugir para ouvidos moucos, quem sabe outra felina o ouça — lembre-se de que lá fora é uma selva.

Você é fria demais. O leonino precisa de afeto, calor e ternura, tudo isso numa linda embalagem. Se você for excessivamente fria ou reservada, ele poderá procurar calor em outra parte. Ele não gosta de que você dê ordens a ele — de fato, até gosta, desde que seja num tom carinhoso e protetor, em vez de um jeito que o faça parecer um banana.

Por burrice. Limite? O que é isso? Incapaz de dizer "chega!", às vezes o leonino poderá cruzar a linha da trapaça. Depois de farrear com os amigos, bebendo muita cerveja e fazendo bagunça, ele se encoraja e volta à conduta de solteiro. Antes que perceba, estará dando tapinhas no traseiro da garçonete e rugindo de tanto rir quando ela retribui. Depois ele se insinua para a mulher mais próxima e resmunga alguma coisa sobre levá-la para casa. Ah, droga! É verdade: ele não pode fazer isso porque você está lá.

Ele está magoado. Ele abriu o coração e você se aproveitou disso. Um caso amoroso a colocará no devido lugar.

Comece a cavar a cova: o fim do romance

A lealdade do leonino é um presente que ele oferece a você, mas não se engane: ele sempre poderá encontrar outro alguém. E tem consciência disso por instinto, como o Sol sabe que nascerá todo dia de manhã. Ele consegue criar uma lenda em torno de si, um rol de fãs que nunca para de crescer. Mesmo o leonino mais atroz e horripilante sempre parece ter algumas mulheres à sua espera nos bastidores (de que outra forma explicar o leonino Andy Warhol?). Ele também tem sempre uma lista de mulheres bonitas de seus dias de solteiro. Aqui estão alguns sinais de que ele talvez esteja procurando uma nova protagonista:

As vidas de vocês já não têm nada em comum. Se um leonino a ama, quer passar a maior parte do tempo em sua companhia. Se você

Relacionamentos astrais

trabalha no horário noturno e ele das nove às cinco, não receberá o afeto e o tempo de convívio de que precisa. É hora do ultimato! Mude seu estilo de vida ou ele trocará de parceira.

Você fechou o parque de diversões. O travesso nativo de Leão não consegue suportar excesso de seriedade. Ele precisa de uma colega de brincadeiras. Ao se tornar severa demais e demasiado prática, repelindo os avanços galantes ou gestos românticos dele, você esmagará seu espírito. Se cada encontro não tiver um pouco da sensação do primeiro, que sentido terá chamar isso de amor? Vocês poderiam igualmente ser amigos.

Você não se dispõe suficientemente ao sexo. O quê? Quatro vezes por dia é pedir muito?!

Ele se sente "emasculado". O limite entre bancar a mandona de brincadeira com ele (algo de que ele gosta) e humilhá-lo (nunca desrespeite o rei!) é tênue. Se você já não o admira, isso cortará o coração do leonino e ele talvez não se recupere.

Ele começa a falar sobre uma "amiga" ou a visitá-la com muita frequência. Ele abriu o sofá da agência de talentos para testes, e a atriz substituta está tentando pegar o papel que é seu.

Você o fez passar vergonha em público. Faça o leonino de bobo aos olhos do público e ele rapidamente encerrará o jogo. Crie uma cena vergonhosa, grite com ele, manche sua reputação — ele não aceitará nada disso. Se ele se tornar motivo de zombaria pelo fato de estar com você, esqueça-o. Ele tem uma reputação a proteger.

Você passou vergonha em público. Você representa a outra metade do leonino, e ele não vai andar por aí sendo representado por uma idiota. Se você se descuidar da aparência, se vestir mal, agir com deselegância ou fizer algo capaz de macular sua posição majestosa (e a dele), o rapaz a expulsará do trono adjacente.

Epa! Ele engravidou outra mulher. Ouvimos essa história tantas vezes que não poderíamos deixar de mencioná-la.

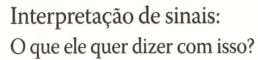

Interpretação de sinais:
O que ele quer dizer com isso?

Quando ele...	...quer dizer que...	...logo você deveria...
...fica muito calado...	...está pensativo. Você insultou seu orgulho ou não está prestando bastante atenção.	...fazer um afago nele: no cabelo, no corpo, no ego.
...não telefona...	...está consumido pela própria vida ou seja lá o que estiver fazendo. Qual é a novidade nisso?	...ligar para ele. Ele vai adorar a atenção.
...telefona muitas vezes...	...gosta de conversar com você, acha-a interessante, mas não significa que sente por você mais que carinho de amigo.	...ficar por perto e procurar conhecê-lo melhor.
...não dá notícias depois de alguns encontros...	...está sendo comedido, tratando de conhecê-la como amiga.	...incrementar a paquera e dar a ele o sinal claro de que se sente atraída. Talvez ele não tenha certeza de que você gosta dele.
...passa semanas sem dar notícias...	...ou está agindo muito de vagar (o leão pode) ou está saindo com outra pessoa. Se ele não estiver azarando, flertando ou investindo numa relação romântica, ou julga que você não se interessa ou a considera apenas uma amiga.	...sair para jantar com ele e perguntar em tom de brincadeira: "Você nunca pensou em mim em termos românticos?" Você terá sua resposta.
...age depressa...	...está loucamente apaixonado ou com tesão.	...reduzir o ritmo dele, se não quiser terminar como uma peça de xadrez na saga romântica dele.
...paga a despesa, dá flores e presentes...	...adora você, gosta realmente de você.	...se derreter e mostrar a máxima gratidão. Só não conclua que já o apanhou. Ele pode estar agindo da mesma forma com outra.
...apresenta você aos parentes e/ou amigos mais íntimos...	...nada — ele apresenta todo mundo à família.	...tentar ao máximo se enquadrar — ele quer um tipo orientado para a família. No entanto, não comece ainda a escolher o aparelho de jantar.

Relacionamentos astrais

Suas jogadas: dicas de namoro e de amor eterno

O namoro com o leonino

Não é preciso muito para começar um flerte com o leonino. Basta falar com ele. Toda conversa com o leonino é uma interação brincalhona, um jogo verbal de gato e rato. Não importa se o assunto é decoroso ou não; ele poderia fazer uma declaração de imposto de renda transmitir a sensação de vocês terem feito algo licencioso e proibido. O flerte é energia sexual — energia de força vital — e o exclusivo combustível com que o ardente leonino abastece o tanque. Mergulhe fundo!

Dê caça a ele. Passe nele uma cantada tão forte quanto você queira receber, já que o leonino não teme a sedução e os óbvios avanços de uma mulher. Ele é o rei da selva, logo, quanto mais selvagem você for, melhor.

Dê atenção a ele. Dirija-lhe um olhar de adoração, em que ele mergulhará imediatamente.

Deixe-o socializar-se com você e suas amizades. O leonino precisa se sentir um VIP. Se você o admitir no círculo íntimo, ele saberá que está num lugar privilegiado.

Faça uma piada vulgar. O erótico nativo de Leão tem o sexo na cabeça, portanto, se você tiver uma boca digna de um marinheiro, ele só rugirá risos apreciativos. Nota: não entre nesse jogo se não for capaz de lidar com as réplicas dele, ainda mais grosseiras.

Revele suas experiências sexuais audaciosas. O leonino adora ser incluído no tipo de "papo mulherzinha" apresentado no seriado *Sex and the City*. Fale a respeito de seu *ménage*, das vezes em que transou ao ar livre, do dia em que foi multada por falta de decoro quando estava aos amassos no banco traseiro do carro.

Encare-o olho no olho. O contato visual direto sinaliza poder e confiança, dois grandes afrodisíacos para o leonino, que não quer ficar com uma mulher que se intimide diante dele. Corresponda ao seu olhar.

Amor eterno com o leonino

Ele pode debochar da ideia ou resmungar contra ela, mas não se deixe enganar: o leonino acredita em amor de contos de fadas e no "viveram felizes para sempre". Leal e honrado como ele se esforça por ser, o nativo de Leão precisa de um propósito nobre a servir, uma história de amor que esteja à altura da lenda que ele tem em mente. Deseja acrescentar ramos à árvore genealógica da família e fazer uns filhotes com você. Portanto, se você quer merecer o privilégio de sentar no trono ao lado dele, eis o modo de ganhar uma coroa para si:

Seja a melhor amiga dele. Vocês ficarão juntos o tempo todo, logo, é melhor se amarem com a lealdade e o carinho de verdadeiros amigos de longa data.

Seja para ele uma caixa de ressonância. Ouça os sonhos dele, leia os contos que escreve, assista-o em cena e dê a ele um retorno construtivo (somente quando solicitado, e cuidando de que 98% sejam positivos). O leonino precisa estar com uma mulher sábia que prontamente ofereça a ele uma alma paciente, um ouvido atento e um conselho perspicaz.

Ajude-o a construir seu império. O nativo de Leão normalmente tem uma visão grandiosa sobre a vida. Começar uma família, candidatar-se a um cargo político, tornar-se presidente de uma multinacional — em geral algo muito distante do ponto de partida. Com fé e uma boa mulher, o leonino sabe que não existe sonho impossível.

Faça-o apaixonar-se por você seguidas vezes. O leonino quer se sentir num permanente estado de conquista amorosa, mesmo com o passar dos anos. Mantenha o romantismo — uma relação cômoda, mas nunca rançosa.

Fique ao lado dele nos momentos difíceis. A vida do leonino está repleta de momentos dramáticos que talvez exijam extrema resistência para superar: recuperação de dependência química, escândalo público, transição profissional importante. Você poderia enfrentar com coragem essas provas e ficar ao lado dele como sua defensora carinhosa e solidária?

Esteja preparada para...

O primeiro encontro

Namorar é pura diversão para o romântico leonino: em sua visão, tudo fica melhor quando se está acompanhado. O primeiro encontro de vocês é um bom pretexto para assistirem a um filme ou um concerto. No começo, o leonino talvez mantenha as coisas em clima casual. Normalmente tem muitas amigas, e todas elas com variados graus de atração por ele. Se não tiver certeza de que você é o melhor que pode conseguir, ele não se apressará em reduzir as próprias opções.

O leonino adora transformar tudo num grande evento, mas os encontros cinco-estrelas só vão acontecer mais adiante no processo, quando ele tiver certeza de que você é a escolhida. Naturalmente, se ele for apanhado por uma tendência romântica — ou se o encontro de vocês por casualidade acontecer no Dia dos Namorados, ou em alguma outra data festiva do comércio, ele poderia comparecer trazendo a reboque chocolates, flores ou um ursinho de pelúcia.

A energia básica: Os encontros com atividades são o tipo favorito do leonino. Ele quer diversão arrasadora e prefere fazer planejamento prévio. O encontro de vocês pode envolver entradas para algum evento, como concerto, filme ou jogo de futebol (seguramente ele já comprou antes as duas entradas. Se você dissesse não, com certeza outra pessoa tomaria seu lugar). Ele adora qualquer tipo de "recinto" onde possa relaxar, quer se trate de um clube noturno, de uma sala de concertos ou de um bar. Ou talvez ele a convide para dançar (salsa, flamenco, danças de salão — o ritmo que ele dominar bem). Ele também jamais supera os locais favoritos de namoro dos tempos de estudante — o boliche, o bar de karaokê ou o fliperama. E por que deveria esquecê-los? São locais divertidos e relaxantes, ótimos para descontrair. Você poderia se apaixonar tomando cerveja num salão de bilhar, jogando dardos ou sensualmente debruçada sobre o taco de sinuca para acertar a bola.

O NATIVO DE LEÃO

O que usar: Com o leonino mais vale errar pelo excesso de elegância. Deixe-o deslumbrado por seu glamour feminino, mas o principal é exibir sua ousadia e sexualidade crua. Dê uma turbinada e seja criativa. Não tenha medo de decote, salto agulha e cores vivas, ou cabeleira cheia, longa e usada solta. O competitivo leonino quer inspirar inveja aos outros homens, portanto trate de virar cabeças. Use um pouco de brilho, peles falsas ou veludo; vista seu jeans de cintura baixa e coloque cílios postiços. A definição dele para "exagerado" é bastante ampla. Desde que você não fique parecida com uma namorada de mafioso ou uma Barbie (e mesmo que fique), ele vai gostar.

O que não usar: Esqueça por completo o código de conduta da moça bem-comportada, aquela solteirona que resmunga em sua mente e deixa você paralisada na porta do guarda-roupa: "Você não pode usar isso! Não pretende dar a ele a impressão errada, não é?" Mas é claro que sim! Se seu estilo e sua atitude não forem inesquecíveis, você também não será. Guarde para o escritório aquelas peças sem graça, sem sal e sem estilo — com o leonino você não vai querer sumir na multidão. Visuais vitorianos como gola alta, babadinhos e saias longas vão fazê-lo vomitar. O mesmo se aplica às túnicas, saias esvoaçantes e batinhas que escondam sua silhueta. Esqueça as mantas de pashmina e os cachecóis — se você sentir frio, ele quer que se aconchegue. Portanto, deixe o corpo à mostra e deixe o leonino aquecê-la; não será difícil gerar calor.

Pagar ou não pagar? Prepare-se para qualquer coisa, porque o leonino tem problemas com dinheiro. Ou ele o esconde com usura desnecessária ou detona tudo em luxos como entradas para jogos, CDs, brinquedinhos de informática e alimentos orgânicos. O limite entre o luxo e a necessidade é uma linha mal-definida para ele. Quando se envolve na conversa, ele perde o rumo dos limites. É capaz de mandar servir várias rodadas de bebidas e entradas, e depois, quando a conta chegar, meterá a mão no bolso para descobrir que "Putz! Vão faltar cinquenta dólares". Leve dinheiro para o caso de ser necessário.

Na hora da despedida: Se tudo correr bem no encontro, ele vai querer dar a você alguma coisa para lembrar dele. Que tal um beijo apaixonado... ou até um chupão? Não pense que o nativo de um signo tão vigoroso será gentil. Quando está excitado, o leonino mal se dá conta da própria força. Ele poderia saltar sobre você como um leão faminto atacando um antílope. Calma, gente!

A primeira visita dele à sua casa

Nada agrada tanto ao leonino quanto relaxar num covil confortavel, sensual, bem-decorado. O estilo e a decoração de interiores são importantes para muitos nativos de Leão — conhecemos alguns que poderiam fazer a colega leoa Martha Stewart se sentir envergonhada. Para sermos francas, já encontramos muitos deles que são totalmente negligentes e não percebem nada além de sua poltrona reclinável com controle remoto (tronos para um cidadão com a ascendência soberana do Leão). Se o leonino tiver colocado muita energia na própria casa, preferirá passar mais tempo ali. Mas se ele estiver dormindo no sofá ou passando alguns dias na casa dos pais, você talvez acabe ganhando um instantâneo colega de casa. Tomara que você tenha dinheiro suficiente para o aluguel!

Encha o covil com brinquedos estimulantes. O irrequieto leonino precisa de algo para se distrair; ele talvez seja o único homem do zodíaco com a capacidade de multitarefas. Deixe à mostra instrumentos musicais, câmeras, jogos de tabuleiro, um computador — nem que seja para se conceder uma pausa e não ter de dar atenção ininterrupta a ele. Se todo o resto falhar, pendure na parede o espelho de corpo inteiro. Nos tempos de colégio, Ophira saía com um leonino ciclista que participava de corridas e costumava pedalar usando uma bermuda de fibra sintética e admirando descaradamente a musculatura da própria panturrilha.

Instale um DVD player e um aparelho de som. Música e cinema são sempre paixões do leonino. Ele quer tocar para você uma demo que produziu, ligar o aparelho de karaokê ou iPod, mostrar a você um filme que editou, apresentá-la à banda ou ao filme que prefere. Se ele estiver envolvido com algo, deve ser a coisa mais importante do mundo (mesmo que seja esquecida na próxima semana).

Dê um realce a seu covil do amor. Se seu quarto parece uma caserna ou uma pousadinha bucólica, está precisando de uma turbinada. O sensual leonino adora tocar em texturas e precisa de um espaço com muito clima. Pegue pesado na ambientação, mesmo que pareça de mau gosto ou exagerada (e parece mesmo — mas não para ele).

Dê uma passadinha no supermercado. Fã de guloseimas, o leonino pode devorar de uma vez só um saco de batatas fritas tamanho família. Faça estoque de cerveja, refrigerante e petiscos da preferência dele. Uma mulher conta que ela e o namorado leonino passam horas transando e depois se empanturram de sorvete. Depois da caçada o leão deseja comer, e não quer ser obrigado a sair para buscar na selva um saco de Doritos.

Dê uma festa. O leonino é um consumado animador: afaste a mobília e seja a anfitriã de um festival de salsa ou de uma noitada de filmes para meia centena de seus amigos mais íntimos. Como o leonino jamais supera os passatempos da infância, provavelmente todos ficarão, inocentemente, para dormir.

Quem aceita morangos com creme? A comida é especialmente erótica para o leonino; abasteça a geladeira com alguns comestíveis sensuais. Tudo que for pegajoso, grudento e viscoso agrada a ele.

O encontro com a família dele

A família importa muito para o leonino — é motivo de orgulho e alegria. Devotado ao clã de todo o coração, ele tem uma visão romântica da própria infância, que adora recordar. O rei leão se imagina parte de uma dinastia monárquica; ele é fascinado pela árvore genealógica e a linhagem da família, fatores que o fazem sentir-se importante, parte da história. Ele desejaria ter a sorte de receber o mesmo nome do pai ou do avô. Se tiver o privilégio de colocar um "Jr." ou um "III" depois do sobrenome, ele tentará corresponder à lenda de seus homônimos, e provavelmente batizará o filho com seu nome para perpetuar a tradição.

Relacionamentos astrais

O leonino é geralmente estragado de mimos por sua família — um afetuoso filhote de leão que reverencia os pais. Não se surpreenda se os melhores amigos dele forem papai e mamãe. Esse é o sujeito que provavelmente nunca passou pela rebelião adolescente. E por que passaria, quando os pais são as pessoas mais maravilhosas e generosas do mundo? Ele mal consegue esperar que você os conheça! Principalmente depois que revelou tanto a você a respeito deles.

Quando for apresentada aos pais do leonino, sinta-se à vontade. Chame-os de papai e mamãe, e sirva-se do que houver na geladeira. Como um leão que adota outro felino em seu bando, ele espera você se tornar parte da família — aprendendo as regras e tradições deles e participando com idêntico vigor dos acontecimentos familiares: reuniões, piqueniques, almoços comemorativos, preparação da festa das bruxas, caça aos ovos de Páscoa... sem descanso. É ali que ele estará, logo você deverá aderir.

Embora talvez você se sinta estrangular pelo cordão umbilical que ele não cortou, não se atreva a tentar cortá-lo. Para o leonino, os laços de sangue sempre serão os mais importantes, fato que você poderá descobrir no calor de uma discussão, como fez nossa amiga Elizabeth. "Meu namorado leonino, Jason, literalmente pegava o telefone no meio de nossas brigas e chamava a mãe!", ela relata. "Ele dizia: 'Mãe, Elizabeth está implicando comigo de novo.' Era surreal. Eles ficavam conversando por uma hora, enquanto eu, espantada, me perguntava o que estaria acontecendo."

Na maioria dos casos, porém, você genuinamente desfrutará os momentos de família com o leonino. Ele providenciará para que tenha conforto e defenderá sua honra se for preciso. Se você tem esperança de constituir família com ele algum dia, ficará impressionada por sua ternura com os mais velhos, ou sua brusca severidade com os irmãos mais novos, ao estilo conselheiro de colônia de férias. É uma perfeita visualização do tipo de família que vocês vão criar juntos.

Para dizer adeus
O fim do romance com o leonino

O céu está desabando, o céu está desabando! Para o leonino, ser abandonado não é apenas raro: é o fim do mundo. Devastação total. Ele chora, torrentes de lágrimas angustiadas mancham suas faces; ele é tão frágil que parte o coração da gente. Poemas raivosos chegam pela internet. CDs mixados por ele com canções amargas são colocadas entre as páginas de longas cartas desvairadas e enfiadas em sua caixa de correio. Você. Não. Vai. Esquecer. Dele.

O signo de Leão rege o coração, e quando ele o entrega a você, é o órgão inteiro, vivo e pulsante. Ele se apaixona com todas as fibras do coração: com ardor, vigor e devoção. Ele não pode viver sem você, que para ele é tudo. Além disso, ele criou de você uma imagem romântica que transcende a realidade, e a infundiu no enredo do filme pessoal dele. Agora será obrigado a rasurar o manuscrito e começar tudo de novo com uma nova protagonista.

E ele o faz... na maioria dos casos, sem demora. Enquanto você está mergulhada no sentimento de culpa, com a impressão de que acabou de destruir o homem mais afetuoso deste mundo, ele de repente já começou a namorar outra. Ela recebe uma versão ligeiramente alterada do CD que ele gravou quando começou a sair com você, algumas versões levemente revistas dos melhores poemas de amor que escreveu. Você se pergunta se ele algum dia terá amado você ou a imagem de si mesmo apaixonado. Ora, pelo menos vocês podem voltar a ser amigos.

Superando a perda: quando o leonino vai embora

O leonino é um monógamo em série. Se a iniciativa de terminar tiver sido dele, provavelmente já terá colocado na fila a próxima namorada, ou terá algumas candidatas potenciais à espera nos bastidores. Para ele ter voluntariamente se jogado de novo na gelada solteirice, a relação deve ter ficado realmente ruim. Isso ou então ele entrará num isola-

Relacionamentos astrais

mento forçado (serviço militar? clínica de reabilitação?) por um período indefinido e não arranjará tempo para relacionamentos.

Você talvez fique aliviada. Pode ser que o comportamento excessivo e o egoísmo dele tenham dado em seus nervos. Deixe que outra pessoa se entenda com ele, você imagina. Ou ficará chocada — por ele já ter começado a sair com outra e decidido abandonar você por causa dela. Esse tipo egoísta de leonino pode ser um verdadeiro canalha em relação à separação, lançando uma luz desfavorável sobre você. Vejam-se os leoninos Sean Penn e Madonna, que foram casados de 1984-1989. Apesar das disputas físicas e dramáticas do casal, altamente divulgadas, Madonna chamou Penn de "o amor da minha vida". Por outro lado, ele disse à imprensa: "Foi um casamento desastroso... e, francamente, em quatro anos de casamento não me lembro de ter tido uma só conversa. De lá para cá falei com ela algumas vezes, e existe ali uma pessoa inteira. É só que eu não sabia." Tradução: ela me roubou os holofotes e agora os pegarei de volta.

Pela última vez, chore a falta que sentirá...
- por perder seu melhor amigo
- do romance, da poesia e das flores
- do carinho dele
- dos olhares leais, amorosos e ternos
- do quanto ele realmente a conhecia
- do quanto ele podia admirá-la

Agradeça ao universo por nunca mais ser obrigada a lidar com...
- o extravagante excesso de gastos dele
- a obrigação de alimentar o ego dele
- a arrogância dele e sua sensação de direito adquirido
- a ausência de limites dele, que colocava sua vida em risco
- ser constrangida por ele em público
- a carência afetiva dele, a exigência de sua atenção
- a recusa dele em entender que o mundo não gira a seu redor

A combinação amorosa: Vocês falam a mesma língua?

Você é do signo de...	Ele acha que você é...	Você acha que ele é...	Linguagem comum
Áries	...sexy, mas possivelmente disputa demais os holofotes.	...passional, estimulante e alguém capaz de lidar com você.	O estrelato, a criatividade, o empreendedorismo, a necessidade de atenção individualizada e de elogios.
Touro	...a secretária dele (zzzz...).	...pouco prático e imaturo. Realmente inepto com o dinheiro.	O amor pelos artigos de luxo, a gastronomia fina e a música.
Gêmeos	...ótimo papo, mas ligeiramente independente e dispersiva demais para dar a ele a atenção de que necessita.	..carente e exigente, mas bom de diversão e de papo.	Baladas, socialização, debates políticos, longas conversas.
Câncer	...uma boa cuidadora do covil dele, mas um pouco reservada demais ou mesquinha com o afeto, o carinho e os elogios.	...irresistivelmente sensual, mas ainda precisa tornar-se adulto.	Livros, artes plásticas, cinema, música, o ambiente doméstico, família, tradição.
Leão	...a outra metade de seu conto de fadas romântico.	...o rei para a rainha que é você.	Romance, amor, carinho, gastos e presentes exagerados, exibição, prazer em conseguir destaque, vestir-se com exagero, solicitar a atenção.
Virgem	...conservadora e reacionária.	...constrangedoramente expressivo e temperamental demais.	A tendência a levar tudo para o lado pessoal.

Relacionamentos astrais

Você é do signo de...	Ele acha que você é...	Você acha que ele é...	Linguagem comum
Libra	...uma deusa bonita e romântica, porém um pouco diva demais.	...bonito, sensual, mas não bastante gentil.	Excesso de gastos, vaidade, exagero no vestir, romance, museus, flores, poesia, artes plásticas.
Escorpião	...sensual e respeitável, chega a intimidar um pouco.	...o homem selvagem que você tem esperado para domar.	Sexo, paixão, intensidade, amor pela vida noturna.
Sagitário	...a perfeita companheira de brincadeiras para ele.	...divertido, sensual, mas um pouco dependente. Às vezes precisa de mais atenção do que você está disposta a dar.	Diversão, risos, piadas pesadas, viagens, aventuras, sexo, início de empreitadas, karaokê.
Capricórnio	...um símbolo de status, porém um pouco fria ou reservada.	...diversão e excitação — exatamente o que o médico recomendou. O bad boy que torna sua vida interessante.	Clubes noturnos, lounges de gente famosa, roupas formais, títulos executivos, prestígio, ambição, alpinismo social.
Aquário	...dona do autocontrole que ele desejaria ter.	...um cara melodramático e carente de atenção que também a excita.	Política, temas sociais, socialização, desempenho.
Peixes	...uma garota sonhada e merecedora dos poemas bregas que ele escreve.	...seu herói e cavaleiro andante de vistosa armadura.	Fantasia romântica, arrebatamento amoroso, criação de uma bolha só para vocês dois, família, tradição.

O nativo de Virgem

Datas: 23 de agosto — 22 setembro
Símbolo: a virgem
Planeta regente: Mercúrio, o planeta "mensageiro" da comunicação e da mente
Elemento: terra — fundamentado, tradicional e estável
Qualidade: mutável
Missão: senhor e comandante

Ambiente natural — onde você vai encontrá-lo: limpando e organizando; passando horas ao volante, perdido em pensamentos; salvando uma donzela em perigo; defendendo um argumento; dando uma festa em casa; lendo um livro; resolvendo palavras cruzadas; assistindo à CNN; envolvido numa conversa íntima a dois; caminhando ou fazendo alguma atividade ao ar livre; cuidando do jardim ou das plantas; numa celebração em família; com o bebê nos braços; fazendo fofoca; analisando uma situação; se preocupando; fazendo ginástica; extraindo suco ou comprando ingredientes orgânicos; na cozinha; preparando um remédio caseiro para um amigo doente; visitando parentes idosos no hospital; ao telefone; ajudando onde for necessário.

Meio de vida: terapeuta, assistente social, nutricionista, líder religioso, contador, analista de sistemas, programador, horticultor, botânico, crítico, gerente de escritório, jornalista, advogado, arquiteto, decorador de interiores, acupunturista, desenhista industrial, produtor musical, procurador.

Notáveis e notórios nativos de Virgem: Ryan Phillipe, Keanu Reeves, Luke Wilson, Jack Black, Ludacris, Kobe Bryant, Marc Anthony, Michael Jackson, Macaulay Culkin, Jimmy Fallon, Adam Sandler, Chris Tucker, Sean Connery, Richard Gere, Julian Casablancas, Xzibit, Paul Walker, Mario, Nas, Liam Gallagher, David Arquette, Jonathan Taylor Thomas, Rich Cronin, príncipe Harry, Mystical, Harry Connick Jr., Tony Kanal, Guy Ritchie.

O virginiano: como localizá-lo

- olhos sentimentais de cachorrinho
- cara bonitinha de bebê — em geral parece ter menos idade
- mãos bonitas com dedos longos e bem-formados
- roupas sóbrias, bem-cortadas, normalmente de estilo mauricinho ou simples
- usando roupas de grife sofisticadas para esportes ao ar livre
- pode usar óculos
- age com precisão, toma decisões rápidas
- cabeleira geométrica ou austera — cabelos cortados curtos, espetados ou raspados numa cabeça perfeitamente lisa (ele pode até cortar o próprio cabelo!)
- corpo geralmente bem-feito e sarado, especialmente nos braços, peito e tórax
- a caminho do banheiro num horário predeterminado, jornal enfiado sob o braço
- fazendo ou carregando uma lista
- anotando as ideias num caderno ou em pedaços de papel
- comprando vitaminas e suplementos para acrescentar à sua coleção
- perfume e sensibilidade: comprando kits de aromaterapia, produtos para o banho, sabonetes, produtos para os cabelos, óleos essenciais
- cuidando de animais ou do jardim
- plantando as próprias ervas ou alimentos
- temperando no capricho a carne para assar na grelha
- praticando atividade física, principalmente ao livre: jogando futebol, fazendo caminhada, andando de bicicleta
- aperfeiçoando ou editando algo pela milionésima vez
- em sua tribuna improvisada, defendendo, exaltado, suas convicções
- tocando bateria, atuando como DJ ou mixando ritmos (o signo de Virgem é muito rítmico)
- prestando serviço comunitário
- tomando conta dos filhos ou animais de estimação do vizinho

O virginiano: seu jeito de lidar com...

Dinheiro
Frugal, com gosto refinado. O virginiano gosta de viver com simplicidade e estar no controle das finanças, mas também pode detonar o dinheiro em algumas peças caras e selecionadas.

Família
Adora a família, vive por ela. Muito ligado aos ancestrais. Relaciona-se especialmente bem com os parentes mais velhos e mais jovens. Se estiver inimizado com os parentes, pode se portar como dono da razão e ficar ressentido, cortando todo contato.

Amor
Acredita em almas gêmeas e não se conforma com menos. Deseja amar você um pouco mais que você o ama, para saber que conquistou um verdadeiro prêmio.

Sexo
Gosta muito de ser o cuidador, e é totalmente dedicado na cama. Tem excelente técnica, especialmente com as mãos. O prazer dele é o seu prazer.

Filhos
A paternidade do virginiano é bem-definida. Pode ter filhos com mais de uma mulher ou se tornar pai muito cedo.

Animais de estimação
Sensível à sujeira e aos cheiros dos bichos, mas adora animais e é muito hábil em treiná-los. Com frequência adota os dos amigos ou cuida deles.

Relacionamentos astrais

Quando você surta
Quando você entra em crise, ele brilha. Abraça-a, ouve-a durante horas dando-lhe orientações e conselhos. Você poderia se apaixonar chorando no ombro dele.

Quando ele surta
Na maior parte, crises internalizadas. Ele se fecha, se reprime e desaparece dentro de seu mundinho. Durante incidentes extremos, pode se envolver em comportamento subversivo ou gerador de dependência.

O rompimento
Não lida bem com separações. Fica amargurado, ofendido e fala mal de você a quem queira ouvir. Quer fazer você pagar pela dor causada.

O virginiano: tudo sobre ele

Se você não é de dar cantadas em homem que usa óculos, poderá passar direto pelo virginiano. E sairá perdendo. Com seu lindo rosto infantil, voz sensual e olhar pensativo (pense nos virginianos Ryan Phillippe e Hugh Grant), o inteligente virginiano é um homem que realmente dará ouvidos aos delírios, sonhos e ideias grandiosas que você acalenta. Ele adora mulheres de visão. Mesmo que reaja com uma opinião ou um julgamento incisivo, seu retorno é honesto e com frequência acerta na mosca. O virginiano é um dos melhores ouvintes que se pode encontrar.

O nativo do signo de Virgem é estereotipado como maníaco de limpeza, c.d.f. e anal-retentivo. Na verdade ele pode ser as três coisas. Mas não se deixe apavorar pela decoração minimalista, pelas camisas bem-lavadas, passadas e organizadas pela cor e cuecas brancas tipo Slip. O virginiano ainda vive na Terra, e é menos propenso que aquarianos e leoninos a apagar os limites entre a fantasia e realidade. Aliás, o nativo de Virgem é um realista crônico, e até pessimista. Ele talvez se entregue a passatempos escapistas, mas só porque precisa se afastar das constantes preocupações. Embora seja meticulosamente limpo, também

O NATIVO DE VIRGEM

gosta de colecionar quinquilharias. O virginiano odeia desperdício e não gosta de jogar nada fora, já que pode vir a precisar daquilo algum dia! Um nativo do signo de Virgem conhecido nosso passa o tempo todo procurando coisas para consertar e vender pela internet.

O virginiano pode ser um intelectual ou um atleta, mas, independentemente da atividade, esforça-se por alcançar excelência e maestria. Este é o signo zodiacal mais voltado para detalhes, e ele se dedica inteira e pacientemente a desenvolver sua técnica. Lembram-se do virginiano Keanu Reeves no filme *Matrix*? Por essa razão muitos são excelentes nas artes marciais. Em certas ocasiões ele talvez leve tudo muito a sério ou exagere na busca da perfeição. O virginiano Michael Jackson, viciado em cirurgias plásticas e com crianças que usavam máscaras, é o exemplo do que acontece quando as tendências neuróticas do signo fogem ao controle.

Há alguns meses visitamos Bill, nosso amigo de longa data, um virginiano arquetípico. Ele e a esposa Zora, nativa de Escorpião, moram num belo loft em Chelsea, que Bill comprou a preço de banana em 1977, quando Nova York foi declarada uma irrecuperável zona de guerra. Dotado de visão prospectiva e habilidade virginianas, Bill reformou o apartamento de alto a baixo, transformando-o num espaço maravilhoso, digno de um encarte de revista especializada. Décadas depois, eles ainda vivem nesse espaço cheio de obras de arte e de luz, agora situado em um dos setores mais importantes da cidade. Há alguns anos Bill removeu o assoalho, que substituiu por um novo, colocado à mão. Extremamente atento a detalhes e assumidamente controlador, o virginiano se orgulha daquilo que constrói.

Naquela noite específica, ele havia acabado de chegar da academia (o virginiano pode ser sistemático em relação à saúde e à forma física). Servindo-se de uma tigela de massa, sentou-se conosco no espaço reservado à sala de estar. Então, fez algo muito curioso e totalmente virginiano. Selecionando cuidadosamente duas folhas do jornal *New York Times*, ele as dobrou com precisão e colocou sobre o piso de madeira, debaixo dos pés. Depois mergulhou em seu espaguete à la carbonara,

215

Relacionamentos astrais

que comeu "em segurança", de modo que qualquer pedacinho de comida pudesse cair sobre a seção de esportes, em vez de sujar suas imaculadas tábuas corridas de carvalho.

Virgem é o signo do ajudante, e o melhor momento do nativo deste signo é quando está servindo a outros, causando impacto ou sendo produtivo. Ele não suporta ficar sentado sem fazer nada. Se estiver ocioso, pode apostar que estará vendo TV com olhos críticos ou lendo cinco livros ao mesmo tempo. Assim como o geminiano, o nativo de Virgem é regido por Mercúrio, planeta da comunicação e da mente. Ele adora analisar coisas, e pode ser muito teimoso e até contundente na defesa de um argumento. Sim, o virginiano pode gostar de fazer pregação, e mantém ao alcance uma tribuna para lançar suas tiradas contra o tabagismo ou contra sabe Deus o quê. Às vezes, costuma sofrer de complexo de Deus, e seus delírios serão difíceis de aturar.

Mas ele também consegue ser hilariante. Mercúrio lhe dá uma mente rápida e travessa, além de dotes linguísticos. As réplicas engenhosas e apuradas são a especialidade dele, capaz dos comentários mais maliciosos e sarcásticos. Ele também costuma ser excelente como jornalista ou assistente social, já que a essência de sua vida é o esforço de compreender, analisar, encontrar sentido em tudo. Disciplinado até os ossos, ele pode até agendar a hora de ir ao banheiro (Virgem é regente dos intestinos). Um virginiano conhecido nosso planejava as refeições considerando o horário em que o banheiro do escritório estaria menos apinhado. E não, não estamos de brincadeira!

Por ser de um signo de terra, o virginiano gosta de comungar com a natureza. Alimentos orgânicos e produtos de cânhamo podem competir por espaço na prateleira com suas vitaminas, suplementos, livros e artigos de musculação. Os fins de semana dele podem ser preenchidos por caminhadas na natureza ou excursões de canoagem. Na faculdade, conhecemos um virginiano obcecado por horticultura, que coletava sementes nas trilhas silvestres locais e que chegou a ter, no quarto do alojamento estudantil, árvores adultas que cultivou!

O nativo de Virgem

Por outro lado, o virginiano tem outros métodos de trazer a natureza para dentro de casa. Você pode pensar em... *cannabis*? O virginiano pode ser encontrado em posse de tigelas de maconha, que utiliza principalmente quando está ansioso (o que acontece na maior parte do tempo). Nervoso por natureza, ele pode precisar de um baseado — ou de três — para relaxar. Com seu talento para o cultivo, pode até plantar em casa a erva que consome (Qual é o problema? Assim sai mais barato!). Naturalmente, não é gratuita a fama da maconha como porta de acesso a outras drogas, e infelizmente alguns virginianos, como River Phoenix, podem cair no vício. O nativo deste signo é propenso ao estresse e precisa desligar a mente para administrá-lo. Ele é sempre um caso terminal de angústia de baixa intensidade. Psicoterapia, tai chi chuan ou meditação podem ajudá-lo a adquirir recursos para lidar com a situação. Muitos virginianos são budistas praticantes ou altamente espiritualizados. Recitar mantras e ser zen é muito mais eficaz que se matar de trabalhar e de beber.

Se você se sente à vontade com os tiques e as deficiências dele — ou se não consegue estabelecer limites para si mesma — o estilo de vida disciplinado que ele adota poderia ser uma fonte regular de conforto. Sua vida pode se tornar muito menos pública ou social, mas, às vezes, passar tempo num mundo insular para dois poderá ensinar muito a você sobre os aspectos mais delicados do amor. Com o virginiano, é aí que estão as melhores partes da vida.

O que ele espera de uma mulher

Para começar, vamos esclarecer todo esse mito de "virgindade" que cerca o signo dele. O virginiano não precisa ser seu primeiro amante, embora possa alegremente aceitar tal honra. Você não tem de "se guardar" para ele, nem investir em um cinto de castidade. Nativo de signo de terra, ele mantém contato estreito com os próprios sentidos e natureza libidinosa. Sabe que a sexualidade é natural e a assume.

Por outro lado, o que o virginiano adora é a essência simbólica da virgindade — ou seja, um sentido abrangente de pureza. Queremos

Relacionamentos astrais

dizer pureza no nível literal, pois sua higiene e cuidados pessoais não escaparão ao seu olhar, superobservador. Nossa irmã libriana, ligeiramente bagunceira, convidou o namorado virginiano à casa dela pela primeira vez. Enquanto ela foi ao supermercado, ele lavou todos os pratos e esfregou a pia até deixá-la brilhantemente esterilizada.

A pureza de espírito, acima de tudo, o encantará. Deslumbramento infantil, esperança, fé e a crença de que tudo é possível — esses são traços que o nativo de Virgem admira profundamente. Não há problema se você for um pouco maluquinha também ("Um pouco pirada, mas não alucinada", conforme definiu um virginiano). O virginiano precisa de que você o faça relaxar, que o faça rir com sua piração. Não interessam a ele mulheres ingênuas ou "sem noção" — prefere você com experiência de vida e algumas cicatrizes.

Se você sobreviveu a um passado difícil e emergiu acreditando na bondade fundamental da humanidade, o nativo de Virgem a elevará à condição de heroína. A figura de mártir nos vem à mente, alguém cujo espírito não pode ser quebrado por mais que sofra. "Ela precisa ser forte e não propensa a se desintegrar ao menor golpe de vento", diz Steve, um programador virginiano, sobre a mulher ideal. É uma atitude, uma orientação. Na maioria dos casos, esse tipo de irradiação angelical é inata: ou você a tem, ou não — e o virginiano consegue discerni-la.

Para o rapaz recatado e austero, tal otimismo é artigo raro e precioso. Com muita facilidade, ele cai no pessimismo, resmungando e balançando a cabeça diante do estado deplorável de nosso mundo. Em geral o copo, na avaliação dele, está meio vazio — por exatamente 0,00864 ml, segundo seus cálculos, mas ele pode ter-se enganado em um milésimo de ponto. Na qualidade de crítico do zodíaco, o virginiano é o primeiro a ver os defeitos. Ele é preciso e consciente em todas as ocasiões. Esse é o sujeito que repara numa solitária caspa em seu ombro, o microscópico fragmento de salsinha em seus dentes, o minúsculo arranhão no esmalte de sua unha do pé. Um virginiano lembra-se de ter perdido o desejo sexual diante da depilação malfeita da virilha da namorada.

O nativo de Virgem

Por mais cética que seja sua existência terrena, o virginiano anseia ser devolvido ao estado puro e original. Ele quer acreditar, ter esperança, talvez até sonhar. A mulher que conseguir inspirá-lo é aquela com quem ficará para sempre. Talvez seja essa a razão de virginianos como Marc Anthony e Guy Richie se casarem com mulheres poderosas como Jennifer Lopez e Madonna. Cada uma delas, imbuída da própria visão, criou um império a partir do começo modesto.

Outro aspecto da pureza do virginiano é sua natureza profundamente reservada. Ele quer uma santa em público e uma puta em casa. A portas fechadas, o desvairado nativo de terra que há dentro dele se liberta, e ele quer que você também relaxe. No entanto, é preciso que você saiba se comportar em público, como ligar e desligar esse mecanismo. O virginiano faz questão de decoro e da projeção de uma imagem de controle civilizado. Por dentro, ele se flagela sem comiseração (seus padrões perfeccionistas são mais cruéis quando aplicados a si próprio). O virginiano teme o julgamento e as críticas. Pode ser pródigo distribuí-los aos demais, porém aceitá-los para si é outra história.

O virginiano é complicado e precisa que você também seja. Mesmo gostando de mulheres arrojadas e insolentes, para isso há um limite — ele não aceita ser dominado. É um "ativo" disfarçado de "passivo". O signo é doador por natureza, portanto precisa de uma companheira receptiva — alguém capaz de valorizar e desfrutar o que ele oferece; não confia prontamente, e é raro se abrir de fato. Se ele lhe revelar sua história de vida ou detalhes íntimos, você está numa minoria privilegiada. As emoções e o coração dele vivem num condomínio fechado, intensamente fortificado e de segurança máxima. À semelhança de um psicoterapeuta, ele está mais propenso a ouvir os problemas, ajudar você e sondar mais fundo sua história. O virginiano a observa sempre, e se lembrará de tudo, desde o truque favorito do cachorro que você teve na infância até o nome da escola onde você cursou o ensino fundamental.

Para saber quais são os sentimentos de um virginiano a seu respeito, basta olhar nos olhos dele. Mesmo escondidos atrás de óculos, se eles

Relacionamentos astrais

cintilarem de terna afeição ou tiverem o ar de um cachorrinho... muito cuidado! O virginiano caiu e não consegue mais levantar. Se ele estiver sorrindo, dando risada ou todo aceso, este será seu parecer para sempre. É preciso agir com cuidado: acredite ou não, ele é tão frágil quanto você se tornou em sua guarda protetora. Como ele iria reconhecer a dócil criança interior de alguém, se não conhecesse tão bem a própria?

Se o virginiano perceber que foi dominado, manipulado ou usado, será o fim do jogo. Por mais que seja um doador generoso, não significa que queira ser considerado idiota. O generoso virginiano revela seu modo de honrá-la — e de certa forma, controlá-la. Se depois ficar flagrante que você faz jogos mesquinhos e egoístas, ou que de fato não entregou a ele numa bandeja dourada seu coração palpitante, ele suspenderá a generosidade concedida, e tão depressa que você ficará tonta.

Portanto, lide com ele com cuidado absoluto. Respeite-o. Você não precisa ficar se derretendo — de fato, ele prefere que não o faça, mas deixe que suas ações mostrem honradez, lealdade e respeito. Se você achar que algo não importa, pense de novo, pois para ele provavelmente será relevante. As pequenas coisas significam tudo para o virginiano.

O que ele espera da relação

Como signo zodiacal do serviço abnegado, ele precisa que precisem dele, para servir e proteger. Os relacionamentos dão ao virginiano um sentido de dever e orgulho. Esse homem raramente passa muito tempo solteiro, a não ser por escolha própria, já que tem padrões incrivelmente altos. Mesmo assim, sente-se perdido sem um projeto, por isso, sua tendência é se envolver diretamente com a direção de sua vida amorosa e até controlá-la.

Você já se cansou de terminar de criar seus namorados e os ensinar a se portarem como homens adultos? Pendure de vez, metaforicamente, seu sutiã de amamentar. O virginiano não precisa de seu leite materno, muito obrigado. Autossuficiente e independente, ele não é edipiano nem filhinho da mamãe. No entanto, é capaz de fincar pé como uma criança teimosa. Como todos os signos de terra, ele é obstinado. O rapaz pode se plantar firmemente numa posição, recusando-se a ceder. "Você não pode me obrigar!", ele poderá dizer. Por outro lado, é tão obstinadamente fiel a você quanto às convicções a que se aferra.

No entanto, com este nativo você pode canalizar sua energia maternal para aqueles a quem ela está destinada: os filhos. Ele desejará no mínimo um ou dois, ou até um grupo. Hillary Clinton talvez acredite que é preciso uma aldeia para educar uma criança, mas para o virginiano é necessário uma criança — ou seja, seu espírito infantil — para educar uma aldeia. Ele espalhará sua semente por toda parte, e a tendência é começar cedo. Não se surpreenda se seu virginiano já tiver filhos de uma ou duas parceiras anteriores!

Por ser naturalmente severo e paternal, o nativo de Virgem será um pai dedicado. Ele tampouco se importa, embora dentro de limites, em bancar o pai para você, a quem consente que seja ligeiramente carente, desde que também inteligente e ambiciosa. Sua natureza de signo terreno o torna estável e resmungão, um favorito entre "filhinhas de papai" e mulheres com pais ausentes. Da voz melodiosa à meiguice do olhar, há algo tranquilizador no virginiano. Com seu corpo firme e atlético, ele pode segurar você de um modo que a faz sentir-se completamente segura.

A codependência é o copiloto do virginiano. Muitas de suas relações começam quando ele ajuda uma "amiga" a se recuperar de um tombo. Ele tem um jeito especial de encontrar mulheres que passam por momentos difíceis: divórcio, morte de pessoa amada, recuperação de abuso ou alcoolismo. Ele adora estar presente, reconfortando e cuidando de você enquanto durar o processo de luto, segurando seus cabelos para trás enquanto você vomita a alma. Ele vai ouvir com a paciência de um psicanalista os problemas que você expõe, sabendo que sua estratégia imbatível funcionará mais uma vez. A donzela em perigo sempre se apaixona pelo nobre cavaleiro. E se o cavaleiro se afastar a galope tão logo ela se recupere, é assim mesmo que os contos de fada podem terminar. Ele nunca prometeu a você um eterno final

Relacionamentos astrais

feliz só porque a levantou e a fez montar em seu cavalo branco. Mas ele nunca a mandará descer do cavalo antes de ter conduzido você em segurança de volta para casa.

Certa noite encontramos um virginiano (vamos chamá-lo de Phillip) e uma aquariana no restaurante, em uma mesa próxima à nossa. Eles eram incrivelmente amistosos — dentro de cinco minutos ela estava despejando sua história de vida — tivera uma gravidez complicada, seguida de uma plástica de seios e uma redução de estômago, na tentativa de recuperar a forma anterior ao parto. Obviamente, estava bêbada ou à beira de um ataque de nervos — provavelmente as duas coisas. Phillip a observava em silêncio, como fazem os virginianos, deixando-a falar pelos cotovelos e mandou servir um cosmopolitan de 25 dólares "para todos nós compartilharmos".

Quando ela saiu cambaleando para a área de fumantes, sobre sapatos Louboutin de 18 centímetros de altura, ele se inclinou para nós em tom conspirador. "Ela não é realmente minha mulher", anunciou sem rodeios. "Apenas está atravessando uma fase ruim. Teve um bebê há um ano e caiu numa depressão pós-parto muito séria. É casada. Estamos nos encontrando enquanto ela supera o problema."

No começo, ficamos intrigadas. Como alguém de um signo tão moralista e crítico podia dormir com a mulher de outro homem? Sem falar no risco de doenças — um sinal de alarme quatro estrelas para o virginiano, com sua fobia de germes.

Então entendemos a situação: uma mulher que procura um caso pela internet está a) com tesão, b) entediada ou c) (ding ding ding!) enviado um pedido de socorro. Ela está gritando: "Socorro! Estou de saco cheio deste casamento e não sei como sair dele. Alguém, por favor, me salve!" Ela acertou em cheio no ponto fraco do virginiano, que correu para salvá-la. A seu próprio modo, ele sente que realiza um serviço público quando ajuda alguma mulher a sair de um casamento fracassado. Ele nunca se vê como um destruidor de lares. Afinal de contas, ela já sondava o terreno em busca de um cardápio diferente. Ele estava apenas sendo... prestativo.

222

No fim das contas, o virginiano precisa de uma causa maior do que recuperar problemáticos. Seu dever astrológico é o serviço à humanidade. Ele precisa encontrar sua missão, a obra de sua vida e vocação. Se não estiver contribuindo para a sociedade no sentido mais amplo, ou pelo menos para uma causa nobre, o virginiano está à deriva no mar. Ele desperdiçará seu talento interpretando o herói facilitador e codependente. Ele assumirá os problemas das mulheres, quando na verdade deveria encaminhar todas elas ao divã do psicanalista mais próximo. E se afastará de mulheres maravilhosas — com quem é altamente compatível — simplesmente porque elas não precisam de que ele venha em seu resgate.

Até esse maníaco controlador aprender a soltar o controle e confiar, ele nunca poderá receber. Dar sem receber (e vice-versa) constitui um relacionamento unilateral. Com muita prática, o virginiano talvez, finalmente, largue o comando e desfrute de uma relação saudável, baseada no companheirismo, mais que no controle.

Sexo com o virginiano

Finalmente, um homem que não economiza nas preliminares! Virgem é o cuidador do zodíaco, e ele sabe como cuidar de você na cama. É carinhoso e natural — um homem com quem você pode verdadeiramente "fazer amor" e entender o que significa isso. Se você passou por algum trauma, como tantas mulheres, transar com o virginiano pode ser incrivelmente restaurador. Ele é paciente e protetor, um espaço seguro no qual você relaxa e expressa seu lado sensual.

Generoso como é, o virginiano gosta de permanecer no controle da dinâmica sexual de vocês. Ele nunca irá dominar, mas vai se segurar, sempre se mantendo um pouquinho mais controlado que você. A entrega não é a praia dele. O virginiano pode ter um jeito frio e clínico, como um médico ou um detetive que estuda a cena do crime. Mas o que falta a ele em sentimentalismo sobra em técnica. O signo rege as mãos e ele tem um toque incrível. Peça uma massagem e ele a dará de

Relacionamentos astrais

bom grado. Sexo oral é um talento particular, que ele se alegra em compartilhar. Talvez chegue a estudar técnicas tântricas ou taoistas.

Sempre pensamos em Richard Gere, um virginiano, no inesquecível papel que interpretou em *Uma linda mulher*. Ele representava um poderoso executivo que contratara uma prostituta de Hollywood Boulevard e a transformara, como a Cinderela, numa deusa classuda. Mesmo encantado com a beleza da moça, e depois de fazer amor de forma arrebatadora com ela, ele a manteve a certa distância emocional. Deu a ela milhares de dólares, jantares caros e roupas — tudo, menos o coração.

Virgem representa a virgindade, um ícone enganador no caso dele. Não exatamente casto, ele pode ser reservado e guardar grande segredo sobre sua sexualidade. Em matéria de fantasias explícitas, ele é purista a este ponto: se um fetiche lhe viesse à imaginação, provavelmente não o exploraria com a parceira permanente. O virginiano classifica as mulheres em grupos — exatamente como funciona sua mente organizada e analítica. Para ele, assuntos depravados são para certo "tipo" de mulher, raramente aquela com que ele se casa — a não ser que ela esconda o jogo muito bem.

Alguns dirão que a atitude é ingênua e incorrigivelmente antiquada, mas assim é o virginiano. Excesso de crítica e repressão podem levá-lo a um comportamento sexual perverso e estranho, motivado pela necessidade de ser "mau". Na moita, ele pode frequentar casas de massagem, serviços de acompanhantes e clubes de striptease. O virginiano Charlie Sheen foi um notório cliente da cafetina Madame Heidi Fleiss; o virginiano Hugh Grant foi fragrado em público com uma prostituta.

Um virginiano casado confessou secretamente que gostaria de ter um relacionamento aberto. O dever o impedia, explicou. E já que a decepção é um fato da vida que o virginiano aceita, e até saboreia, ele provavelmente viverá sem tais acessórios. Ainda assim ele aguentaria trazer mais fantasia à sua realidade árida. Não tenha medo de sugerir um pouco disso.

Tesão: o sim e o não

O que dá tesão

- você ser sofisticada, elegante e um pouco maluquinha
- precisar dele para ajudá-la, salvá-la ou resgatá-la
- ser uma comensal aventureira, ou até uma gastrônoma (melhor ainda se conhecer vinhos)
- ser uma beldade higiênica: manter limpas e impecavelmente asseadas a casa, as roupas e você mesma
- manter conversas estimulantes sobre assuntos diversos
- ficar ao lado dele a noite inteira numa festa ou reunião
- mostrar interesse em analisar a natureza e a psicologia humanas
- valorizar a vida saudável, apreciando atividades ao ar livre e boa forma
- frequentar manicure, usar sapatos bonitos, usar bolsas primorosamente manufaturadas
- plantar os próprios gêneros alimentícios ou estar ligada à terra de alguma forma

O que não dá tesão

- fazer críticas a ele ou julgá-lo (não importa que ele faça o mesmo com você...)
- ser exageradamente supermulher — ele necessita de que precisem dele
- ter excesso de maus hábitos, abalando o senso de ordem dele
- fazer, dizer ou comer a mesma coisa o tempo todo
- ofender o senso de decoro ou a dignidade dele
- tentar fazer dele alvo de piada
- humilhá-lo ou desrespeitá-lo, principalmente na presença de outros
- nas festas, circular sem dar a ele a necessária atenção
- azarar outros homens, mesmo que seja só um pouquinho
- negar-se a ter conversas longas e tensas sobre seus problemas

Relacionamentos astrais

- ter mau-gosto em roupas, música, comida, televisão, livros...
- desperdiçar algo: dinheiro, tempo, eletricidade, água, recursos naturais
- tentar — apenas tentar — fazê-lo parar de fumar (queremos dizer, qualquer coisa que ele esteja fumando)
- reclamar, se queixar e não dar a ele o devido valor

As jogadas dele

Primeiras investidas: a azaração

Regido por Mercúrio, o planeta da comunicação, o virginiano se conecta por meio do diálogo e da química mental. Embora possa ter um brilho malicioso no olhar e gostar de flertar, o nativo de Virgem prefere ser franco sobre seus interesses, em vez de fazer jogos evasivos. Por trás das piadas sarcásticas e dos comentários maliciosos, ele é um homem sério em busca de uma namorada séria. Ele quer ter certeza de encontrar todos os elementos básicos — a química em cada nível, a amizade e outros elementos de uma sólida relação. Portanto, o namoro é realmente o laboratório de pesquisa do virginiano, a maneira de testar se você se ajustará ao gosto específico dele o suficiente para querer mantê-lo por perto. Ele poderá abordá-la desta forma:

- faz piadas dissimuladas, exibindo sua inteligência e espirituosidade
- estabelece uma abordagem forte, atraindo-a para uma conversa íntima e cobrindo-a de atenções
- escreve a você longas cartas ou deixa bilhetinhos
- aparece com frequência; está sempre por perto, e se torna elemento indispensável em sua vida
- comenta, observador, um detalhe de seu traje ou estilo
- conversa com você sobre filmes, música ou seu assunto social favorito
- oferece-se para ajudar você em alguma coisa — tarefa escolar, atividade doméstica etc.

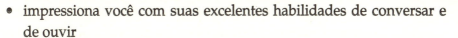

- impressiona você com suas excelentes habilidades de conversar e de ouvir
- faz coisinhas simples, mas carinhosas — dá carona para o trabalho, traz almoço para você, acompanha-a até em casa, recolhe cocô de cachorro de seu quintal
- inventa um jogo para perguntar tudo a seu respeito, e guarda os detalhes
- traz para você presentinhos e cartões engraçados e inteligentes
- tenta beijar você imediatamente (ele precisa conferir a mercadoria)
- persegue-a sem cessar, telefona a qualquer hora ou diversas vezes ao dia

Como saber que ele está envolvido

O virginiano tem um lado formal e tradicional e gosta de fazer cerimônia com ocasiões especiais. É o tipo capaz de se ajoelhar para pedi-la em casamento. Em alguns momentos deixa-se guiar pelo instinto, mas se estiver empenhando a palavra num compromisso, quer transformar o evento em ocasião solene. Ele adora marcar esses momentos, e com frequência trará alguma coisa especial, como uma garrafa de vinho ou um frasco de óleo de massagem de primeira qualidade. Não conte com mensagens escritas nas nuvens nem com um anúncio de página inteira no jornal declarando sua devoção (isso é território do leonino). Em vez disso, o virginiano criará algo intensamente íntimo só para vocês dois. Aqui estão outras maneiras que ele tem de mostrar que é todo seu:

Ele começa a agir como se fosse seu marido. O virginiano é um monógamo serial. Gosta de intimidade, conexão a dois e qualidade em vez de quantidade. Depois que a tiver na mira, ele simplesmente começará a se comportar como se vocês estivessem casados há vinte anos.

Ele se transforma em "mãe de miss". Embora tenha se apaixonado por você, atraído por seu espírito livre e seu jeito despachado, o virginiano mantém curtas as rédeas do próprio futuro. Se as vidas de vocês

Relacionamentos astrais

vão se mesclar, o tempo de torrar o salário comprando Prada chegou ao fim. Você terá plano de saúde, de aposentadoria privada e mesada; as roupas chamativas baixarão o tom e você se comportará em público como uma senhora recatada.

Ele está sempre perto de você. Confiável como um par de chinelos favoritos, o virginiano é sua rocha. Sempre presente quando necessário, e até quando não.

Ele telefona o tempo todo. Conversar é o afrodisíaco do virginiano. Nunca faltou a ele assuntos de que falar, e gosta de passar horas analisando, ponderando e compartilhando opiniões. Ele vai detonar seu celular com torpedos e telefonemas.

Ele olha para você com olhos suplicantes. De brincadeira, costumávamos chamar de "Olhos Meigos" um amigo virginiano, porque o olhar enternecido em direção à namorada tornava óbvios seus sentimentos. Se um virginiano olha você com adoração, não haverá muito com que se preocupar.

O virginiano infiel: por que ele a engana

Embora o nativo de Virgem seja capaz de grande lealdade, seu signo também pode se tornar campeão da infidelidade. Como tudo mais referente a Virgem, a motivação deste nativo em geral é o controle. A natureza imprevisível do amor e dos relacionamentos leva esse reprimido rapaz a se sentir extremamente inoperante. Ele costuma ter uma reação desproporcional, agarrando a primeira coisa que restaure seu senso de estar no comando — seja ela uma tarefa profissional prestigiosa ou os seios grandes e firmes de outra mulher. Eis algumas razões para a traição do virginiano:

Ele está surtando. Sujeito a comportamentos neuróticos e compulsivos, ele talvez sinta que está se apegando a você e se descontrole. Quando o controlador maníaco interno assumir a direção, talvez ele recorra à traição só para provar a si mesmo que não foi vencido (principalmente se ele sentir que gosta mais de você do que você dele).

Infelizmente, não tarda a descobrir que sim, que foi mesmo vencido, e não há traição que altere o quadro. Mas que lambança, parceiro!

Ele tem necessidade de se comportar mal. É verdade que o virginiano pode ser tão tenso quanto a faixa elástica de uma atiradeira. Quando esse signo reprimido e repressor se volta demais na direção da rigidez, é apenas natural que ele se rebele. Então emerge o lado escuro do virginiano, que experimenta obsessões de que você não gostaria de saber — sexo por telefone, casas de massagem, garotas de programa...

A relação é excessivamente doméstica e maternal. Você costumava ser uma pessoa lúdica e agora é prática. Socorro! Você se transformou nele! Essa troca de identidades traz à tona a porção canalha do virginiano. Ainda que ele goste de seu lado de boa esposa e mãe, é melhor que não perca a parcela de mulher-tentação. Ele preferirá cuidar da comida e da faxina (em que, aliás, ele provavelmente é melhor que você) a perder a garota sensual por quem se apaixonou no começo.

Você é entediante. Mais uma vez, você assumiu a tarefa dele (estamos só brincando, virginiano!). Na verdade, Virgem é um signo mutável, o que significa a constante necessidade de variação e mudança. Se ele achar que você estagnou ou que não tem experiência, não há tesão que resista.

Comece a cavar a cova: o fim do romance

Com o virginiano, o caso nunca está realmente acabado. Como se fosse um ataque de urticária, ele não desaparece. O nativo deste signo gosta do conforto de estar numa relação, e talvez continue a telefonar para você durante anos — mesmo que seja apenas para sexo emergencial. Eis o que será preciso para ele pregar o último prego no caixão:

A missão está completa. Cumpriu-se o papel do virginiano como seu guru/ curandeiro/ terapeuta/ pai extraoficial. Agora você é uma pessoa íntegra, as cicatrizes desapareceram, as feridas da infância estão curadas. Você já não precisa dele — é hora de migrar para o próximo caso.

Relacionamentos astrais

Você foi autoritária ou dominadora. Você cruzou o limite, passando da incitação benevolente da mãe para o controle da mulher que manda no marido. Ele não suportará que digam o que ele deve fazer. Não, de fato vai mostrar a você quem é que manda — vai mostrar também aquela outra mulher com quem ele anda transando agora.

Você relaxou a higiene. A única sujeira em que o nativo de Virgem está interessado é a da terra de cultivo (para plantar um maravilhoso jardim primaveril) e a das fofocas da vida alheia (disso ele está sempre a fim). Mas se a sujeira viver em forma de bactérias nos azulejos de seu banheiro, embaixo de suas unhas ou em seu cabelo, ou ainda nos lençóis e roupas sem lavar, ele ficará muito enojado.

Ele começou a ficar doente. Virgem é o signo zodiacal da saúde; logo, quando o bem-estar do nativo deste signo fica comprometido, ele chegou ao final de sua longuíssima corda. Agora você o deixou estressado e exigiu demais de seus recursos. Não sobrou mais nada para dar a você.

Você tomou espaço demais. Então você precisou de tempo para aclarar as ideias, ficar sozinha e reavaliar suas prioridades. Tomara que não tenha sido por muito tempo, pois se alguma vez rompeu o vínculo com o virginiano, dificilmente irá recuperá-lo. Ele é uma alma sensível, e se temer que você parta seu coração, erguerá depressa uma parede protetora.

Ele pegou você flertando ou o enganando. Enganá-lo? Sorrateiro como um ninja, o virginiano pegará você no pulo. Conhecemos um que era capaz de se esgueirar para dentro de um recinto sem ninguém perceber. O nativo de Virgem é possessivo com suas mulheres. Se você prestar mais atenção a outros homens, ele ficará emburrado e estragará sua noite. Ninguém faz de bobo esse rapaz e escapa incólume. Ele é excessivamente orgulhoso.

Você tenta fazê-lo mudar um de seus hábitos obsessivo-compulsivos. Veja bem: se ele quiser lavar as mãos vinte vezes por hora, pois que lave, afinal estamos num país livre. E por falar nisso, não seria hora de você ir à manicure?

Interpretação de sinais:
O que ele quer dizer com isso?

Quando ele...	...quer dizer que...	...logo você deveria...
...fica muito calado...	... analisa e observa você, ou tenta entender alguma coisa. Algo da cabeça dele, como sempre.	perguntar a ele em que está pensando. Ele talvez tenha necessidade de falar.
...não telefona...	...começou uma retaliação "passivo-agressiva". Você o ofendeu e ele espera que entenda isso por conta própria.	...telefonar para ele e descobrir por que motivo você precisa se desculpar.
...telefona muitas vezes...	...está envolvido com você. Se estiver interessado numa mulher, gosta de passar horas conversando com ela.	...atender ao telefone e dar um alô. Se não puder conversar, não se preocupe — ele entenderá.
...não dá notícias depois de alguns encontros...	...ainda analisa você e tenta conhecê-la o bastante para ter o comando. ...acha você frágil e não deseja ofendê-la nem assustá-la.	...revelar um pouco mais de si mesma para fortalecer a confiança dele. ...tocar nele de leve para sinalizar que deve tomar uma atitude.
...passa semanas sem dar notícias...	...tem pavor de que você parta seu coração.	...perguntar a si mesma se ele terá razão. Se ele a interpretou mal, garanta a ele que o respeita.
...age depressa...	...quer um contrato de exclusividade com você como sua próxima namorada monógama.	...agir em seu próprio ritmo. Ele estará de acordo.
... paga a despesa, dá flores e presentes...	...vê em você uma futura namorada. Caso contrário, talvez aceitasse rachar as despesas (o nativo de Virgem pode ser sovina para quantias pequenas).	...agradecer efusivamente, ainda que ele procure minimizar a questão, a que, na verdade, ele atribui grande importância. Ele se ressente de ser usado ou de não ser reconhecido.
...apresenta você aos parentes e/ou amigos mais íntimos...	...mais tarde pedirá sua opinião. Trata-se de um teste.	...agir com naturalidade e um pouco de recato. Siga a liderança dele e fique a seu lado enquanto ele a exibe. Sinta-se lisonjeada.

Suas jogadas: dicas de namoro e de amor eterno

O namoro com o virginiano

Flertar é relativamente fácil com o virginiano, que está sempre disposto a uma leve provocação. No entanto, você talvez precise tomar a iniciativa, pois no começo ele pode ser tímido e tentar se proteger. Antes de se aproximar, o virginiano vai "ler" você. Do outro lado do recinto, ele prenderá seu olhar para ver se você retribui. Ou irá observá-la disfarçadamente, antes de fazer um movimento bem-calculado, quando escolherá o momento ideal para participar da conversa. Ele é astuto e malandro. Veja como tornar segura para ele a abordagem:

Fale de seus sonhos. O virginiano gosta de uma sonhadora e de uma boa ideia. Por ser um bom planejador, ele se imagina como a força estabilizadora e prática que ajudará você a realizar suas metas grandiosas. Ele também tem sonhos próprios, em que pessimismo e o ceticismo dele podem interferir. O otimismo que você manifesta pode reforçar nele a fé.

Envolva-se num papo animado. O signo de Virgem é regido por Mercúrio, o planeta da comunicação. O virginiano adora teclar mensagens, falar ao telefone e compartilhar trivialidades da cultura popular e brincadeiras espirituosas. Analise com ele um tópico que expresse uma opinião enérgica. Ele adora mulheres femininas e exuberantes, e que saibam onde pisam. A indecisão o deixa sem tesão.

Seja você mesma. O nativo de Virgem valoriza a honestidade e a autenticidade. Não lhe agradam conversas falsas nem jogos de adivinhação, e ele gosta de mulheres que falam sem rodeios. No caso deste nativo, ao flertar com ele vale ser direta e até um pouco vulgar — desde que sua linguagem corporal transpire feminilidade e atitude não dominante.

Pergunte sobre os programas de televisão, filmes ou livros que ele prefere. O virginiano se interessa por notícias, cultura popular e mexericos das celebridades. Sempre tem um filme, programa ou jornal favoritos. É vantajoso conhecer o elenco das séries favoritas dele na TV, lembrar episódios passados ou elaborar teorias sobre enredos futuros.

Pegue-o sozinho. Graças à natureza reservada do virginiano, o flerte é melhor quando os dois ficam sozinhos, longe de olhares curiosos e ouvidos atentos. Leve-o para um cantinho ou uma área reservada. Suas palavras podem fazê-lo corar, mas não faça cena.

Seja receptiva. Ele gosta de se doar e de agradar, e quer ser parte de sua vida diária, oferecendo auxílio prático. Só precisa que você abra a porta. Torne seguro para ele oferecer sua generosidade, e ele fará isso de bom grado.

Amor eterno com o virginiano

O virginiano gosta de ter em sua vida uma namorada firme. O único fator que o impede de ter uma relação monogâmica para a vida inteira é o próprio medo — principalmente o de se apegar e se magoar. Ainda assim, em geral ele encontra coragem para buscar uma relação desse tipo. Mesmo sem se declarar com mensagens escritas nas nuvens, ele decididamente pode ser arrebatado pelo sentimento romântico e amor adolescente. Dicas para ele não sair farejando por aí em busca de novos truques, depois de virar cachorro velho:

Devagar se vai ao longe. O virginiano está ansioso para conseguir exclusividade, e age com decisão. Entretanto, não se sinta pressionada a acompanhar o ritmo acelerado dele. Ele respeita limites, que a seu ver demonstram respeito próprio e dignidade. Basta ser clara e direta. Não faça joguinhos.

Dê espaço a ele. O virginiano é um introvertido que precisa de tempo para recarregar as baterias. Ele tem necessidade de ficar sozinho com seus pensamentos, preocupações e passatempos. Tenha sua própria vida.

Esteja disponível para conversar pelo dia afora. O nativo de Virgem talvez precise de tempo para si mesmo, mas ainda assim ele deixa você na discagem rápida, telefonando e enviando torpedos o dia

Relacionamentos astrais

inteiro. Ele se preocupa e quer saber onde você está. Também gosta de fazer conexão e repassar ideias para você. O marido virginiano de nossa amiga Stephanie deixa para ela bilhetes em lugares inesperados, e ela adora encontrá-los.

Estimule-o a assumir riscos. O virginiano pode ser muito avesso a riscos, mesmo que trabalhe no campo criativo. Deixado aos próprios recursos, pode ficar excessivamente rígido e facilmente arranja motivos para não aproveitar uma chance. Um pequeno empurrão dado por você pode ajudar muito.

Faça-o rir. Apesar do excelente senso de humor, o virginiano fica sério demais e perdido em pensamentos. Para restaurar o espírito volúvel, ele precisa de uma companheira de brincadeiras.

Traga serenidade para o mundo dele. O nativo de Virgem adora entrar num clima pacífico tendo você a seu lado. Ficarem os dois "no clima", cada um fazendo sua própria atividade, mas na companhia um do outro, é para ele o ideal. Se puderem apenas "estar" um com o outro, sem precisar falar, ele pensará que encontrou o nirvana.

Esteja preparada para...

O primeiro encontro

Relaxe. Você não tem motivo para se preocupar, menina. Mesmo que não haja conexão amorosa, esse encontro é uma lufada de ar fresco para o virginiano. Na verdade, pode-se dizer que é um jorro de oxigênio enquanto ele se asfixia, pois o nativo de Virgem é um perfeccionista que passa os momentos de solidão revendo mentalmente conversas de que participou, desejando ter dito ou feito assim e assado. Com uma autocrítica que beira o masoquismo, ele se fustiga constantemente. Estar com você é para ele como tirar férias de uma imaginação hiperativa. Pelo simples fato de você ter comparecido ao encontro, ele deveria lhe agradecer.

A energia básica: O virginiano gosta de fazer conexão por meio de conversas íntimas e personalizadas. Ele vai levar você a algum lugar tranquilo e romântico, adequado a encontros, mas nunca de badalação. Ele quer ficar à vontade, e não se exibir — e quer ter certeza de que você não é interesseira (seu grande temor). Ele talvez a convide para um cinema, uma palestra, um espetáculo cômico ou um concerto. Se ele gostar de você, desejará continuar a conversa. Como gosta de ficar ao ar livre, vocês poderão se sentar num bar de terraço ou em algum lugar sob as estrelas, se o tempo estiver bom. Talvez terminem dando uma longa caminhada, perdendo a noção do tempo enquanto ficam envolvidos na conversa.

O que usar: Os detalhes são tudo, portanto não se descuide dos pequenos toques. O virginiano vai reparar nas mãos, nos dentes, nas unhas dos pés e no perfume. Ele vai notar os sapatos arranhados, a bainha descosida, o botão que está caindo. Dê uma caprichada, amiga. Ele vai gostar se você enfatizar sua feminilidade, portanto seja feminina e mostre um pouco dos atributos — escolha um traje elegante, decotado e que realce as curvas. Ele não se importa se você estiver encarapitada num salto agulha. Será uma desculpa conveniente para oferecer o braço a você.

O que não usar: O virginiano precisa ter a sensação de que se relaciona com uma "mulher de classe". Evite qualquer visual executiva, menina travessa ou inspirado em roupas masculinas. Formas quadradas que escondem a silhueta não a levarão a parte alguma. Roupas amassadas são imperdoáveis — um tapa na cara. Você não tem ferro de passar? Mostre a ele o quanto o valoriza, tirando do saco plástico aquele vestido chiquérrimo.

Pagar ou não pagar? O virginiano nem sonha em deixar você pagar no primeiro encontro. Se ele aceitar dividir despesas, será porque está desempregado ou não ficou claro que se trata de encontro romântico (ou seja, vocês tinham uma amizade anterior que está evoluindo para algo mais). Talvez com o tempo ele se mostre ligeiramente econômico, mas nunca de saída.

Na hora da despedida: Calma aí, rapaz! Com seu forte instinto sexual e a tendência a se reprimir por muito tempo, o virginiano passa

Relacionamentos astrais

rapidamente à modalidade "cachorro no cio". Ele pode ser um pouco afoito demais (você precisa perdoá-lo: antes da primeira vez o nativo de Virgem está sempre nervoso e superexcitável). Ele tentará beijá-la, mas talvez seja melhor você ficar só no charminho ao se despedir — desde que consiga resistir.

A primeira visita dele à sua casa

Alerta de sujeira! Detalhista, o signo de Virgem rege os assuntos domésticos. A limpeza só perde para a divindade. Asseado e ordeiro, o virginiano tem no lar seu santuário, e não quer imaginar você enchendo-o de bolas de poeira e tranqueiras. Lamentamos informar, mas ele notará cada pequeno defeito em sua casa. Mesmo que não comente, olhará para eles. Em seguida, vai ficar se coçando; e antes que você perceba já terá pegado uma ferramenta ou uma esponja de limpeza para cuidar do problema. Eis a maneira de minimizar as observações irritantes do virginiano e desfrutar sua companhia:

Declare guerra às bactérias, à poeira e à sujeira. Lembra-se dos anos 1980, quando Michael Jackson (virginiano) fixou residência numa bolha impermeável para que germes e doenças não pudessem penetrar? Pois é, sabemos que para este nativo "impecável" significa apenas "bastante limpo". "Esterilizado" seria melhor.

Consiga uma boa garrafa de vinho. Qualquer coisa que ajude o virginiano a relaxar é bem-vinda. Naturalmente, ele pode ser um amante da vida saudável e não beba. Por outro lado, talvez seja um gastrônomo que conhece muito sobre vinhos. Aproveite a chance e escolha um vinho de boa qualidade. Ele ficará impressionado, mesmo que não beba.

Procure criar um ambiente acolhedor e confortável. Preste atenção nos detalhes. Inclua boa música, entradas e assentos confortáveis para se sentarem conversando e se beijando. No entanto, em geral, o virginiano prefere a casa dele em vez da sua, mesmo minimalista ou com pouco mais que o essencial em matéria de mobiliário.

Preparem juntos a comida. Com frequência o nativo de Virgem é tão talentoso na cozinha quanto no quarto. Para ele tudo tem a ver com técnica, e é muito hábil com as mãos. Hmm, aqui dentro está quente... E o forno ainda nem foi ligado!

Cuide dele. Jogue sobre ele um pouco de energia materna, mas não de forma humilhante. O bastante para ele ter uma prévia, para imaginar você como a mãe dos filhos dele, alguém que cuida do ninho, que ele possa apresentar à própria família. Uns biscoitinhos caseiros, um avental meio cafona pendurado na porta da cozinha, um livro de receitas deixado casualmente em cima da mesa... Qualquer detalhe ajuda.

Separe algo para ele consertar. O virginiano adora ajudar. Você tem quadros para pendurar, uma dobradiça para ajeitar na porta do guarda-roupa? Entregue a ele a furadeira.

O encontro com a família dele

Uma palavra de advertência: antes de conhecer os pais do virginiano, talvez você conheça os filhos dele. Na verdade, as crianças talvez até vivam com ele, pois trata-se de um pai ativamente participante que, com frequência, fica com guarda plena dos filhos (a mãe em geral é uma louca narcisista que fugiu com o carteiro). Se seu virginiano ainda não é pai, na certa tem sobrinhas e sobrinhos que são muito especiais para o tio carinhoso. Sem mencionar as crianças vizinhas que ficam sozinhas em casa porque os pais trabalham fora o dia inteiro, e veem nele a figura paterna, e o time de futebol dente de leite de que ele é o técnico, e os alunos que treina na academia de kung fu...

Se o nativo de Virgem apresenta você aos parentes, trate-os como ouro em pó, pois é o que são na estima dele. Você precisa ser amável, apresentável e aprovada pelos pais. Mantenha sob controle seu lado excêntrico. Ele prefere que você compartilhe os valores e as crenças religiosas da família, mas isso não é indispensável, desde que você finja bem. O virginiano precisa que você mostre interesse pela família dele. Faça muitas perguntas, mostre-se intrigada pela história deles, folheando os álbuns de fotos e ouvindo as histórias de cada retrato. Mostre que tem interesse em constituir família (principalmente porque você talvez venha a herdar algumas crianças na transação). Nunca deixe de comparecer a uma celebração em família.

O virginiano adora reuniões, tradições e reencontros de família. Existe certa inocência dessas conexões na mente dele, uma nostálgica mitologia da infância que ele acalenta. Um virginiano conhecido nosso listou seus pcntos de encontro favoritos como "livrarias, churrascos, eventos em família e aniversário de criança". Ele não estava brincando. Ele prefere brincadeiras infantis a joguinhos eróticos.

Ele adora embalar um bebê nos braços, fotografar os primeiros passos de uma criancinha, ouvir atento aos relatos da tia Sadie, de 99 anos, sobre a vida dela na Europa destruída pela guerra, jantar com a avó antes de sair para beber com a galera. Ele valoriza as linhagens, os ancestrais, as árvores genealógicas — provavelmente porque adora fluxogramas.

Você poderia dizer que o jeito de chegar ao coração do virginiano é por meio da família. Como os parentes estão entre os poucos mortais em que ele confia, a opinião que tiverem sobre você conta muito. Se eles gostarem de você no ato, ótimo. Caso contrário, ele ficará a seu lado, mas com uma tristeza persistente. E se a família dele for desajustada, ele pode ficar ressentido para o resto da vida. Num mundo perfeito, a mulher dos sonhos do virginiano se enquadra impecavelmente no clã dele, permitindo-lhe fundir com perfeição o passado, o presente ou futuro numa obra de arte atemporal.

Para dizer adeus

O fim do romance com o virginiano

Vamos esclarecer um ponto: isso não acabará bem. Quando o virginiano abre seu coração — depois de longa e cuidadosa análise — ele joga para valer. Ele é um controlador exacerbado demais para aceitar surpresas e, menos ainda, a bomba que representa uma separação. Ele vai querer saber por quê — POR QUÊ? — e terá uma réplica para cada resposta que você der. Talvez haja lágrimas para enxugar (as dele) ou uma furiosa explosão temperamental. Ele vai andar de um lado para outro, seguirá você como um tigre, estacionará na porta de sua casa até você sair e conversar com ele como dois adultos "sensatos".

Se ele finalmente aceitar o fato de que você não vai voltar, as coisas podem ficar horríveis. O virginiano odiará você por ter feito o imperdoável: puxar o tapete de baixo dos pés dele. Ele pode ser odioso, traiçoeiro, mesquinho como um adolescente — ele dirá poucas e boas a seu respeito para seus amigos (na verdade, para qualquer um que queira ouvir), revelará segredos, deixará escapar que você tem herpes ou que bebeu demais e foi pra cama com ele e outra mulher. Ele vai odiar você durante meses, ou mesmo anos.

Segundo o ditado: ressentimento é como tomar veneno e esperar que o outro morra. O rancor que ele sente pode impregná-lo de lama tóxica, e ele vai ficar ressentido até ter conseguido derrubar você totalmente do pedestal e demolir sua reputação a tal ponto que você vai sair da cidade. Ou então usará manobras evasivas até que você venha miseravelmente implorar que ele a receba de volta. Então ele a desdenhará e rejeitará até você ter sofrido adequadamente e garantido a ele que nunca, nunca, nunca mais irá partir de novo o coração dele. Antes de terminar a relação, procure ter certeza da decisão tomada.

Superando a perda: quando o virginiano vai embora

Que imensa DOR! Quando um virginiano vai embora, é pior do que um rompimento. É como perder um parente — um pai ou tio favorito. É apenas devastador. Até certo ponto isso ocorre porque ele terá chegado num momento de sua vida em que você se sentia vulnerável, quando a consciência de si mesma estava vacilante. Então ele surgiu como um supersalvador codependente, para "dar a você" identidade e conduzi-la à salvação. Ele talvez tenha construído tamanha dependência que você não consiga saber quem você é sem ele. Seu anjo da guarda a abandonou e você está em queda livre.

A decisão tomada por ele pode deixar você em total estado de choque, quase incapaz de sair da cama. Uma amiga nossa ficou catatônica por seis meses depois que o namorado virginiano a abandonou. Ele tinha sido o primeiro homem que ela namorou depois de anos, sua primeira tentativa de confiar em alguém depois de sair de um casamento com um homem abusivo. Sentindo que ela estava inteiramente curada, o virginiano levou-a para dar um passeio pelo bairro e amavelmente explicou que as vidas deles estavam indo em direções distintas, e que ele precisava ficar sozinho por uns tempos. Ela quis saber por quê — POR QUÊ? — e ele ficou firme, como o signo de terra é capaz de ficar enfurecedoramente enraizado depois de tomar alguma decisão. Naturalmente eles ainda dormiram juntos a cada seis meses durante os sete anos seguintes. O virginiano não consegue realmente romper todo o apego; mas partir seu coração, com certeza, ele consegue.

Pela última vez, chore a falta que sentirá...
- de seu olhar carinhoso
- de sua energia suave e restauradora
- da sensação de que papai está aqui para melhorar tudo
- das longas e fantásticas conversas que vocês tiveram
- das formas pequenas e meigas com que ele mostrava seu amor e carinho
- de ser conduzida por alguém que dominava tanto a situação
- de ter alguém decidido para lidar com tudo aquilo que você prefere evitar
- de seu talento para cozinhar e/ou limpar (droga, agora você terá de contratar uma faxineira e um cozinheiro?)
- da perda de seu reparador pessoal
- da perda da pessoa que ouvia sem rir quando você contava suas esperanças, sonhos e medos
- de seu jeito de apoiar e de acreditar em você mais do que você mesma

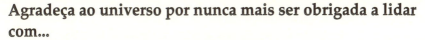

Agradeça ao universo por nunca mais ser obrigada a lidar com...
- a rígida e inflexível personalidade dele
- seus hábitos neuróticos de obsessivo-compulsivo
- o amor dele pela maconha e outras substâncias controladas
- críticas impertinentes e sermões
- o mau-humor dele quando você não lhe dava atenção
- a necessidade dele de estar no controle de tudo
- a insuportável crítica a miudezas
- os comentários traiçoeiros e desabonadores que ele fazia
- a irritante mania dele de querer ditar regras
- a capacidade dele de notar cada detalhe fora de lugar
- as ocasiões em que ele ficou frio, reservado e a excluiu
- a obrigação de se arrumar, depilar e disfarçar os defeitos para ficar como uma foto retocada de revista de moda

Relacionamentos astrais

A combinação amorosa: Vocês falam a mesma língua?

Você é do signo de...	Ele acha que você é...	Você acha que ele é...	Linguagem comum
Áries	...uma pessoa enérgica e incansável que precisa da sabedoria dele para guiá-la.	... controlador e implicante demais — age como se fosse seu pai. Fica frio, cara!	Ele cuidar de você, hábitos obsessivos, pavor de doenças, paladar exigente.
Touro	...uma companheira sensual e sofisticada que ajuda a imagem pública dele.	...culturalmente compatível, mas um pouco vulgar.	Gastronomia, vinhos, gosto sofisticado ou exigente, cultura, orçamentos.
Gêmeos	...espertíssima e engraçada, mas difícil demais de domar.	...equivalente a você no nível intelectual, mas precisa baixar a crista.	Livros, música, ideias, diálogos.
Câncer	...a futura mãe dos filhos dele.	...seu herói (suspiro).	Família, gastronomia, arrumação doméstica, segurança financeira, viverem felizes para sempre.
Leão	...incrivelmente exagerada e egoísta, mas também inspiradora. A leoa que ele adoraria domar.	...disciplinado de uma forma que você admira, uma força estabilizadora que não competirá pelos holofotes.	Família, filhos, tradição, saúde e boa forma, trabalho árduo, romance à moda antiga, religião.
Virgem	...tão pedante quanto ele, mas pode se tornar a melhor amiga.	...careta, mas também uma alma gêmea. O perfeito e paciente cavalheiro, principalmente para ser seu "primeiro".	Saúde, higiene, família, filhos, estilo de vida sóbrio.
Libra	...linda, encantadora, mas pela natureza de borboleta social parece difícil de agarrar.	...um perfeito público cativo para sua beleza e encantos. Um pouco controlador.	Música, arte, longas conversas, comidas e vinhos, dispor de tempo para terminar um projeto, um olhar crítico.

242

O nativo de Virgem

Você é do signo de...	Ele acha que você é...	Você acha que ele é...	Linguagem comum
Escorpião	...a melhor amiga sensual que ele tem.	...arrogante e necessitado de sua ajuda para trazê-lo de volta à realidade.	O hábito de analisar tudo, a obsessão por controle e detalhes.
Sagitário	...ótima para longas caminhadas e longos papos, mas demasiado independente e rude para ser domada.	...seu interlocutor favorito para conversas, mas demasiado sério e introvertido — relaxa!	Papos filosóficos, piadas inteligentes, admiração à própria inteligência, sensação de serem mais espertos que o resto do mundo.
Capricórnio	...um refinado anjo terrestre tão leal e prático quanto ele próprio.	...o homem com que você deveria se casar.	Tradição, amizade, família, hábitos obsessivo-compulsivos, praticamente tudo.
Aquário	...do espaço sideral.	...a controladora figura de autoridade contra quem você quer se rebelar.	Sexo, amor a animais e crianças, atração instantânea que evolui para destruição explosiva, ódio recíproco depois da ruptura quase sempre inevitável.
Peixes	...docemente necessitada da ajuda dele, mas que inevitavelmente o enlouquece.	...o tipo paterno com que você sonhou, mas um pouco controlador.	Saúde, curas, compaixão, espiritualidade.

Relacionamentos astrais

O nativo de Libra

Datas: 23 de setembro — 22 de outubro
Símbolo: a balança
Planeta regente: Vênus, o planeta da beleza, da arte e do romance
Elemento: terra — estável, realista, aspira à segurança material
Qualidade: intelectual, mutável, social
Missão: minha linda mulher

Ambiente natural — onde você vai encontrá-lo: Numa reunião de *networking*; fazendo amizade com estranhos em um bar; praticando dança de salão; seguindo sua banda favorita em excursão pelo país; num estádio, assistindo a um evento esportivo ou concerto; organizando os arquivos; na prova de um terno sob medida; comprando roupas de marca, produtos para o lar e artigos de cuidado pessoal; organizando as camisas sociais pela cor; vivendo na casa dos pais até completar vinte e tantos anos; levando um tempão para fazer as coisas; ouvindo música sonhadoramente; perambulando por uma galeria de arte ou um museu; filosofando sobre a vida numa cafeteria; conquistando todo mundo com seu encanto natural; dando uma carona para alguém depois de um evento; oferecendo uma opinião ou crítica severa; vestido com elegância em uma degustação de vinhos; jantando num restaurante espaçoso e arejado.

Meio de vida: Engenheiro, diplomata, mediador de debates, comerciante de arte, artista plástico, crítico de gastronomia/ música/ vinhos/ cultura, juiz, estilista, decorador de interiores, fotógrafo, representante comercial, corretor de seguros, romancista, modelo, ator, estrategista, homem de negócios.

Notáveis e notórios nativos de Libra: Matt Damon, Tommy Lee, Usher, John Mellencamp, John Mayer, Snoop Dogg, Wyclef Jean, John Lennon, Sting, Clive Owen, David Lee Roth, Bernie Mac, Ralph Lauren, Michael Douglas, Eminem, Jermaine Dupri, Will Smith, Sammy Hagar, Simon Cowell, Zac Efron, Christopher Reeve, Meat Loaf, Bryant

O NATIVO DE LIBRA

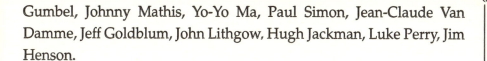

Gumbel, Johnny Mathis, Yo-Yo Ma, Paul Simon, Jean-Claude Van Damme, Jeff Goldblum, John Lithgow, Hugh Jackman, Luke Perry, Jim Henson.

O libriano: como localizá-lo

- covinhas fundas e fofas (no mínimo uma)
- rosto incrivelmente bonito, diríamos mesmo lindo, de traços delicados
- condicionamento físico ideal — nunca músculos volumosos, mas sim formas bem-definidas
- caprichosamente vestido, com tudo combinando
- vestido como um lindo *emo boy* metrossexual: camisa social, óculos de aro redondo, calça de linho, gravata ou lencinho de bolso
- tirando várias fotos com um dispendioso equipamento fotográfico
- o único homem na manicure/ no departamento de decoração/ na aula de Pilates
- escolhendo joias ou roupas de bom gosto para uma amiga
- distribuindo cartões de visita numa reunião de *networking*
- dando uma gorjeta alta demais ao manobrista ou porteiro para ter e dar a impressão de ser "o cara"
- tentando azarar e encantar todas as mulheres que encontra, mesmo as que têm metade da idade dele
- usando acessórios caros que apontam para sua espiritualidade parcialmente desenvolvida: uma corrente de prata pura com o símbolo "Om", o cordão vermelho da Cabala, um pingente com o símbolo hebraico "chai"
- usando acessórios exóticos que reafirmem que ele ainda é descolado, mesmo que trabalhe numa grande empresa: uma gravata com design de Jerry Garcia, meias ou cuecas estampadas
- dando apoio a um amigo carismático, porém menos elegante
- bajulando a diretoria na esperança de conseguir alguma promoção

245

O libriano: seu jeito de lidar com...

Dinheiro
Precisa ganhar muito dinheiro para sustentar seu amor aos bens materiais e à vida em alto estilo.

Família
Zeloso e dedicado. Com os pais, teve muita dificuldade em cortar o cordão umbilical, fato que causa profunda irritação nas namoradas.

Amor
Apaixonado por se apaixonar.

Sexo
Pode ser um cachorrão total, mas também cai na rotina. Não se importa em usar sempre a mesma técnica/ truque/ posição. Gosta da boa dança erótica ou de que "prestem serviço"a ele. Em outras ocasiões, é carinhoso, protetor, anseia por agradar.

Filhos
Afetuoso, pai-coruja e muito participativo. Moderado nos corretivos, estraga de mimos a criança. Reza para ter uma filha, que virá a ser a suprema "filhinha do papai".

Animais de estimação
Sim, ele tem um cãozinho minúsculo, tipo Yorkshire Terrier, Maltês ou Poodle. Não, ele não é gay; por que você pergunta?

Quando você surta
Ele perde a cabeça no momento em que você levanta a voz. A crise da parceira desequilibra a balança dele. O libriano se transforma numa criança de 6 anos, defensiva e amuada. Quer discutir as questões "sensatamente" com você mais tarde.

Quando ele surta

Um dramalhão completo e exagerado que engole você como um tornado ou um ciclone mortal. Corra para o abrigo anticiclone, Dorothy, se não quiser ser jogada na alucinada Terra de Oz dele.

O rompimento

As crises lançam a vida dele ao total desequilíbrio. Na recuperação o nativo precisa do dobro do tempo que necessitam os demais.

O libriano: tudo sobre ele

Imagine uma cena pastoral da década idílica de 1950. Uma perfeita e pequena família nuclear — todos em seus melhores trajes caprichosamente engomados — empilha-se no carro da família para um agradável passeio pelo campo. Dirigindo ao longo da nova rodovia à amena velocidade de 25 quilômetros por hora, o pai estaciona para mostrar as flores silvestres e as vacas leiteiras. As crianças apinham-se junto à janela para ver. Horas depois, a família completa sua trajetória de 160 km até a cidade mais próxima, onde farão uma pausa para sanduíches e milk-shakes, e talvez uma caminhada pela rua principal. A família não tem pressa: nos gloriosos bairros de classe média, é domingo e a vida é majestosa.

O doce e bucólico resplendor de épocas mais simples é essência do libriano. O caso dele é lazer, harmonia e o primeiro tom rosado da primavera. As lentes com que vê o mundo estão ajustadas para focos pálidos e tons suaves. Enquanto são poucos os que notam as rosas, ele para e cheira todas elas. Devanear é um dos passatempos favoritos do libriano, dotado de muita imaginação.

Em torno do libriano, a vida precisa ser bela. E se não for, ele é o primeiro a notar — e comentar. Na verdade, ele mal consegue tolerar desavença. Esse homem tem sentidos aguçados, principalmente para cores, cheiros e sons. Simon Cowell, juiz do programa *American Idol*, é o suprassumo do libriano. Considera um serviço público as críticas

Relacionamentos astrais

ásperas que faz aos participantes do concurso, pois está defendendo o mundo da música ruim. Para o libriano, a feiura é a suprema poluição.

Nativo de signo social de ar, o libriano floresce com a interação humana. Seja ele um banqueiro de investimentos ou um pedreiro, é um homem que você desejará colocar em contato com a clientela. Cheio de covinhas e diplomacia, ele traz uma elegância cortesã até para a ocasião mais prosaica (embora suas indelicadas observações aleatórias possam ofender). O nativo de Libra pode e quer falar com todo mundo. Ponha-o num evento de *networking* ou numa reunião anual da diretoria e ele ilumina o recinto. Sente-se a seu lado no bar local e ele oferecerá a você coquetéis e conversas.

O libriano é excelente nas apresentações. Sua mesa de trabalho pode ser um desastre e a papelada do trabalho estar repleta de anotações frenéticas. Entretanto, quando ele apresenta o produto finalizado, é insuportavelmente limpo e impecável. Naturalmente talvez entregue com atraso de muitas horas — ou ele terá passado a noite sem dormir, desenhando à mão as letras da capa de seu relatório de despesas do mês. Por essa razão, podem acusá-lo injustamente de procrastinação.

Em contrapartida, ele sofre ao produzir qualquer coisa que não seja esteticamente perfeita. Esse é um homem que precisa de uma oficina — nem que seja para esconder seus projetos inacabados, com que anda perdendo tempo. Para o libriano, simetria é felicidade. Um amigo, nativo do signo, trata de alinhar perfeitamente as lombadas de todos os seus livros, mantendo-os na mesma exata medida de afastamento da parede. Em vez ler, ele passa horas arrumando as estantes!

O libriano adota os mesmos padrões discriminativos com sua aparência. Vamos admitir: ele pode ser um carinha vaidoso e bonito em relação às roupas, aos cabelos e aos sapatos. Esse hipermetrossexual é muitas vezes confundido com um homossexual — e aceitará feliz os cumprimentos por causa de suas roupas elegantemente bem-feitas. Muitos librianos adoram se vestir como cavalheiros antigos: terno sob medida e gravatas, sapatos de grife. Ele anda impecavelmente limpo, e com frequência sua voz tem um harmonioso timbre de tenor, nem grave nem agudo demais. A moderação é o seu ponto fraco. Ele não fica nem no alto nem no baixo: está a meio caminho. Na verdade, quase sempre faz o papel de moderador ou diplomata, sendo o pacificador entre facções em guerra.

Por mais talento que o libriano tenha para gerenciar conflitos, ele prefere evitá-los. Em seu típico estilo de "homem de lazer", o libriano passará horas na academia. Muito disciplinado com o condicionamento físico e a dieta, ele gosta de fazer o circuito completo do exercício físico, com orgulhosa precisão. E depois ficar de molho na banheira de hidromassagem, fazer uma sauna e talvez receber uma massagem — ele nunca se apressa. Maratonas e triatlos o interessam muito. Com sua furiosa carência de doces, o libriano é propenso a engordar, e se perder o hábito de se exercitar, pode desequilibrar sua vida inteira.

Embora o libriano seja um tremendo bonachão, se as circunstâncias se complicarem, ele morderá forte. Pode ficar deliciosamente irritado — e você vai adorar conhecer a megera que vive no interior de cada libriano, desde que as garras dela não se voltem em sua direção. Ele é mais ferino que uma adolescente. Com suas covinhas deliciosas e lindos traços (pense em Zac Effron, Matt Damon), ele provavelmente tem admiradoras aos montes. Esse cara nasceu para roubar o coração das adolescentes e posar para o encarte de revista.

Se você procura um príncipe encantado, o libriano pode ser seu homem. O atraente nativo de Libra é regido por Vênus, o planeta da beleza e do amor. Naturalmente, ele talvez aja como um principezinho mimado que exige ter suas vontades atendidas. Mas está igualmente ansioso para mimar você em retribuição, o que talvez faça a exigência dele valer a pena.

O que ele espera de uma mulher

A lista romântica do libriano é básica: ele deseja elegância. Feminilidade. Contundência. Beleza. Espera alguém que possa chamar de sua "querida macaquinha". Qual é? Isso é pedir muito?

Relacionamentos astrais

O libriano talvez pareça indeciso, mas tem muita clareza quanto ao que espera de uma mulher. Nada menos que isso irá satisfazê-lo. Ele procura uma graciosa deusa com a "sagrada trindade" de Libra: beleza, verdade e justiça. Ele quer ser cativado por seu esplendor, assombrado por sua honestidade e deslumbrado por seu senso de igualdade. Ele precisa de uma donzela, no pleno sentido da palavra — que seja franca, mas também o deixe ofuscado por seu encanto feminino.

Embora o nativo goste de se apaixonar, o Príncipe Encantado do zodíaco raramente aceitará qualquer coisa. Ele pode ser incrivelmente crítico, e até traiçoeiro, apontando uma manchinha que você tenha na gola, ou torcendo o nariz para as "obras de arte" emolduradas que você comprou numa loja popular de decoração. Não importa que ele talvez ainda more na casa dos pais, numa bagunça de roupas saídas do varal, tapeçarias dos aborígenes trazidas dos tempos de faculdade e estantes com troféus do ensino médio. Quer o exerça ou não, o libriano possui um refinado gosto.

O nativo de Libra quer admirar você, e até mesmo colocá-la num pedestal. Idealmente você deveria ser, a seus olhos, uma mistura de santa e de anjo. Se ele se resignar ao casamento com uma mulher que não corresponda a seus sonhos românticos, nunca será feliz. Para se casar (ou se casar de novo) com a pessoa certa, ele aguardará até o final dos 30 ou 40 anos. "Desabrochar tarde" é a melhor garantia que ele tem contra o divórcio.

No entanto, há um problema: Libra é um signo regido por Vênus, o planeta do romance e da beleza. O cupido emburrece o libriano, que se baba por uma mulher bonita, mesmo que seja cinco a dez anos mais jovem que ele. Se você for bastante atraente, o julgamento dele, normalmente lúcido, pode ir para o espaço. Ele talvez ignore os traços incompatíveis escandalosamente óbvios que em condições normais fariam o alarme tocar.

Passado o fortalecimento do ego resultante de "ganhar a garota", o libriano lamentará profundamente a imprudência cometida. Esse homem jamais deveria se apressar em formar opinião, positiva ou negativa, sobre uma mulher. Se ele mergulhar de cabeça, não apreciará nem um pouco voltar à superfície — circunstância desagradável também para a mulher envolvida. Se for sensata, ela não o deixará provar do leite sem ter comprado a vaca. Vocês dois precisam dar tempo ao tempo para essa fascinação amadurecer e se transformar em amor verdadeiro. É essencial a existência de um território comum. Ele precisa de uma mulher que possa compartilhar seus passatempos e valores e ganhar sua sincera admiração.

Michael Douglas e Catherine Zeta-Jones, ambos librianos, são um ótimo exemplo: "no instante em que a conheci, eu disse que queria ter filhos com ela; quando descobri que ambos fazíamos aniversário no mesmo dia, aquilo foi uma revelação!", declarou Douglas sobre a conexão deles. "Depois, quando descobri que ela gostava muito de jogar golfe, entendi que todas as minhas fantasias haviam se tornado realidade. Tive muita sorte neste momento de minha vida. Foi mesmo muita sorte. Estou muito impressionado com a inteligência, o senso de humor e a ética de trabalho que ela tem."

Meninas, treinem seus desmaios. Vocês precisam acreditar no romance à moda antiga para desfrutar o melhor que o libriano oferece. Ele precisa de uma musa, alguém que o inspire a pintar, a escrever poemas, a comprar flores, a redigir cartas de amor em delicado papel de linho com uma pena de pato mergulhada no tinteiro. Pontos para você se souber dançar valsa, tango e usar bem roupas formais. Ele adora mulheres que saibam como se vestir e se divertir.

Mas esperem... ainda não acabou! Para o libriano, tudo deve ser contrabalançado, para manter o equilíbrio dos pratos da balança. Você também precisará ter um lado prático, já que ele, privado da necessária substância, pode sair voando e entrar em órbita. O libriano precisa de que a amada tenha mão de ferro em luva de pelica, que seja forte como um homem (feminino), mas totalmente mulher.

O que ele espera da relação

Bem-me-quer, mal-me-quer... com o libriano, o relacionamento pode dar a sensação de um pêndulo, oscilando furiosamente até se equilibrar por fim num ponto confortável. Por que ele não consegue tomar uma simples decisão?

Acima de tudo, o que o libriano espera de uma relação é ter certeza — cem bilhões de trilhões por cento de certeza — de que você é a mulher ideal. Se para tanto precisar de cinco minutos ou cinco anos, que assim seja. Quando ele finalmente se ajoelhar para pedir a sua mão, vocês talvez já estejam informalmente casados.

Obviamente, não é preciso levar tanto tempo. Depende do quanto vocês se complementam bem. O libriano anseia por uma relação interdependente e igualmente equilibrada. Ele quer que você tenha autonomia e capacidade de encontrar a própria felicidade, com ou sem ele. Ao mesmo tempo, ele gosta da sensação de que você é a peça que falta no quebra-cabeça romântico dele, para criarem juntos um estado de felicidade ainda maior. Trata-se de uma ligeira contradição, mas Libra é assim mesmo. Se você fornecer o contrapeso que neutraliza seus maus hábitos e deficiências, ele alegremente somará forças.

Libra é o signo do juiz, portanto ele submete as parceiras potenciais a uma prolongada avaliação antes de se comprometer. Durante o processo de pesar e medir, ele vai avaliar se estará "fazendo concessões" ao se ligar a você. O cara tem um assombroso senso de privilégio — o príncipe libriano só aceita o melhor! Ele é capaz de passar anos sem um relacionamento, e com frequência se casa tarde. Infelizmente, também sofre de verborreia, e vai derramar todo o sórdido processo mental ao alcance de seu ouvido. Que falta de sensibilidade! Para encarar esses momentos, só você engrossando a pele...

O libriano deseja paz, e se você for mais hábil para fazer guerra em vez de amor, só retardará o processo de avaliação. Se suas cobranças, mau gênio ou sentimentos não analisados desequilibrarem mais os pratos da balança, ele vai se retirar astutamente e deixar você reconfigurar seu próprio sistema. O libriano não consegue lidar com tanto drama, principalmente porque com frequência está encenando o próprio. Depois de reinicializar, você deverá retornar amadurecida e controlada, se quiser recuperar as boas graças dele.

Embora no longo prazo o amor severo praticado por ele seja compensatório, também é enfurecedor. Mesmo sendo um pirralho mimado, ele tem pouca tolerância quando você fica emburrada, carente ou infantil. Naturalmente, é possível que ele fomente dependência por meio de fala tatibitate, vozes engraçadas e apelidos bonitinhos. Com o libriano, tudo se reduz a moderação e proporção — se hoje você bancar a menininha, amanhã ele quer que se comporte como uma mulher sofisticada.

A igualdade é questão vital para o libriano. Ele espera equanimidade, e embora negue, passa o tempo todo atualizando em sigilo o placar. Quando precisa ganhar uma discussão, lança mão de seu arsenal: "Ora, vez passada lavei a roupa e a louça, logo é você quem deve tirar o lixo". Ou ainda: "Da última vez fomos a seu restaurante favorito, portanto hoje à noite temos de ir ao meu."

Tudo que seja radical demais desequilibra o libriano, transformando-o num ogro rabugento, ou mesmo num tirano. Nosso avô libriano tinha duas frases favoritas: "É comida demais!" (quando servíamos a ele um prato transbordante de comida) e "SI-LÊN-CIO!" (advertência que ele gritava antes de fazer a sesta diária). O libriano precisa se recolher e repousar, e tem algumas rotinas regulares que não devem ser negadas a ele. Para nosso avô, era a sesta da uma da tarde, seguida de uma xícara de chá Lipton e dois crocantes biscoitos amanteigados de nozes-pecã — todo santo dia de seus trinta anos pós-aposentadoria. Nossa amiga Amanda aceitou sob protesto que, às sete da manhã, o marido libriano se reunisse na internet com os colegas cibernéticos para jogar World of Warcraft — um jogo de computador com muitos participantes. Seja qual for o elemento necessário ao libriano para relaxar e recuperar o equilíbrio — uma cerveja gelada, uma corrida na praia, uma hora de permanência no estúdio de aeromodelismo — a mulher sábia aprenderá a permitir.

Por mais que, para chegar ao altar, ele procure longas estradas secundárias, Libra é o signo das parcerias, dos contratos de casamento. Em última análise, o libriano está em sua melhor condição quando se junta com sua parceira equivalente. A relação certa pode ser uma maravilhosa tela em que ele expresse suas melhores qualidades de diplomacia, amor e harmonia. Você só não deve apressá-lo, entendeu?

Sexo com o libriano

O homem gentil termina por último, e no caso do libriano é bom que seja assim. Se você não for apressadinha, vai curtir esse homem de mãos lentas. Ele vai lhe fazer afagos e carícias, vai amá-la com ternura e beijá-la devagar por muitas horas. Na verdade, o libriano pode até seduzi-la com a oferta de hábeis massagens. Com uma sessão de shiatsu, ele é capaz de derrubar tão bem suas defesas que você vai querer uma gostosa transa.

Em cada libriano existe até certo ponto um hippie (por mais asseado que ele pareça), e em seus dias de aventura ele pode ser um irrestrito praticante de troca de casais. Você poderá até encontrá-lo no meio de um triângulo amoroso, desfrutando seu papel de intermediário (leia-se, recebendo prazer de todos os lados). Uma vantagem: desse jeito ele pode evitar assumir compromisso ou ter de fazer uma escolha permanente, e ainda assim transar. Em termos de sexo, o libriano fica feliz em ser multitarefa.

O libriano gosta de beleza, e tem um lado *voyeur*. Talvez ele queira pintar, esculpir ou fotografar você nua. Ou, conforme fez notoriamente o libriano Tommy Lee com Pamela Anderson, ligar a filmadora. O libriano é capaz de ter um orgasmo observando você dançar vestida numa calcinha fio-dental de renda, principalmente se tiver uma visão da retaguarda. Ele poderia até curtir dar uns tapinhas, ou ter um papo erótico.

Os nativos de Libra são os "gourmets" do zodíaco, e conhecemos alguns librianos com fetiches e fantasias sofisticadas. Normalmente, ele tem o bom-senso de explorar essas tendências em formato de download ou DVD, em vez de pedir que você represente tais cenários degradantes. Na vida real, ele é um sujeito tão "boa-praça" que fantasiar sobre mulheres sendo dominadas, ou até humilhadas, compensa grande parte de sua atitude de subserviência. Naturalmente ele tem um terrível sentimento de culpa por gostar de sua seleta pornografia. Mas veja bem, só você vai lucrar no final, já que ele tentará compensá-la em dobro, dando a você prazer por uma hora a mais.

Com certeza seu libriano poderá parecer um pouco careta ou arrumadinho demais. Mas arranque sua camisa social de tom pastel ou a cara camiseta branca de marombeiro de academia e você talvez encontre um cintilante par de anéis nos mamilos, ou uma tatuagem sensual. Para ele, tudo é questão de equilibrar as forças opostas de Libra. E como ele é tão bem-comportado durante o dia, imagine o quanto pode ser atrevido quando a luz se apaga.

Tesão: o sim e o não

O que dá tesão

- você ser uma mulher bem-equilibrada, tranquila, com uma pontinha de malícia
- compartilhar as preferências dele em música, livros, artes
- acentuar sua beleza natural e feminilidade — como uma deusa elegante
- ser uma santa meiga e angelical que a família dele adore
- confrontá-lo quando pisa na bola, mas preservando sua dignidade: ele adora mão de ferro em luva de pelica
- "desmaiar" diante de seus presentes românticos: o arranjos de flores exagerado, a foto emoldurada de vocês dois, a poesia que você o inspirou a escrever
- ser a mulher que ele imagina como mãe de seus filhos
- cobri-lo de mimos, principalmente na cama

Relacionamentos astrais

- deixar que brinque de "papai", que dê carona a você até em casa ou que a chame de apelidos engraçadinhos
- assumir seu lado "diva" — gastar tempo de qualidade em cuidados de beleza e na escolha de roupas
- conhecer suas grifes preferidas e ser esnobe em matéria de marcas
- assumir plena responsabilidade por sua parte da relação (ele precisa de equanimidade)
- ouvi-lo filosofar por horas e horas

O que não dá tesão

- apressá-lo ou pressioná-lo para que tome decisões sobre alguma coisa
- ter maus modos, higiene precária e mau gosto
- deixar os pelos do corpo crescerem como se você fosse a Rapunzel
- falar em voz alta e irritante que ele não consiga deixar de ouvir
- ser exibida ou carente de atenção (ele diz que é brega, mas na verdade quer os holofotes sobre ele)
- usar qualquer coisa excessivamente chamativa, reveladora ou exagerada
- colocar suas necessidades acima das da família ou dos filhos — ele quer alguém que trabalhe em equipe
- polemizar ou causar conflito desnecessário
- entrar em choque com os pais e irmãos dele
- exigir uma aliança ou pedido de casamento antes que ele esteja pronto (Qual o problema?! Só se passaram oito anos!)
- ser excessivamente prática, principalmente em relação ao vestuário, ou negar a ele o acesso a artigos de luxo
- acabar com a magia ridicularizando o romance
- fazer compras em lojas especializadas em fibras sintéticas
- ser rude ou indiferente com animais, crianças, moradores de rua, prestadores de serviço
- pensar que "sua merda não fede", conforme expressou um libriano

As jogadas dele
Primeiras investidas: a azaração

Tudo é doçura e luz quando um libriano derrama seus encantos cobertos de mel sobre você. Rituais cavalheirescos e a arte da conquista estão no sangue do nativo de Libra, que transforma em arte a lenta escalada até o amor.

Com mulheres, ele gosta de mimar e se mimado. Você pode encontrá-lo como centro de atenções de um grupo de beldades risonhas. Embora ele talvez pareça flertar com todas elas, o libriano é surpreendentemente objetivo em relação ao tipo de mulher que deseja. Caso seja você o "tipo dele", ele poderá ligar a sedução um pouco mais alto para assinalar seu objetivo.

Assim o libriano mostra a você que está interessado:
- vai até você e entrega um cartão de visitas
- flerta descaradamente com você, mostrando as covinhas e piscando
- fica horas ao telefone conversando com você
- ele a convida para uma "noite maravilhosa"
- ele lhe dá carona de carro até sua casa ou acompanha você a pé
- envia a você um enorme buquê de flores
- escreve e lê poemas para você
- fala de você para a mãe dele
- ele convida você para sair e estica a noite...

Como saber que ele está envolvido

Ai, a velha palavra "compromisso"! Não é das favoritas do libriano; ele odeia ser pressionado a tomar uma decisão. Ele opera segundo seu próprio cronograma, normalmente à metade da velocidade dos demais. O libriano gosta de pesar cada fator antes de ter uma atitude decisiva. Enquanto isso você vai ficando entediada e ansiosa — será que ele está fazendo você perder tempo? Eis aqui como saber se ele está envolvido:

Relacionamentos astrais

Você dá um ultimato... E ele escolhe você. Para o libriano, a fase de namoro pode se arrastar por décadas antes que ele realmente se sinta "pronto" para assumir compromisso. Talvez já esteja guardando os pertences mundanos no guarda-roupa da namorada, recebendo correspondência no endereço dela e ainda assim continue enrolando. Talvez você precise trocar em miúdos para ele: ou casa ou desocupa a moça! Se há anos saem juntos e você deseja uma aliança, talvez seja preciso colocar o libriano na panela de pressão (se você tentar esse recurso, seja firme, porém delicada).

Ele leva para você presentes bem-escolhidos. O libriano gosta mesmo de entender a mulher que ama. Se começar a dar presentes que reflitam as preferências e interesses que você tem, é porque a considera merecedora de sua preciosa a atenção. Pode até chegar a fazer alguma coisa para você: uma pintura, uma poesia, uma peça esculpida à mão. Libra é o signo da beleza, portanto se ele começar a embelezar sua vida, vai querer estar presente para desfrutá-la.

As flores chegam regularmente. O libriano romântico talvez seja um pouco lento para dizer "eu te amo", mas não se importa de expressar isso com flores. Se no dia seguinte a uma "noitada maravilhosa" ele enviar um monumental e elegante arranjo de flores para seu escritório, o coração dele está palpitando. Nosso avô libriano comprava gladíolos frescos (a flor predileta deles) para nossa avó toda sexta-feira à tarde.

Ele ainda está presente. Esse não é um indicador sólido, já que os librianos demoram tanto para terminar quanto para começar uma relação. Porém, quanto mais tempo ele ficar, mais dificuldade terá em partir. Se você quiser levar a relação para o nível seguinte, talvez precise dar a ele um ultimato (vide o primeiro item).

Ele olha para você como se acabasse de ver um unicórnio. Ele olha para você com olhar de admiração, como se você fosse a criatura mais magnífica e rara que ele já viu? Quando um libriano usa "olhar de unicórnio", isso quer dizer que está louco por você.

Ele a considera a mulher de seus sonhos. Fantasias são importantes para este signo idealista — e em termos de amor são tão importantes quanto a realidade. O fato de você corresponder à imagem ideal que ele tem (algo entre uma santa e uma deusa) é a única razão que pode levar um libriano a se precipitar e propor casamento. Se você for uma modelo alta de longas pernas, e ele for um contador baixinho e atarracado, talvez pense: "melhor do que isso não vou conseguir." A vaidade é uma eterna insatisfeita, e seu nome é Libra.

O libriano infiel: por que ele a engana

O libriano é um sujeito honrado, e não costuma sair por aí partindo de propósito o coração das mulheres. Quando finalmente resolve assumir compromisso, já passou por um longo processo interno em que pesou e mediu cada situação. Depois de todo esse trabalho, provavelmente não vai querer voltar atrás! É muito mais provável você o trair, talvez interprete como falta de interesse a lentidão dele. Ou talvez se canse de esperar que ele se resolva. Aqui estão algumas razões possíveis para ele sair dos trilhos:

Ele não tem coragem de terminar. O libriano odeia, odeia, ODEIA conflito. Como ele é bonzinho demais para partir seu coração — pelo menos, na sua frente —, vai armar a saída com uma estratégia "passivo-agressiva". Ao trair você, ele sabota a relação para forçar a barra. É muito conveniente: você vai ser a malvada que o abandonou!

Na verdade, ele nunca esteve seguro sobre você, nem no começo. Talvez você o tenha apressado. Talvez ele a tenha escolhido contra o próprio instinto. Talvez você tenha insistido em ficarem juntos, embora ele tenha dito que não a considerava a mulher ideal. Na dúvida quanto à decisão que tomou, quem sabe ele pretenda testar a escolha nos braços de outra mulher.

Pura vaidade. Ele se sentiu "gordo" e precisou se sentir lindo de novo. Ninguém nunca o admirou tanto assim antes. Ah, sei lá, amiga, vale qualquer coisa.

Você matou o clima romântico. Você trocou o visual de Princesa Encantada pelo de Gata Borralheira. Palavras chulas e pessimistas mancharam seus lábios antes poéticos. Pantufas de pelúcia substituíram os escarpins de marca. Você deve ter deixado de amá-lo.

Comece a cavar a cova: o fim do romance

Tomada a decisão, os librianos podem ser obstinados. É preciso muita coisa para fazê-lo sair porta afora — pelo menos, de forma permanente. Tendo levado anos para chegar aqui, por que ele iria querer ir embora? Eis alguns indicadores de que os pratos da balança podem estar se desequilibrando contra você:

Ele viu seu "outro lado", com que não conseguiu lidar. Você se zangou e perdeu as estribeiras. Talvez você tenha explodido, chorado descontroladamente, atirado objetos. Qualquer comportamento que não seja imperturbável pode tirar do sério o libriano. Se você precisa de altos e baixos emocionais, veja uma telenovela — ele não tem capacidade para aturar seu dramalhão (afinal de contas, pode estar ocupado com o próprio...)

Ele faz comentários desfavoráveis sobre sua higiene. Esqueça de passar desodorante uma vez: que vergonha! Duas vezes, bom... Ele é sensível demais para arriscar uma terceira vez. Para o libriano, beleza e limpeza são prioritárias. Se você tem mau hálito, cheiro de suor, uma casa suja ou cabelos sem lavar, ele vai encontrar alguém que entenda o significado do "poder da água".

Ele se veste mal. Antes ele era o rei da microfibra, do paletó esportivo italiano e da seda importada; agora, em sua presença, só usa roupão atoalhado, roupa de flanela e calça de elástico na cintura. Foi mal...

Ele para de azarar você. Ele traz uma quentinha para casa em vez de convidar você para jantar fora. Flores e presentes ficaram no passado, e não porque ele não tenha dinheiro. O cavalheiro gentil foi embora e o cavalheirismo morreu. Ele não vai mais segurar a porta para você — a não ser para botá-la para fora.

Ele se retrai ou fica evasivo. Será que estou falando com a parede? Eu disse, SERÁ QUE ESTOU FALANDO COM... Sim, você está. O libriano odeia brigar e ficar se repetindo; sua meta é ser direto e educado, portanto é melhor que você o escute na primeira vez. Se por sua causa ele fizer feio ou perder o controle, deixará de lado a conversa — e você.

Ele faz beicinho. Parece mau humor, mas olhe com atenção: ele está pronto para ter um "ataque de perereca". Já aguentou tudo que pôde e agora vai mostrar a você o que é drama de verdade. Dar um chilique para valer.

Relacionamentos astrais

Interpretação de sinais:
O que ele quer dizer com isso?

Quando ele...	...quer dizer que...	...logo você deveria...
...fica muito calado...	Alerta de piti masculino! Ele pode estar emburrado ou pensativo. Ele precisa se acalmar AGORA e algo o impede. Ele olha para você com ar sonhador.	...sair do caminho dele e deixar que se dedique a qualquer passatempo ou atividade própria para relaxar (dar uma corrida, fazer a sesta, fumar um charuto). Retribua o olhar diretamente, mas interrompa o contato visual antes dele.
...não telefona...	...perdeu a noção do tempo — de novo!	...deixar uma mensagem. Sua voz o despertará do devaneio.
...telefona muitas vezes...	...admira suas opiniões e sua inteligência. Ele gosta de conversar com você.	O libriano tem muitas amigas, portanto isso não significa nada até ele resolver convidar você para um encontro de verdade.
...não mostra interesse depois de alguns encontros...	...de fato, não há motivo para se preocupar. Ele é do tipo que não quer ser pressionado.	...esperar mais alguns encontros antes de começar a perguntar se ele "não está tão a fim de você".
...passa semanas sem dar notícias...	...talvez esteja hesitante quanto à compatibilidade de vocês, mas, por outro lado, também poderia ser o ritmo padrão do libriano, que gosta de prolongar ao máximo a fase de azaração.	...perguntar a ele o que se passa. É melhor descobrir onde estão de verdade a cabeça e o coração dele.
...age depressa...	...está com tesão e não pensa em nada sério.	...curtir uma divertida aventura amorosa, ou fazer com que ele segure a onda.
...paga a despesa, dá flores e presentes...	Esse é o jeito habitual do cavalheiresco libriano. Ele age assim com as irmãs, com a mãe e com as vinte melhores amigas. Isso o faz sentir-se másculo.	...deixar com que gaste com você (de toda forma, ele insistirá). Não tire conclusões sobre o nível de interesse dele.

O nativo de Libra

Quando ele...	...quer dizer que...	...logo você deveria...
...apresenta você aos parentes e/ou amigos mais íntimos...	Você chegou bem às semifinais. Agora precisa passar na prova de fogo.	Faça o necessário para que a amem. Fique firme e derrame adoçante em cima.

Suas jogadas: dicas de namoro e de amor eterno

O namoro com o libriano

Para o encantador libriano, flertar é tão natural quanto respirar. Ele adora participar da dança de acasalamento, e flertará descaradamente com qualquer uma que lhe dirija o olhar — gerente de banco, caixa de supermercado, babá de cachorro. Você quer tê-lo na palma da mão? Tente estes truques:

Seja um pouco imune aos encantos dele. Nada mais provocativo para um libriano do que a tensão dinâmica de uma mulher que se faz ligeiramente difícil de agarrar. Ria de algumas piadas que ele conta e finja indiferença na próxima. Deixe-o olhar em seus olhos, depois se afaste e dê atenção aos outros. Esse jogo de morde e assopra vai deixá-lo realmente acelerado. Faça oscilarem os pratos da balança para cima e para baixo; provoque um pouco de atrito.

Compartilhe uma conversa intensa a dois. Não há nada de que o libriano — um amante da harmonia — goste mais do que se conectar por meio de um diálogo que dure horas... e horas. Ele adora mulheres com inteligência e beleza, portanto deixe sua língua de ouro cativá-lo.

Seja um espelho dele. Libra é o signo da parceria e da igualdade, e o libriano reage a estímulos subconscientes que sinalizam que vocês dois estão sincronizados. Procure espelhar os gestos dele, ou "falar" a ele com linguagem corporal harmoniosa. Como se fossem suportes de livros perfeitamente equilibrados, ele se sentirá totalmente em sintonia com você (além disso, o que esse metrossexual lindinho ama acima de tudo é o próprio espelho).

Faça-o rir. Inteligência é a paixão de Libra (lembre-se do espirituoso libriano Oscar Wilde), e o deixa extremamente excitado. Faça-o morrer de rir com seus comentários jocosos. Talvez ele seja a única pessoa no recinto a entender seu senso de humor inteligente e perspicaz — e ele vai gostar. A piada interna será o começo da ligação de vocês.

Vista-se com elegância e apuro. O libriano é facilmente seduzido por mulheres bonitas e sofisticadas que se comportam com graciosidade. Encante os sentidos dele com seu apurado gosto para tecidos.

Amor eterno com o libriano

Então você espera subir ao altar com seu libriano. Assim como com a cidade de Nova York, se você conseguiu chegar até ali, pode chegar a qualquer parte. Com certeza ele pode cobrir você de poesia e romantismo, mas passar a fatos concretos exige mais tempo. Talvez você precise navegar nas ondas da indecisão dele até ficar enjoada. Você acha que compensa enfrentar mares tormentosos? Se a resposta é sim, eis como inspirar eterna devoção no libriano:

Tenha sempre a aparência de quem vai ao primeiro encontro. Cabelos, maquiagem, unhas, tudo no capricho. O libriano adora se arrumar bem e sair para se divertir, logo você deve manter o guarda-roupa abarrotado de roupas maravilhosas para acompanhá-lo.

Atenção às boas maneiras. Sabemos que, depois de um tempo juntos, você relaxa e "se larga". Vá com calma. Para manter o libriano fantasiando a seu respeito, você talvez tenha de fazer xixi com a porta fechada para o resto da vida, ou só fazer cocô depois que ele sair de casa. Uma amiga nunca soltou um pum na frente do marido libriano, e eles estão casados há oito anos! Na mente do libriano, uma deusa não tem gases. Além disso, você se arrependerá se abrir essa caixa de Pandora, já que ele considera sagrado tudo o que faz, inclusive as próprias funções corporais. Você realmente quer ouvir o boletim do funcionamento do intestino dele? O libriano ficará feliz em compartilhar. Portanto, não pergunte, nem informe.

Compartilhe os interesses dele. Ele adora dança de salão, fotografia e pacotes turísticos. Você dança mal, não tem paciência para manejar câmeras e prefere um roteiro espontâneo a um itinerário programado de excursões. Acho bom você esquentar os quadris para dançar e se preparar para visitar a torre Eiffel — de alto a baixo, com o libriano levando uma câmera enorme pendurada no pescoço, na companhia de trinta novos "amigos".

Crie uma linda casa para vocês dois. O libriano é sensível ao que está a seu redor e adora curtir a beleza do ambiente. Quanto maior a quantidade de móveis, objetos artísticos e imóveis vocês possuírem em conjunto, menor a probabilidade de que ele algum dia vá para outro lugar. Na verdade, o fato de formarem juntos uma coleção de lindos pertences pode significar enormes "pequenos avanços" para o libriano avesso a compromisso.

Invista em lentes rosadas para os dois. O libriano deseja que aquela vibração mágica tipo "a vida é bela" o acompanhe a toda parte. Deixe a otimista incorrigível que vive em você retirá-lo de suas ocasionais depressões, e faça-o continuar a olhar o mundo através do olhar sonhador.

Seja a mulher que ele mais admira. Não se preocupe em contratar publicidade! Se o libriano admirar você, ele se encarregará de fazer sua fama onde for. Ele quer se encantar por você, ser fã de seus talentos, se deslumbrar com sua graça natural.

Gravidez acidental. Diante da indecisão dele, você talvez precise forçar a barra. Não recomendamos que fure a camisinha, nem que se esqueça de tomar a pílula — a desonestidade matará a relação. Mas se você engravidar por acidente, ele talvez passe em tempo recorde da condição de menino à de homem adulto. O libriano é um pai dedicado e quer agir corretamente. Nada consegue fazê-lo sair de cima do muro mais depressa que a responsabilidade pelos filhos.

Esteja preparada para...
O primeiro encontro

Ah, o libriano está em seu elemento: num encontro romântico. Ele gosta muito de azarar as mulheres, portanto você pode curtir cada itinerário maravilhoso que ele propuser. Quanto mais paciência e serenidade você tiver, mais garantirá que cada encontro dê a sensação de ser o primeiro.

O NATIVO DE LIBRA

A energia básica: Sabe aquele cara que convida a garota para sair, mas ela, incerta quanto à natureza do evento — se é namoro ou só convívio de amigos — acaba se vestindo em estilo informal e casual e se torturando o tempo todo? Pois bem, com o nativo de Libra você não ficará sujeita a isso. Tanto quanto qualquer garota, ele gosta de sair para namorar, e vai querer transformar num momento romântico especial o tempo que vocês passarem juntos.

O libriano pode ser um planejador criterioso; portanto, deixe-o escolher o restaurante, a adega, o museu, o concerto etc. Provavelmente o gosto dele é muito mais sofisticado ou hedonista que o seu. Basta você aparecer, caprichar na aparência e curtir que a levem para se divertir. Não é pedir muito, não acha?

O que usar: Com o libriano, mais vale errar pelo excesso de cuidado na arrumação. Tenha boa aparência, fique cheirosa e vista-se como uma mulher elegante. Se o esmalte das unhas estiver descascado, vá à manicure no horário do almoço, porque ele vai notar. Ele reage bem a cores suaves e feminilidade delicada, portanto guarde o fúcsia ou azul cobalto para outra noite (a não ser que você use essas cores em proporção — com o nativo de Libra, é tudo questão de simetria). Use roupas caras e elegantes. Mesmo que você o tenha conhecido num botequim de faculdade, usando jeans e boné de beisebol, para o encontro vocês provavelmente não irão a esse tipo de local. É possível que ele tenha planejado o itinerário, logo você provavelmente saberá para onde irão e poderá se vestir adequadamente.

O que não usar: O visual masculinizado não é a praia dele. O libriano quer sair com uma mulher de classe. A jaqueta militar, os sapatos arranhados, o esmalte preto nas unhas e todos os acessórios dark podem fazer dele um amigo, mas provavelmente não conquistam o seu coração. Passe na tinturaria antes do encontro, pois com certeza você vai querer evitar as roupas de tecido sintético ou amassadas.

Pagar ou não pagar? Não nesta vida. O libriano adora bancar o cavalheiro solícito, e poderá até se ofender se você puxar a carteira. Apesar de ser o signo da igualdade, ele vai preferir que você iguale o placar se vestindo com elegância e parecendo uma deusa.

Na hora da despedida: Se o libriano realmente estiver interessado, cuidará de você até o finalzinho. Como um cavalheiro, ele a levará de carro ou irá acompanhá-la à porta de casa a pé. Ou poderá colocar você num táxi, dando dinheiro ao motorista e ordenando que ele "a leve para casa em segurança". É possível que ele tenha passado a noite tramando gradualmente um clima de romance, e você não irá para casa sem um bom beijo de despedida. Dependendo da lentidão do relógio interno dele, tanto poderá ser um "selinho" delicado quanto um vigoroso beijo de língua.

A primeira visita dele à sua casa

Viva, o príncipe vem aí! O libriano tem orgulho de sua casa, e alguns homens do signo são capazes de fazer Martha Stewart passar vexame. Nosso amigo libriano Ben certa vez entrou na casa de Ophira, apontou para todos os cantos e declarou: "Você não conhece Feng Shui? Este apartamento está cheio de flechas envenenadas!" O libriano gosta de uma casa ordenada e de bom gosto. Rolos de papel-higiênico cuidadosamente empilhados, obras de arte bem-emolduradas, toalhas perfeitamente dobradas e cheirando a primavera — isso sim! Portanto, se você deseja que ele se sinta em casa, procure criar um pouco de elegância equilibrada e feminina.

Cheirinho de limpeza. O sensual libriano é fortemente afetado pelos "odores domésticos do cotidiano", nome dado pelos publicitários ao odor do suflê de alho assado do jantar de ontem ou da caixa de areia de seu minicãozinho de estimação. Mas cuidado para ele não ser agredido por uma onda olfativa, seja de um pot-pourri, de uma vela fortemente perfumada ou de produtos de limpeza à base de cloro. Uma vaporizada de desodorizador de ambientes de boa qualidade, numa fragrância suave e requintada como teca ou cedro envelhecido, será suficiente.

Suavize as cores. Pintar a casa de cores ousadas ou berrantes é um direito que você tem, mas se seu libriano entrar e pedir óculos escuros ou uma aspirina — ou começar a oferecer dicas de decoração não solicitadas — não diga que não avisamos.

Vive la femme. Embeleze sua casa com flores frescas, obras de arte, livros com lindas fotos na mesinha de centro e alguns toques femininos. Torne agradável e confortável seu ambiente e ele vai querer ficar ali por muitas horas.

Deixe pronta a sobremesa. Você não gosta de ter doces em casa? Ora, então não conte com a doçura dele em sua casa. O açúcar vai deixar você numa boa com esse amante de sobremesas. Conserve na despensa alguns doces, e também alguns lanchinhos. Ele gosta de beliscar salgadinhos. Alguns podem ser saudáveis, como pasta de grão-de-bico com tahine e batatas chips, desde que você não sirva uvas-passas quando ele quiser amanteigados com gotas de chocolate.

Deixe à vista seus relacionamentos importantes. Libra é o signo dos relacionamentos, portanto fique à vontade para exibir álbuns de fotos e retratos emoldurados de parentes e amigos íntimos. O libriano gostará de saber que você tem conexões importantes, já que ele próprio valoriza as dele. Não se surpreenda se ele começar a folhear seus álbuns de recortes e até perguntar sobre seus parentes, e mais tarde lembrar as histórias sentimentais.

Coloque "pares" em exposição. Você tem duas belas poltronas de espaldar alto, um par de vasos de flores, uma mesinha redonda de dois lugares? Faça desses pares um foco. O libriano responde subconscientemente a estímulos de "ligação em pares" no ambiente, e gravitará naquela direção. Organize a sala de estar de modo que permita a vocês ficarem cara a cara para conversas íntimas e contemplação mútua.

O encontro com a família dele

O libriano é o príncipe herdeiro da família. Possivelmente foi mimado e acalentado pelos pais, talvez até seja o favorito da mãe. Ainda assim, é raro ele se defrontar com rivalidade, pois é carinhoso e em geral tem uma relação afetuosa, e até paternal, com os irmãos. Libra é o signo da dependência, e o nativo deste signo pode levar anos para sair da casa da família. Mesmo então, com frequência, se instala nas proximidades, onde possa tirar partido dos quitutes da mãe e das reuniões de família.

Cortar o cordão umbilical é extremamente difícil para o libriano. Como o processo de separação quase sempre ocorre com uma "feia" rebelião, ele o evita por completo, pois odeia conflito e discórdia, e prefere conciliar a lutar. Parte de sua fobia ao compromisso é uma latente rebelião adolescente, dirigida por equívoco às namoradas e não aos pais; tal aversão pode prejudicar os relacionamentos dele, a não ser que se disponha a tornar-se adulto — ou namorar alguém que tenha uma ligação igualmente infantil com os pais.

Há muitos anos, Ophira marcou um encontro pela internet com um libriano. Aos 38 anos, ele tinha acabado de deixar a casa dos pais e mudado para o próprio apartamento, a alguns quilômetros de distância. Ainda assim, revelou (sem um pingo de constrangimento) que a mãe dele preparava as refeições da semana inteira, e as trazia acondicionadas em vasilhas Tupperware, juntamente com as roupas lavadas e passadas. Depois de ter seguido a banda Phish em 138 concertos (inclusive pela Europa afora) ele acabara de conseguir seu primeiro emprego "de verdade" numa empresa virtual e estava doido para detonar em namoro a grana do pagamento.

O jantar e o bate-papo foram fantásticos, e o libriano generosamente acompanhou a dispendiosa refeição com uma apresentação ao vivo de sua banda favorita. E foi nesse ponto que tudo desandou. Quando a banda começou a tocar o primeiro número, ele passou os braços sobre os ombros de Ophira, puxou-a para perto e arrulhou: "Meus pais estão vindo à minha casa de manhã trazer pãezinhos. Você quer estar lá para conhecê-los?" Na maioria dos casos, o libriano é casado com a família, portanto é melhor você aprender as regras e jogar de acordo com elas. Ou seja: respire fundo, amiga. Traga presentes, flores, uma gratidão infantil e a disposição para chamar os pais dele de "mamãe" e "papai". Seja um anjo meigo e gentil que eles adoram. A vantagem é que normalmente o libriano também bajula a família da namorada, seduzindo os parentes dela como faz com todo mundo. Sentimental em relação a famílias, ele tem sempre o melhor comportamento com a sua.

Defensor da igualdade, ele espera de você a mesma atitude. Ainda que a mãe dele a enlouqueça e o pai dele chegue quase a evitá-la, nem pense em manifestar suas queixas. Cuidado igualmente com a tentação de apoiar as batalhas dele. Por mais que a portas fechadas ele reclame do narcisismo do pai, diante deste ele banca o soldadinho submisso. Não se envolva. Morda a língua e elogie a comida da mãe dele. Se não conseguir achar nada agradável para dizer, não diga nada.

Para dizer adeus

O fim do romance com o libriano

Por favor, seja delicada. Trate com cuidado as ternas emoções dele. O libriano é o sujeito mais meigo que você encontrará, mesmo quando se comporta como um babaca. Ainda que ele tenha deixado você furiosa com o ritmo arrastado e o atraso de dez anos para chegar ao altar, se você partir seu coração, ele vai levar anos para se recuperar. Libra é o signo da dependência; portanto, depois que o libriano deixou você entrar, será angustiante perdê-la. Ele vai ficar choroso e sentimental, mostrando-lhe de repente todas as emoções que você nunca desconfiou que tivesse.

Atenção às nossas palavras: nunca, JAMAIS termine a relação com o libriano por telefone ou e-mail. Jogar limpo é fundamental para este nobre idealista — respeite-o o bastante para terminar pessoalmente a relação. Você pode suavizar o golpe adotando uma abordagem poética ("Vamos ser amigos para sempre"), embora ele talvez rejeite amargurado qualquer gesto sentimental. A questão é: Libra é o signo da justiça e ele não acha justo você abandoná-lo sem ter para isso uma razão muito boa.

Embora você tenha todo o direito de seguir sua vida, a ideia de ferir o libriano pode fazer você se sentir culpada para sempre. Ophira terminou com o primeiro namorado, um libriano, aos 14 anos, por um

Relacionamentos astrais

capricho de adolescente (e pelo telefone, nada menos). Ele tinha acabado de sair do chuveiro, depois do expediente em seu emprego de lanchonete, quando ela o pegou de surpresa. "Tenho a sensação de ter levado um soco no estômago", ele disse a Ophira, e começou a chorar. Ai, ai, ai. Quem pode suportar a ideia de magoar um libriano meigo e delicado? Vinte anos depois as palavras dele ainda a perseguem, fazendo-a se retorcer de culpa.

Superando a perda: quando o libriano vai embora

O libriano tem aversão ao conflito, e normalmente adota para o rompimento uma estratégia de "porta traseira". Ele é o rei extraoficial da "saída passiva". Em vez de terminar o namoro a sangue-frio, ele tornará as condições tão insuportáveis que você, por fim, desistirá dele. Normalmente faz isso mudando várias vezes de atitude e ficando subitamente indeciso: "Não sei se somos o que convém um para o outro." Ou então: "O problema não é você, sou eu. Não sei o que quero." Ou a saída favorita: "Não estou pronto para um compromisso tão sério" (pronunciado depois de nove anos — ou minutos — de vocês estarem juntos). Naturalmente, se você o levar a sério e for embora, ele talvez entre em pânico e volte correndo algumas vezes. Para o nativo do signo, o compromisso com o rompimento é tão difícil quanto um relacionamento de longo prazo.

O libriano detesta conflito, portanto ao ser indireto ele tem esperança de magoá-la menos. Infelizmente, acaba ferindo mais. Depois de um tempo, se você, metaforicamente, colocar o revólver na cabeça dele e exigir uma resposta definida, talvez consiga apenas um adeus parcialmente angustiado. Em geral você precisará ler nas entrelinhas. Num roteiro ideal vocês terão um rompimento amistoso e recíproco, continuando a ser amigos para sempre. Bom, pode ser que você também acredite em unicórnios.

Depois de ter certeza de que acabou, desintoxicar sua casa vai ser a prioridade máxima, já que ela provavelmente está cheia dos presentes sentimentais que ele deu. Separe todos os objetos bonitinhos, chorando enquanto os envolve em plástico-bolha... ou em chamas. Reorganize os móveis, pinte as paredes e troque tanto quanto possível a energia. Talvez seja preciso até mudar a decoração, já que ele talvez tenha participado de seu atual design de interiores.

Pela última vez, chore a falta que sentirá...
- dos gestos meigos e sentimentais
- do refinado gosto metrossexual dele
- dos presentes — não era divertido ser mimada?
- da sensação de ser a princesinha do papai
- do apreço dele por sua feminilidade
- do senso de humor dele, bobo e sarcástico
- do jeito como ele reservava tempo para conhecer sua família inteira, suas histórias e interesses
- da perda da família dele em razão do rompimento, se você se dava bem com eles

Agradeça ao universo por nunca mais ser obrigada a lidar com...
- a total dominação exercida por ele sobre o espelho do banheiro, as prateleiras e o espaço do closet
- o choque de glicose: bancar o anjo gentil, meigo, complacente — quando na verdade tinha vontade de gritar
- o lado pegajoso e sentimental dele
- a indecisão e os recuos dele, próprios de quem não tem opinião
- a obrigação de observá-lo bajular, puxar saco e seduzir todos no recinto — cá para nós, ninguém é tão legal ASSIM
- os momentos de falta de firmeza, quando você desejaria que ele fosse decidido
- a fervorosa, inabalável veneração do papai, do chefe, do presidente da empresa...
- os momentos em que era grosseiro, rabugento — aliás, qual dos dois é a megera?

A combinação amorosa: Vocês falam a mesma língua?

Você é do signo de...	Ele acha que você é...	Você acha que ele é...	Linguagem comum
Áries	...a diva dos sonhos dele.	...seu cavaleiro de armadura reluzente.	Romance, mimos, gratificação dos desejos.
Touro	...bonita, mas um tanto prática demais em certas ocasiões.	...bonito e encantador, mas talvez a deixe enciumada.	Vinho, gastronomia, gostos sofisticados, sensualidade.
Gêmeos	...divertida, extravagante, mas com certo desequilíbrio químico.	...bonitinho, sensual, mas um pouco lento demais.	Festas, conversas, azaração, diversão.
Câncer	...a mãe dos filhos dele (mas um tanto carente).	...um belo cavaleiro de armadura reluzente que vai deslumbrá-la.	Afeição, valores familiares.
Leão	...uma sereia romântica e impetuosa, mas um tanto exigente e autoritária.	...meigo e sensual, mas muito lento nas decisões. Um pouco frio demais para seu estilo pavio curto.	Vivenciar contos de fadas românticos, detonar o dinheiro em artigos de luxo, devorar um montão de chocolate caro.
Virgem	...admiravelmente refinada, mas um pouco prática demais para o gosto dele.	...um sonhador que precisa tomar consciência, mas que também traz magia para sua vida prosaica.	Os hábitos "anal-retentivos" de ambos, a obsessão com higiene e cuidados pessoais.
Libra	...uma deusa.	...sua alma gêmea romântica.	Amor, doce amor.

O nativo de Libra

Você é do signo de...	Ele acha que você é...	Você acha que ele é...	Linguagem comum
Escorpião	...veemente e intensamente fascinante. No entanto, ele poderia dispensar os ciúmes e os jogos de poder.	...um incurável mulherengo capaz de ativar o alarme de ciúmes.	Investimentos, dinheiro, bens materiais de alto preço, provocar ciúmes em todo mundo, moda e vestuário sofisticados.
Sagitário	...hilariante, diversão espontânea, mas precisa melhorar o estilo e os cuidados pessoais. Capaz de deixá-lo constrangido em público.	...divertido, mas um tanto conservador. Às vezes faz lembrar o avô. Relaxa, cara!	Piadas e observações irônicas e incisivas. Diversão espontânea. Arraigado temor ao compromisso.
Capricórnio	...controladora, dominadora, mas verdadeiro troféu que pode incrementar seu prestígio.	...vaidoso, superficial, frívolo e cheio de si. Muita conversa e pouca ação.	Ganhar dinheiro, prestígio, alpinismo social, puxa-saquismo na empresa.
Aquário	...o tipo de pessoa livre-pensadora que ele admira.	...uma força estabilizadora — acredite se quiser — e totalmente seu tipo de homem.	Ideias, aventura, artes plásticas, música, viagens, vida, tudo.
Peixes	...o mistério mais sensual e encantador que ele já tentou decifrar.	...o Príncipe Encantado que vai protagonizar o seu conto de fadas.	Evasão e fuga da realidade, vivenciar fantasias românticas, detonar o orçamento em prazeres.

Relacionamentos astrais

O nativo de Escorpião

Datas: 23 de outubro — 21 de novembro
Símbolo: o escorpião
Planeta regente: Plutão, o planeta da transformação (corregente Marte, o planeta guerreiro)
Elemento: água
Qualidade: fixo
Missão: a patrulha da alma gêmea

Ambiente natural — onde você vai encontrá-lo: Encharcando-se de arte num recital de música independente ou num vernissage; assistindo a uma conferência de informática; equilibrando as energias num retiro de ioga ou espiritual; atrás da corda de uma área VIP restrita; em casa, fazendo faxina e curtindo os filhos; diante do computador às três da madrugada; fazendo serão numa câmara escura ou laboratório fotográfico; ensaiando com a banda; escondendo-se do mundo numa cabana solitária à beira d'água; mergulhado na natureza; sentado num bar ou num reservado de restaurante chique; obcecado com a ex-mulher ou um interesse amoroso; tramando a próxima cruzada importante de sua vida.

Meio de vida: magnata das comunicações, artista plástico, músico, corretor imobiliário, investidor particular, programador, terapeuta energético, massoterapeuta, bailarino, estilista, quiroprático, advogado, diretor de segurança, detetive, romancista, policial, agente, celebridade.

Notáveis e notórios nativos de Escorpião: Ted Turner, P. Diddy, Matthew McConaughey, Ryan Gosling, Leonardo DiCaprio, Owen Wilson, Ethan Hawke, Nick Lachey, Anthony Kiedis, Bill Gates, Gavin Rossdale, Kevin Kline, Pablo Picasso, Truman Capote, Larry Flynt, Charles Manson, Kurt Vonnegut, Neil Young, Martin Scorcese, príncipe Charles, Art Garfunkel, Ike Turner, Danny DeVito, Larry King, Dennis Miller, Billy Graham, Richard Burton, Sisqo, David Schwimmer, Auguste Rodin, Gerard Butler, Chris Noth, Ryan Reynolds, Dylan McDermott.

O escorpiano: como localizá-lo

- voz hipnótica
- olhos de águia e cenho levemente protuberante — seu "escudo" para desvendar deliberadamente o mundo
- dedos ágeis de comprimento médio
- rosto de estrutura delicada, geralmente em formato de coração
- óculos escuros
- transporta equipamento — ele é o cara com as baquetas, a guitarra, o tripé, ou três notebooks pendurados pelo corpo
- gestos fluidos e afeminados, que às vezes levam você a questionar a orientação sexual dele
- presença vigilante — ele é o cara no bar que não tirou os olhos de você
- parado com os quadris projetados para a frente, provavelmente em sua direção
- escorpianos arrumadinhos como P. Diddy usam sofisticados tênis brancos (e talvez andem com escova de dentes para limpá-los de vez em quando)
- ataque de cê-cê! Escorpianos *grunge*, como Matthew McConaughey e Ethan Hawke, divulgam a palavra "inhaca"... mas os feromônios do escorpiano podem dar tesão
- alerta do peladão! Ele sofre de ataques aleatórios de nudez pública
- gordinho sedutor: ele é o sujeito de barrigão cercado por um grupo de admiradoras com metade de sua idade

O escorpiano: seu jeito de lidar com...

Dinheiro

Adora dinheiro, precisa dele, gastará todo o que tem (e o seu também) se você consentir. Propensão a dívidas no cartão de crédito; capaz de mandar subir o limite do Visa durante o namoro na tentativa de impressioná-la.

Família

Relação de amor e ódio com todos os parentes, principalmente a mãe. Anseia voltar ao útero, mas guarda no coração um arraigado ressentimento da dependência que tinha dela. Pode ser mais edipiano que um nativo de Câncer.

Amor

Acredita em alma gêmea e não se conforma com menos. Quer amar você um pouco mais do que você o ama, para saber que conquistou um verdadeiro troféu.

Sexo

Para ele o sexo é um experiência espiritual. Faz amor de luz acesa, pois deseja ver cada micromilímetro do corpo da amada e depois descrevê-lo em detalhes poéticos — ou torturantes.

Filhos

Ele é uma verdadeira mãezona. Adora crianças, quer se envolver em cada aspecto do papel paterno. Excelente pai que pode ser superprotetor ou controlador.

Bichos de estimação

Conhecem a velha dos gatos? Ele é a própria.

Quando você surta

Se o que a perturba não se relaciona a ele, fará um chá para você e lhe dará um abraço enquanto você desabafa. Atenção: a tolerância dele para chiliques tem meia hora de limite; depois disso ele perde o interesse e começa a falar de si mesmo.

Se sua irritação for com ELE, se tornará defensivo no ato, principalmente se você começar a chorar ou ficar agressiva. A partir daí dará um gelo em você e filtrará seus telefonemas. Em segredo, ele poderá ler livros de autoajuda e artigos para fortalecer seus argumentos contra você, ou remediar a deficiência de que você se queixou.

Quando ele surta

Registre um B.O. (boletim de ocorrência) de pessoa desaparecida. A crise do nativo de Escorpião é sombria e deprimente; em casos extremos pode envolver prolongado desaparecimento. O namorado escorpiano de uma amiga nossa certa vez viajou sozinho de avião para as Filipinas, onde pediu aos locais que o levassem de barco a uma ilha deserta e voltassem para recolhê-lo em duas semanas. Era essa a ideia dele de paraíso...

O rompimento

Dá um gelo total em você, mas fica enfurecido/ obcecado por você durante meses, e até anos. Pode passar o resto da vida pesquisando seu nome no Google.

O escorpiano: tudo sobre ele

Você anseia pelo previsível? Tem medo do desconhecido? Então pare de ler agora mesmo. O escorpiano é uma criatura complexa, que por vezes nos deixa confusos e que se sente bem nos extremos da vida. Não existe moderação para esse homem veemente, incapaz de concessões. Ele é tão enfurecedor quanto é viciante, fascinante e cansativo — um homem-menino igualmente dotado para o sexo e para as questões domésticas.

O Escorpião é também um dos signos mais criativos do zodíaco. Ele tem o dom de marcar com sua elegância pessoal tudo em que toca. Embora possa ficar obcecado por um assunto, seu poder de concentração não tem rival; o que falta a ele em amplitude, compensa em profundidade. O escorpiano mergulha em suas paixões, estudando e experimentando até se transformar numa enciclopédia ambulante no assunto. O domínio é seu objetivo supremo.

Afirma-se que há dois tipos de escorpianos: o Escorpião propriamente dito e a Águia. O primeiro é a forma "inferior" de Escorpião — o habitante do solo, vingativo e facilmente ameaçado, dotado de um ferrão mortífero. Quando o Escorpião supera sua natureza mais sombria, ele pode adquirir elevação espiritual e se converter numa força poderosa, transformadora do mundo. Como a águia ou o falcão nas alturas, ele ganha um domínio abrangente do mundo lá embaixo. Em vez de controlar, ele usa o poder que tem para elevar outros aos próprios planos espirituais superiores. Quem quiser entender verdadeiramente o escorpiano, basta estudar uma lésbica realmente masculina. Parece uma pessoa que nunca desejaríamos encontrar num beco escuro e nos deixa intimidados. Mas por baixo do escárnio, do olhar malévolo e do gel de cabelo, o que está ali é uma mulher.

Até você, Escorpião? Ele é um emotivo signo de água, movido incontrolavelmente por sentimentos poderosos, como um navio em águas revoltas. É por isso que seus melhores amigos são sempre mulheres — e ao contrário da fama do signo, ele realmente não dorme com elas (pelo menos não ainda). Mesmo podendo ser cáustico e rabugento, ele também pode ser profundamente compassivo — o tipo de ouvinte atento que atinge a essência de nossos problemas com uma observação única e incisiva. Regente da psicologia, o Escorpião entende muito bem a natureza humana.

Naturalmente, você sempre se sentirá um pouco exposta quando compartilhar segredos com um nativo de Escorpião. Emocionalmente nua é uma expressão bem mais exata. Ele sempre despe você de alguma forma e tem o dom de fazê-la mostrar o jogo, ao mesmo tempo em que ele mantém ocultas as próprias cartas. Entretanto, tenha cautela com aquilo que você deseja. Em típica feição extremada, ele pode ser tão absorto em si mesmo quanto é calado. É fácil começar a bancar a terapeuta com um escorpiano e depois se arrepender, pois ele pode ser um obsessivo e infinito poço de carência. É melhor deixá-lo elaborar seus próprios problemas.

Este nativo tem um lado sombrio e pode ser verdadeiro vampiro de energias quando se fixa em pensamentos negativos. Para libertar suas emoções turbulentas, ele precisa fazer muito "processamento". Ele poderá fazê-lo em caráter privado: lendo livros espirituais, invocando médicos ou canalizando suas poderosas emoções para a música, a arte ou o sexo. Ou fará em voz alta a contemplação do próprio umbigo, supondo que os ouvintes estejam igualmente fascinados pelo panorama emocional dele (em geral só querem dormir com o escorpiano, na esperança de que ele por fim cale a boca e tire a roupa).

Embora possa "se acomodar" num esquema doméstico, o escorpiano está numa cruzada interior até o fim da vida. Na mente dele, estar satisfeito equivale a morrer, pois significa que parou de crescer. No entanto, sua busca sempre visa àquilo que ele não quer obter: uma resposta fácil. Como resultado, o nativo de Escorpião tem um ar torturado — pelo menos, até haver aprendido a estabelecer para si metas cada vez mais elevadas, e a descansar entre elas.

Canalizar a inquietação dele para um projeto criativo é altamente catártico e essencial à sobrevivência da relação de vocês. O escorpiano está sempre obcecado com alguma de suas coisas — seja o trabalho, a guitarra, o condicionamento físico, o saldo da conta bancária. Cada escorpiano que conhecemos tem o próprio interesse, e os passatempos dele muitas vezes reduzirão a qualidade do tempo que vocês passam juntos. Nem pense que ele a engana; a câmera ou o computador dele será de fato "a outra mulher". O escorpiano é uma criatura noturna, portanto ele fica acordado até tarde e com frequência atinge o máximo da produtividade enquanto o restante do mundo dorme. A mulher capaz de conservá-lo saberá como impor regras, ao mesmo tempo em que dá espaço a ele para se aventurar. Se você quer alguém que pague suas contas enquanto você vive em alto estilo, o cara ideal para você é um taurino ou um capricorniano. O escorpiano não é nenhum "padrinho rico". Mesmo com sérias pretensões a isso, ele não é necessariamente um provedor. Na verdade, assume feliz a tarefa de dono de casa, pois valoriza muito seus sagrados momentos de solidão. Escorpião é o signo que rege os recursos de terceiros, portanto ele se sai melhor com uma conta de representação da empresa — ou com os recursos financeiros da mulher. Se você sair para ganhar o pão, ele fará para você um café da manhã digno de reis. Com o próprio dinheiro, ele pode ser

Relacionamentos astrais

surpreendentemente agarrado; até os escorpianos abastados fazem investimentos, logo, com esse homem, não conte com excursões regulares a lojas sofisticadas. Ele quer que você tenha as próprias paixões, interesses e conta bancária.

Se você precisa de companhia constante, troque-o por um leonino ou um canceriano. A sobrevivência ao cronograma errático do escorpiano depende de você ter vida própria. No entanto, se você for uma mulher segura de si e que sente falta de animação, ele tem muita. O nativo deste signo é um andarilho curioso, que ama a vida noturna, as artes e a cultura. Ele permanece eternamente jovem e empolgado, e, por vezes, cada vez mais, com o passar dos anos. Pode até se exceder na comida ou na bebida, mas normalmente cuida muito bem do corpo — e cuidará ainda melhor do seu. Ele levará você em aventuras mentais, espirituais e sexuais que você jamais esquecerá. Você se sentirá à beira de perder o controle, como se viajasse na montanha-russa, mas os pontos altos também podem ser emocionantes.

O que ele espera de uma mulher

Você gosta de um bom jogo de patrão e criada? Consegue lidar com um rapaz com luvas de pelica num dia, e botas de aço no outro? Há uma vibração sadomasoquista na vida amorosa de todo escorpiano. Escorpião é o signo do poder e do controle, e a mulher que tenha uma compreensão inata desse jogo conseguirá prendê-lo. Regra número um: nunca, JAMAIS puxe o saco dele. Regra número dois: nunca mostre que você o deseja mais do que ele a deseja.

Se você for um pouco mãe, um pouco roqueira, o nativo de Escorpião montará acampamento para sempre em seu peito. Ele vai cuidar dos filhos; você vai cuidar dele. Naturalmente, seus esforços no sentido de reformá-lo se frustrarão, já que ninguém controla a criança mais voluntariosa do zodíaco. Felizmente, ele sabe responder com ternura carinhosa à fúria que você manifestar, voltando a cair em suas boas graças.

O NATIVO DE ESCORPIÃO

O que, na mulher, mais desperta tesão no escorpiano é o respeito próprio, que, aliás, poucas conseguem manter intacto no convívio com ele. Com sua atração patriarcal, ele está habituado a ver mulheres caírem a seus pés. Por onde passa, dezenas de garotas se desiludem e se surpreendem que suas calcinhas à mostra, suas danças eróticas e seus decotes explícitos não tenham conseguido conquistar o "símbolo sexual" do zodíaco.

Evidentemente para o escorpiano a aparência importa — na verdade, até demais. O signo é altamente físico; obcecado pelo corpo, ele pode ser fanático por modelos e preferir suas mulheres com aparência de meninos pré-adolescentes. Muitos escorpianos são altos e magros e com frequência têm obsessão pelo próprio corpo. Se a ideia que ele tem de mulher-troféu for uma modelo de lingerie magérrima, com 1,80m de altura (P.S.: ela também precisa ser brilhante e invejada por todos os amigos dele), prepare-se para malhar muito nos aparelhos de musculação. Se a dieta dos sucos e os triatlos massacrantes não são sua praia, escolha um taurino ou um canceriano, que gostam de uma figura com curvas.

Mas é preciso mais que um corpo bonito para mantê-lo eternamente interessado. Quando ele se ajoelhar diante de uma gata calçada de sandália chique, que faz dele gato e sapato, todo mundo vai ficar de queixo caído. Qual terá sido o segredo dela? Além da férrea serenidade de uma dominadora, é provável que tenha a paciência da Madre Teresa de Calcutá.

O escorpiano gosta de mulheres poderosas — mas precisa ser o tipo "certo" de poder. Em resumo: você tem de ser um pouco boa demais para ele, um tanto superior a ele. Ainda que o rapaz proteste contra o sistema, ele pode ser deslumbrado pela fama, disfarçado de membro da contracultura. O processo de seleção que adota é simples: *será que as pessoas que invejo me invejariam por eu estar com essa mulher?* Você precisa ter credenciais adequadamente impressionantes — atriz laureada com um prêmio da Academia, primeira bailarina, italiana de nascença — que ele possa mencionar cada vez que fale a seu respeito.

Relacionamentos astrais

"Sabe aquela modelo da Agência Elite que eu namorava?" ele vai se gabar. "Pois é, terminamos o namoro. Ela não era bastante intelectual. Agora estou saindo com Sabrina, professora universitária de história da arte. Você sabia que Sabrina é a pessoa mais jovem do departamento a ser cogitada para efetivação?"

É isso aí, ganhe mais dinheiro que ele, desde que isso contribua para a imagem dele. O escorpiano precisa ter a sensação de que namorar você corresponde a ser promovido da classe executiva para a primeira classe. Uma semana depois de concluir o ensino médio, um escorpiano que conhecemos começou um "rolo" com a professora de inglês (ele alega que ela era bonita). O desespero deixa o escorpiano com hipotermia na genitália: outro amigo do signo deu um gelo numa canceriana porque ela fez para ele um bolo de aniversário depois da primeira sessão de amasso que tiveram. Ainda bem que a moça teve o bom-senso de recuar — cinco anos depois, os dois continuam juntos.

Por mais que pareça masoquista, a ameaça de rejeição o deixa excitado. Você poderia dispensá-lo deliberadamente e encontrar amanhã alguém mais rico e mais bonito? Com certeza! Se você provar que tem coragem de abandoná-lo, já ganhou a partida. Agora ele irá observar sigilosamente (por meio de uma série adicional de testes ou de pesquisas não oficiais no Google) se você tem requisitos para alma gêmea. Atento a detalhes, o escorpiano é específico e implacável em sua busca. Ele quer uma mulher culta, elegante, original, que o faça se sentir o máximo. Ele próprio poderia estar arruinado, ter pneuzinhos de gordura e só metade dos dentes: nada disso importa. Ele traça suas metas no topo da cadeia alimentar e as persegue até conseguir a garota, o que poderia levar muito tempo, pois com frequência ele é sigiloso e se protege. Outro escorpiano que conhecemos enviou diversos buquês anônimos à garota que desejava, até finalmente reunir a coragem de assinar o cartão! Por sorte, a jovem não se assustou com a esquisitice.

Por ser um signo dissimulado, o Escorpião pode acidentalmente parecer assustador. Como raio laser, ele passa o tempo se concentrando no alvo exato e depois faz pontaria para o atacar. A mulher por quem se interessa deve se enquadrar na mira dele, embora ocasionalmente fuja de seu alcance. Se você acha estimulante um eterno jogo de gato e rato, nunca se entediará com o escorpiano. Ele adora aquela excitação de perigo e mistério, de tentar fazer parte da "turma" ao mesmo tempo em que permanece encoberto nas margens dela.

Já mencionamos a necessidade do escorpiano de ter espaço próprio, mas o fato é que adota um critério duplo: mesmo exigindo ser visto como um ser autônomo, ele talvez não dê a você o mesmo direito. Quando precisar de você, espera que venha correndo. Recentemente, uma amiga encontrou por acaso na internet o álbum virtual de fotos do ex-namorado escorpiano. Ela o viu com a nova namorada, os dois em bicicletas de corrida e trajes de fibra sintética em cores que combinavam. No Natal, a namorada se vestiu como um duende sensual para complementar o traje de Papai Noel que ele usava, e assim por diante. Nas fotos, ela parece perfeitamente satisfeita em ser uma extensão feminina do namorado — e ele parece estar nas nuvens. Para alguns nativos de Escorpião, isso é um sonho transformado em realidade.

O que ele anseia por encontrar é, em última análise, uma alma gêmea espiritual e sexual, alguém com quem "tornar-se uno" em um nível verdadeiramente íntimo. O maior temor do nativo deste signo é também seu desejo mais ardente. A mulher que conseguir atravessar com paciência e serenidade os ciclos turbulentos e os múltiplos renascimentos do escorpiano o terá por perto para a vida inteira.

O que ele espera da relação

Bonnie e Clyde. Sid e Nancy. "Brangelina" (Brad Pitt e Angelina Jolie). O escorpiano procura um relacionamento emblemático, uma história de almas gêmeas dignas da galeria da fama — e se recusa a aceitar menos que isso. Ele pode dar o próprio corpo, o nome ou o DNA, mas nunca entregará a alma antes de encontrar a outra metade mítica, a pessoa que o faz se sentir ou parecer um deus.

Relacionamentos astrais

O nativo de Escorpião necessita fazer parte de um casal poderoso. Precisa de uma esposa lendária e uma alma gêmea reunidas numa só. Seu conceito de nirvana: ele é o rei do império dele, e você é rainha do seu, e juntos vocês causam inveja ao mundo.

Comenta-se que o escorpiano P. Diddy jamais esquecerá Jennifer Lopez, e que não é fiel nem mesmo à modelo com quem teve filhos.

Mesmo sendo um clássico pai de família, o nativo de Escorpião não é extremamente tradicional em relação ao casamento. Nesse aspecto ele é, de várias formas, um feminista, pois gosta de mulheres poderosas que tenham vida, dinheiro, carreira e interesses próprios — e a quem ele não tentará modificar depois de se casarem. Ele não se importa de que você conserve o nome de solteira, nem que receba um salário maior que o dele, desde que vocês mantenham os salários em sigilo. Ele irá alegremente buscar as crianças na escola, fazer a comida e esfregar o banheiro com uma escova de dente, se isso significar poder ficar sozinho para perseguir os próprios interesses.

Quando se trata do lar e da família, um escorpiano exige ter o controle criativo. Protetor e possessivo, ele vai estabelecer uma estrutura familiar utópica sob sua estreita supervisão, chegando mesmo a escolarizar os filhos em casa. Ele deseja que seja "supremo" tudo aquilo que ele faz — e molda a família de acordo com sua visão intransigente. Escorpião rege o sistema reprodutor, fazendo dele um pai natural. Ele quer ter uma família unida, repleta de amor e de diálogos, e fará o possível para alcançar essa meta.

Por trás do estilo de relacionamento de todo escorpiano está... a mãe dele. O nativo de Escorpião tem com ela uma complicada relação de amor e ódio que pode beirar o edipiano. Cortar o cordão não é fácil para ele, e o padrão comportamental resultante pode ser complicado de administrar. Temeroso de que toda mulher o queira "subjugar", ele constantemente cria, no entanto, situações em que precisa ter o cuidado maternal da companheira. Talvez você se veja obrigada a suportar um drama de atração *versus* repulsão até ele entender que você não está tentando controlá-lo. Para aceitar você, ele precisará dar passos minúsculos.

O nativo de Escorpião

Escorpião é o signo da profunda ligação e do extremo desapego, o que deixa o rapaz levemente esquizofrênico em relação à intimidade. A proximidade o apavora, porque no fundo ele teme a separação. Problemas de abandono? Ele os tem às toneladas. Embora deseje ardentemente a fusão de almas com você, está parcialmente aterrorizado de perder o controle. Sua sensibilidade à dor atinge um nível mais profundo que o de qualquer outro signo, e os rompimentos podem persegui-lo durante décadas. Para se proteger, ele tentará manter certo sentido de "espaço" na relação — tendo uma relação de longa distância, trabalhando até tarde ou mantendo o próprio apartamento. Se você o pressionar a dar um passo prematuro, ele se retrairá — reação que poderia ocorrer durante anos, até ele se sentir "pronto" (leia-se, bastante seguro) para se acercar alguns centímetros.

O nativo de Escorpião precisa de espaço, mas também de que você estabeleça limites. Não dê a ele o passaporte de pleno acesso à sua vida (nativas de Sagitário, Leão e Gêmeos — vocês ouviram?). Ele precisa de um toque de mistério, de uma parte de você que ele nunca poderá decifrar. Para algumas mulheres, dançar nessa linha talvez seja exaustivo e pouco gratificante, e não recomendamos que você o faça a não ser que isso surja naturalmente.

Caso tenha conseguido chegar até esse ponto, depois de ser aceita você se sentirá uma deusa — o escorpiano torna-se outra criatura, totalmente diferente, quando se rende à confiança. Ele permite que em termos sexuais você se expresse totalmente e ao mesmo tempo se sinta plenamente respeitada. Não existe o conflito santa/puta. E quanto mais você agitar a bandeira de excêntrica, mais ele jurará fidelidade.

Escorpião é o signo da morte e do renascimento, a fênix mítica que se ergue das cinzas da destruição. A caminho do compromisso pleno, vocês talvez tenham várias rupturas ou fases no relacionamento. Embora elas sejam torturantes para você, ele considera um ritual de purificação essas exclusivas provações emocionais. Na visão dele, quanto mais uma relação aguentar turbulências, mais "autêntica" é a conexão de vocês. Radical? Sem dúvida nenhuma!

Relacionamentos astrais

Mesmo podendo parecer ter fobia ao compromisso, o nativo de Escorpião leva o casamento e as relações mais a sério que uma iniciação da máfia. Ele valoriza a confiança e a honestidade — pelo menos a sua honestidade. Por outro lado, você talvez nunca saiba exatamente qual é o posicionamento dele, mas isso faz parte da aventura com o escorpiano. Exatamente quando você acha que já o decifrou, ele a surpreende. Fique firme em sua posição e ele poderá fazer você perder o fôlego.

Sexo com o escorpiano

Como uma droga, o sexo com um escorpiano pode ser viciante, um dragão que você perseguirá durante anos, depois do primeiro arrebatamento. No começo o rapaz poderá ser um pouco áspero, ou vacilante, mas não importa. O escorpiano conhece a arte da sedução, de deslumbrá-la dando sua plena atenção, que ele depois pegará de volta. Essa manobra desperta uma parte primitiva do cérebro feminino e motiva a mulher a desejá-lo ainda mais. A experiência geral de estar com ele pode levar o nosso cérebro a liberar substâncias químicas que geram dependência, transformando o escorpiano em um hábito difícil de perder. É o jeito de olhar para você com se tivesse mudado a vida dele, e nada mais importasse senão você. Ele está confiante no próprio desempenho sexual; afinal de contas, Escorpião é o signo que rege os genitais e o sistema reprodutor.

Para o escorpiano, o sexo é uma experiência espiritual. Embora possa ter casos rápidos, ele prefere se concentrar de corpo e alma numa mesma parceira. Quer vivenciar a unidade em cada nível, transcender o próprio corpo ao mesmo tempo em que está completamente imerso no prazer físico. Genevieve, uma geminiana, afirma que o sexo com seu namorado escorpiano "varia entre ser realmente brutal e lascivo, e também ser mais espiritual e sensual".

Como tantos nativos de Escorpião, o namorado dela está interessado em técnicas sexuais, e levou para casa um livro sobre sexo tântrico. "Ele aprendeu tudo sobre a respiração", ela informa. "Queria ter orgasmos múltiplos e realmente levou aquilo a sério. Costumava praticar durante o dia — é realmente agradável para ele."

"Também trouxe um livro sobre sexo e cabala", continua ela, "e eles ensinam que quando você tem um orgasmo, entrega toda essa energia ao universo. Portanto ele visualiza umas letras em hebraico na hora do gozo. Isso intensifica a energia sexual e a transforma numa centelha cósmica." Só mesmo um nativo de Escorpião...

O escorpiano sempre revelará à parceira o que dá prazer a ele. Ele consegue falar objetivamente sobre suas fantasias, quase como um cientista pesquisador. E nunca julgará as suas. De fato, poderá expandir significativamente a zona de conforto sexual da parceira. Fascinado pelos próprios desejos, ele quer venerá-la como uma deusa. Se você quiser explorar sua sexualidade com um parceiro seguro, terá no escorpiano um maravilhoso instrutor e guia.

Tesão: o sim e o não

O que dá tesão

- use roupas ousadas (mas nunca vulgares): salto agulha, saia curta e lingerie chique aparecendo um pouquinho pela blusa
- perca 92% da gordura corporal: esse homem é o mais descarado dos "modelomaníacos" do zodíaco
- deixe escapar casualmente os nomes de amigos ricos, famosos e fabulosos — o escorpiano que ser íntimo de gente bacana
- dê sua contribuição às conversas sobre temas mundiais, música, literatura e arte
- esteja em dia com os mais recentes eventos culturais, principalmente concertos e vernissages
- leia jornais, poemas, romances, críticas culturais, biografias de candidatos à presidência... e cite os livros na conversa
- tenha seu próprio domínio na internet, para que ele possa se gabar; o tesão dele pelo poder inclui ter uma mulher poderosa

- conte a ele em detalhes chocantes suas experiências sexuais, principalmente se envolverem outras mulheres
- mostre que você é uma boa amiga, dotada de um caráter sólido — para o escorpiano, a confiança é tudo
- seja uma pessoa viajada
- permaneça inabalável diante das observações ásperas ou críticas que ele faça: está testando você para ver o quanto é vulnerável
- inocentemente, apimente as conversas com "segredos" sobre sua coleção de roupa íntima, depilação da virilha, masturbação. Ele ficará fantasiando... e tomando notas imediatamente
- em ocasiões, seja ligeiramente resistente ou distante — ele adora a emoção de puxar você de novo para perto
- crie ligações com os amigos dele — a família extraoficial, cujo selo de aprovação pode trazer sucesso ou fracasso para você
- alie-se a ele quando reclamar da parentada. Essa sensação de "nós contra o mundo" é uma das fantasias que ele alimenta em segredo

O que não dá tesão

- faça-o recordar demais a própria mãe ou fique muito amiga dela — você suscitará nele a vergonha secreta do complexo de Édipo
- mostre que gosta mais dele do que ele de você
- demore bastante para retornar telefonemas. Ele gosta de conversar e se você não estiver disponível, encontrará outra interlocutora
- chore em público ou faça cena. Ele se sentirá humilhado por você, que o fará parecer canalha
- cruze a linha que separa o sensual do vulgar; ele pode gostar de tirar a roupa em público, mas não quer que você faça o mesmo
- faça-o parecer um idiota na frente dos amigos: o amor se acaba na mesma hora
- negue-se a visitá-lo na casa dele. Os escorpianos gostam do próprio ninho e de controlar o ambiente
- desperte nele a síndrome de abandono indo embora durante uma discussão. Quando você voltar, ele não estará mais em casa

- aja acintosamente como se você fosse mais importante — ele fará questão de derrubá-la do pedestal
- ganhe peso
- espere ele pagar a despesa de cada encontro, ou esqueça-se de agradecer quando ele pagar
- mostre-se empolgada demais quando ele começar a falar de casamento e filhos, temas de que gósta de falar; não pense que ele a considera a mulher ideal se não disser diretamente que a vê como esposa
- interrompa-o quando ele estiver falando com empenho sobre música, política ou qualquer de suas obsessões. E não, nem mesmo se já tiver falado disso por duas horas
- ridicularize os passatempos ou a arte dele
- recuse-se a conversar sobre sexo

As jogadas dele

Primeiras investidas: a azaração

Ele olha para você, ou para o quadro atrás de você? Com o nativo deste signo é difícil saber. Certamente, você talvez sinta uma corrente subterrânea de química sexual com ele, mas isso todo mundo sente. Ele gosta de deixar as pessoas na dúvida. Os nativos de Escorpião têm muitas amigas e são carinhosos com elas. Ninguém dá um abraço mais gostoso que esse cara, e ele gosta de dizer gracejos atrevidos. Fica sempre a dúvida de se ele está lhe dando uma cantada ou só mantendo uma conversa brincalhona.

Escorpião é o signo do "detetive", e ele começa todo namoro estudando a candidata a uma distância segura. Se você tiver a sensação incômoda de que está sendo vigiada, ou você se esqueceu de tomar os remédios ou está sendo observada por um escorpiano.

Eis alguns sinais de que esse "homem misterioso" astrológico talvez esteja interessado em você (note que com ele a linha, no começo, é sempre indistinta; logo, não espere muito por enquanto):

- ele a separa da multidão para uma conversa a dois
- olha fixo para você e sorri, fazendo-a corar e desviar a vista
- a provocante linguagem corporal dele: quadris relaxados, púbis sutilmente apontado em sua direção
- ele a convida para drinques ou jantar em seu lugar favorito
- revela que tem duas entradas para um show ou evento
- compartilha as anotações do diário ou pontos relevantes de sua sessão de psicoterapia
- num momento completamente incômodo e inconveniente, declara de repente que tem uma queda por você
- ele faz perguntas a seu respeito
- o abraço dele se prolonga um pouquinho demais

Como saber que ele está envolvido

Vamos esclarecer uma coisa: essa relação não acontecerá da noite para o dia. Até confiar em você o escorpiano demora mais que uma viagem a Tóquio. Ele sabe que depois de admiti-la em sua intimidade terá profundo apego a você. Até ele entregar os pontos e se comprometer, você talvez enfrente diversas rupturas e muita resistência. Quando enfim ele se render, se você ainda estiver interessada, não terá restado muita indefinição.

Ele menciona a palavra com "m": monogamia. Escorpião é o signo do sexo; portanto, se ele a considerar merecedora de exclusividade, provavelmente não planeja passar a noite em outro lugar.

Ele menciona a outra palavra com "m": mudança. A casa do escorpiano é seu santuário, e ele não o compartilha prontamente. Morarem juntos é para ele um grande passo e sinaliza confiança total. Advertência: veja bem se é isso mesmo que você quer, porque se ele der esse passo, você terá um colega de quarto permanente.

Ele traz para você um presente extremamente bem-escolhido. Se ele tiver parado de se exibir pelo tempo suficiente para estudar seus interesses e preferências, é porque está interessado em você. Mesmo que o presente não seja caro — ele pode até ter achado num site obscuro da internet — o amor se revela nos detalhes. Ele está dando a você um símbolo da conexão dos dois e mostrando que a conhece bem.

Ele a deixa conviver regularmente com os amigos dele. O reservado escorpiano tem um círculo de amigos íntimos fechado, que ele protege da invasão exterior. Gosta de manter uma posição dominante na turma, e só apresenta namoradas quando tem certeza de querer estar com elas. Se ele convidar você para ver uma apresentação da banda, ou a incluir em sua vida pessoal, é porque a considera admirável o suficiente para exibi-la.

Ele quer ficar o tempo todo com você. Uma moça conta sobre o namorado escorpiano: "Ele está totalmente a fim de mim. Nunca olha para as outras. Quando está comigo, me dá todo o seu desejo e sua atenção, além da sensação de que sou a pessoa mais importante da vida dele. Eu me sinto como se fosse sua mulher e que ele não quisesse ficar com mais ninguém."

O escorpiano infiel: por que ele a engana

Por mais que seja namorador e sensual, o nativo de Escorpião não costuma trair a mulher. Se o fizer, terá a habilidade de ser discreto. Por causa da intensa energia sexual dele, você talvez se pergunte se ele estará escondendo algo, mas não se entregue à paranoia. Conforme expressou um escorpiano, "se cheguei ao ponto de estar concretamente numa relação, isso quer dizer que confio e respeito a pessoa o bastante para não traí-la". Se quiser dormir com outras, ele estabelecerá uma relação aberta, ou mesmo evitará assumir compromisso com você. No entanto, em casos raros, fará justiça à fama de mulherengo. Aqui estão as razões para tanto:

Você perdeu a malícia. Você se tornou excessivamente convencional ou se transformou numa dona de casa careta? Esse homem precisa de uma alma gêmea sofisticada, com todos os acessórios sexuais. Se você quer trilhar o caminho seguro de uma existência de classe média, experimente um canceriano ou capricorniano.

Ele acha que você o enganou. Ainda que normalmente ele largue a namorada sem nem sequer avisar, o escorpiano também tem uma tendência vingativa. Se você o magoar muito, ele talvez responda com a mesma moeda.

Ele encontra a "alma gêmea" — e ela não é você. No fundo, até ter encontrado a parceira espiritual, o escorpiano jamais descansará. Se ela aparecer de repente quando você estiver, digamos, grávida dele de oito meses, bom, são coisas da vida. Mesmo que talvez não durma com ela até a separação oficial de vocês dois, ele pode começar um relacionamento afetivo.

Comece a cavar a cova: o fim do romance

Com o escorpiano, nenhuma relação está terminada para sempre. Ele tem uma poderosa memória, especialmente para sofrimento, e não consegue suportar abrir mão de nada. Embora ele talvez passe décadas obcecado por você, seu *modus operandi* é normalmente congelar você mais depressa que um freezer. Escorpião é o cirurgião do zodíaco; portanto, como um médico removendo um tumor, ele acha que é melhor sofrer toda a dor de uma vez só, mesmo que signifique adotar medidas drásticas. Como saber se sua tórrida relação com o escorpiano caiu abaixo de zero? Aqui estão alguns detalhes reveladores:

Ele para de atender a seus telefonemas. Você irritou o Escorpião? O som do silêncio responderá. Em vez de lutar, ele se limita a congelar você. Se forem mais de três dias sem atender seus chamados, você se chocou com um iceberg e o *Titanic* começa a afundar.

Ele comunica a você. O nativo de Escorpião não economiza palavras, nem poupa você: se lhe disser que "o assunto está encerrado", está mesmo — pelo menos por enquanto.

Ele começa a sair com uma nova amiga, e não apresenta você. Provavelmente é só platônico, mas ele está em busca da alma gêmea. Você deixou de ser a deusa que ele adora, e ele planeja a saída.

O nativo de Escorpião

Ele estraçalha você num e-mail. A cauda do Escorpião tem um ferrão mortífero: se você o ferir no ponto mais sensível, prepare-se para receber o veneno. Embora ele talvez não seja direto, pode ser brutal e dirá exatamente o que acha que está errado com você, de modo incisivo, deixando-a furiosa.

Ele faz planos para adotar o estilo de vida que sonhou — e você não quer acompanhá-lo. Abrir um curso de massagem, ter filhos, viver no Nepal — não importa o sonho dele, se você não quiser compartilhá-lo, considere isso um obstáculo intransponível. O escorpiano é um homem do tipo arregimentador, e se você não se adaptar ao programa dele, encontrará alguém que o faça.

Remédio do kit de emergência:

Organize um momento ideal para falar do assunto. Comunique que você está querendo tentar fazer as coisas ao modo dele (ler os livros de que ele gosta, ter filhos, não ter filhos, tornar-se vegetariana). Se isso der a você a sensação de trair seus princípios, não o faça!

Interpretação de sinais: O que ele quer dizer com isso?

Quando ele...	...quer dizer que...	...logo você deveria...
...fica muito calado...	...arquiteta a próxima ideia brilhante e precisa se calar para poder pensar obsessivamente.	...calar a boca e deixá-lo em paz. Se ficar por perto, vá para um cômodo vizinho e trabalhe em seus próprios projetos. Você ganhará pontos se criar um clima propício, providenciando o jantar ou levando um drinque para ele.
...não telefona...	...está impressionado demais, ou de menos, por você.	Instale-se no telefone com outros amigos e torne sua vida tão bacana e invejável quanto possível. Quando ele telefonar, lamentará ter sido excluído pela galera famosa.
...telefona muitas vezes...	...está intrigado.	...atender todos os telefonemas dele, conversar no máximo meia hora (mesmo que ele queira continuar). Depois, alegue que precisa sair. Ele gosta de atenção, mas quer que sua mulher tenha vida própria.
...não dá notícias depois de alguns encontros...	...questiona seu caráter, sem ter plena certeza de poder confiar em você.	...abandonar a atitude de criança geniosa e mostrar seu lado estável. Ative as lembranças dele de refeições caseiras da mamãe.
...passa semanas sem dar notícias...	...curte sua feminilidade, mas transferiu você para a categoria de amiga, ou ainda teme rejeição se fizer alguma investida (seu maior medo).	...perguntar diretamente se sente atração por você. Ele dirá a verdade e provavelmente é exatamente o que você quer ouvir.

O nativo de Escorpião

Quando ele...	...quer dizer que...	...logo você deveria...
...se move depressa...	...está com tesão e pronto para interromper a fase de abstinência.	...desfrutar a atividade sexual mais intensa de sua vida, mas se lembrar de que Escorpião é o signo dos extremos. Ele recuará tão depressa quanto avançou e talvez desapareça depois do lance de vocês. Telefone para ele uma semana depois, caso ele não ligue. Nos relacionamentos os escorpianos podem se portar como garotas e provavelmente ele espera você fazer o próximo movimento.
...paga a despesa, dá flores e presentes...	...acha que você é a mulher ideal — esse cara não gasta dinheiro com qualquer uma.	...mostrar sincero apreço. Provavelmente ele procurou o presente com esmero e consideração. Nunca, jamais, critique o que ele der a você, nem se esqueça de agradecer.
...apresenta você à família e/ou amigos mais íntimos...	...agora confia em você, o que é extraordinário num signo tão desconfiado. amigos: ele a considera suficientemente bacana para impressioná-los. parentes: também tenta impressioná-los, e muito provavelmente fazê-los parar de pensar que ele é gay.	... ficar serena, confiante e calorosa — estique-se, mas sem exagero. ...dar a impressão de que ele é O Cara. ...jamais provocá-lo na frente dos parentes!

Suas jogadas: dicas de namoro e de amor eterno

O namoro com o escorpiano

O escorpiano é fissurado por atenção e adora ser admirado. Ele é totalmente provocador e quer que todo mundo o deseje, mesmo sem ter intenção de corresponder à expectativa. Quase todos os seus atos contam como azaração. Ele não consegue nem mesmo recolher cocô de cachorro ou pegar dinheiro no caixa eletrônico sem fazer algum gesto sedutor. Quer seduzir o mestre da sedução? Aqui estão algumas dicas para vencê-lo em seu próprio jogo:

Menção a celebridades. Costumávamos dizer de brincadeira que a orientação sexual do escorpiano é "gente famosa". Secretamente ambicioso, ele sempre visa a se sentar à grande mesa de mogno do executivo. Você conhece um artista famoso ou alguma figura importante dos esportes? Consegue lugares na tribuna de honra ou uma mesa permanente na área VIP? Mencione isso como se não fosse nada de mais e ganhará a atenção dele. Insinue que ele poderia talvez acompanhá-la no futuro, ou que você poderia apresentá-lo a um de seus contatos de alto escalão. Basta deixá-lo com a leve sensação de não ter cacife para entrar na área VIP, e amanhã mesmo ele convidará você para sair.

Conversem sobre as paixões dele. O escorpiano está sempre motivado por alguma coisa — música, arte, livros, viagens — e ele adora compartilhar. Trate de inserir nas dele as próprias opiniões e de desafiá-lo um pouco. Não finja interesse só para ele a convidar para sair: ele não fará isso e só ficará falando até você morrer de tédio.

Fale sobre suas paixões — com extrema paixão. O que você ama? O que a faz saltar da cama de manhã cedo? O que você faz não importa, desde que ame aquilo descaradamente e não tenha medo de confessar. O escorpiano reage entusiasmado à confiança interior. Ele quer uma alma gêmea, portanto mostre a ele sua alma.

Prenda o olhar dele. O olhar penetrante do Escorpião perturba e emociona ao mesmo tempo. No minuto em que ele a prende à parede com um olhar tenso, começa o jogo de poder sensual. Você tem coragem de retribuir diretamente? Para ele, a atração e a dinâmica de poder andam de mãos dadas. Corresponda a seu olhar penetrante com um olhar confiante de igual intensidade.

Seja a estrela no recinto. Mesmo agindo com discrição, na verdade ele se considera um deus do rock, com direito ao melhor. Faça-o clamar por um autógrafo.

Toque nele. O escorpiano é incrivelmente físico, mas pode ser tímido em relação a romper a barreira do contato físico. Acredite ou não, ele tem pavor de rejeição. Um toque suave, mas firme, um abraço ou o roçar acidental de seus corpos sinaliza que você é segura de si. A partir daí, tudo pode rolar.

Amor eterno com o escorpiano

Ainda que precise ser levado esperneando e gritando por todo o caminho até o altar, depois que se envolve o escorpiano quer total unificação, quer se fundir com você até o último poro. Falem-me de uma guinada de 180°! Agora ele não se importa em ficar com você dia e noite, cozinhando e limpando, deixando-a comandar o espetáculo. O complicado é chegar a esse ponto. Portanto, qual o caminho mais curto para o amor eterno dele?

Compartilhe as principais paixões intelectuais ou criativas dele. Se ambos têm obsessão pelas mesmas coisas, esse é um bom lugar para se começar. Os dois se interessam por animação e folhetim? Proponha irem a uma convenção de histórias em quadrinhos no outro lado do país (nota: você precisará dividir a despesa da gasolina). Comecem juntos uma banda ou um negócio. Seja a cocriadora de um projeto revolucionário para o qual ele canalize todas as paixões. Se estiver sempre por perto quando ele está inspirado, um dia talvez ele a olhe e entenda que não pode viver sem você.

Tenha um império de proporções iguais ou maiores. Se você não compartilha as paixões do escorpiano, tudo bem. Basta que tenha o mesmo nível de fervor e dedicação à sua própria trajetória de vida.

Relacionamentos astrais

Ele só se comprometerá com uma mulher capaz de se organizar. Seja uma história de sucesso.

Faça da casa dele um lugar ainda melhor. Os escorpianos são incrivelmente territoriais em relação ao próprio ambiente. Ainda assim, a casa dele pode parecer um tanto austera. Ele gosta que você acrescente um toque sutil e suavizante, desde que combine com o gosto dele. Ele precisa escolher as cores das tintas e as decorações. Nota doméstica: ele é um colecionador de quinquilharias, portanto não se apresse em citar os princípios do Feng Shui, e nunca jogue fora as "tranqueiras" dele. Já ouviu falar em guarda-volumes?

Represente uma escalada substancial da posição dele na cadeia alimentar. Casamento por amor? Talvez. Casamento para conseguir prestígio, respeito nas ruas, e domínio social? Decididamente sim. Até o século XIII era assim que se fazia. Até o fim a civilização, é assim que será feito para o Escorpião.

Queira ter o mesmo futuro. Com o escorpiano, não há simulação possível: ou você é a alma gêmea dele ou não é. Se não quiser da vida as mesmas coisas, nem se dê ao trabalho de persegui-lo. Ele ficará com você até encontrar a pessoa que realmente as queira.

Esteja preparada para...

O primeiro encontro

Pode pegar o Valium! O primeiro encontro com o escorpiano costuma ser uma ocasião de abalar os nervos, e na qual você não sabe o que esperar até chegar ao local. Durma bastante na noite anterior, porque vai precisar estar em plena forma. Tentar manter a calma é inútil. Curta plenamente os arrepios de colegial; afinal de contas, não é isso que torna o romance tão excitante?

A energia básica: Isso é um encontro romântico ou apenas convívio com um novo amigo extremamente falastrão (ou incomodamente calado)? Pode ser difícil dizer. Sigilosos, os escorpianos gostam de manter as coisas um tanto misteriosas no começo. Em vez de se deixar abalar pelo retraimento dele, é importante lembrar que este signo é inseguro e tem pavor de rejeição. Logo, quer ele banque o indiferente ou adule você como um vendedor untuoso, trata-se apenas de um estratagema para se proteger do apego.

O escorpiano precisa admirar e ser admirado. Seu primeiro encontro é ao mesmo tempo o teste e o espetáculo. Ele está testando para ver se você poderia ser a matéria-prima da alma gêmea. Como tentará impressioná-la com detalhes bem-escolhidos, essa será, no mínimo, uma noitada divertida — embora tenha forte carga de energias. Faça sua melhor cara e não se esqueça de aplaudir os esforços dele. Elogie as escolhas que fez, mas não exagere; ele precisa ver que você é sofisticada, e se ele a impressionar com muita facilidade vai considerar você pouco cosmopolita.

Se ele mencionar casualmente nomes de bandas, livros ou artistas pouco conhecidos, não finja que os conhece. Mantenha a compostura. O escorpiano adora apresentar novas coisas a você; portanto faça perguntas interessadas. Habituado como está a intimidar os demais, ele quer ver até que ponto você se garante.

Depois de uma leitura dramática, um recital ou um vernissage, ele deseja falar durante horas. Provavelmente levará você ao restaurante ou bar que prefere e procurará sua mesa de costume. Para o escorpiano, a comida é erótica, mas esteja prevenida: ele come muuuiito devagar. Você talvez já tenha devorado sua entrada e a dele antes de ele acabar de detalhar sobre seu período favorito do filme *noir*. Coma antes de sair de casa — você precisará de energia e paciência para essa vigorosa noitada!

O que usar: O escorpiano gosta de beleza e estilo naturais — procure parecer chique sem esforço. Em matéria de sensualidade, use o poder da sugestão, em vez de recursos óbvios. "Gosto quando uma mulher usa saia — pode ser curta, mas nunca vulgar — e depois eu descubro que ela estava sem calcinha", afirma Pierre, nativo do signo. "Para mim, o grande lance é a descoberta: quero ser o único a descobrir o segredinho dela." O escorpiano gosta de elementos que mostram originalidade e personalidade, como toques de moda roqueira ou retrô. Seu traje deve ser simples, sexy e bem-cuidado, com um toque diferente. Acrescente alguns detalhes sensuais em pontos inesperados.

O que não usar: Escorpião é o signo do sexo, mas isso não significa que ele queira ver você vestida como uma prostituta barata. Embora diga que gosta de "uma mulher com a confiança de uma dançarina de strip-tease", o escorpiano é possessivo. Não dê a ele a impressão de que a cidade inteira viu sua calcinha fio-dental. Ele não levará uma stripper para apresentar aos parentes e amigos, portanto evite usar perfume forte, maquiagem exagerada e blusas indevidamente decotadas. Um toque erótico, como uma alça de sutiã de renda aparecendo sob a blusa, é o bastante para ativar a imaginação dele. Ao mesmo tempo, não seja excessivamente modesta ou conservadora. Ele precisa ver suas formas, portanto nada de usar jeans de cintura alta e terninhos de executiva.

Pagar ou não pagar? Leve dinheiro; o escorpiano é agarrado ao dinheiro e não acha nada extraordinário rachar as despesas. Ele é muito sensível à possibilidade de se aproveitarem dele, e está sempre se recuperando de alguma compra grande ou então poupando para a próxima. Mostre-lhe que é capaz de retribuir: se ele pagar o jantar e as entradas do espetáculo, pague uma rodada de bebidas.

Na hora da despedida: Quer vê-lo novamente? Não entregue todo o ouro hoje à noite. Recorra ao poder da sugestão: um prolongado olhar ou toque, uma roçada "acidental" dos seios ou do púbis contra o corpo dele e depois, adeus. Deixe-o querendo mais e divagando. Propenso a ficar obcecado, é provável que ele faça devaneios sobre o que poderia ter sido. Um beijo acenderá a fantasia do escorpiano, mas se você começar com ele uma sessão de amassos, será difícil parar. Limite-se a um beijo ardente, no máximo.

A primeira visita dele à sua casa

O nativo de Escorpião é do tipo doméstico, e está realmente muito mais interessado em sua própria moradia do que na alheia. Ainda que

O nativo de Escorpião

tenha alma inquieta, ele é um tipo doméstico que precisa de uma casa confortável e elegante, repleta de livros, instrumentos musicais, obras de arte e objetos que colecionou das viagens pelo mundo. O lar é seu santuário particular, o lugar onde ele se sente seguro e dono do controle. Raramente fica à vontade em visita à casa alheia; portanto, se ele for à sua, não espere que ele fique por muito tempo. Prepare uma bolsa com objetos de pernoite, porque depois de algumas horas, ele talvez sugira que voltem à casa dele. Se você tiver uma excelente biblioteca, ao sair ele poderá pegar um ou dois livros emprestados.

Não se comporte como se fosse uma visita presidencial. Lembre-se da regra número um: nunca, jamais, puxe o saco do escorpiano. Apenas providencie um lugar confortável para ele se sentar ou dormir, um pouco de chá de ervas, e espaço em seu guarda-roupa para o amplificador da guitarra dele ou a gigantesca mochila. Provavelmente ele vai se aboletar no sofá e ficará falando, ou se desligará com um livro na mão. Isso é positivo, pois se ele conseguir apenas "ser" do jeito como ele é na própria casa, ficará por mais tempo do que se fosse obrigado a bancar o hóspede gentil.

Guarde o álbum de família para outra ocasião. Os nativos de Escorpião são extremamente sensíveis à manipulação e conseguem identificar de longe as segundas intenções. Não pegue o álbum da família e mostra a ele seus seis sobrinhos e sobrinhas, ou fotos suas como madrinha de casamento de sua irmã. Ele achará que você está apressando as coisas — e provavelmente terá razão.

Bote a breguice para fora de casa. O escorpiano é um esnobe em suas preferências. Se ele achar que você é brega, isso poderá ser o seu fim. Retire os pôsteres de reproduções de obras de arte e esconda os CDs da Celine Dion. De vez em quando ele irá folhear tudo que você tiver nas estantes da sala de estar, comentando com desprezo o que julgar falta de sofisticação. Você terá vontade de matá-lo, mas depois verá alguma verdade nas observações feitas, que possivelmente inspirarão você a evoluir no gosto pessoal.

Relacionamentos astrais

Exponha suas paixões. Para o escorpiano, os passatempos são mais eloquentes que as palavras. A que estímulos sua alma responde? Ele quer conhecer suas preferências e paixões. Exiba suas coleções, artefatos, gravuras e objetos favoritos para ele poder estudar tranquilamente seu caráter.

Não dê a impressão de excessivamente estabelecida. O escorpiano gosta de deixar sua marca; portanto, quanto menos "finalizada" sua casa parecer, melhor. Caso vocês algum dia venham a morar juntos, ele precisa saber que os estilos dos dois se harmonizarão — ou melhor, que sua decoração não vai predominar sobre a dele. Use a visita dele como pretexto para desentulhar sua casa e jogue fora um pouco das tralhas.

Oculte todos os sinais de outros homens. Sua casa é um relicário de suas animadas aventuras sexuais, ou de seu estilo de vida superagitado? O escorpiano é um homem ciumento que quer tudo para si. Guarde na gaveta as fotos dos pileques no cruzeiro marítimo, esconda seu diário e não deixe aberto na tela do computador seu perfil no site de encontros. O conselho parece óbvio, mas já ouvimos cada história!

O encontro com a família dele

Os escorpianos têm com a própria família relações complicadas que, com frequência, mais vale deixar a cargo de um psiquiatra. Por outro lado, ele quer provar algo ao trazer para casa um "bom partido" que a família vai adorar. No entanto, quanto mais ele tenta bancar o filho dedicado, mais ressentido se torna. Para escapar de toda essa intimidade, ele se anula, bebendo demais ou se ausentando para cuidar de alguma obra na casa (ele é tão "filhinho da mamãe" que esta provavelmente já tem algumas à espera dele). É muita pressão? Pode apostar que sim. E as coisas se complicam mais quando ele se afasta da própria casa, pois a cada quilômetro ele se sente menos no controle. E pensar que você achou que apenas comparecia a um agradável jantar comemorativo! Pois sim...

Se você for conhecer a família do escorpiano, não espere seu apoio. Na verdade, você poderia se ver incomodamente parada na cozinha com a mãe dele, forçada a bater papo. Seja você mesma e encare o desafio. Ao contrário do taurino, ele não é o cara que se apaixona porque você se entende bem com a família dele. O bom entendimento não prejudicaria, porém ele está mais interessado no modo como vocês dois se ligam um ao outro do que no fato de você sair dali com a receita da mãe dele para o molho de miúdos (francamente, achamos que as prioridades dele nesse aspecto estão corretas). Além disso, *ele já é* o favorito da mamãe e não precisa que você dispute o mesmo papel.

Uma regra básica: se a família criticá-lo, procure sempre ficar do lado dele. Lembre-se: você é Bonnie e ele é Clyde, e sua lealdade é essencial. Com o passar do tempo ele se ajustará ao fato de você fazer parte da família, mas depois da primeira visita ele talvez se afaste por alguns dias, o que poderia deixá-la confusa — afinal de contas, você contava se sentir muito mais próxima agora que teve uma visão da intimidade. Mas não se esqueça de que, vinda em doses tão grandes, a proximidade o apavora. Dê-lhe espaço e logo ele estará de volta.

Para dizer adeus

O fim do romance com o escorpiano

Pois é, você quis terminar a relação. Boa sorte, pois as coisas ficarão feias. Ele vai passar anos e anos obcecado por você. Os escorpianos se ligam a um nível espiritual, portanto, quando você for embora, ele terá a sensação de que você arrancou um pedaço de suas entranhas. Mesmo que você termine o namoro porque ele não assume o compromisso, ou por estar cansada de esperar, isso não importa: ele ainda culpará você e ficará ressentido de alguma forma.

Como ele é o rei do "falso final", não se surpreenda se alguns meses depois ele retornar, tentando atraí-la de volta. Não faça, repetimos, não faça sexo com ele. Se dormir com ele, você estará perdida. Esse cara usa

Relacionamentos astrais

o sexo como arma — vai tratar de proporcionar a você a melhor relação sexual de sua vida, para, ao mesmo tempo, castigá-la por tê-lo abandonado e tornar impossível você expurgá-lo de seu sistema. O poderoso "hormônio da vinculação", a oxitocina, prolongará por mais cinco anos a relação de vocês.

Superando a perda: quando o escorpiano vai embora

Tentando esquecer um escorpiano? Encare a tarefa como uma desintoxicação de droga. Seu corpo sofrerá por tudo que você amou e odiou naquele sujeito. Mesmo que ele a tenha deixado enojada com o olhar penetrante, as mãos suadas ou o cheiro almiscarado que saía pelos poros dele, essas serão, inexplicavelmente, as coisas de que sentirá falta. Se você não puder fazer as malas e se mudar para outro continente, faça uma longa pausa sem ter qualquer contato. Provavelmente ele a monitorará pela internet, mesmo que você nunca venha a saber.

Pela última vez, chore a falta que sentirá...
- do olhar dele
- do contato físico com ele
- do sexo
- da sensação de ser uma deusa
- da sensação de ser tudo o que importava para ele
- da criatividade dele
- das novas experiências a que ele lhe apresentava o tempo todo
- de sentir-se maravilhosa quando ele a olhava
- do garotinho vulnerável que havia dentro dele
- da ternura com que tratava animais e crianças
- da emoção perversa de se render ao lado obscuro dele

Agradeça ao universo por nunca mais ser obrigada a lidar com...
- a incessante angústia e autoanálise a que ele se submetia
- suas brincadeiras egocêntricas

O nativo de Escorpião

- a obrigação de pagar pela metade (ou mais) das despesas
- sentir ciúmes das amigas dele
- ser analisada como um inseto ao microscópio
- a constante sensação de "estar sobrando"
- os ataques passivo-agressivos dele
- toda a maldita veemência

A combinação amorosa: Vocês falam a mesma língua?

Você é do signo de...	Ele acha que você é...	Você acha que ele é...	Linguagem comum
Áries	...uma pessoa imprevisível capaz de dominá-lo por, no mínimo, uma noite.	...o homem mais sexy que você já encontrou.	Sexo, sexo, sexo... e poder.
Touro	...um ótimo partido, mas um pouco formal e difícil de decifrar.	...um tanto veemente demais.	Cinema, artes plásticas, viagens, música... principalmente bandas desconhecidas.
Gêmeos	...a alma gêmea espiritual dele.	...seu deus do amor tântrico.	Tudo.
Câncer	...a moça comum e meiga.	...seu herói sexual.	Romance de conto de fadas, felicidade doméstica.
Leão	...uma impressionante usina de força que o deixa um pouco inseguro.	...sexy, porém mais parece amigo que namorado.	Conversas profundas, estonteantes, de 12 horas de duração, sobre um tema qualquer.
Virgem	...carinhosa e inteligente o bastante para merecer confiança.	...uma alma doce e torturada que precisa de que você banque a mãe.	Amizade eterna. Interesses ecológicos que vão dos alimentos orgânicos à meditação.
Libra	...a essência da graça feminina.	...possessivo, autoritário e um pouco sufocante, mas que potencialmente vale o incômodo.	Dramas e fuga para um romance fantasioso.
Escorpião	...ele próprio em forma feminina — ficará apaixonado ou sentirá repulsa.	...arrogante e precisa de sua ajuda para trazê-lo de volta à realidade.	Poder, controle, espiritualidade, a formação de uma clima "nós contra o mundo".

308

O nativo de Escorpião

Você é do signo de...	Ele acha que você é...	Você acha que ele é...	Linguagem comum
Sagitário	...admirável pela sorte e ambição, mas a seu ver abrange muito e domina pouco.	...um gênio criativo demasiado impetuoso e hipersensível. Precisa ser menos introspectivo.	Sonhos, espiritualidade, a descoberta de coisas novas.
Capricórnio	...uma socialite sensual, mas um pouco popular demais para se deixar agarrar.	...sexy, mas carente... e, além de tudo, telefona um pouco demais para o seu gosto.	Menção casual a gente famosa, pesquisa de tendências, apego ao passado, tentativa de causar inveja aos demais.
Aquário	...uma garota valente e capaz de se garantir.	...carente demais e um pouco deprimente.	Lógica, criatividade, fascinação pelos mistérios e verdades ocultas.
Peixes	...a única pessoa realmente capaz de entendê-lo.	...tão sensível e marcado de cicatrizes emocionais quanto você... um sonho realizado.	Valores e prioridades compartilhados — viver uma vida criativa, artística e apaixonada.

309

Relacionamentos astrais

O nativo de Sagitário

Datas: 22 de novembro — 21 de dezembro
Símbolo: o arqueiro
Planeta regente: Júpiter, o planeta da sorte
Elemento: fogo — impetuoso, dinâmico, ativo
Qualidade: mutável
Missão: tesão pela vida

Ambiente natural — onde você vai encontrá-lo: Viajando como mochileiro pela América Central com duas mudas de roupa; deixando o cabelo crescer; fazendo conferências ou pesquisa de pós-graduação na universidade; ao ar livre; plantando um jardim; fazendo piadas; publicando uma revista de escândalos; escrevendo um romance numa cafeteria; dedilhando um violão; preparando um banquete para vinte de seus amigos mais íntimos; meditando numa tentativa infrutífera de ficar zen; numa convenção de marketing de rede; ficando cada vez mais filosófico em relação à sua causa política favorita; devorando livros e jornais; sentado diante do computador até as quatro da manhã; trabalhando no mais recente megaprojeto; viajando de carro por impulso; no aeroporto pegando um avião para um voo internacional; liderando uma passeata pelos direitos dos trabalhadores rurais ou pela reforma das políticas ambientais; produzindo e dirigindo um documentário sobre um grupo social oprimido num país estrangeiro.

Meio de vida: Empreendedor, professor, editor, guia de turismo de aventura, ambientalista, geólogo, paisagista, filósofo, desenvolvedor de páginas da internet, palestrante motivacional, orientador profissional, representante comercial, político, pregador, comediante, produtor de televisão ou cinema, escritor, cantor de barzinho, pastor formado pela internet, locutor esportivo, repórter de rádio ou televisão, apresentador televisivo de jogos de pôquer.

Notáveis e notórios nativos de Sagitário: Ozzy Osbourne, Jamie Foxx, Mos Def, Jake Gyllenhaal, Jay-Z, Winston Churchill, Mark Twain,

O nativo de Sagitário

Jimi Hendrix, Jim Morrison, Clay Aiken, Brad Pitt, Bo Jackson, Ben Stiller, Samuel L. Jackson, Shel Silverstein, Bruce Lee, Ed Harris, Woody Allen, Jon Stewart, Gary Shandling, Tom Waits, Donny Osmond, Walt Disney, Kiefer Sutherland, Ray Romano, Don Johnson, Adam Brody, Steven Spielberg, Keith Richards.

O sagitariano: como localizá-lo

- vestido como um hippie sujo (de macacão sem camisa, roupas gastas de acampar ou caçar)
- usando o visual de escolar c.d.f., completo, com uma mochila ou embornal surrado, e cheio de livros e projetos.
- sempre dá a impressão de estar sorrindo ou imerso em pensamentos
- pode ter cabelos longos, rabo de cavalo ou *dreadlocks*
- testa alta, olhos risonhos e separados
- pernas vigorosas, coxas fortes e o traseiro firme e protuberante
- vestido em sua ideia de "traje formal": esportivo-casual e confortável, com uma camisa social da Banana Republic, calça cáqui e sapatos Timberland. Prefere se enforcar a usar gravata — aliás, não vê muita diferença entre uma corda de forca e uma gravata.
- monopolizando a atenção e despejando suas filosofias em quem quiser ouvir
- anda mais rápido que qualquer pessoa que você conheça
- levando pessoas a morrerem de rir com suas piadas e histórias extravagantes
- destemidamente falando sobre política com quem quiser ouvir
- fazendo palhaçadas usando o corpo e com gestos amplos
- falando animadamente e gesticulando
- tropeçando nas próprias pernas, esbarrando nas pessoas, derrubando coisas por acidente

Relacionamentos astrais

O sagitariano: seu jeito de lidar com...

Dinheiro

O empreendedor total. Precisa ganhar a vida fazendo algo de que goste, e preferirá viver na sarjeta a vender a alma. Precisa sempre ganhar dinheiro suficiente para se sentir senhor do próprio destino. Ninguém controla o sagitariano!

Família

"Quem? Você quer dizer aquele pessoal que parece comigo? Ah, é isso mesmo — nós passamos juntos as festas no ano passado. Quer dizer, nos últimos quarenta anos. Sinto muito, eu estive ocupado!"

Amor

Ele quer uma melhor amiga, uma alma gêmea e uma companheira de brincadeiras, tudo reunido numa pessoa só. Despreza os sentimentalismos, que ironiza sem piedade. Por dentro é incrivelmente sensível; só não é de gostar de corações e ursinhos de pelúcia. Expressa o sentimento de forma original e criativa, e mostra que realmente enxerga você.

Sexo

O maior cachorrão que já se viu.

Filhos

Que tal você apertar a corda um pouco mais em torno do pescoço dele? Se tiver filhos, adora ensinar e orientar. De bom grado passaria por cima do período inteiro da infância deles e chegaria logo ao trecho em que pudessem manter uma conversa — em outras palavras, ouvi-lo comunicar sua gloriosa visão de mundo e sabedoria. Capaz de ser um pai incrivelmente dedicado, para sua grande surpresa.

Animais de estimação

Claro, por que não? Desde que eles não tirem sua liberdade. De fato, ele precisa de algo que o prenda, e os bichos podem ser a perfeita via de acesso.

Quando você surta

Exige que você supere a crise, e se não superar, ele entra na modalidade de hipersolucionador de problemas. Tenta consertar, orientar e resgatar você com a máxima urgência possível, para poder voltar ao que realmente importa: a própria vida.

Quando ele surta

Nada poderia ser mais importante, grave e urgente. Fechem os bancos, alertem a polícia federal e declarem um desastre internacional!

O rompimento

No começo é capaz de suportar, mas depois de algum tempo adota uma abordagem filosófica e se transforma em excelente amigo eterno das ex-mulheres. Poderá até apresentar você ao próximo verdadeiro amor de sua vida.

O sagitariano: tudo sobre ele

Então você não gosta de homens fáceis, a não ser na cama. Bem-vinda ao sagitário; ele é atrevido, escandaloso e descaradamente franco. Pode ser uma gracinha num minuto, um canalha obstinado no outro, transitando entre assombrosa arrogância e insegurança paranoica. Suas piadas são hilariantes, sempre à beira do repulsivo — quando não caem daquele penhasco. Por algum motivo, ele sempre consegue escapar impune.

Sagitário rege a mente superior, e esse homem sabe que é mais inteligente que a maioria da população do planeta. Talvez dê a impressão de estar desprezando o mundo, como se fosse superior a toda a cansativa "gentinha" com quem é obrigado a partilhar exaustivamente essa

Relacionamentos astrais

espiral mortal. Sua natureza sabichona o transforma num diretor natural — e num maníaco por controle. Normalmente ele tem vários interesses ao mesmo tempo e pode ser polivalente, colecionando uma série de novos passatempos ou profissões.

Como um colete de xadrez combinado com uma gravata de bolinhas, o sagitariano, está fadado em algum momento, a entrar em choque com todo mundo. Ele poderá seduzir os pais e amigos de uma mulher, mas nunca se recusará a discutir política, religião e outros tabus explosivos com eles. Na verdade, ele é até capaz de trazer à tona esses tópicos, normalmente no pior momento possível. À semelhança de Pinóquio, ele não consegue dizer uma mentira. Honestidade e autenticidade são suas virtudes. Pena que nem sempre elas sejam apreciadas, principalmente porque ele não se dá o trabalho de disfarçar com um discurso diplomático sua versão contundente da verdade. Como o arqueiro que rege seu signo, ele dispara suas flechas diretamente no alvo.

O sagitariano precisa de três Ps para ser feliz: produtividade, propósito e procura. Ele absolutamente odeia ficar parado. Acomodar-se é uma palavra que não entra em seu vocabulário — ele só dormirá quando estiver morto. O sagitariano acha que desperdiça espaço do planeta se não estiver trabalhando, produzindo e se movimentando. Nosso pai, um sagitariano, sonhava em voz alta ganhar a loteria. O que ele faria com os milhões? Em vez de trabalhar sete dias por semana, ele planejava trabalhar só três.

Adoramos uma matéria da revista *People* que sintetiza a necessidade do sagitariano de se dedicar ao trabalho físico. Como tantas celebridades, o sagitariano Kieffer Sutherland foi condenado a cumprir pena por dirigir embriagado. Em vez de ficar enfiado na cela, Kiefer alegremente dobrava roupa lavada e servia refeições aos colegas de cárcere. Conta-se que, ao terminar, perguntava aos guardas se tinham mais alguma tarefa para ele, inspirando-os a chamá-lo "prisioneiro modelo".

Quando a vida dá limões ao sagitariano, ele abre uma franquia internacional de limonada. Verdadeiro visionário, só com um império poderia satisfazer sua alma faminta. Ele adora grandes sonhos e precisa estar cercado de possibilidades ilimitadas. Se não conseguir pôr as mãos em algo para moldar, ele próprio escavará a argila e começará da estaca zero. De fato, "emergente" poderia ser um de seus nomes.

O sagitariano prefere ter o controle total de seu destino, e em geral está pelo menos seis meses à frente da curva. Ele tem visão, a capacidade de enxergar através do véu da realidade o futuro muito distante. Esse é o homem que, desprezado como "louco", ressurge anos depois como uma sensação multinacional, saudado como um gênio. Nostradamus, o famoso profeta medieval que supostamente previu Hitler e o atentado de 11 de setembro, era nativo de sagitário.

Como o arqueiro que o simboliza, o sagitariano precisa sempre ter um alvo distante, algo monumental para buscar, em que possa deixar uma marca indelével. Quando o sagitariano acredita em alguma coisa, nada consegue detê-lo. Alguns dos maiores visionários são nativos do signo: Steven Spielberg, Walt Disney, Jay-Z, Mark Twain, Shintaro Tsuji (o criador da marca "Hello Kitty"). Ele sempre busca sem descanso sua próxima grande meta, sem a qual o alegado otimista do zodíaco pode se transformar num verdadeiro chato. Para quem quiser ouvir ele se queixa da vida horrível que leva, e ficará obcecado até a situação voltar a ser favorável. Tudo que o sagitariano faz é em escala gigantesca. Quando fica deprimido, acha que sua depressão deveria ser declarada crise nacional. Nessas ocasiões, ele é absolutamente incansável, e os melhores conselhos que você possa dar cairão em ouvidos moucos. Teimosamente, o sagitariano insiste em encontrar sozinho a solução, mesmo levando o dobro do tempo.

Enquanto isso, a vontade é de chutá-lo e perguntar aos berros se ele tem ideia do quanto é privilegiado. Ele não tem. O sagitariano é um dos signos mais sortudos do zodíaco e está acostumado a ter uma segunda, uma terceira, uma vigésima chance. Isso não quer dizer que não conheça o fracasso; na verdade, muitas vezes ele se dá mal. Sua sorte é ter como regente o planeta Júpiter, o da fortuna e da oportunidade. No momento em que ele está a ponto de se afogar, o universo magicamente atira uma corda para ele, algo que acontece o tempo todo.

Relacionamentos astrais

Ele também se esquece da própria falta de solidariedade; ao vê-la na mesma situação apenas esbraveja: "Pare com isso agora mesmo". Pouco tolerante com as lamúrias alheias, ele não reconhece as próprias. Ainda bem que raramente se deprime por muito tempo, embora sua melancolia pareça durar uma eternidade. Quando ele sai desse estado, aquele "desastre" subitamente parece hilariante para ele. O sagitariano ri de si mesmo por ter ficado tão pesaroso e faz um relato colorido de suas excentricidades a quem quiser ouvir — agora a crise nacional transformou-se em matéria-prima para uma comédia.

Se não conseguir achar graça em si mesmo (o que é raro), o sagitariano se torna filosófico, transformando em sabedoria cada experiência negativa, depois de inequivocamente superada. Ultrapassada aquela fase, sua atitude de "amor severo" se suaviza. Ele será um excelente treinador e motivador, pois com sua contagiosa atitude pragmática, ele irá estimular você a superar dificuldades.

Essa atitude motiva os amigos esgotados e frustrados do sagitariano a buscarem de novo seu estímulo, mesmo que ele os tenha pressionado demais. O espírito indomável, a irreverência destemida e a honestidade do sagitariano compõem um raro e revigorante coquetel. Logo, em geral, o "circo Sagitário" vale o preço do ingresso.

Perspicaz, nosso tio sagitariano nos perguntava: "Você sabe a diferença entre ser amigo e ser amigável?" Nós próprias, como os sagitarianos, gostamos muito de uma boa adivinhação. "Uma pessoa amigável diz o que você quer ouvir", explicava o tio David. "Um amigo diz a verdade."

Amém, irmão. Com o sagitariano é aí que acontece a magia. Mesmo que ele tenha derramado café em cima de seu notebook, dito a seu chefe — um democrata ferrenho — que George Bush foi uma bênção dos céus para os Estados Unidos (na festa da empresa, em voz alta, momentos antes da distribuição do abono de Natal) e sacaneado você, fazendo-a pagar pelo próprio jantar de aniversário, tudo isso, de certa forma, foi feito com boa intenção. À maneira especial dele, talvez seja o melhor amigo que você terá nesta vida. Se você quer um homem que respeite sua mente e sua individualidade, e que a faça rir como nenhum outro, o sagitariano é o ideal.

O que ele espera de uma mulher

Então você quer sossegar e viver uma vida tradicional. Talvez adquirir um cartão de loja de departamento, uma casa em bairro de classe média e cadeiras de balanço. Não vê necessidade de conhecer o mundo nem aprimorar sua instrução. E por que deveria ver? Afinal você realizou no altar sua missão suprema e ganhou o título de Sra. Fulano de Tal. Até já começou a comprar lembrancinhas para os futuros netos... E tem só 22 anos.

Notícia de última hora: você está com o sujeito errado. O sagitariano não quer ficar velho a seu lado — ele deseja alguém para ficar jovem ao lado dele. A única utilidade que teria para esse tipo de vida seria se matar de tédio por causa dela, já que para ele a vida oficialmente se acabaria no momento em que se "acomodasse".

Esse homem precisa de alguém que seja ao mesmo tempo alma gêmea e companheira de jogos. Como o sagitariano Brad Pitt, ele prospera com uma companheira tipo Angelina Jolie — uma aventureira para quem não existem regras, limites ou fronteiras, senão aquelas que vocês inventarem juntos. Ele não quer seguir um roteiro; quer escrever o próprio roteiro. O sagitariano precisa de uma mulher que nunca o sufocará nem ditará o que fazer, e sim que vá entretê-lo, inspirá-lo e desafiá-lo.

O sagitariano Frank Sinatra cantava "I did it my way". Se você quiser ficar com um sagitariano também precisará fazer as coisas do jeito dele. Mas não tudo. Ele é um verdadeiro líder, e confia acima de tudo nos próprios instintos. Precisa de uma parceira que tenha qualidades próprias de liderança, mas ainda assim endosse a plataforma dele, e o deixe viver segundo as próprias regras.

Acima de tudo, o excêntrico sagitariano precisa de uma mulher que o aceite e o adore exatamente do jeito como ele é. Já mencionamos que ele é um osso duro de roer? Pergunte e ele naturalmente lhe dirá que é o sujeito de mais fácil convívio deste mundo. Mas quem já conviveu com o sagitariano sabe o quanto ele é paradoxal. É a pessoa mais sensível e,

Relacionamentos astrais

ao mesmo tempo, mais insensível que você já conheceu. É um maníaco controlador que ama a liberdade, um conservador de mente aberta, um sujeito comum que é a estrela da festa, um ególatra tragicamente inseguro, um maluco muito responsável. Isso tem lógica? Só tem se você entender verdadeira, alucinada e profundamente seu sagitariano

O sagitariano precisa de uma mulher inteligente. Sagitário rege a educação superior e ele gosta de um intelecto prodigioso (desde que não haja conflito entre as teorias e ideais que você defende e as obstinadas opiniões dele). Se as perguntas mais relevantes que ele faz são "Papel ou plástico?" ou "Você vai querer ketchup com isso aí?" não importa — ele precisa de uma garota cerebral com personalidade e opinião próprias.

Além disso, ela deverá ser esportiva e ativa. O sagitariano é normalmente um tipo que gosta da vida ao ar livre e consegue caminhar mais depressa que qualquer um. Se nos cuidados de beleza você leva duas horas, pode esquecer, pois quando você largar o aparelho curvador de cílios ele já terá escalado o monte Everest e fundado cinco empresas. E se você for do tipo que só se veste com sofisticação, estará melhor na companhia de um pisciano ou de um taurino. O sagitário prefere mulheres que usam roupas práticas e, aliás, está muito mais interessado na pessoa por trás da pintura de guerra.

Arisco em relação a compromissos e tradições, o sagitariano tem a vantagem de conseguir ver você como uma pessoa autônoma. Ele não quer que depois do casamento os dois acabem se fundindo num monstro de duas cabeças, que usa o pronome "nós" em cada frase. Cada um de vocês tinha uma mente e uma vida antes de se encontrarem, e ele continua a respeitar esse fato.

Por essa razão, o sagitariano normalmente se afina melhor com mulheres ousadas e decididas, que gostam de ter o próprio espaço, mas ainda conseguem compartilhar alegremente seus lápis de cor. Portanto, se você aborda a vida como uma tela em branco, como ele faz, imagine a imagem que vocês dois poderão criar quando reunirem suas mentes e seus corações.

O que ele espera da relação

A visão que o sagitariano tem do amor é um paradoxo interessante: ele quer uma parceira dedicada, mas que ofereça liberdade. Mmm... não sei, não — falem-me em fazer as coisas do jeito mais difícil. E se alguém quer liberdade, pois que trate então de ficar solteiro, correto?

Bom, pelo menos é o que faria a maioria das pessoas, mas ele não é como a maioria. Sagitário é o signo do apostador. As probabilidades (e os deuses) costumam favorecê-lo. Ele sabe que se alguém vai encontrar uma agulha no palheiro, esse alguém será ele. Além disso, desfrutará a aventura inteira de procurar aquilo que deseja — é uma desculpa para ver o mundo!

Como um cavaleiro andante, o sagitariano gosta de partir em aventuras pelo mundo e retornar para compartilhar suas histórias deliciosas com quem quiser ouvir. Dono de variadas habilidades (das quais domina uma ou duas), ele tem sede de conhecimento e experiências. Sagitário rege as viagens e a mente superior, e o nativo deste signo está sempre expandindo seu repertório com livros, aulas, hobbies, amigos e viagens pelo mundo. Ele precisa de muitas aventuras antes de se fixar num relacionamento, ou ficará sempre propenso a sair de casa, imaginando o que teria sido diferente.

Depois de satisfazer sua cota de aventuras, de repente o sagitariano se sente solitário ao explorar o mundo por conta própria. Subitamente começa a sentir falta de alguém que o acompanhe em sua busca perene. Nosso amigo sagitariano Dan, um produtor de televisão, descreve sua própria maturidade como súbita e acelerada. "Certo dia acordei e comecei a analisar mentalmente minha vida, todas as minhas relações e tudo que eu tinha feito", relata. "Tudo aconteceu num instante." A essa altura a solteirice deixa de ser para ele um prêmio tão gratificante quanto outrora, e ele anseia por compartilhar sua vida.

O sagitariano maduro pode se tornar um parceiro excelente, embora intenso. Só vale a pena colher do ramo um sagitariano bem-amadurecido; antes disso ele é inútil como parceiro. Depois que ele "cresce", faz lembrar uma criança hiperativa cuja medicação finalmente fez efeito. Depois de atravessar a vida como um touro ensandecido numa loja de louças (ou ocasionalmente deprimido como o burrinho Ió da turma do ursinho Puf) ele se transforma na serena figura de Buda, flutuando acima do caos.

Nessa altura se manifestam as melhores qualidades do sagitariano — como a sabedoria, a empatia e a generosidade. Ele consegue concentrar o foco em uma parceira cujas visões começa a promover. O relacionamento do casal e a vida que compartilham transformam-se para ele na nova aventura, em seu projeto monumental. Afeito a orientar, moldar e dirigir, ele ficará feliz na condição de seu guru, desde que você absorva o aprendizado.

Entretanto, procure mantê-lo um pouco contido. Sagitário é o signo do sabichão, e o nativo pode ser um verdadeiro trator. Habilidades colaborativas como a conciliação, a negociação e o adiamento da gratificação não surgem naturalmente para ele. Para o sagitariano, é saudável aprender que a palavra "não" pode realmente se aplicar a ele. Deixado por conta própria, ele fará tudo que vier à mente, na suposição de que você acabará por se conformar.

Sexo com o sagitariano

Sagitário é simbolizado pelo centauro — metade homem, metade animal. O sagitariano tem do sexo uma visão idealizada, juntamente com uma fome sexual muito primitiva. Ele deseja encontrar na mesma pessoa um misto de melhor amiga, deusa sexual e alma gêmea — uma história de amor tipo John Lennon e Yoko Ono. No entanto, da cintura para baixo ele é totalmente animal. O sagitariano pode ser um pouco esquizofrênico — nunca se sabe com que cabeça ele está pensando, de um momento para outro.

Embora aderindo à sua visão, o sagitariano também sabe que encontrar uma alma gêmea pode levar uma década... ou seis. Até lá ele precisa transar — e é o que ele faz. O impulsivo sagitariano é famoso por transar primeiro e fazer perguntas depois. Com lentes cor-de-rosa e enorme apetite, ele é demasiado rápido para se encantar. Arrastado pelo momento, atira-se na cama e acaba arrependido na manhã seguinte. Ainda assim, ele é impossível de se corrigir — a precipitação, a insolência e a teimosia são seus traços imortais.

Sagitário é o regente da moral e da religião, e o nativo deste signo tem um lado surpreendentemente puritano, sendo pouco propenso a esquisitices eróticas, principalmente quando sente que degradam a mulher. Guarde o chicote e as correntes para o capricorniano. Se houver uma razão acadêmica por trás dos fetiches e da elaborada sexualidade que você apresenta a ele, o sagitariano pode abrir a mente; por exemplo, se você ensina mulheres a se masturbar porque acredita que se trata de uma forma de delegação de poder feminino, ou se faz biscate como dançarina de striptease enquanto termina o mestrado e um livro de memórias sobre sexo, poder e gênero, ele pode intelectualizar a situação o suficiente para explorá-la.

Em cada nativo de sagitário existe um hippie sujinho, e na cama ele não tem sutilezas. Evite perfumes, meia-luz e lingerie elaborada. Com o sagitariano, o que está em jogo é a gratificação imediata. Ele não quer passar a noite esperando você terminar de tirar um corselete, nem ser provocado durante horas com um chicote. Conforme expressou um sagitariano, "só quero alguém com quem deitar e rolar". Quanto mais depressa vocês tirarem a roupa e rolarem pelo chão, melhor.

O sagitariano gosta de aprender, e ele pode passar por uma fase de estudar assuntos sexuais como tantra, ponto G ou ejaculação feminina. No final, porém, acaba entediado com todos os detalhes e volta ao nível básico. Ou seja: fiquem nus e transem como coelhos em suas posições favoritas. Afinal de contas, isso funciona há milhares de anos; então, por que mudar de rumo?

Com o nativo de Sagitário a melhor maneira de misturar as coisas é variar o local, em vez de a técnica. Sagitário é o signo das viagens, portanto, transar nas férias tem o seu lugar. Arraste-o para longe do computador e dos projetos. Leve-o para um campo aberto, estacione numa rodovia deserta durante um passeio de carro ou acampem no meio da mata. Só nos grandes espaços ao ar livre ele se conecta com seu espírito selvagem indomado. É mais provável vocês fazerem sexo de primeira qualidade à luz de uma fogueira que de velas. Portanto, vá buscar um pouco de lenha e pegue o saco de dormir. Em vez de um hotel cinco estrelas, vocês poderiam transar sob um céu repleto de estrelas brilhantes. Ora, onde está seu espírito de aventura?

Tesão: o sim e o não

O que dá tesão

- alegria de viver: seja espontânea, livre pensadora e apaixonada pela vida
- olhar o lado positivo de cada situação
- fazê-lo rir quando ele estiver deprimido ou ensimesmado
- compartilhar livros, ideias e conhecimento
- mantê-lo rindo; ter um fantástico senso de humor
- trazer ao mundo dele aventuras novas e excitantes e crescimento
- ser nativa de outro país ou cultura, principalmente os "quentes" (América Latina, Caribe ou Mediterrâneo)
- ser uma glutona ou aventurar-se na culinária
- dar em cima dele
- usar minissaia muito curta para exibir as pernas
- ter atividades, carreira e interesses bem-estabelecidos, que você ame pelo menos tanto quanto ama a ele
- envolver-se em atividades constantes de desenvolvimento pessoal, formação profissional e autoconsciência
- ser autossuficiente: ter uma furadeira elétrica e um vibrador
- conservar a naturalidade: maquiagem leve, unhas curtas, guarda-roupa prático
- não se importar se as roupas dele estiverem amassadas ou se o peito estiver sem depilar (e estará)

O que não dá tesão

- ser excessivamente prática ou obcecada com horários
- ser previsível (comer, fazer, vestir a mesma coisa sempre)
- fazer despesas excessivas (pelos padrões dele) com roupas, sapatos, corte de cabelo ou aparência física
- mostrar falta de interesse em leitura
- ser adepta do "fascismo da higiene" ou obsessão com limpeza
- ser pouco calorosa, pouco profunda ou pouco apaixonada
- comprar briga com ele ou criticá-lo — com tantos outros temas que vocês deviam conversar, por que fazer drama?
- ser "filhinha do papai" ou depender demais dos pais; ele precisa que você tenha pensamento próprio
- exigir atenção em excesso — ele não pode se permitir distrações de seus abrangentes projetos e planos
- ser sensível e se ofender facilmente com as observações grosseiras ou pouco diplomáticas que ele fizer
- insistir em que ele se arrume e use terno, smoking ou gravata mais de uma vez por década
- preferir locais da moda aos bares ou restaurantes sóbrios
- desperdiçar o dinheiro ou o tempo dele
- não dar a ele a devida importância
- ser uma "dondoca" de alguma forma

As jogadas dele

Primeiras investidas: a azaração

O Sagitário é o signo do caçador, e ele persegue a presa como um lince acossa uma gazela. "Queremos saber o que aquele animal faz, para onde ele vai", declara um sagitariano.

Você já se sente como um pedaço de carne? Espere, pois aí vem mais. Quando o sagitariano a tem sob a mira, ele joga para ganhar.

Relacionamentos astrais

Embora seu índice de atenção seja mais curto que a minissaia de uma jovem celebridade, quando ele a deseja, você se torna um total foco de atenção. O único tipo de azaração que ele faz é botar pressão, é ficar perto demais para reclamar seu direito. Dificilmente você terá dúvida se ele a quer ou não.

Aqui está como o sagitariano sinaliza sua atração animal:
- ele declara sem rodeios por que a deseja
- perto de você ele fala alto e se exibe, sem reservas
- para chamar sua atenção ele começa a fazer piadas
- derrama sobre você uma onda (digamos, tsunami) de atenção
- dá em cima de você descaradamente, sem a menor sutileza
- investiga seus movimentos e a segue por aí
- invade seu espaço pessoal
- envolve-a numa conversa provocante, porém intelectual
- começa a tentar orientá-la ou aconselhá-la
- assusta 95% das mulheres do recinto, por seu comportamento exagerado, e leva para casa a que não sai correndo apavorada

Como saber que ele está envolvido

Por ser o arqueiro do zodíaco, o Sagitário sabe como perseguir, caçar e fazer mira no alvo. Ele adora a mulher que o mantém caçando um pouco, mas não deseja fazer esse jogo para sempre. Depois de atingir o alvo e ganhar a garota, ele parte para a próxima missão — normalmente uma vitória profissional, ou a realização de um sonho pessoal. Se mesmo remotamente ele se sentir limitado pela relação de vocês, ou achar que você o desvia de outros interesses, tratará de se libertar. Se você compartilha o sonho dele, então se empenhe em segui-lo nessa viagem! Com a química certa, ele se torna um divertido parceiro para a vida inteira, que talvez consiga enfurecer, mas nunca entediar você. Aqui estão alguns sinais de que seu viajante sagitariano está pronto para pendurar a sela em sua pousada:

Você se torna o projeto favorito dele. O sagitariano é um professor cuja maior satisfação é encontrar um ouvido atento, alguém que receba seu conselho (em geral, não solicitado). Se você florescer como um canteiro depois de receber sua orientação, ele ficará empolgado em observá-la crescer cada dia mais. Uma ressalva: para que ele permaneça interessado, você precisará ter muito potencial e mostrar progresso rápido. Ele só aposta em cavalo vencedor.

Ele mostra a você o lado sensível. Ele sempre faz palhaçadas e brincadeiras, encena um espetáculo; mas você sabe que debaixo do sapateado e da pintura de guerra existe um garotinho... com sentimentos muito profundos. Apesar de ter muitos amigos, poucos o conhecem. Ele permite a você ver as lágrimas e inseguranças dele quando estão a sós? Então você se tornou parte do pequeno círculo íntimo do sagitariano.

Ele diz tudo sem rodeios. Este é o signo menos diplomático do zodíaco, o enunciador da verdade, que nomeia tudo. Com ele, não se pode esperar um tempero romântico. Nosso pai, sagitariano, disse à nossa mãe quando eles namoravam: "Veja bem, se você quiser continuar o namoro, não pode sair com outros" (nem pense em dar a ele um ultimato — vai ser o tiro pela culatra).

Ele a considera a musa dele. Nem amarrar os sapatos você consegue sem ele ligar a filmadora ou a câmera digital. Quer desenhá-la nua e anotar na agenda de bolso todos os seus ditos espirituosos ou citações. Você está injetando nas veias dele a droga que ele prefere: inspiração. Se você o faz ver arco-íris e possibilidades, ele irá tratá-la como um pote de ouro no fim do arco-íris.

Ele ainda tem um brilho no olhar. Quando um sagitariano fica inspirado, seus olhos se acendem como uma árvore de Natal. Se quando está a seu lado ele parece entediado, desanimado e abatido, é porque perdeu o rumo na vida ou já não sente mais amor por você. Se estiver empolgado, cheio de vida, fazendo piadas e sorrindo de alegria para você, ele ficará por perto.

Só você consegue suportá-lo — e ele sabe disso. Nem precisamos dizer que o sagitariano não é fácil — pode dar mais trabalho do que a adolescente que se prepara para a festa de formatura. Quando ele entender isso, talvez pare de acreditar que pode arranjar coisa melhor em outra parte.

O sagitariano infiel: por que ele a engana

Agora precisamos nos sentar e ter uma conversa franca. Mesmo sendo fiel e moralmente correto, o sagitariano tem um apetite tão vasto quanto o céu. Ele é simbolizado pelo centauro — figura mítica metade homem, metade cavalo. Apesar do radicalismo ético do sagitariano, a metade animalesca pode sobrepujar sua mente elevada e filosófica. Conforme costuma dizer o marido de Ofélia: "Por que razão ter só um punhado, quando você pode ter um montão?"

Quando um sagitariano pula a cerca, a questão nunca é pessoal e raramente ditada por má intenção. Ele segue os próprios impulsos até atracar em território desconhecido. Se for apanhado traindo a mulher, adota uma abordagem filosófica, que pode ser resumida nesta ótima citação: é melhor pedir perdão do que pedir permissão. Essa frase o sagitariano poderia mandar gravar na própria lápide. Logo, aqui estão algumas razões por que o sagitariano poderia se desviar:

A oportunidade surgiu de repente. O sagitariano detesta desperdiçar uma boa oportunidade, principalmente quando ela cai no colo dele... e faz uma dança erótica. Cá para nós, quem a desperdiçaria?

Ele precisava de um pouco de variedade. O sagitariano gosta de um desafio e detesta estagnação. Mesmo gostando do cardápio que você oferece a ele, há ocasiões em que, em vez de batatas, ele prefere outra guarnição. Se vocês transaram sempre no mesmo lugar, na mesma posição ou técnica — ou caíram em algum outro tipo de rotina — ele talvez renove o ânimo com um banquete de Ação de Graças no acampamento de outra peregrina.

Ele se sentiu enclausurado e precisou de um pouco de liberdade. O sagitariano detesta regras, ou só obedece às que estabeleceu para uso próprio. Por mais amor que tenha a você, os compromissos contrariam a natureza animal dele. Caso ele não tenha liberdade suficiente em outras partes da própria vida, poderá sucumbir ao instinto de perambular. Conforme declarou um sagitariano, "quando me sinto à vontade numa relação, só preciso saber que posso sair um pouco dos limites, que tenho espaço livre para respirar".

Ele não gosta mais de você. Ele está de saco cheio, o caso acabou, ele avisou e você que não deu ouvidos. Agora, você apenas faz drama. Se não adiantou romper abertamente, ele será obrigado a facilitar ser flagrado pulando a cerca. Essa foi de doer!

Comece a cavar a cova: o fim do romance

Quando está saturado, o sagitariano não consegue esconder seus sentimentos. Para começar, o rosto e a linguagem corporal o denunciam. Mesmo sem (ainda) abandonar você fisicamente, ele se afastará, em termos mentais, emocionais, sexuais e espirituais, do relacionamento de vocês. Quando ele se tornar distante e se recusar a discutir uma solução, não é porque não consiga encontrar alguma, mas sim porque não deseja fazer isso. Eis aqui alguns indícios de que as patas de seu centauro se dirigem à porta de saída do estábulo:

Ele sai da sintonia com você. Depois de você ter sido o projeto favorito, a menina de seus olhos, ele agora mal escuta uma palavra do que você diz. Perdeu o interesse, e sem isso não há relação com esse nativo.

Ele telefona para a agente de viagens. Não porque esteja dormindo com ela (embora tudo seja possível). Ao viajar, o sagitariano diz simbolicamente: "Estou novamente de volta ao mundo." Quando ele faz as malas, talvez seja para umas férias permanentes.

Ele se torna um cafajeste passivo-agressivo. Ele já não dá a mínima, logo, por que fingiria se importar? Pequenas farpas e atitudes insensíveis começam a voar; ele se esquece de tampar o frasco de manteiga (o que mais tira você do sério), deixa o assento sanitário levantado, e mostra mais carinho ao cachorro que a você. De repente, parece esquecido das boas maneiras que fingiu ter aprendido quando estavam juntos.

Relacionamentos astrais

Ele se restringe. Isso quer dizer restringir tudo: contato sexual, conversas, brincadeiras, piadas. Ele começa a sonegar o que tem de melhor e a poupar para outra pessoa.

Ele começa a tabalhar até tarde com excessiva frequência. Começa a chegar do trabalho às dez da noite (em vez de dez da manhã, como no início do namoro), trazendo o notebook. Imediatamente se instala no sofá até as quatro da manhã, trabalhando num "projeto grande" até cair no sono em cima das almofadas. Claro que tem um grande projeto: organizar o próximo capítulo da vida dele, para poder sair sem percalços deste em que vocês estão juntos.

Interpretação de sinais:
O que ele quer dizer com isso?

Quando ele...	...quer dizer que...	...logo você deveria...
...fica muito calado...	...está obcecado com o trabalho, as contas ou um projeto.	...afastar-se das nuvens de tempestade iminente, ir cuidar da vida e voltar a procurá-lo quando ele tiver terminado o trabalho. Ou escutá-lo falar sobre a tarefa; para o nativo, verbalizar os pensamentos às vezes ajuda. Anime-o a pôr as ideias no papel.
...não telefona...	...ou está ocupado com diversos projetos, ou não está muito interessado em você, e espera que você entenda isso sozinha para não ser obrigado a lidar com o drama.	...ligue para ele. Se ele atender ou retornar a ligação, você ainda está no páreo (embora em base precária, ou talvez só porque ele não tem transado ultimamente). Se dentro de alguns dias ele não retornar o telefonema, desista.
...telefona muitas vezes..	...gosta de conversar com você e provavelmente quer engatar um namoro.	...conversar com ele. Um bom papo é um de seus afrodisíacos favoritos, e um atalho para o coração dele.
...não dá notícias depois de alguns encontros...	...está em cima do muro em relação a você, ou não tem certeza do que deseja numa mulher, o que nada tem a ver com você.	...baixar a bola para o nível da amizade, se você realmente gosta dele como pessoa. Com o tempo, depois de conhecê-la melhor, ele poderá abrir a mente. Talvez precise ter mais alguns encontros ou experiências.
...passa semanas sem dar notícias...	...ainda não a considera boa o suficiente para namorar, ou está curtindo a vida livremente (isto é, tentando namorar aquela supermodelo, viajar o próximo semestre como mochileiro pelo Sudeste Asiático) e não está pronto para ficar amarrado a um compromisso sério.	...começar a sair com outros homens. Você não vai conseguir levar um sagitariano a crescer mais depressa do que ele está pronto a fazer. Mas se ele perceber que está prestes a perder um bom partido, ou se decidirá a seu favor ou irá embora.

Relacionamentos astrais

Quando ele...	...quer dizer que...	...logo você deveria...
...age depressa...	...está com tesão e quer transar com você, ou a considera adequada ao perfil do sonho dele e não quer ver você escapar.	...dosar a marcha dele um pouco, pelo menos até ter certeza das motivações. Ou então, caso não queira mais que um romance passageiro, dê uma "ficada" tórrida e sensual.
...paga a despesa, dá flores e presentes...	...foi sequestrado por alienígenas que o devolveram à Terra transformado num cavalheiro (brincadeirinha, ouviu? Quer dizer, mais ou menos). Ele está se esforçando muito para conquistar você e mostrar, com isso, que realmente gosta de você.	...ser grata e receptiva, principalmente porque os presentes quase sempre têm toques que mostram consideração da parte dele e revelam o quanto ele entende sua personalidade.
...apresenta você à família e/ou amigos mais íntimos...	...cogita seriamente ter você como parceira e deseja ver até que ponto você se encaixa na vida dele. Também está testando para saber se você sentirá ciúmes dos numerosos conhecidos e amigos dele.	...ser você mesma, genuína, aberta e amistosa com todos. Não faça bico, não fique cismada nem exija a atenção dele. Deixe-o ser o centro das atenções e misture-se livremente aos demais.

Suas jogadas: dicas de namoro e de amor eterno

O namoro com o sagitariano

Para namorar o sagitariano, você só precisa de uma coisa: senso de humor. Os melhores momentos dele são quando está sendo engraçado e inteligente, divertindo ruidosamente uma sala cheia de amigos. Se gostar das piadas ousadas e das frases hilariantes dele, já será um ótimo começo.

Embora seja talvez o homem mais cobiçado do recinto, em cada sagitariano existe um rapaz tímido, que sempre se espanta um pouco ao levar uma cantada: quando você o azarar, ele será o último a perceber. Além disso, está tão habituado a ser aquele que caça que não tem certeza de como ser perseguido. Mas não se preocupe — ele está sempre disposto a fazer o jogo, desde que entenda o que se passa. Algumas dicas de como dar partida no namoro:

Dê risada. O que mais agrada ao sagitariano é rir de piadas juntos. Ria das piadas dele, ria de si mesma, ria das próprias piadas. Ele quer estar onde está a diversão; mostre que ela está exatamente onde você se encontra.

Seja lasciva, tosca e muito direta. Corresponda ao atrevimento dele com uma amostra do seu. Seja tão direta quando ele foi, ou até mais. Agarre-o como uma troglodita e não vacile diante das piadas grosseiras que ele contar — ria e conte outra ainda mais ousada. Ele não quer passar o resto da vida com uma flor delicada, de pele fina.

Obrigue-o a correr atrás de você de vez em quando. Sagitário é o caçador do zodíaco. Se conquistá-la for tão fácil quanto "atirar em elefantes no zoológico", conforme expressou um sagitariano, ele logo ficará entediado. Ao mesmo tempo, você precisa estar disponível e abordável — e agir sem falsidade. Abandone seu manual de normas. Ele é presunçoso demais para se dar tanto trabalho.

Destaque-se da multidão. Mulheres inteligentes e originais são um tesão para o sagitariano. O que ele mais detesta é uma parceira genérica, padronizada, convencional. Ele não quer nem a líder de torcida nem a rainha do baile de formatura. Deseja a garota de short laranja fluorescente e blusinha de paetê que discute literatura francesa do século XVII com o ganhador da Bolsa Rhodes e dá uma lavada nele.

Seja uma plateia cativa. Quando o sagitariano levanta a cortina, planeja dar a você o maior espetáculo da Terra. Escute verdadeiramente as palavras dele e mostre profundo interesse no que ele tem a dizer. Ele adora pontificar para uma admiradora atraente. Ele ama o som da própria voz, e é melhor você também amar.

Amor eterno com o sagitariano

Sagitário é o signo do contexto geral, o regente da visão de longo prazo. Ele deseja uma parceira igualmente curiosa, que no futuro continue interessada, partilhando com ele a sede de conhecimento. O aprendizado perene tem de ser uma prioridade compartilhada — o nativo deseja fazer, ver, descobrir. Ele também necessita de muito tempo para outros projetos e objetivos, que sempre serão, esses sim, "a outra mulher" na relação. Ele talvez evite se comprometer por temer que a obrigação o distraia das ambiciosas empreitadas. Sagitário é um caçador, que sempre precisa de uma meta ou conquista. Para segurá-lo, uma mulher deve ser bastante segura e se unir a ele na caçada ou despachar o motivo com votos de sucesso.

Embora uma parte dele talvez duvide da existência de tal mulher, o sagitariano é ainda o otimista do zodíaco. Em todo nativo existe um idealista romântico que auxilia o progresso da parceira. Como ele desabrocha tarde, pode levar muito tempo até estar pronto para ela. Porém, quando a encontra, o sagitariano age com rapidez para selar o compromisso. Veja como saber que você é a mulher ideal:

Fascine e inspire ele. O sagitariano é impaciente e prefere o som da própria voz ao da amada. Ele se acredita mais inteligente que a maioria e tem a tendência a completar as frases alheias, ou a interrompê-las. Em sua mente, ele já ouviu 99% do que as pessoas dirão antes mesmo que o digam. Ai, que tédio! Você é a mulher que traz para o esgotado mundo dele conversas inéditas, novo material e ideias instigantes? Puxa vida, acho que agora ele calou a boca...

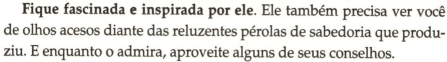

Fique fascinada e inspirada por ele. Ele também precisa ver você de olhos acesos diante das reluzentes pérolas de sabedoria que produziu. E enquanto o admira, aproveite alguns de seus conselhos.

Dedique-se totalmente à aventura. Se suas prioridades estão alinhadas com as dele — em outras palavras, se você vê o mundo como uma ostra e só precisa de alguém que ajude você a abri-la, ele vai adorar ser contratado para sempre em seu cruzeiro.

Abra espaço para que ele seja autêntico. Esse homem vai bagunçar um pouco a vida da parceira. "Vamos dizer bobagens, ter ideias esquisitas", diz um sagitariano. Pois é, mas se você não deixar de amar o nativo durante esses momentos de pequenas "pisadas na bola", aos 90 anos ele ainda estará sentado a seu lado, numa cadeira de balanço.

Nunca diga "não". Para o sagitariano essa palavrinha é como raspar o giz no quadro-negro. Se você tiver um "sim" automático para todas as acrobacias e ideias dele, por mais loucas que sejam, ele sempre vai querer ter você ao lado na viagem.

Viajem juntos pelo mundo. Ele é um incansável excursionista que adora fazer as malas e partir. Se a conexão dos dois conseguir sobreviver a mais de dois continentes, ou se vocês viajarem bem como equipe, podem em breve personalizar as malas com a inscrição "ele" & "ela".

Acredite nele quando ninguém mais o fizer. Com frequência o sagitariano está uns seis meses ou mais à frente de sua época. É ele o que manifesta a opinião impopular e, por isso, é destruído, mas, por fim, era ele quem estava certo o tempo todo. Se você acredita na visão prospectiva dele e faz com que o nativo se sinta lúcido e inteligente, ele a verá como avaliadora de suas novas ideias.

Esteja preparada para...

O primeiro encontro

É simultaneamente um convívio casual e um encontro romântico! O sagitariano não gasta tapete vermelho com o primeiro encontro (embora faça isso no segundo ou terceiro). Entretanto, depois de decidir que você é a mulher ideal, move-se a uma velocidade supersônica. Ele precisa mais de conexão intelectual do que valorizar o que você veste ou o local do encontro. Para o nativo, o que mais conta é a capacidade que você demonstra de manter uma conversa inspiradora. Descanse as cordas vocais, leia o jornal e prepare-se para, no mínimo, levar um papo fascinante.

A energia básica: Nosso amigo sagitariano Saddu sempre nos recomenda: "Encontrem-se para tomar um café na primeira vez que saírem juntos! Assim, se você não gostar da pessoa, poderá ir embora meia hora depois." O nativo procura, em primeiro lugar, sua melhor amiga e, em segundo, uma parceira. Naturalmente, se vocês se entenderem bem, podem manter uma conversa por sete horas seguidas e só sair do café na hora de fechar. Ou então, ele vai querer caminhar a esmo e explorar a cidade com você: sebos, a festa de um amigo, o fliperama, o shopping, uma caminhada até o outro lado da cidade. Quando se liga a um sagitariano, você nunca sabe onde é o fim.

O que usar: O signo de Sagitário é metade cavalo; portanto, concentre-se em "crina e rabo". Ou seja, deixe o cabelo solto e revolto, e trate de exibir o popozão — e quaisquer outras curvas. Ele não tem medo de pele nua. À parte isso, use roupas simples, esportivas e originais. O nativo é um aventureiro e adora bancar o guia de turismo. Vocês podem acabar perambulando por horas e horas. É muito importante que a roupa escolhida seja uma expressão de sua personalidade; não importa se é um blazer azul bem-comportado ou um tomara que caia colante que esprema seus "pneuzinhos" — desde que ele possa sentir que tudo aquilo é totalmente a sua cara.

O que não usar: Quando sair com um sagitariano, não use nada que combine muito ou se produza demais. Ele gosta de mulheres naturais e de personalidade, que se sintam à vontade consigo mesmas. O nativo é capaz de farejar uma simuladora a um quilômetro de distância — literalmente. Não exagere nos cosméticos ou no perfume. Se você tiver o visual de "artista plástica descolada" ou de "megapatricinha", ou se for maníaca por grifes, ele a descartará como falsa. É melhor você errar pelo lado casual do que usar roupas muito harmonizadas, mas desprovidas de qualquer toque pessoal.

Pagar ou não pagar? Prepare-se para tudo. Em matéria de dinheiro, o sagitariano é relaxado e espontâneo. Se ele convida você para sair, provavelmente pagará pelo evento principal, mas não se importará de que você pague uma rodada de bebidas, compre as camisinhas ou patrocine alguma atividade adicional. Ele é um homem moderno.

Na hora da despedida: Em vez de "boa-noite" ele prefere dizer "bom-dia"; esse homem não controla os impulsos e tem um enorme apetite. Se estiver curtindo a noitada, vai querer que ela continue rolando... e rolando. Para ele ir embora, talvez precise expulsá-lo ou ser firmemente direta. Um conhecido nosso, nativo do signo, quase botou para correr para sempre, apavorada, a namorada ariana, quando no segundo encontro deles estacionou diante do apartamento dela e anunciou: "Eu trouxe um pijama na mala do carro, para o caso de você querer que eu fique." Se ele gostar de você, não espere que estabeleça limites. É você quem terá de ser firme — ou não! — quanto às suas limitações. Fazer o nativo esperar não irá necessariamente levá-lo a respeitá-la mais. Já dizia nosso pai sagitariano, quando tínhamos 14 anos: "O sexo é uma coisa natural e maravilhosa; não é nada de que se envergonhar." Ahm... obrigada, papai.

Guarde para um nativo de virgem ou de libra seus valores antiquados.

A primeira visita dele à sua casa

Como o sagitariano age depressa, ele pode acabar na sua casa no primeiro encontro! Por sorte, não é muito exigente, desde que haja comida e lugares confortáveis para se sentar. Interessante, o nativo é um convidado curioso — e, também, descortês, pois fará comentários não solicitados sobre a decoração e os objetos; portanto, procure não se ofender. Se ele estiver interessado em você, desejará conhecer sua verdadeira personalidade — ou seja, seu eu autêntico, sem limpeza de aspirador, com poeira e tudo.

Relacionamentos astrais

Preparem a comida a quatro mãos. O sagitariano pode ser um cozinheiro excelente, e com frequência se apresenta com uma garrafa de vinho ou um petisco gostoso (sem contar o próprio nativo, claro). Sugiro irem juntos ao mercado para escolher os ingredientes. Depois riam, falem de qualquer assunto possível, bebericando um vinho, enquanto preparam a refeição. De bom grado, ele procurará uma receita na internet ou trará uma do próprio repertório.

Assistam a um filme muito bom (ou muito ruim). O nativo de Sagitário é fantástico para se conversar sobre temas profundos ou completo besteirol. Ele adora rir. Se você tiver gravado algum *reality show* realmente ruim, vocês podem rir do programa juntos e assim criarem um vínculo. Ou se você tiver comprado o mais recente documentário estrangeiro elogiado pela revista *The New Yorker*, ponha o DVD e discutam a respeito.

Procure atiçar a curiosidade dele. Ele adora sebos empoeirados, feiras livres de produtos agrícolas e bazares internacionais. Quanto mais seu apartamento lembrar um mercado ao ar livre em Marrakesh, melhor. Exiba seus livros e revistas (Sagitário é o regente do mundo editorial) e todos os seus objetos cosmopolitas. Exiba os objetos comprados em suas viagens, juntamente com prêmios acadêmicos, para ele poder admirar seu intelecto e traquejo internacional.

Esconda os objetos delicados. O nativo é desastrado e negligente, e poderia distraidamente descansar a caneca de café em cima de seu álbum de família ou, com um gesto animado, fazer espatifar-se no chão a porcelana que você herdou de sua avó.

Conserve a autenticidade. O sagitariano não precisa que as coisas estejam imaculadas; ele as prefere usadas e autênticas a excessivamente polidas. Deixe espalhadas pilhas de objetos e não se preocupe com a louça sem lavar dentro da pia. Se você tem algum filho, o nativo prefere ver sucrilhos colados no teto em vez de um quarto infantil perfeitamente decorado e uma criança robotizada tipo "bebê-prodígio". Afinal de contas, como ele poderá conservar sua personalidade excêntrica se o mundo em que você vive é tão... artificial?

O encontro com a família dele

Você está ansiosa para conhecer os pais dele? Pois então, relaxe. Em relação à família, o sagitariano poderia ganhar um prêmio de espírito independente. Seu relacionamento com o próprio clã vem mais do dever do que do desejo. É mais provável ele visitar os pais no período de festas do que toda noite ir jantar a comidinha caseira da mãe. Aliás, raramente haveria essa opção, pois, em geral, o endereço dos pais fica a centenas de quilômetros de distância do dele.

Visionário, o sagitariano está mais interessado na relação entre vocês dois e prefere criar sua própria família, ao invés de copiar o modelo dos pais. Ele odeia dependência e se esforça por ser autossuficiente. Os pais são um incômodo lembrete de que alguém mais desempenhou um papel na criação dele. Normalmente, se ele tiver proximidade com os pais, será porque estes não o sufocaram.

Se ele ficar adiando a ocasião de levar você para conhecer os pais, alegre-se. As visitas à família tornam tudo excessivamente real para o nativo, cuja empolgação pode ficar temporariamente abalada. Ele talvez imagine a vidinha convencional se aproximando, principalmente se você se afinar bem com a família dele. Se vocês se hospedarem na casa dos pais, ele talvez não queira transar por uma semana. Para o sagitariano, a família é melhor na teoria que na prática. Ele favorece as relações baseadas na química, e não na biologia.

O nativo de Sagitário é adepto do "viver e deixar viver", e acredita que a vida dele só interessa a ele. Talvez você tenha conhecido logo os irmãos dele, mas se ele a apresentar aos pais, em geral o caso é sério. Seja você mesma e não tente se tornar a melhor amiga deles. A liberdade é tudo para o sagitariano, que não quer a família interferindo em sua vida. Deus o livre de que os pais comecem a fazer campanha por netos, ou para que ele "sossegue na vida". Mantenha seu útero a uma distância segura das fantasias reprodutoras dos pais dele. Seja cordial, calorosa e aberta na presença deles, mas conserve uma saudável distância.

Relacionamentos astrais

Isso posto, ele sempre se alegra em conhecer os parentes da amada — desde que esta mantenha um distanciamento saudável e se porte como adulta. Se você for a filhinha do papai ou a ajudante da mamãe, ele não vai querer papo. Com pais sem senso de humor ou de mentalidade estreita, ele não se entende bem, mas se os seus forem fascinantes e modernos, ele passará horas conversando. Genuíno e caloroso, o nativo normalmente consegue conquistar a família toda numa só visita (ao mesmo tempo que os diverte). Sobrinhas, sobrinhos e primos adorarão o nativo; seu espírito infantil cativa a família inteira.

Depois de um tempo, a novidade se desgasta e ele fica menos empolgado em puxar o saco de seus pais. Por volta do terceiro ano do relacionamento, ele provavelmente vai querer viajar para Bali nas festas de fim de ano ou alugar um refúgio de esqui para a família toda (combinando o dever com a diversão). Se você for do tipo que gosta de passar o Natal em família, não espere vê-lo desmaiar de emoção diante das tradições e costumes familiares de seus parentes. Mas se gostar de criar as próprias tradições, ele ficará encantado em escrever um livro sobre elas com você.

Para dizer adeus

O fim do romance com o sagitariano

O nativo de Sagitário pode sentir total indiferença pelos sentimentos alheios, mas recebe com extrema dificuldade as separações. Seu lado inseguro e hipersensível aflora violentamente se você ousar abandoná-lo. Ele fica rabugento, temperamental, deprimido — e chocado. O lado arrogante da natureza do sagitariano acredita que você tem sorte por estar com ele. Uma parte dele ficará indignada: você não sabe quem sou eu?

Sagitário é o signo do otimista; logo, se você decidiu seriamente terminar a relação, precisará falar firme e claro. Para o sagitariano, a esperança brota eternamente. Se você alegar alguma deficiência dele para justificar o rompimento, ele derrubará seu argumento prometendo trabalhar em si mesmo. É muito melhor e menos tumultuado terminar o namoro com uma variação da velha frase "o problema não é com você, o problema é comigo".

Além disso, se ele sentir que você o enrolou, pode se tornar perverso quando entender que sua intenção é séria. Todas as opiniões desfavoráveis que formou a seu respeito serão lançadas numa lamentável condenação. "Quem vai gostar de você com essa bunda gorda?" ou "Pensando bem, você não era inteligente o suficiente para mim." Se de alguma forma você enganou ou traiu o nativo, só Deus poderá ajudá-la.

No entanto, se o caso de vocês se desgastou, ele provavelmente já saberá disso. Depois de superar o assunto, ele normalmente volta a se relacionar como amigo para o resto da vida. De fato, você talvez goste dele ainda mais na condição de amigo.

Superando a perda: quando o sagitariano vai embora

Ele se cansou, o romance acabou, e para ele já não há fogo. Quando um sagitariano impaciente não vê mais perspectiva, quer sair de uma forma rápida e indolor. Ele espera que você supere o problema com um mínimo de sofrimento. Conforme declarou um nativo, "quero um divórcio impecável — sem constrangimento, sem acusações, tocando a vida adiante".

A sufocação emocional é um grande ímpeto para o sagitariano sair correndo. Você se tornou muito carente e dependente? Careta demais e pouco aventureira? Se ele não conseguir crescer sem limites no interior da relação de vocês, procurará outra em que possa fazer isso. Ele precisa de paixão e de possibilidades.

Se a perda dessa vantagem for temporária, você talvez consiga reconquistá-lo. Mas é melhor se apressar: quando o sagitariano se atreve a abandonar você do nada, provavelmente já conseguiu outra mulher, ou pelo menos tem disponível uma tranca emergencial.

Relacionamentos astrais

Você certamente não vai querer acompanhar os detalhes da vida e da recuperação dele; portanto, poupe-se: corte o contato durante algum tempo. Ele sempre dá jeito de justificar as próprias insensibilidades e provavelmente não levará em consideração seus sentimentos antes de passar à conquista seguinte. Mais vale seguir adiante e esperar serem amigos mais tarde.

Pela última vez, chore a falta que sentirá...
- do espírito aventureiro dele
- de suas piadas e seu senso de humor hilariante
- de alguém que a incentive em seus sonhos
- de seu companheiro e melhor amigo
- do fato de ser apresentada a tantas experiências novas
- do seu jeito de divertir as multidões nos jantares
- da paixão, do espírito e da animação dele
- da pessoa mais interessante que você já conheceu

Agradeça ao universo por nunca mais ser obrigada a lidar com...
- os impulsos egoístas dele
- a falta de tato e elegância
- o gênio dominador
- os cheiros aleatórios ao redor dele (gordura, sujeira, suor, gases intestinais)
- as frequentes dúvidas quanto ao rumo da própria vida
- os períodos de ruína financeira depois de fracassado o mais recente projeto dele
- os comentários grosseiros e dogmáticos que ele fazia, constrangendo-a imensamente
- as quiméricas fantasias dele, que nunca tinham sucesso nem pagavam as contas

O NATIVO DE SAGITÁRIO

A combinação amorosa: Vocês falam a mesma língua?

Você é do signo de...	Ele acha que você é...	Você acha que ele é...	Linguagem comum
Áries	...sexy e poderosa, mas um tanto dispendiosa e metida a diva.	...divertido e carinhoso, mas precisa aprimorar a higiene e os cuidados pessoais.	Empreendedorismo, viagens, aventuras, educação, diversão, risos.
Touro	...tediosa e previsível.	...peludo e delirante.	Culinária, vinhos, artes plásticas, literatura.
Gêmeos	...uma deusa andrógina do amor e infinitamente fascinante, mas um pouco fria.	...um perfeito colega de brincadeiras e companheiro de viagens, com potencial de magoar o seu coração.	Viagens, questões planetárias, humanidade, livros, educação.
Câncer	...a razão por que as mães são sufocantes.	...exasperante, grosseiro e insensível — amigo só nos momentos felizes.	Sensibilidade exagerada.
Leão	...a perfeita mistura de proteção, paixão, aventura e adoração — mas um pouco cansativa.	...dinâmico, inteligente, excitante e sexy. Alguém com quem fazer amor e guerra. Mas será que o canalha poderia pelo menos levar rosas no seu aniversário?	Falar interminavelmente de vocês mesmos, cantar músicas de espetáculos, voltar à universidade para outra graduação.
Virgem	...incrivelmente inteligente e disciplinada, mas muito anal.	...o homem ideal, realmente neurótico, embora ele a acuse do mesmo.	Conversas, política, natureza, atividades ao ar livre e educação, julgar e analisar as pessoas.
Libra	...bonita, encantadora, mas excessivamente preocupada com a aparência dele.	...necessita seriamente de um coquetel extraforte de Prozac e Ritalina.	Diversão e atividades despreocupadas (boliche, karaokê, filmes de locadora).

341

Relacionamentos astrais

Você é do signo de...	Ele acha que você é...	Você acha que ele é...	Linguagem comum
Escorpião	...assustadoramente sensual e demasiadamente intensa — mas com potencial para um excitante intercâmbio sexual.	...repulsivo. Apenas repulsivo.	Sexo tórrido, suado, obsceno, embriagado, deplorável, inesquecível.
Sagitário	...divertida, admiravelmente ambiciosa, mas talvez um pouco semelhante demais para tornar estimulante a interação.	...no começo, muito gostoso, mas a constante angústia e excessiva preocupação dele enervam você. Talvez precise de um pouco mais de estabilidade do que a oferecida por ele.	Passar horas fazendo piadas, rir até sentir dor na barriga, construir seus impérios, livros e frases de inspiração, cultura pop, e karaokê, besteirol e viagens.
Capricórnio	...serena e objetiva de uma forma que ele gostaria de poder ser. Talvez a rejeite como fria, controladora e excessivamente tradicional para o gosto dele.	...exaltado e inspirador, mas sonhador demais para oferecer a segurança material de que você precisa.	Empreendedorismo, piadas malucas, esportes.
Aquário	...uma pensadora livre de mesma cepa, adorável e divertida.	...o perfeito companheiro de brincadeiras — um pensador livre com espírito nômade que também quer mudar o mundo.	Piadas inteligentes, causas sociais, o fato de serem secretamente neuróticos, o amor à liberdade, ideias não convencionais, viagens pelo mundo.
Peixes	...feminina de uma forma que ele considera inquietante demais. Excesso de estrógeno!	...totalmente desprovido da sutileza e da ternura de que você precisa num parceiro romântico.	Compenetração, tendência a desaparecer das vidas das pessoas por semanas, meses e até por anos, e depois ressurgir do nada.

342

O nativo de Capricórnio

Datas: 22 de dezembro — 19 de janeiro
Símbolo: o cabrito montanhês
Planeta regente: Saturno, o planeta da disciplina e da restrição
Elementos: terra
Qualidade: cardinal
Missão: o troféu supremo

Ambiente natural — onde você vai encontrá-lo: Comandando uma reunião de diretoria como um general de cinco estrelas; escalando um rochedo; ganhando uma corrida de longa distância; começando um negócio bem-sucedido; estudando uma forma complexa de artes marciais; na sala VIP de um clube ou evento esportivo; praticando até a absoluta perfeição seu hobby/ofício/obsessão; na academia, de manhã cedo, para malhar; fotografando lindas mulheres com uma câmera de última geração (como profissional ou amador), dormindo até quatro da tarde no fim de semana; esforçando-se demais para dar uma cantada num modelo ou mulher mais jovem; remoendo pensamentos em secreta melancolia; silenciosamente dominando o recinto, num espetáculo de variedades ou clube de striptease; fazendo compras, distraindo e cuidando da família; cercado de colegas de faculdade que o conhecem desde os tempos de estudante; servindo ao país nas forças armadas; rodando por aí num carro esportivo; jogando pôquer com os amigos; viajando sozinho pela América do Sul ou pelo Sudeste Asiático.

Meio de vida: Empresário; diretor-presidente; médico; diretor; líder político ou guru; personalidade dos meios de comunicação; fotógrafo; músico (em geral, cantor solista); designer gráfico; ator (protagonista ou bandido taciturno); roteirista de cinema; romancista; oficial das forças armadas; atleta profissional.

Notáveis e notórios nativos de Capricórnio: Jude Law, David Bowie, Marilyn Manson, Dave Gohl, Tiger Woods, Howard Hughes, Mel Gibson, Rod Stewart, Ryan Seacrest, Sacha Baron Cohen, Martin Luther

Relacionamentos astrais

King Jr, Al Capone, Howard Stern, Aristóteles Onassis, Kevin Costner, Rush Limbaugh, Muhammed Ali, Michael Stipe, Cuba Gooding Jr., Elvis Presley, Patrick Dempsey, Denzel Washington, John Singleton, Orlando Bloom, Jim Carrey, Benedict Arnold, Isaac Asimov, Nicolas Cage, Jimmy Buffet, Ralph Fiennes, George Foreman, Barry Goldwater, Robert E. Lee, Cary Grant, Ricky Martin, Edgar Allan Poe, J.D. Salinger, J.R.R. Tolkien, Sean Paul, LL Cool J.

O capricorniano: como localizá-lo

- rosto comprido, de estrutura óssea impressionante
- expressão estoica, praticamente impossível de ler ou interpretar
- atraente, queixo másculo, como de super-herói de desenho animado
- olhar sempre fixado na distância (atentos às metas, os capricornianos estão sempre pensando no passo seguinte)
- voz monótona e inexpressiva que encobre um hilariante senso de humor fleumático
- porte atlético — até os nativos magros ou rechonchudos têm musculatura bem definida
- cabelo sensualmente em desalinho, fixado com "produtos"
- jeans caros e tênis de marca — ele gasta uma boa grana para ter um visual de roqueiro famoso
- pequena tatuagem aparecendo sob a manga da camisa, revelando um lado excêntrico secreto
- a desajeitada atitude corporal do mordomo patibular do seriado *A família Addams*, o Tropeço
- ele é o garotão de visual produzido que anda com geeks e excêntricos — o leal capricorniano nunca menospreza os amigos de infância
- a atitude paternal que atrai inexplicavelmente as mulheres
- a energia um tanto tímida, mas obviamente confiante
- o olhar observador — se o nativo quiser você, vigiará em silêncio cada movimento seu

- ouvinte atento, ele refletirá sobre o que você disser e depois oferecerá sábios conselhos
- aura de herói solidário; é o primeiro a socorrer a donzela em apuros
- agitação serena; quando ele está acordado, se não ficar tamborilando com os dedos ou sacudindo os joelhos, tem sempre uma energia cinética fermentando sob a superfície

O capricorniano: seu jeito de lidar com...

Dinheiro

Tem obsessão por obter segurança financeira e bancar o provedor. Hábil em orçar e planejar; no entanto, é capaz de queimar num mau negócio todos os recursos de reserva. Sempre em busca de um investimento, é propenso a possuir imóveis.

Família

Ligado ao clã pelo dever, frequentemente serve de apoio sólido para todos, mesmo que seja o filho mais novo.

Amor

Que seja, tanto faz. É ótimo, mas não conquista tudo.

Sexo

Está sempre pronto, disposto e capaz para o sexo. Pode ter fetiches estranhos ou secretos.

Filhos

Os dele não são filhos, são um legado. Paternal e protetor, o capricorniano espera que os filhos correspondam aos altos padrões que estabelece. Tem dificuldade em considerá-los entidades independentes de si. É uma área em que deveria ser mais realista.

Animais de estimação

Com frequência as únicas criaturas que testemunham os tenros sentimentos do nativo. Ah, nada como o pelo de um rottweiler manchado de lágrimas!

Quando você surta

Se ele achar que você tem o legítimo direito de estar transtornada (e a causa não tiver sido algo que ele fez) será ótimo ouvir sua opinião. Ou então ele apontará algo tão absurdo que você achará graça e esquecerá o problema.

Se estiver zangada com ele ou agindo de forma "irracional", a reação dele mostrará falta de sensibilidade, podendo beirar a crueldade. Reclamações ou lágrimas de sua parte serão observadas com silêncio, ou então ele se afastará até você esfriar a cabeça. Chame sua mãe, se precisar de quem a console.

Quando ele surta

Crise completamente interna — o sistema caiu! Ou ele implode e se atormenta de forma obsessiva, ou mergulha numa depressão que dura meses. É orgulhoso demais para pedir apoio e pode ficar agressivo se você tentar ajudar.

O rompimento

Um "final nebuloso" — o nativo deixa a situação tornar-se turva, na esperança de vê-la desaparecer na escuridão. Na esperança de afugentar você, ele acelera o processo ficando muito ocupado com o trabalho ou dizendo algo mesquinho. Se você não se tocar, ele se sentará para ter uma conversa breve e sem emoção do tipo "a relação não está dando certo". Depois de tomada a decisão, ele fica inflexível.

O capricorniano: tudo sobre ele

São 21h. Você sabe por onde anda seu capricorniano?

Antes de registrar um boletim de ocorrência de pessoa desaparecida, telefone para o escritório. É possível que ele esteja debruçado sobre a escrivaninha, envolvido em sua prioridade máxima: o trabalho. Capricórnio rege a décima casa do zodíaco, a da vida profissional, do sucesso e da estrutura, e ele pode ser muito dedicado à empresa. Armado de um plano decenal, ele persegue teimosamente suas metas — ou, pelo menos, tenta entender o rumo em que se desloca. Sem direção e um sonho, ele está perdido.

Diz-se que, para este signo de "espírito velho", a vida só começa de fato depois dos 40 anos. Até lá, ele com frequência está mergulhado até o pescoço em projetos e empreendimentos, ou na boa e velha preparação. O nativo é completamente consciente de hierarquias e necessita galgar os altos escalões. Se ele não conseguir figurar nas porcentagens de cima, prefere não jogar. O capricorniano é um gerente nato. Ele se orgulha de fazer o papel de guardião, de ser "o cara que não precisa de ninguém, mas de quem todo mundo precisa", conforme descreveu um nativo. Esse homem precisa estabelecer metas regulares, decompor tudo em etapas calculadas, que depois irá cortar de sua lista de afazeres, uma por vez. Um conhecido nosso de Capricórnio planeja se aposentar cedo e viajar pelo mundo de iate. Outros dois compraram o carro de seus sonhos (nos dois casos foi um Porsche) depois de completarem 35 anos. O nativo tem uma qualidade do ascético — ele irá "privar-se" nobremente, e em seguida se conceder um prêmio por haver cumprido uma grande meta.

Se ele não estiver no escritório, possivelmente estará em algum estado solitário, absorto em pensamentos do tipo "Para onde estou indo? O que eu deveria fazer em seguida?". Na visão desse magistral estrategista, a vida é seu tabuleiro de xadrez, em que ele faz movimentos vagarosos e prudentes. De fato, o capricorniano em geral gosta de xadrez, ou beisebol, ou história de guerra — algo que exija estratégia e cálculo. Pessoa de hábitos frugais, o nativo pode ser um pouco solitário. Ele ficará feliz por dirigir ao crepúsculo, montado numa motocicleta, fazendo uma pausa para breve relaxamento, e depois se aventurar de novo na estrada sem-fim. O capricorniano tem uma qualidade do caubói do Marlboro ou do Cavaleiro Solitário.

Capricórnio é o signo regente dos dentes, dos maxilares e da estrutura óssea, e os dele com frequência são proeminentes, o que lhe dá um rosto surpreendente e um sorriso deslumbrante (pense em capricornianos como Kevin Costner, Mel Gibson, Denzel Washington e Elvis Presley). Sua capacidade de ficar parado e deixar os outros se aproximarem lhe confere um carisma que enlouquece as mulheres. Às vezes, a magreza pode torná-lo desajeitado e socialmente canhestro. O vegetarianismo não é aconselhável a este signo — ele precisa manter a carne sobre os ossos!

Felizmente, o nativo tem um grande apetite pelos prazeres da vida, principalmente a comida. Mas será que ele se permitirá desfrutá-la? Depende. Capricórnio é regido por Saturno, planeta da disciplina, da restrição e da repressão — o nativo pode ser tão reprimido quanto é voraz. Conhecemos um capricorniano que fez voto de celibato. Outro assumiu o compromisso de não consumir bebida alcoólica — e nem sequer é alcoólatra! Conforme explica, manter a palavra dá a ele o sentimento de honra e dignidade. Os capricornianos adoram esse papo de patriotismo.

E, no entanto, ele pode ser um legítimo escravo dos próprios sentidos! Em alguns casos, em razão desse conflito íntimo, o nativo adquire distúrbios obsessivo-compulsivos. Ele faz lembrar a raposa metafórica que salta para alcançar as uvas, sem jamais conseguir. O estranho está no fato de a mão dele ficar o tempo todo afastando as uvas. Por mais que o capricorniano deseje ardentemente alcançar suas metas, ele se debate em profunda falta de autoconfiança, só agravada por seu desmesurado orgulho. A centímetros de romper a linha de chegada, ele pode hesitar e sabotar a própria vitória. O Capricórnio é o signo da imagem pública, do prestígio e da glória. Ele acha melhor fracassar em silêncio que ser considerado um tolo.

O capricorniano é a mais complicada das pessoas simples que você conhecerá. Ainda que pareça conservador, traz dentro de si um selvagem reprimido. Conviva com ele um pouco e você sentirá sua intensidade irrequieta. Ele reprime tudo, e suas emoções reprimidas podem se manifestar como um *alter ego* (imagine capricornianos como Marilyn Manson ou a personalidade Ziggy Stardust de David Bowie), como quem se emancipa da prisão que ele próprio criou. E inesperadamente ele pode até cair em alucinada comédia física, saltando em cima do sofá. A exemplo do capricorniano Jim Carrey, esse cara é capaz de contorcer o rosto, a voz e o corpo em formas inacreditáveis.

Como signo de terra ele é um inveterado realista e, por vezes, um cético. Como um irritado São Tomé, ele zomba das coincidências oportunas e exige provas cabais de cada milagre. Custa a ele confiar em algo que não foi criado com o suor de seu rosto. No entanto, homem de pouca fé, ele necessita desesperadamente de alguma coisa em que acreditar, e mais adiante na vida pode se tornar muito espiritualizado. Até que isso aconteça, seu deus está nas normas, na ordem e nas leis da vida. Ele gosta de aprender claramente o manual de estratégia antes de sequer pensar em improvisação.

Sua existência materialista parece austera, mas também o ajuda a ver a vida como uma divina comédia. Quando ele não está se preocupando (ou talvez porque se preocupe tanto), tem um senso de humor surpreendentemente bobo. Sua risada gostosa e sonora é contagiosa. Ele pode ser um maravilhoso contador de histórias, e é muito mais observador do que aparenta. Embora se leve demasiado a sério, esse é o homem que ajudará você a pegar leve e rir de si mesma. Uma amiga nossa, uma compositora casada com um capricorniano, arrancava os cabelos sem saber como terminar a letra de uma canção. Quando começou a se lamentar, o marido capricorniano olhou-a firme e perguntou: "Quer dar uma trepada?" Depois de cantar com ele um dueto diferente, ela conseguiu voltar ao estúdio e completar a tarefa.

Esta é a magia do Capricórnio: o que falta a ele em velocidade é compensado por sua sabedoria e paciência. Se você deixar o nativo ser seu rochedo, ele, encantado, oferecerá a você um desembarque seguro e feliz nas praias dele.

O que ele espera de uma mulher

Você é um mulher inteligente e sofisticada que transpira graça feminina? Uma diva com doutorado, mas, apesar disso, suficientemente avoada para esquecer onde largou as chaves? Uma pessoa exuberante e estilosa, que veste Prada? Para o capricorniano, você será irresistível. A existência dele talvez seja árida, repleta de ângulos vivos e linhas verticais. Ele precisa de você para suavizar essas arestas. Quer ser dona do coração dele? Surpreenda-o. Faça-o rir. Ponha um pouco de fúcsia no mundo castanho-acinzentado em que ele vive.

A mulher capaz de fisgá-lo é efervescente, confiante e extrovertida o bastante para atacar as muralhas de pedra que o cercam. Na primeira impressão, o reservado capricorniano pode parecer estoico e desinteressado, o que não motiva as mulheres a conhecê-lo. Obter uma reação intensa da parte dele é como "tentar arrancar sangue de uma pedra", conforme descreve a ex-namorada de um capricorniano. Quando ele confessa que há cinco anos está sem namorada (mesmo sendo um gatão), em geral terá sido esse o motivo.

O capricorniano se liga no passado, e pode ser irritantemente apegado à família e aos amigos de infância. Preterindo as mulheres em favor dos amigos, ele tem uma visão romântica da própria infância e pode ser revoltantemente antiquado em relação aos papéis sexuais. A mulher capaz de se integrar ao mundo cotidiano dele se relacionará muito bem com o nativo. Sem isso, você terá de competir pela atenção dele com os pais, os irmãos e um bando de amigos — e não será fácil. Com o Capricórnio prevalece o lado patriarcal. Ele não é do tipo que muda o próprio estilo de vida ou faz um grande esforço para se ajustar ao mundo da namorada. Ele prefere que você apareça sem aviso à porta dele, em vez de perguntar timidamente, "E aí, o que você vai fazer hoje à noite?" e esperar que ele a convide para ficar.

Naturalmente, depois de você ter chegado ali, ele espera que desapareça na paisagem ou que fique à vontade enquanto ele termina o que faz. Ele não é capaz de multiprocessamento. Se você aparecer durante um ensaio da banda, precisará se divertir sozinha até os rapazes terem terminado o último número, felicitado uns aos outros e curtido um narguilé. O capricorniano precisa de uma mulher de pele grossa, apoiadora, que espere pacientemente por ele nos bastidores ou vá de bom grado cuidar dos próprios assuntos nesse meio-tempo. Se você for do tipo que se sente facilmente desvalorizada, esse não é o homem que lhe convém.

Ligado em prestígio, o capricorniano, antes de criar um vínculo, avaliará cuidadosamente o histórico e a posição que você ocupa na cadeia alimentar. Seja qual for a versão adotada por ele para "troféu", é isso que ele buscará. Se ele valorizar o intelecto, se casará com uma intelectual detentora de vários doutorados de universidades de elite. Se ele for um homem de família (algo que o nativo geralmente é), você precisará pertencer a uma família tradicional. Se ele for ligado em mundanismo, vai querer uma figura destacada da sociedade ou uma supermodelo com acesso ao tapete vermelho. A frase mais próxima de uma cantada que você ouvirá dele será a pergunta "E aí... como você ganha a vida?".

Capricórnio é o signo do pai e ele adora ser o provedor para a mulher com quem se envolve. Você tem espaço para um ajudante, um herói, e até mesmo um "patrocinador"? Então pode se candidatar. Ele vai recebê-la como um rei sábio que reparte suas riquezas com um mendigo. Bancar o pai é a estratégia de sucesso que ele adota. Em tempos de insegurança, para voltar a se sentir homem de verdade, ele poderá até seduzir mulheres muito mais jovens, apostando nos problemas dessas com o próprio pai. Não é raro um capricorniano namorar alguém dez, vinte ou mesmo trinta anos mais jovem do que ele. Naturalmente, quando ele se recuperar, acabará se cansando do brinquedinho novo.

Em última análise, o capricorniano quer uma mulher madura, não uma garotinha. Segundo Mike, um capricorniano de 30 e poucos anos, "Fisicamente, é agradável estar com mulheres mais novas, mas, apesar do investimento emocional e mental, você não recebe dividendos".

Relacionamentos astrais

Capricornianos de qualquer faixa etária não conseguem aturar mulheres excessivamente simplórias e desprovidas de ambição. O nativo irá sustentá-la feliz durante o tempo em que você correr atrás do sonho de ser tornar uma escritora, pintora ou especialista em literatura francesa. Basta lembrar que Capricórnio é o signo da masculinidade, e ele quer proteger você. Ele não precisa de que você seja Xena, a Princesa Guerreira — ela dá conta de matar os próprios dragões. Por outro lado, a carência é um mata-tesão, principalmente quando interfere no cronograma e na produtividade do trabalho dele — o nativo não é um cara para quem você pode telefonar no escritório cinco vezes ao dia "só para dizer oi". Quando ele trabalha, não quer saber de mais nada.

O nativo de Capricórnio gosta de um pouco de loucura em suas namoradas. Se você ri muito alto, usa blusas muito decotadas ou tropeça em cada rachadura da calçada, ele vai adorar você, pois tem muita satisfação em ser a força estabilizadora da relação de vocês. Por isso, o colorido estilo de vida que você leva pode entusiasmá-lo. Ele talvez até provoque você de uma forma irritantemente sexista. O namorado capricorniano de uma amiga nossa disse uma vez: "Você só gosta desses filmes que mostram que as mulheres podem fazer coisas." Ela assistia a um documentário.

Lembram-se quando Nicholas Cage, um capricorniano, se casou com Lisa Marie Presley? Teoricamente ela era uma aposta tripla: uma esposa que dava prestígio, parente de uma figura lendária, além de ser ligeiramente pirada (cá para nós, ela se casou com Michael Jackson...). Qual outro homem poderia se gabar de ter se amarrado com a filha de Elvis exatamente no 25º aniversário da morte dele? Para um capricorniano, foi um feito e tanto.

Naturalmente, o casamento deles só durou quatro meses. E aqui está a lição que muitos capricornianos aprendem em seu tumultuado trajeto para o altar: os troféus acabam juntando poeira e perdendo o brilho. Depois que as modelos de pernas longas forem degustadas, o capricorniano quase sempre se casa com uma garota comum, carinhosa, que apenas o deixa ser ele mesmo. Conforme confessa um amigo capricorniano: "Eu só queria alguém com quem pudesse aliviar a pressão." Hoje, Nicolas Cage está casado com uma barwoman vinte anos mais jovem que ele (o interessante é que chamou o filho deles de Kal-el, o nome de batismo dado ao Super-Homem na lendária história em quadrinhos).

Felizmente, o passar do tempo faz amadurecer o capricorniano e também seu gosto em relação a mulheres. "Quando eu era mais novo, gostava de ter namoradas bonitas e sofridas", declara Will, um dono de restaurante de 34 anos. "Na verdade, a bagagem existencial não me desagrada, pois torna as coisas interessantes. Mesmo assim, à medida que o tempo passa, minhas namoradas tem sido cada vez menos necessitadas de ajuste delicado."

Se você imaginar seu relacionamento como um livro de figuras para colorir, o capricorniano é o contorno das figuras, em preto e branco, e você é o lápis de cor. Ele se alegra em prover o gabarito enquanto você contribui com o brilho e a vitalidade. Naturalmente, se você colorir muito tempo fora dos contornos, ele ficará um pouco nervoso. Mesmo assim, o sr. Baunilha precisa de gotas de chocolate e calda de caramelo na vida dele. Se você o fizer rir e o ajudar a relaxar, será a perfeita cereja do topo.

O que ele espera da relação

Quando você se une em caráter eterno ao capricorniano, não é só para viverem felizes para sempre. É para construir uma família, encher de orgulho os ancestrais dele, criar um legado e transmitir sabedoria para a próxima geração. Mas tudo isso sem nenhuma pressão...

O capricorniano deseja uma relação construída para durar. Ele se dará o trabalho de averiguar se você será a aposta segura, e o processo de avaliação pode ser demorado. Ele prefere conhecer gente por intermédio de fontes confiáveis, como a família ou os amigos, ou um ambiente confortável em que não se sinta desajeitado nem deslocado. Para o nativo, os relacionamentos são obrigações que ele leva muito a sério.

Relacionamentos astrais

Ele não se compromete com ninguém sem ter certeza de poder se dedicar ao máximo. É claro que o relacionamento talvez passe pelas etapas do namoro, mas, em geral, recua antes que este vá longe demais.

"E que problema haveria?", você talvez se pergunte. Afinal, os votos do casamento não incluem "na saúde e na doença"? Além disso, você é uma mulher moderna que não se importa em ganhar mais dinheiro que o marido. Afinal, o que conta é o amor. A supermulher não precisa de um super-homem, basta que ele seja Clark Kent ou uma versão masculina de Lois Lane.

Mas isso não rola. O pior pesadelo do capricorniano é mais ou menos assim: você chega numa festa com seu marido capricorniano Rob e a anfitriã os leva à sala de estar para apresentá-los aos demais. "Pessoal, esta é a Amy. É uma advogada fantástica; acaba de tornar-se sócia da firma onde trabalha e é candidata a vereadora! Ah, e este é Rob, o marido dela. Ele já teve vários empregos nos últimos dez anos enquanto pensa em um jeito de ganhar seus milhões. Enquanto isso, ela paga a prestação da casa própria, mas sabemos que é só um arranjo temporário, correto? Pois é, gente, venham conhecer Amy e Rob!"

O Capricórnio é teimoso. Muitos nativos do signo esperam até os 40 e tantos anos para se estabelecerem. O capricorniano não se casa (ou pelo menos, não em caráter permanente) até que haja alcançado algumas de suas metas mais importantes: viajar pela América Latina, tornar-se um cirurgião reconhecido, vender seu primeiro negócio. Uma firme fundação na trajetória de vida que escolheu dá a ele a confiança de assumir compromissos.

Capricórnio é o patriarca do zodíaco e ele é o pai orgulhoso de sua prole. O capricorniano é um pouco como um soldado: cumpridor dos deveres, laborioso e melhor quando tem um país ou uma família para servir. Tornar-se pai é como ser elevado do posto de soldado raso ao de general de quatro estrelas. Ele agora tem tropas a comandar, missões a cumprir e algo maior do que ele mesmo para construir. A família, a seu ver, é a máxima empreitada; ele é um consumado gerente de projetos e, se necessário, poderá gerenciar o seu com mão de ferro.

Naturalmente, caso ele se torne pai antes de estar pronto, a história pode ser diferente. O Capricórnio não estabelecido pode ser um pai totalmente omisso. Os nativos do signo não conseguem se concentrar em mais de um objetivo ao mesmo tempo, e ele não se sai bem quando a vida acontece fora da sequência. No seu entendimento, o trajeto é: amor, segurança financeira, casamento, filhos. Quando uma gravidez não programada atrapalha o plano diretor, ele é forçado a fazer malabarismo com seus deveres, coisa em que não é muito bom. Para o capricorniano, o máximo da vergonha é não ser capaz de prover os filhos. Esse é o pai que pode ficar alienado dos filhos até muito tarde na vida, quando tiver encontrado a sabedoria e o rumo de que necessita para encará-los com dignidade.

Agora, vamos à advertência. Mesmo sendo esse um território delicado em que detestamos nos intrometer, sentimos que é nosso dever fazê-lo. Se você quer ter um relacionamento viável com o capricorniano, pergunte a si mesma: até que ponto estou disposta a ser submissa? Haverá concessões e a necessidade de negociar dinâmicas de poder. Se você for uma pessoa empreendedora que cumpre metas com a velocidade do som, cuidado para ele não se sentir largado para trás. Caso você esteja mais estabelecida que seu capricorniano, precisará reforçar-lhe o ego (sem ser óbvia) e deixá-lo construir o próprio império, no próprio ritmo vacilante. É indispensável ter uma paciência torturante.

Mesmo com a dificuldade de aceitar esse fato, você precisará reservar áreas em que ele pode ser dominante. Talvez seja o quarto de dormir, ou a escolha do local de residência, ou você tolerar as noites em que ele sai com os amigos sem pedir detalhes. Você é capaz de conviver com isso? Nossos princípios feministas se encolhem diante dessa ideia, mas também sabemos que o amor vem com o próprio conjunto de regras. Às vezes, uma diva turbinada só deseja ardentemente os braços de um homem grande e forte. Padrões da primeira infância também fazem parte da equação. Como o signo paterno do zodíaco, o capricorniano atrai uma mulher que é filha única, ou filhinha do papai, ou filha de um pai ausente/complicado. Ela pode elaborar esses problemas com um terapeuta ou com o nativo.

Relacionamentos astrais

Caso você se encontre em semelhante território freudiano, tenha cuidado. A sedução dessa dinâmica de pai e filha pode levar você a entregar de bandeja seu poder, a conciliar demais para manter o namorado. Se você abrir essa porta, ele poderá se transformar em verdadeiro tirano. Com o capricorniano, cuidado para não silenciar sua voz ou sua força. Abra caminho para a igualdade desde cedo com esse homem se não quiser criar seu Mussolini particular. Resolva em que setores do galinheiro você aceita que ele mande, e fique firme em seus limites nos outros setores. Guarde seu "espaço sagrado". Tente visualizar isto: imagine-se traçando uma linha de demarcação e fixando o corpo firmemente na divisa, como uma impenetrável muralha de ferro que ninguém — nem mesmo o capricorniano — pode atravessar. Ele talvez não goste disso, mas você ganhará o respeito dele, que é, em última análise, um dos pilares mais importantes do amor eterno com um capricorniano.

Sexo com o capricorniano

Então você o acha um c.d.f. que tem mania de trabalho e cuja fantasia envolve um título de executivo e um escritório luxuoso? Bom, só se você estiver vestida de camareira francesa e esparramada em cima da escrivaninha de mogno do escritório dele. O capricorniano é uma criatura libidinosa cujo exterior estoico esconde uma profunda tendência erótica. Não julgue o livro pela capa — pelo menos, não sexualmente. Conforme explica um capricorniano, ele leva muito tempo para se abrir e se sentir à vontade, e o sexo ajuda. "Às vezes é muito mais fácil expressar meus sentimentos por meios físicos do que verbais", ele declara.

Depois de rompido o gelo, o nativo se transforma no tipo que está a fim a qualquer hora e em qualquer lugar. Um verdadeiro cachorro no cio. Quando ele está no clima, precisa transar com você de qualquer jeito. Passe algum tempo com ele e sentirá o carisma sexual que ele tem. O ato sexual com o capricorniano pode ser um pouco desapaixonado, e por vezes até um pouco tosco. Afinal de contas, ele é o cabrito montanhês — capaz de partir para cima de você, como o animal que o simboliza.

O nativo de Capricórnio

Você se liga em fetiche? Então ele é o homem para você. Por causa da regência de Saturno, o planeta da repressão, os problemas reprimidos do capricorniano se revelam entre quatro paredes. Correntes ou chicotes, ele não tem tabus sexuais. Alguns capricornianos até se desviam para território mais exclusivo com seu tesouro de fetiches. Você pode chegar em casa depois de cinco anos de casamento e encontrar seu bem-comportado banqueiro de investimentos calçado em suas meias arrastão e seus sapatos de salto agulha (e parecendo mais bonito neles que você, o filho da mãe!).

Para esse gourmet de esquisitices, nem mesmo o sadomasoquismo está fora de cogitação. Naturalmente, você talvez precise iniciar a primeira rodada de jogos de mestre e escrava. Uma vez transposto o limiar, seria capaz de fazer uma dominatrix corar. E conforme expressou um capricorniano, "eu não vou providenciar uma masmorra, mas se você tiver uma, terei muito prazer em brincar nela".

Para o capricorniano com fixação no trabalho, a sala da diretoria e o quarto do dormir podem se tornar uma coisa só. Com frequência o nativo do signo costuma se casar com a secretária, só para tê-la à disposição para uma "rapidinha" entre teleconferência e reuniões importantes. Uma transa na hora do almoço é praticamente o único fator capaz de distraí-lo do trabalho (seu outro verdadeiro amor). Como trabalha muito, a atividade sexual é sua forma favorita de aliviar a pressão. Portanto, quando ele estiver fechando a pasta de documentos, lembre-o que trabalho sem diversão torna o capricorniano um sujeito muito chato.

Tesão: o sim e o não

O que dá tesão

- seja um pouco maluquinha — seja a Lois Lane quando ele for o Super-Homem
- admita sua vulnerabilidade e peça conselhos a dele
- faça-o sentir-se um rei ou herói

Relacionamentos astrais

- seja excêntrica e cheia de contradições; ele terá orgasmos tentando provocá-la e corrigi-la
- mostre sua admiração honestamente... Ele consegue farejar elogios falsos, que odeia
- seja organizada e quase maníaca por limpeza
- vista roupas elegantes e sofisticadas; abuse da lingerie sensual!
- equilibre com um espírito independente a saudade que sente dele
- seja um sucesso em seu próprio campo... distinto do dele
- mostre a esse pai de família que você será uma boa esposa e mãe
- tenha um emprego atual ou antigo como modelo (e deixe-o fotografá-la de calcinha e com a camiseta dele)
- durma na casa dele no sábado e acorde-o na manhã seguinte com delicado sexo oral
- ajuste-se perfeitamente aos amigos e ao ambiente dele — um ajuste natural e descomplicado é o que ele quer
- trabalhe no escritório dele para que possa convenientemente transar com você no intervalo das reuniões
- seja culta e viajada, um troféu que ele possa exibir nas atividades sociais da empresa
- tenha um passado um tanto original, um pouco ousado — ele achará instigante... se você for discreta
- cozinhe para ele; provavelmente estará ocupado demais para isso
- esteja pronta para viajar sem aviso prévio, quando a espontânea sede de aventuras o acossar e ele quiser alguém para compartilhar isso tudo

O que não dá tesão

- recuse-se a se apoiar nele ou a deixar que seja seu porto seguro
- telefone no meio do expediente esperando que ele deixe tudo de lado e converse com você
- seja convencional demais ou desleixada em excesso: o nativo quer uma garota com estilo

- deixe-se levar pela fofoca ou diga coisas mesquinhas — ele considera isso "indigno de você"
- procure competir com ele, principalmente no trabalho!
- esteja ocupada demais para acompanhá-lo em encontros e férias espontâneas — se você disser "não" muitas vezes ele convidará outra mulher bonita
- aja como uma garotinha carente ou não tenha ambições
- interrompa-o durante alguma atividade ou ensaio, mesmo que seja "só um passatempo" — esse homem leva a sério tudo o que faz
- critique a família dele ou seus amigos de infância; interpele-o quando der dinheiro aos parentes
- atrapalhe as rotinas diárias dele, ou, pior ainda, procure mudá-las!
- convide-se para participar da saída dele à noite com os colegas, ou tente impedi-lo de comparecer

As jogadas dele

Primeiras investidas: a azaração

Sabe aquele sujeito encostado na parede com as mãos enfiadas nos bolsos, ou parado rigidamente perto do bar? Aquele que não consegue relaxar (se os drinques não tiverem alto teor alcoólico) e parece um tanto arredio — e, no entanto, você tem a sensação de estar sendo observada por ele? Caso não seja um nativo de Escorpião, provavelmente será de Capricórnio.

Capricórnio é o signo paterno do zodíaco, e o nativo é do tipo patriarcal. Não espere que ele se mexa para ir atrás de você. Talvez, sentado no extremo oposto do bar, mande o garçom lhe servir um drinque que ele pagou, ou segure seu braço quando passar ao lado dele. Conforme descreve um capricorniano, meio em tom de brincadeira, "fico na pista da garota como se ela fosse uma gazela, esperando-a cair no meu raio de ação". Só não espere ver este nativo reservado saltar por cima do bufê para pegar seu telefone (novamente, se os drinques não

Relacionamentos astrais

tiverem alto teor alcoólico). Eis algumas formas sutis pelas quais ele talvez sinalize interesse:
- ele tenta impressioná-la com seu gosto refinado ou sua erudição
- aos poucos ele vai conhecendo-a melhor, por intermédio de amigos comuns ou lugares habituais
- trata formalmente de marcar um encontro às cegas com você
- ele a envolve numa conversa dogmática ou animada para testar se você é interessante
- ele observa você a distância e espera que repare nele
- aparece convenientemente onde você está ou "tropeça em você" (foi tudo planejado)
- ele a provoca como se você fosse a irmã caçula dele
- franze a testa como se muito concentrado quando você fala (está nervoso)
- fica vermelho, agitado e sem saber o que dizer em sua presença
- você se apaixona quando ele é seu chefe, gerente, orientador, treinador, mentor...
- vocês se encontram na internet, na segurança de uma sala de bate-papo

Como saber que ele está envolvido

O capricorniano pode (ou não) ter muitas parceiras sexuais, mas são poucas e espaçadas as relações sérias. Ele não é um homem de muitas palavras. Prefere mostrar os sentimentos, em vez de os declarar diretamente. Você precisará ser capaz de ler pensamentos para entender que está namorando de forma exclusiva, portanto, preste atenção a indícios como:

Ele quer estar com você sempre que possível. Você não entendeu? Ele fica em sua companhia o tempo livre de que dispõe (bom, depois de ter cumprido as obrigações com a família, os melhores amigos, os bichos de estimação e a vida profissional). Isso a transforma em namorada dele. Você ainda precisa de uma declaração? Ora, bolas, é claro que sim. Infelizmente, não vai rolar — como os atos dele falam mais alto que as palavras, ele prefere que você interprete os sinais. Conforme esclarece um capricorniano, "o tempo é uma coisa tão importante que realmente quero dividi-lo com as pessoas de quem gosto".

Ele fica nostálgico em relação a você. Ele costuma relembrar os primeiros anos em que se conheceram ou olhar fotos com uma expressão singularmente suave nos olhos? Agora você se tornou uma parte preciosa da sagrada história pessoal dele.

Ele a pede formalmente em casamento ou a leva para comprar uma aliança. Vocês talvez demorem ainda uns dez anos até o casamento propriamente, pois antes ele deseja colocar em perfeita ordem as finanças e a vida. Mas se já se conhecem há certo tempo e as coisas parecem estar firmes, é porque, de fato, estão (uma nota: como Elvis Presley, os capricornianos podem iniciar por impulso um casamento-relâmpago. Se uma semana depois de se conhecerem ele se ajoelhar para pedir sua mão, recuse — ou providencie para ficar com metade dos bens no inevitável divórcio).

Ele começa a ganhar mais dinheiro ou progredir na vida profissional. Em vez de distrair o nativo das metas, você o motivou a avançar. O capricorniano adora mulheres que "o transformam num homem melhor", para usar as palavras de um nativo. Evite que ele fique estagnado e ele a manterá a seu lado como um talismã.

Ele se encarrega de você financeiramente. Se ele a mantém financeiramente, isso quer dizer que ele se sente "o cara" em relação a você. O que há de mais sedutor para o capricorniano é sentir-se ligado pelo dever a uma mulher que ele também considera extremamente desejável.

O capricorniano infiel: por que ele a engana

Capricórnio é um signo que valoriza a lealdade e a honra, portanto é raro encontrar nas fileiras do signo muitos casos de infidelidade. Ainda assim, até o nativo estar pronto para se acomodar — ou seja, até ter avançado bastante no projeto de alcançar as metas ambiciosas que estabeleceu para si — de vez em quando ele irá vacilar em sua lealdade. Para ele só é possível escolher os critérios corretos para uma parceira adequada quando ele souber o rumo que tomará na vida. Portanto, como um cabrito montanhês que tropeça numa trilha pedregosa, ele pode cambalear por estas razões:

Você faz muitos joguinhos. Como o nativo pode ser irritantemente inexpressivo, você talvez fique tentada a botar pressão para testar o amor dele. Evite sentar no colo do melhor amigo para provocar ciúmes. Embora ele goste de um pouco de mistério, se você confundir as ideias dele, concluirá que você não leva a sério a relação — logo, porque ele deveria levá-la?

Na iminência do rompimento ele imaginou que já poderia retomar antecipadamente a vida de solteiro. Conforme o ditado: "A sorte é onde a preparação se encontra com a oportunidade." Depois que planeja a saída, ele tem um talento especial para encontrar um súbito rebote (normalmente ele tem uma ou duas ex-mulheres à espera nos bastidores, prontas para a transa emergencial).

Ele sente tesão, mas você nunca está disponível. Extremamente realista, o capricorniano pode ser infiel por uma questão prática. Na opinião dele, o sexo é uma necessidade humana básica, comparável a comer ou a ir ao banheiro. Você não exigiria que o nativo passasse fome ou se segurasse, não é? Se você viajou para uma turnê de seis meses pela Europa, ele pode comer uns lanchinhos enquanto você estiver fora.

Sabotagem! Ele sabe que não está pronto para um compromisso tão sério e precisa encontrar uma saída. Ora, vejam só: uma garota jovem e sensual, que ele jamais poderia levar a sério — e que se insinua para ele!

Ele nunca terminou para valer a relação com a última namorada (ou as três últimas). Talvez ele ainda pague pensão alimentícia para o filho. Talvez ela tenha sido a namoradinha do tempo de escola, e ele ainda se sinta obrigado a cuidar dela. Nostálgico, o nativo se sente

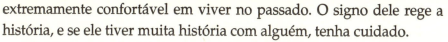

extremamente confortável em viver no passado. O signo dele rege a história, e se ele tiver muita história com alguém, tenha cuidado.

Ele acha que tem direito a isso. Alguns capricornianos têm um conceito muito antiquado de masculinidade — de que certas condutas seriam típicas dos homens — e conseguem separar o sexo do amor. Antes de se envolver, verifique a integridade do ego e da maturidade dele.

Comece a cavar a cova: o fim do romance

A relação com o capricorniano faz lembrar um capítulo de romance épico: mesmo que o nativo vá embora, ele pode voltar dentro de um ano para escrever o próximo capítulo. Para citar a famosa fala do filme *O segredo de Brokeback Mountain*, o capricorniano "não consegue deixá-la". Na visão do nativo, tudo na vida é um contrato, inclusive o relacionamento de vocês. Aqui estão alguns fatores que levam ao rompimento do contrato:

Você é excessivamente dramática. Se você é animada, extrovertida e até mesmo um pouco complicada, tudo bem — com tudo isso ele consegue lidar. Mas se perde a cabeça, lança acusações e interfere na produtividade dele, aí não vale a aporrinhação. *Adios*, diva!

Você não é suficientemente dramática. Se nessa relação alguém será "o entediante", esse alguém é ele. Pare de mantê-lo entretido e ele encontrará uma nova comediante para divertir-se.

Você está tão na frente dele na vida profissional que ele não consegue alcançá-la. Para ele, o pior pesadelo é que as pessoas observem a relação e se perguntem: "O que ela está fazendo ao lado dele?" Se você já ganhou vários discos de platina com seu álbum de música e ele acabou de fundar uma banda, nunca irá se sentir uma estrela do rock. Para o capricorniano, é torturante sair desfavorecido na comparação com você.

Ele ainda não está "pronto". Tradução: ele ainda não alcançou 95% das metas de vida que planejou atingir aos 22 anos — e está perto de completar os 30. Precisa se concentrar em tirar o atraso e considera a relação de vocês um fator dispersivo.

Relacionamentos astrais

Você tentou controlá-lo. O obstinado cabrito montanhês é uma criatura da selva. Não aceita de bom grado que alguém tente prendê-lo num curral. Se você transformar a relação em seu zoológico pessoal de bichos de estimação, ele tentará fugir para as montanhas.

Ele suspeita de deslealdade ou traição. O capricorniano se aferra a valores ultrapassados, como a honradez e a fidelidade. Se ele sentir em você o mais leve cheiro de traição, a dispensará sem maiores considerações.

O NATIVO DE CAPRICÓRNIO

Interpretação de sinais:
O que ele quer dizer com isso?

Quando ele...	...quer dizer que...	...logo você deveria...
Fica muito calado...	...está pensando no trabalho ou em suas metas pessoais.	...acalmar-se e curtir o silêncio, ou perguntar a ele em que está pensando. Talvez ele agradeça a oportunidade de falar sobre o assunto com uma companheira de sua confiança.
...não telefona...	...está trabalhando ou socializando com parentes ou amigos.	...esperar o final do expediente, ou mandar um torpedo casual (limite-se a um). Não se ofenda se levar horas para responder — ele só consegue focar em uma prioridade por vez.
...telefona muitas vezes...	...gosta de você.	...atender as ligações. Desfrute a atenção enquanto dura, pois em breve ele voltará a trabalhar como um condenado.
...não dá notícias depois de alguns encontros...	...nada. Ele não gosta de ser pressionado.	...tomar a iniciativa ou apenas ter paciência. Se ele não estivesse interessado, não desperdiçaria o tempo dele.
...passa semanas sem dar notícias...	...ou tem pavor de que você não goste dele, ou se envolveu com outra pessoa, ou apenas avança devagar.	...dar uma investida ou perguntar francamente se ele visualiza o romance de vocês passando do nível da amizade.
...age depressa...	...bebeu demais ou não a vê como séria candidata, daí ele não tem nada a perder.	...ter um caso sem compromisso, se é que está no clima. Se quiser um namorado, começa a procurar outro, pois não é ele.
...paga a despesa, dá flores e presentes...	...gosta de você e quer impressioná-la com suas habilidades de provedor. Está mesmo tentando ganhá-la.	...ser graciosa, receptiva e feminina. Se não for recíproco da sua parte, avise logo para ele não continuar investindo.
...apresenta você à família e/ou amigos mais íntimos...	...você é candidata à condição de companheira de longo prazo. Esses são os companheiros que ele mais valoriza, e vai querer saber o que pensam de você.	...ser calorosa e amável, mas sem exagero. Procure causar boa impressão.

365

Suas jogadas: dicas de namoro e de amor eterno

O namoro com o capricorniano

O capricorniano adora flertar, mas raramente tem desenvoltura para dar início à ação. Para ele, o ambiente é tudo. Se estiver num lugar confortável — em casa, entre amigos, ligeiramente bêbado em seu bar favorito — ele talvez reúna a coragem para se aproximar. Na maioria dos casos, você precisará ter confiança o suficiente para dar em cima dele primeiro. Se ele gostar de você, provavelmente já estará observando-a a distância, fazendo uma análise de custo-benefício para ver se compensa, considerando o risco de rejeição. Aqui está como facilitar as coisas para ambos:

Passe por ele bem de vagar... e se instale aos poucos. Torne conveniente, segura e fácil para ele a iniciativa de começar o diálogo. Prepare a cena para uma interação "natural". Para ele falar com você, talvez seja preciso literalmente cair no colo dele.

Rasgue o véu. Dá trabalho ultrapassar a reserva inicial do capricorniano. Atreva-se a ir aonde foram poucas mulheres e encare com decisão o desconforto inicial. Junte a coragem de ser você mesma e fale de suas paixões, ainda que ele se cale. Aumente seu volume para o dez e deixe-o lá. Se o nativo gostar de você, aumentará aos poucos o próprio volume até alcançar um quatro entusiástico (para alguém do signo). Antes que você perceba, ele pedirá seu telefone.

Faça uma pergunta ligeiramente atrevida. O capricorniano talvez pareça alguém que fique ruborizado com a menção da palavra "seio", mas não se engane — ele irá surpreendê-la com uma resposta obscena, direta e engraçada, e a partir daí virá o degelo.

Flerte com ele no local de trabalho. O escritório é onde o capricorniano está em seu elemento; portanto, se vocês se conectarem por meio do trabalho, melhor ainda. Comecem por almoçarem juntos. Mantenha-o excitado com olhares sugestivos e prolongados no corredor e contato físico "acidental" na sala de fotocópias. Em breve o horário do almoço de vocês pode se tornar muuuito interessante.

Provoque-o. Ele tem um traço de menino travesso, portanto, leve-o de volta ao ensino fundamental. Experimente algumas táticas infantis para fazer o nativo relaxar.

Seja instigante. O capricorniano adora um bom projeto. Se você parecer complicada ou misteriosa, ele talvez queira resolver o enigma.

Amor eterno com o capricorniano

É muito longa a estrada para a eternidade com o nativo de Capricórnio. Será que você consegue enfrentá-la? Pode ser que antes de alcançarem o altar vocês talvez até se separem e voltem a se encontrar. Felizmente, o capricorniano só confia nas coisas que resistem ao teste do tempo. Se a conexão de vocês for capaz de durar alguns ciclos, ele sabe que a aposta é segura. Como ter garantia de terminar para sempre nos amorosos braços dele?

Deixe ele ser o rei de alguma coisa. O nativo de Capricórnio precisa ter sua própria área de influência, e se você garantir a ele o domínio desse território, o capricorniano construirá para você um trono ao lado dele. Ganhará pontos adicionais se vier com um "dote" de seu próprio reino (fundo fiduciário, acesso VIP à alta sociedade, outras credenciais que amplifiquem, por associação, o prestígio dele).

Seja a suprema parceira de jogos e companheira. O nativo adora mergulhar de cabeça na vida e quer ter alguém para vivenciar isso com ele. Você sente curiosidade sobre artes plásticas, design, viagens, novos restaurantes, vinhos? Ele se alegrará em apresentar a você o que ele conhece e explorar novos locais a seu lado. Um capricorniano amigo nosso está ensinando a namorada a jogar beisebol (a paixão dele) e ela está mostrando ao nativo como cozinhar (os dois são gastrônomos). Se você for receptiva e aberta, ele adorará ter você por perto.

Com você ele pode ser autêntico. Depois de um longo dia no trabalho mantendo a expressão de jogador de pôquer, o nativo precisa arrancar a máscara e ser verdadeiro. Se você conseguir "convencê-lo a descer da árvore", conforme descreveu um capricorniano, ele desejará sua presença como o final perfeito para um longo dia.

Seja cosmopolita. Você só pensa em si mesma? Abandone o hábito. O capricorniano gosta de mulheres interessadas no contexto maior da vida. Diz o capricorniano Will: "Se você só consegue falar da sua nova bolsa Gucci ou do minidrama de seu local de trabalho, não há tesão que resista."

Desafie o nativo a crescer. Para o capricorniano, a estagnação equivale à morte. Ele precisa que você o empurre para fora da zona de conforto, onde ele facilmente fica atolado. Embora raramente o admita, o mundo pode atemorizar o nativo. Lembre-lhe as metas grandiosas que traçou e incentive os esforços dele para alcançá-las.

Ajuste-se perfeitamente aos amigos, aos parentes e ao estilo de vida dele. Esse homem é estático em seus hábitos. Ele tem poucos amigos íntimos, a família e a rotina. Não sendo muito adaptável, prefere que você se ponha à vontade no mundo dele. Mesmo que você tenha um apartamento todo equipado e ele durma numa cama de solteiro que recolheu na rua, com uma mesa de cabeceira improvisada, ele ainda irá preferir que se encontrem na casa dele. Puxe um caixote de frutas e sente-se.

Esteja preparada para...

O primeiro encontro

Se um capricorniano de fato se empenhou em convidar você para sair, o maior obstáculo já foi superado. Isso quer dizer que ele ultrapassou as vozes pessimistas de sua imaginação que o recriminavam: "Cara, você quer mesmo arranjar namorada agora? Não deveria se concentrar no que está fazendo com sua vida? Será que vale a pena?"

Embora os capricornianos sejam bons planejadores, o nativo pode adotar uma abordagem mais espontânea para um primeiro encontro. "Faço tanto planejamento durante o dia que um encontro é uma boa maneira de escapar disso", afirma um capricorniano. O nativo escolherá um restaurante ou uma atividade agradável, mas talvez só no último minuto revele aonde vocês irão. A incerteza pode deixar você apreensiva (o que eu deveria usar?), mas também injetará eletricidade sexual no encontro. Vá na onda e curta o pico de adrenalina.

A energia básica: O tempo é precioso para o capricorniano. Para ele, o primeiro encontro perfeito é "dois em um" — a chance de sair com uma mulher atraente e ir a um lugar que ele queira conhecer. Um capricorniano que é DJ leva a namorada a clubes noturnos "para também ficar de olho na indústria em que trabalho". Egoísmo? Sem dúvida, mas isso também se deve à natureza prática do nativo. Ele não gasta energia em coisas que talvez não tragam um retorno do investimento. Combinar negócios e prazer é para ele uma forma de seguro para o namoro.

Não conte com tapete vermelho e limusine — pelo menos não até o relacionamento avançar mais. O primeiro encontro pode ser extremamente casual. Ele talvez convide você para sair com um grupo de amigos, ou para ir a algum lugar já planejado. Afinal de contas, ele precisa ver até que ponto você se enquadra no mundo dele — e principalmente, em que medida fica à vontade no ambiente dele.

Embora dê importância à conversa, no começo o capricorniano pode ser um pouco reprimido. Recomendam-se encontros com atividades, portanto, fique à vontade para sugerir um filme, um museu ou um evento esportivo. "Isso ajuda a me soltar, a relaxar minhas inibições", concorda um capricorniano. "É mais fácil quebrar o gelo por meio de interesses comuns." Em última análise, ele gosta de ter uma cúmplice para experimentar todos os novos lugares aonde deseja ir.

O nativo de Capricórnio pode abordar o primeiro encontro como uma entrevista de emprego, dando um passo de cada vez. Vejamos o caso clássico de nosso amigo capricorniano Mike, que tinha um encontro com uma colega de trabalho do primo dele. Antes de partirem para um primeiro encontro oficial, eles tiveram o que ele chama de uma "semientrevista". Ele convidou a moça para almoçar no refeitório da empresa, para poder avaliar se "valia a pena" fazer um esforço real. "Nós nos encontramos e conversamos um pouco para ver se

Relacionamentos astrais

havia algum grau de compatibilidade", explica Mike em sua lógica empresarial.

Depois de descobrir que ambos gostavam de artes plásticas e de restaurantes, Mike deu o seguinte passo lógico na capricorniana lista de tarefas: um encontro de baixo risco, para alguma atividade. "Fomos ao museu", recorda-se. "Havia uma exposição do impressionismo francês que eu queria ver." O capricorniano protegerá suas apostas — se ele não gostar da companhia, pelo menos terá obtido algum lucro para si mesmo. As coisas progrediram regularmente para Mike. Depois de quatro meses, os pais dos dois se conheceram, e agora as famílias passam juntas as festas de fim de ano. Quando o namoro completou um ano, ele a pediu em casamento num jogo de beisebol.

Em outros casos, você talvez chegue à metade da noitada sem saber que aquele é um encontro romântico. Uma poderosa comerciante de arte foi convidada por seu bonito assistente para tomar um drinque depois do expediente. "Pensei que fosse uma espécie de comitê de recepção", ela diz, rindo. "Imaginem minha surpresa quando ele pôs a mão na minha coxa e tentou me beijar!" Naturalmente, os prazeres da happy hour haviam removido sua inibição. Ainda assim, depois que o nativo relaxa, nunca se sabe que tipo de surpresa ele vai apresentar.

O que usar: Vista-se para impressionar. O capricorniano gosta de mulheres refinadas, sofisticadas e com senso natural de estilo. A elegância vai longe. O nativo quer ter a sensação de que poderia entrar com você no estabelecimento mais exclusivo e ter acesso privilegiado. Dedique algum esforço ao visual e acrescente um pouco de glamour. Ele gosta de mulheres femininas e sensuais — tire da embalagem o batom vermelho e o salto alto. Não se preocupe se estiver mais bem-vestida do que ele. O nativo deseja se maravilhar com o excelente gosto da companheira, mesmo que ele esteja (e bem poderia estar) usando botinas de montanhista e suéter.

O que não usar: Você está deixando de ser ousada? Nem se atreva! Se seu traje for fácil de esquecer, talvez você também seja. Capricórnio é signo de terra, logo, o nativo a julgará primeiro pela aparência superficial. Evite usar roupas genéricas, de gosto duvidoso ou excessivamente simples. "Dá a impressão de que você não se considera especial — como se não tivesse investido nenhum trabalho no visual, ou até como se não tivesse classe", explica um capricorniano.

Pagar ou não pagar? Capricórnio é um signo de provedor, e se o nativo não tiver meios de custear todas as etapas do encontro, preferirá não convidar alguém para sair. Se você quiser contribuir com algum dinheiro, tudo bem, mas ele não conta com isso. Conforme explicou um capricorniano: "quero experimentar novos restaurantes, pedir uma garrafa de vinho caro, ou ir a algum lugar elegante. Não quero que ela se sinta obrigada a pagar por isso."

Na hora da despedida: Na maior parte do tempo, o capricorniano se portará como um perfeito cavalheiro, levando-a em segurança até a porta de casa e despedindo-se com um abraço. Se você quiser dar uns amassos, precisará tomar a iniciativa. Ele não se fará de rogado.

A primeira visita dele à sua casa

Se um capricorniano se esforça para sair do mundo dele e entrar no seu, ou ele se sente muito à vontade a seu lado ou julga que vale a pena conhecer você melhor. Se não fosse isso, continuaria sentado de pernas para cima, na própria espreguiçadeira, deixando que você viesse visitá-lo. Como no caso do vestuário e da maquiagem, ele quer que você o impressione com seu estilo de decoração. Quer você peça ou não, ele observará e fará comentários. Para o signo, que é minimalista, ter estilo significa ter bom gosto suficiente para selecionar objetos, até restarem apenas os elementos básicos mais interessantes e bem-equipados. Para o nativo do signo, mais vale qualidade que quantidade.

Tenha em casa sofá e cama confortáveis. Estar com você é, para o nativo, parte da grande fuga ao trabalho; portanto, forre de plumas o ninho. Quanto mais cômodo o colchão, melhor a pressão.

Mantenha a casa arrumada, limpa e simples. O capricorniano é um minimalista e não suporta quem junta quinquilharias. Despache algumas

Relacionamentos astrais

caixas para o guarda-volumes ou chame o Exército da Salvação. Considere a visita dele um ótimo pretexto para se livrar de objetos inúteis.

Facilite para ele a tarefa de observar sua personalidade. Perceptivo, o capricorniano avalia o caráter dos outros por intermédio de indícios recolhidos do mundo material deles. Ele deseja ver sua natureza autêntica, que descobre avaliando os esquemas cromáticos que você prefere, ou examinando seus livros, CDs e coleções. Para ele, é mais fácil conhecer você dessa forma do que estabelecer uma incômoda conversa íntima. Uma dica: deixe à vista alguns objetos que sirvam de tema de conversas, para dar a ele algo do que falar.

Exponha seus troféus. Prestígio é importante para o nativo. Ele quer ver seus prêmios, credenciais e declarações de fama. E, sim, ele a julgará com base nesses fatores.

Não pareça estabelecida demais. O capricorniano gosta de deixar sua marca, logo, quanto menos sua casa parecer "pronta", melhor. Ele precisa saber que se algum dia vocês forem morar juntos, os estilos de ambos se harmonizarão — ou melhor, que sua decoração não obscurecerá a dele. Use a visita como pretexto para desatravancar a casa e jogue fora o entulho.

O encontro com a família dele

O capricorniano tem uma intensa relação de dever com a família. As opiniões dos parentes contam muito para ele, que quer se casar tão bem a ponto de se tornar o orgulho dos ancestrais. Se você não for boa o suficiente para que ele a apresente à mãe, talvez nunca chegue a pisar os degraus da casa da infância dele. Para esse homem, é praticamente impossível fazer desfeitas aos pais. Um capricorniano conhecido nosso adiou a data do casamento porque a mãe insistia em que precisava de "pelo menos um ano para achar um vestido".

Felizmente, o nativo não é uma criança lamurienta que lança a culpa dos próprios fracassos no modo como foi criado. Você nunca ouvirá desculpas do tipo "nunca me tornei médico porque meu pai não me amava incondicionalmente". Na verdade, ele vê a própria infância através de óculos cor-de-rosa — ou, na pior hipótese, dá de ombros em aceitação prática. "Fazer o quê?", diz um nativo sobre seus pais malucos. "Eles são o que são. Para que me prender a isso? Bola pra frente."

Ainda assim, em tudo há compensação. Ele poderia desenterrar algum problema da infância, nem que fosse para encerrar o assunto; mas, em vez disso, continua a ser o filho leal que não reclama, reprimindo toda a angústia e rebelião. Se ele se reprimir demais, pode chegar a sofrer de depressão ou de dependência química. Em casos extremos, canaliza as emoções para algum passatempo secreto e subversivo, como travestismo, jogos de azar ou visitas a páginas de fetiche na internet. Já vimos de tudo. Na maior parte do tempo, ele interpreta, obstinado, o menino de ouro, e às vezes chega a sustentar financeiramente os pais.

Para o capricorniano, é um grande acontecimento apresentar você à família como "a namorada oficial". Se você for convidada à casa dele para as festas de fim de ano, decididamente está sendo avaliada como futuro membro da família. É irrelevante se gosta ou não dos parentes: ligado ao dever e leal, em geral ele é o "rochedo" do clã, mesmo que seja o filho caçula. Na sua concepção, é uma obrigação fundamental apoiá-los — ou mesmo de viver num raio de 8 quilômetros de distância dos mesmos.

O fato de gostarem ou não de você é crucial para seu relacionamento futuro. Nossa amiga Jessica namorou um sensual italiano nativo de Capricórnio (vamos chamá-lo Giorgio), enquanto ele morou durante um ano nos Estados Unidos. Ao retornar à Itália, terminou o namoro com Jessica, mas anos depois voltou a contatá-la. "Nunca esqueci você", foram as sedutoras palavras que usou. Ela resolveu voar à Itália e ver se eles podiam ter uma segunda chance no relacionamento.

Depois de seis horas de voo, quando Jessica desceu do avião, Giorgio levou-a imediatamente para a casa dos avós onde (surpresa!) se encontrava toda a parentela dele — tias, tios e primos a esperavam em torno de uma longa mesa carregada dos quitutes da vovó. Lutando

Relacionamentos astrais

contra a ressaca do voo, Jessica ainda conseguiu conquistar a todos por falar italiano macarrônico e abarrotar o prato de comida caseira. Quando ela repetiu a comida, a avó de Giorgio ergueu o copo e gritou um brinde em italiano: "A seu casamento!" Calorosamente, o restante da família fez eco ao brinde.

No final, Giorgio "não estava pronto" para o casamento. Mais tarde, contou a Jessica que a parte mais difícil do rompimento foi encarar a família dele (ora, que coisa mais... hmm, nobre!) De fato, ele passou semanas escondendo a verdade dos pais, para, por fim, confessar que havia dispensado o casamento com uma mulher que eles (é isso mesmo, eles) adoravam. Portanto, se você quer ter chance no altar com um nativo de Capricórnio, trate de fazer a família dele também se apaixonar por você.

Para dizer adeus

O fim do romance com o capricorniano

Capricórnio é um signo prático, e o nativo encara o fim do namoro com uma lógica friamente racional — pelo menos na superfície. Chorar e fazer cenas em público não são o estilo dele. Seu planeta regente, Saturno, dá a ele sabedoria e perseverança em tempos difíceis. Embora o nativo momentaneamente mergulhe na depressão, sabe por instinto que o tempo cura todas as feridas. Ele prefere um rompimento esterilizado, sem contato, para manter as coisas ordeiras e práticas.

Ele é um homem de palavra e acredita que você também respeite a própria palavra. Se você comunicar a ele que a relação acabou, o capricorniano aceita sua declaração como verdadeira. O nativo não ficará implorando. Ele talvez pergunte se você tem certeza, e esta será sua única oportunidade de voltar atrás. Coitada da mulher dramática que encenar um pseudorrompimento para testar a intensidade do amor de seu namorado capricorniano. Ameaças e simulações destruirão por completo a confiança que deposita nela.

Dignidade significa tudo para esse homem. Mesmo que você tenha destruído as esperanças e os sonhos dele, não o trate como um garotinho magoado. Ele não quer que você banque a mãe em relação aos sentimentos feridos dele. Na visão dele, um relacionamento é como um acordo de negócios. Se o contrato foi rompido, ele acredita que vocês dois devam seguir adiante — pelo menos em tese. Mantenha intacta a própria dignidade, você também, na medida do possível.

Superando a perda: quando o capricorniano vai embora

O capricorniano é um destruidor de corações de caráter prático. Raramente a falta de amor é motivação para separação. Normalmente o motivo é simples: ele atingiu um ponto em que precisa se perguntar: "Eu poderia ser, neste exato momento, um bom marido e um bom pai?" Se a resposta for negativa, a ele não importa que você já tenha escolhido cuidadosamente a louça do banquete de casamento e assinado a revista *Noivas & Noivos*. Ele comunicará oficiosamente que o namoro não vai bem, deixará você chorar um pouco e irá embora. Normalmente fará tudo pessoalmente, "pelo respeito básico", conforme explica um capricorniano.

No entanto, isso nunca termina. Segundo um amigo nosso nativo do signo: "Costumo manter por perto minhas ex-namoradas." Meses, ou até mesmo anos depois de ter queimado os retratos dele, você pode receber uma mensagem de texto ou e-mail: ele está pensando em você. Talvez agora esteja num ponto em que possa lidar com uma relação e vocês talvez reatem o namoro. Se a vida dele estiver na mesma, cuidado. Acreditar que ele não consegue esquecer você é um sedutor delírio egoísta, mas acautele-se: ele pode estar se escondendo atrás da segurança da nostalgia, em vez de se arriscar a uma relação verdadeira. O capricorniano se compraz na melancolia e com frequência vive no passado. Se você não quiser que sua vida se pareça com uma canção sertaneja brega, aja com precaução.

Pela última vez, chore a falta que sentirá...
- da atração vigorosa e lúbrica do nativo
- do queixo torneado e do sorriso sensual
- do conforto de ter um homem grande e forte em quem se apoiar
- da sensação de ser incrivelmente feminina na presença dele
- da carteira de dinheiro agora vazia: o "patrocinador" saiu do circuito
- das opiniões sábias e práticas que ele expunha
- da perda de um bom companheiro social para casas noturnas, concertos e restaurantes
- do apurado bom gosto dele em matéria de culinária, vinhos, perfumes, roupas e praticamente qualquer coisa
- da família dele (pais, irmãos, tios, primos...) após a separação
- sexo, sexo, sexo

Agradeça ao universo por nunca mais ser obrigada a lidar com...
- aquela nuvem de melancolia que o acompanhava
- seu ritmo leeeento: caramba, mexa-se, cara!
- fingir que gostava dos amigos de infância irritantes e imaturos dele
- fingir que gostava dos parentes irritantes e malucos dele
- a descrença e o pessimismo dele que derrubam seus sonhos
- o destempero, e até as maníacas alterações de humor
- a fachada reservada e estoica que você sempre precisava quebrar
- passar horas acordada no fim de semana enquanto ele ficava na cama até a hora do almoço
- a sensação de "estar sobrando" perto dele
- a condição de "viúva laboral" — ele precisa mesmo trabalhar até as 22h todo dia?
- as estranhas perversões, dependências orgânicas e hábitos
- dias de solidão à espera de um telefonema ou e-mail dele
- a dúvida se existem outros esqueletos no armário dele

A combinação amorosa:
Vocês falam a mesma língua?

Você é do signo de...	Ele acha que você é...	Você acha que ele é...	Linguagem comum
Áries	...excitantemente ambiciosa, mas, em última análise, concorrente dele.	...rígido demais e pouco livre em ideias, mas também uma bela força estabilizadora.	Ambição, metas, o desejo de dominar o mundo.
Touro	...elegante, sofisticada e exatamente sua anfetamina.	...um bom investimento de longo prazo.	Dinheiro, prestígio, tradição e estabilidade duradoura. Os dois são ótimos em "ir com calma".
Gêmeos	...totalmente maluca, mas a pessoa mais instigante que já encontrou.	...o pai que você sempre desejou.	Sexo extravagante quarenta vezes por dia, apoio mútuo aos objetivos profissionais.
Câncer	...a esposa dele.	...muito reservado, mas um potencial marido/porto seguro.	Tratar como uma "panelinha" os parentes e amigos, o desejo de prestígio social e segurança.
Leão	...um troféu e também o bicho de estimação que ele gosta de exibir, mas muito teatral.	...o irritante mistério que você precisa resolver.	Mandar um no outro, dominação e disputa de poder que terminam na cama (chicotes e corseletes são opcionais).
Virgem	...uma aposta segura, mas um pouco neurótica.	...o supremo provedor e tábua de ressonância.	Viagens, atividades ao ar livre, passatempos, partilhar rotinas diárias, amigos e parentes.
Libra	...o troféu máximo, mas demasiada difícil de domar.	...o patrocinador que se torna paternal demais para você.	Sair para jantar em grande estilo, fazer 69.

377

Relacionamentos astrais

Você é do signo de...	Ele acha que você é...	Você acha que ele é...	Linguagem comum
Escorpião	...gostosa.	...o excêntrico colega de brincadeiras com quem você poderia se casar.	Controle, mútua superação, competição, um toque de sadomasoquismo.
Sagitário	...uma impressionante empreendedora, mas esquentada e dispersiva demais.	...impressionante, sensual, mas impossível de se estabelecer conexão.	A busca da verdade e da sabedoria espirituais. Ambição: quando a vida lhes dá limões, vocês fazem limonada.
Capricórnio	...não é maluca o bastante para o gosto dele.	...um símbolo de status e uma escolha prática.	Trabalho, metas, tradição, o desejo de uma vida de perfeição cinematográfica.
Aquário	...infinitamente fascinante.	...uma energia estabilizante.	Viagens, filosofia, visões de mundo tolerantes.
Peixes	...criativa, mas liberal e ecológica.	...limitado e tacanho.	Letras e artes, fotografia, amigos comuns.

O nativo de Aquário

Datas: 20 de janeiro – 18 de fevereiro
Símbolo: o aguadeiro
Planeta Regente: Urano, o planeta da originalidade
Elemento: ar — intelectual, mutável, social
Qualidade: fixo
Missão: revolução romântica

Ambiente natural — onde você vai encontrá-lo: Fazendo teste para uma série de televisão; elaborando os efeitos especiais num estúdio de cinema; jogando basquete; fazendo musculação; gritando com o juiz no jogo de beisebol; codificando uma página da internet às quatro da manhã; cantando num karaokê; tomando cerveja com a galera (num bar esportivo ou clube de striptease); numa maratona de vendas em uma feira comercial; numa peregrinação espiritual na América do Sul; estudando física quântica num retiro; inventando uma nova escola de pensamento; dançando nu no festival do Burning Man; estudando com um guru; levando a família em férias para um turismo de aventura; representando de improviso num clube de comédia; orientando um time esportivo numa escola de ensino médio; jogando xadrez; concorrendo a um cargo na política; ganhando um prêmio de vendas.

Meio de vida: guru da internet; vendedor (ele é capaz de vender qualquer coisa!); programador; executivo de publicidade; professor de ensino médio; ator de televisão; chefe de cozinha; proprietário ou gerente de restaurante; banqueiro de Wall Street; matemático; cientista; advogado de defesa; produtor cinematográfico; político; futurólogo; estrela pop.

Notáveis e notórios nativos de Aquário: Justin Timberlake, Abraham Lincoln, Franklin Delano Roosevelt, Ashton Kutcher, Chris Rock, John Travolta, Axl Rose, Oscar de La Hoya, Bobby Brown, Michael Jordan, Jerry O'Connell, Tom Selleck, Ed Burns, Joey Fatone, Alice Cooper, Bob Marley, Garth Brooks, Henry Rollins, Chris Farley, Peter Gabriel, Matt Dillon, Dr. Dre, Ronald Reagan, Elijah Wood.

Relacionamentos astrais

O aquariano: como localizá-lo

- a alegria da festa, ele trata como íntimos todos os fregueses no bar
- estilo esportivo — normalmente usa jeans e tênis (por mais que sejam da cor laranja-neon)
- não consegue ficar parado, batuca com os dedos, anda de um lado para outro e faz gestos nervosos
- contorno do rosto em forma de pentágono
- sorriso infantil e um brilho malicioso nos olhos
- energia calorosa — ele é o cara simpático e popular que trata todos com gentileza
- faz palhaçadas, faz caretas, faz todos rirem
- fala rápido usando as mãos
- leva um papo de forma envolvente
- visual esportista, mas descolado — pode usar um boné de beisebol, mas provavelmente também tem algumas tatuagens e brincos
- mãos fortes, dedos bem formados
- inclinado para a frente, envolvido na conversa
- risada alta e contagiosa

O aquariano e seu jeito de lidar com...

Dinheiro

Não esquenta a cabeça com isso: gosta de coisas bonitas, mas sabe que elas não têm máxima importância. Sabe que pode confiar nas próprias habilidades naturais de vendedor para produzir mais dinheiro quando for preciso. Sempre conseguirá dinheiro para viagens e aventuras.

Família

Protetor, zeloso, mas precisa de uma distância saudável.

Amor

Ele precisa de uma parceira dinâmica e capaz de dar conta de si. Gosta de se gabar das realizações da namorada. Para manter o nativo interessado, a vida amorosa dele precisa ter um toque não convencional. Tem "amizade amorosa" com muitas e "amor verdadeiro" com poucas.

Sexo
Um excêntrico na cama, e na rua também.

Filhos
Talvez não façam parte de seu grande plano. Se por fim os tiver, vai gostar de instruí-los e levá-los em excursões educativas.

Animais de estimação
Ele os quer forçosamente. Perto de animais ele se torna um sentimental. Talvez adote um cachorro do abrigo municipal ou um gato de rua.

Quando você surta
Ele se afasta e se fecha até passar a tempestade. Para lidar com o constrangimento, pode até fazer piada da situação.

Quando ele surta
É uma crise chocante, enfurecida, assustadora e sem nexo — todas as emoções que ele reprimiu explodem desordenadamente.

O rompimento
Pouco a pouco, no decorrer de três a seis meses, ele a faz passar da condição de namorada à de melhor amiga. Mas se o abandonar sem motivo aparente, ele perseguirá você pela rua.

O aquariano: tudo sobre ele

Vamos ver se você mata a charada: se misturar um sujeito comum com um cientista maluco, um atleta e um extraterrestre, qual será o resultado? Resposta: (rufar de tambores) um aquariano!

Relacionamentos astrais

Por fora, ele parece o perfeito astro pop ou um solista de banda de garotos: covinhas, carinha bonita, queixo anguloso, talvez uma tatuagem para proclamar sua inclinação rebelde ou sua adesão a uma filosofia específica. O verdadeiro rei da popularidade, ele é engraçado, namorador, bem-sucedido e estimado mesmo sem tentar. Esse é o sujeito que provavelmente terminará no encarte central da revista *Capricho* (pense em aquarianos como Justin Timberlake e como Nick Carter, da banda Bakstreet Boys). O nativo é capaz de vender gelo aos esquimós. De fato, houve mais presidentes dos Estados Unidos nascidos sob o signo de Aquário que de qualquer outro signo, inclusive líderes memoráveis como Abraham Lincoln, Franklin Delano Roosevelt e Ronald Reagan.

Por dentro, o cara é tudo, menos convencional. Basta observar o nativo por alguns momentos — ele tem tanta energia cinética que chega a estalar. De tanta agitação e nervosismo, não consegue ficar parado. Seus olhos giram pelo ambiente, absorvendo tudo. Chega a se mexer com movimentos espasmódicos, robóticos — ou como um futurístico brinquedo de corda. Sabe que é um pouco (ou extremamente) excêntrico, fato que, de modo geral, aceita de bom grado. Na infância ele pode ter sido um prodígio dos esportes, das artes cênicas, dos computadores ou de outra coisa inventiva. Ou isso, ou então ele se limitou a viver em seu próprio planeta especial, e era o adorável extraterrestre da família.

Aquário é regido por Urano, o planeta da originalidade, da revolução e dos acontecimentos súbitos. Assim como seu regente celestial, o imprevisível nativo do signo jamais obedece de verdade às convenções. As normas foram feitas para serem infringidas, ou, no mínimo, para sofrerem uma remodelação. A exemplo do comediante Chris Rock, o nativo é conhecido por expressar um comentário chocante que mata você de tanto rir ou deixa a plateia atordoada e silenciosa. Ainda assim, até suas proezas mais grosseiras e ofensivas visam a um propósito mais elevado. Ashton Kutcher, um aquariano, rebaixou as celebridades com seu programa *Punk'd*, na MTV. O nativo deste signo igualitário pega as vacas sagradas e as transforma em um belo assado.

O nativo de Aquário

Embora se possam encontrar aquarianos levando estilos de vida que fogem à norma, como colônias espirituais ou clãs poligâmicos, a maioria dos nativos do signo transforma o sistema de dentro pra fora. O nativo engata em convenções sociais como casamento, ou batalha como empregado da empresa, mostrando sua própria visão e sua abordagem radical. Para esse indivíduo, nada pode ser feito segundo os manuais. Para o aquariano, a história se destina a ser feita, e não repetida. Conforme expressou um nativo do signo: "Quero dar um salto quântico em relação à geração de meus pais."

Aquário é também o signo da amizade, dos grupos e das conexões casuais. O nativo tem um milhão de amigos e faz amizade facilmente aonde quer que vá. Todo mundo é para ele seu "companheiro" ou "irmão". Nosso amigo aquariano Chris é adequadamente apelidado de O Prefeito. Ao mesmo tempo que dirige a própria empresa de tecnologia, arranjou um emprego numa loja da Starbucks, em parte por causa do plano de saúde, mas principalmente porque precisava de doses de contato humano. Enquanto alegremente serve *lattes*, remove neve da calçada e limpa as mesas, Chris estabeleceu um caloroso vínculo com todos os clientes, para quem o seu sorriso franco vicia tanto quanto os Venti Frappucinos que consomem. O aquariano consegue fazer todo mundo ter a sensação de ser o melhor amigo dele.

É nas relações individuais que o aquariano tem dificuldade de encontrar seu rumo. Embora o aquariano "iluminado" seja excelente parceiro, nem todos os nativos do signo conseguem se harmonizar com aquelas estranhas sensações conhecidas como sentimentos. No começo, o conceito de intimidade e vinculação o deixa fora de si, e pode transformá-lo num indivíduo neurótico e hipersensível. Derek, ator e comediante aquariano, ironiza: "Quando é que falo sobre sentimentos com uma mulher? Ãhn, vejamos... quando estou inconsciente?" Ele diz isso meio a sério, meio de brincadeira.

A capacidade que tem de se desvincular das emoções é também um dom do aquariano. Ela permite ao nativo continuar concentrado em sua visão de um futuro melhor, em vez de desanimar ou se dispersar.

Relacionamentos astrais

Thomas Edison, um aquariano emblemático, falhou em dez mil experimentos antes de conseguir inventar a lâmpada elétrica (felizmente para Edson, o signo rege a ciência e a eletricidade). Em uma de suas frases mais citadas, ele afirmava: "Não fracassei. Apenas descobri dez mil maneiras que não funcionaram."

Essa atitude inspiradora e otimista é incrivelmente estimulante para os circunstantes, embora você talvez nunca se sinta completamente segura. Thomas Edison também disse: "Mostrem-me um homem plenamente satisfeito e eu lhe mostrarei um fracasso." Acomodação é uma palavra que não entra no vocabulário do aquariano. Com sua necessidade de contínua evolução e expansão, ele está numa busca permanente para lograr tais objetivos. Esse nômade astrológico é um colecionador de experiências e um sábio professor daquilo que aprendeu. Como o signo da humanidade e da sociedade, ele tem a alma carregada com a obrigação de retribuir o que aprendeu, deixando o mundo melhor do que quando ele chegou.

Se você quiser um homem para cuidar de suas feridas emocionais, procure um psiquiatra ou arranje um namorado de signo de água. Se você não forçar seu aquariano a falar sobre os próprios sentimentos (a não ser que ele queira — e então será uma noite muito comprida), o lado feminino dele emergirá lentamente. Antes que você perceba, o palhaço da turma se transformará em um sentimental. Ele preparará maravilhosos jantares com ingredientes exóticos; fará serenata para você no meio de um lugar movimentado cheio de ônibus lotados, na hora do rush; ou programará uma noite elaborada, repleta de surpresa sensuais.

Se você gosta de uma vida de aventuras e descobertas, o aquariano alegremente a levará com ele em sua jornada visionária — desde que você o deixe dirigir a espaçonave. Você não sabe a que galáxia chegará, e ele talvez também não — mas a viagem até lá será metade da diversão. Logo, se você é uma estudante da vida, por que não se empolgar pelo rapaz bonito que constrói espaçonaves de papel e redefine a teoria das cordas enquanto faz breakdance ou planta bananeira?

O que ele espera de uma mulher

Procura-se: fã sensual de ficção científica, companheira de buscas espirituais, não importa a raça/cultura/religião (todos somos um), para compartilhar aventuras desconhecidas nos planos físico e espiritual. Encontre-se comigo para curtir diversões e risadas, danças, festas para 1.467 de nossos amigos íntimos. Depois que eu lavar os pratos e você os enxugar, exploraremos os mistérios da vida como copilotos alienígenas. Não consigo resistir a uma mulher incrivelmente liberal e ativa que queira tentar de tudo alguma vez (ou duas, ou dez vezes diferentes). Eu sou: bonito, charmoso, excêntrico e muito doido — o cara mais engraçado que você já conheceu. Favor apresentar-se com acessórios como: a própria vida, os próprios amigos, uma próspera carreira profissional que você adora, disfarces. Gente carente, ciumenta e pegajosa não deve se candidatar. Necessário gostar muito de animais.

Como um dos supremos livres-pensadores do zodíaco, o aquariano deseja uma parceira nômade e idealista de mente elevada — alguém que possa adequadamente ser descrita como "dona do próprio destino". Em outras palavras, alguém que goste de homens, mas não dependa deles para ser feliz. Seu relógio biológico também não deve despertá-lo de hora em hora, com forte tique-taque e campainha de alarme: para este nativo, uma prole talvez não faça parte do quadro.

O aquariano gosta de mulheres de cabeça fria e coração quente. "Mesmo em tempos difíceis, ela ainda é forte o suficiente para superar a situação, e se conduz com calma e serenidade", descreve Hal, que de uma forma genuinamente aquariana criou para si um *alter ego* chamado Dr. Lagosta. Nada consegue despertar nele maior interesse do que mulheres inteligentes e equilibradas, de vida e identidade bem-definidas. Ele anseia por opiniões fortes e muito caráter. Ele não se importa se você é uma punk de cabeleira cor-de-rosa ou uma supermodelo (ele namoraria qualquer uma das duas), uma dominatrix ou uma católica praticante, desde que você se conheça muito bem. Quanto mais experiência mundana você tiver, melhor. Nada surpreende o aquariano, e

Relacionamentos astrais

se o fizer, só o deixará empolgado. Ele ficará feliz em ir com você a lugares onde nenhum homem esteve.

Teria sido essa a razão pela qual o aquariano Ashton Kutcher se apaixonou por sua mulher escorpiana, Demi Moore, 14 anos mais velha que ele? É claro que os aquarianos também adoram chocar as pessoas, mas antes do encontro deles, Demi já tinha uma história de vida que incluía dois casamentos, três filhas, a morte da mãe e uma sólida carreira de atriz. A eles só faltava se divertirem e explorarem a vida juntos.

Para este nativo, a carência é como criptonita. Acima de tudo, ele não quer tomar conta de uma garotinha dependente. Diante da menor sugestão de dependência, não ficará um só aquariano no recinto. O nativo do signo é um homem moderno, de mentalidade igualitária que não explora os estereótipos de gênero. De você ele espera que seja adulta — que saiba de que comida gosta, que tenha preferências bem definidas, que abrace a aventura. Ele adora apresentá-la a novas experiências, servir de mestre e guia, mas só como companheiros de brincadeiras, em um plano equivalente, e não em alguma estranha dinâmica manipuladora.

Mulheres enfastiadas, seletivas ou descrentes não combinam com ele, mas, no começo, o aquariano namorará muitas delas. "Pelo jeito, embora eu dissesse que queria alguém acessível, vulnerável, sempre atraía gente fechada", admite Gary, um consultor financeiro de 40 anos.

O desconforto do aquariano diante das próprias emoções, juntamente com o medo de cair numa armadilha ou ficar limitado, limita suas opções. As parceiras inacessíveis refletem o que ele projeta. A frieza da natureza de seu signo de ar precisa de calor, que vem de um coração aberto e de uma parceira acessível. Para chegar a isso, ele precisa superar seu grande medo.

Por mais que deteste a dependência emocional, o aquariano acha extremamente atraente um pouco de vulnerabilidade feminina.

Por baixo da tranquilidade do exterior, o nativo pode ser tímido e desajeitado no começo. Ele é hipersensível à possibilidade de não agradar, ou pior, de não ser valorizado. "Gosto de que a garota precise de mim um pouquinho no começo, até eu me sentir seguro", afirma Chris.

"Depois cada um vai cuidar da própria vida e voltamos a nos reunir para passar bons momentos."

O amor pode revelar um lado chocantemente brega do aquariano. Consta que Ashton Kutcher teria dito: "Tenho esperança de que o amor que nós [Demi e eu] compartilhamos possa ressoar ao redor do mundo, para que algum dia eu consiga ouvir seu eco." Tem mais alguém aqui sentindo engulhos? Graças a Deus, tais momentos cafonas são raros. O aquariano prefere demonstrar o amor dele ao compartilhar suas opiniões, sua vida e suas descobertas — e pode incluir você em alguns deles. Ele é o signo do professor. Se você for carente, não fique carente de conselhos dele. Deixe-o ser seu orientador ou treinador, por exemplo.

Embora o aquariano deteste carência, ele quer ser solicitado pelo que tem genuinamente a oferecer. Seja uma aluna aplicada, mas depois de aprender deixe o ninho para voar. Mostre sua capacidade de usar os ensinamentos dele, enquanto dá ao nativo o devido crédito por ajudá-la a criar asas. Ele precisa que você tenha ambição e iniciativa.

Se você for a imperturbável garota comum de pele grossa, coração mole e intelecto aguçado, o aquariano ficará seriamente apaixonado. Ele adora garotas atualizadas e modernas, uma jovem bem feminina que seja carinhosa e sentimental, mas ao mesmo tempo corajosa e despachada. Se você é capaz de ler nas entrelinhas e reconhecer o amor quando vem envolto numa embalagem anticonvencional, fará emergir o homem que agrada a todos, existente em todo aquariano. Ele trabalhará dobrado para fazer você feliz. A vida nunca mais será tediosa.

O que ele espera da relação

Quando se trata de relacionamentos, o aquariano não se conformará com menos que uma revolução sexual romântica. Como um Che Guevara do quarto de dormir, ele quer abalar o amor nos termos atuais e levar o romance solidamente para o meio do século XXI — ou talvez até o século XXII.

O citado aquariano "Dr. Lagosta" estabeleceu um movimento chamado Moderno Complecionismo Romântico. Outro aquariano conhe-

Relacionamentos astrais

cido nosso fundou os Cuddle Parties [Festivais do Chamego], uma série nacional de workshops isentos de sexo e drogas, em que os participantes se reúnem vestidos de pijama e apenas... ficam abraçadinhos. A página dele na internet descreve o evento como "um workshop lúdico e divertido (...) para as pessoas descobrirem novamente o contato físico e o afeto não sexuais, um espaço para reformular conceitos sobre homens e mulheres e um grande evento de formação de redes sociais para encontrar novos amigos, colegas de apartamento, sócios comerciais e outros grupos significativos." Clássico aquariano.

Interdependência é o nome do jogo dele. Na verdade, foi nosso amigo aquariano Miguel quem primeiro nos apresentou a esse termo, ao descrever seu relacionamento perfeito. Cada um tem sua vida plena, e então os dois se reúnem voluntariamente para relaxar, crescer e se divertir. Ele deseja coexistir, ao invés de se fundir com a parceira. Naturalmente, isso só pode acontecer depois que o aquariano de espírito livre resolver que está pronto para uma relação. Afinal de contas, quando você vem de outra dimensão, vincular-se aos humanos pode ser difícil. O aquariano pode ser reservado e desajeitado, hesitando se comprometer. Até haver experimentado o panorama inteiro, ele não quer se prender a uma mulher.

Entretanto, da metade ao final da casa dos 30 o nativo pode finalmente se decidir a acertar as contas com esses demônios conhecidos como sentimentos. Ele talvez mergulhe num movimento filosófico ou numa modalidade espiritual para explorar suas emoções em segurança, de uma maneira quase científica (ou isso, ou então ele fuma um montão de maconha e experimenta essas sensações engraçadas — amor! raiva! tristeza! — que de outra forma são tão estranhas a ele).

Tão logo ele aprende a processar suas emoções, esse signo humanitário quer compartilhar o que aprendeu em sua busca. Como uma borboleta que sai do casulo, o eterno bufão que gosta de pregar peças emerge como o supremo Homem Sensível da Nova Era. Anteriormente esquivo em relação a qualquer coisa mais tátil que um abraço com tapinha nas costas ou um toque de mãos, ele de repente começa a treinar para atuar como massoterapeuta, ou se torna um sequioso voluntário para massagear ombros e dar abraços calorosos. Aquário é o signo do futuro, fator que talvez concorra para o nativo viver no presente. Um aquariano, rindo dos próprios dilemas, admite: "Antes de poder relaxar, apenas preciso saber o rumo que as coisas tomarão" (falar por meio de enigmas é um hábito aquariano). Outro nativo descreve relacionamentos em que, de puro nervosismo, se prendeu a um compromisso antes de ter certeza sobre a pessoa e depois se sentiu aprisionado. A ansiedade e os nervos com frequência levam a melhor sobre ele, evitando que estabeleça vínculos mais profundos por causa de sua reação automática. Pessoal, quem aí quer um tranquilizante?

Se um aquariano se candidatar a uma relação de longo prazo, precisa ser tratado com cuidado. Depois de investido o coração, o nativo pode ficar hipersensível e tenso — deixando de ser o cara tranquilo e despreocupado que animava as festas. Conforme afirma Gary: "Meu problema é que penso demais, decomponho e analiso tudo. Se uma mulher se atrasar, acho logo que foi desconsideração da parte dela."

É um paradoxo interessante: o compromisso pode prender ou libertar. Por ser signo de ar, o nativo de Aquário precisa de uma relação que lhe dê asas e um objetivo. "Gosto de me sentir útil", afirma Gary. O aquariano precisa de uma parceira que seja sua discípula, companheira de viagem e tábua de ressonância. Precisa principalmente que confiem nele. "Cada vez que me saem da boca as palavras 'você deveria...', ele se fecha", relata uma jovem sobre o namorado aquariano. "Portanto, agora digo coisas como 'você já pensou em etc. etc...'" Ela aprendeu a ser protetora, mas sem jamais bancar a mãe ou sufocar o nativo. É um equilíbrio delicado.

O nativo de Aquário nunca entra numa relação só por causa da relação, mas sim para realizar uma visão ou vivenciar um futuro que o inspire e estimule com possibilidades infinitas. "Trata-se de ter um futuro inteiro mapeado", afirma Gary. Se você se identifica com um plano diretor traçado por ele, pegue o saco de dormir e as botinas de caminhada. Você nunca sabe onde chegará — mas ele ficará a seu lado, não importa que destino seja.

Sexo com o aquariano

Como nos demais aspectos, o sexo para o aquariano é uma aventura do outro mundo, limitado somente pela imaginação dos envolvidos. O nativo considera a atividade sexual uma parte natural da experiência humana e consegue separar com facilidade o sexo do amor. Mesmo que talvez pareça careta, esse homem praticamente não tem nenhuma inibição. Parece um Dr. Seuss do sexo, sonhando com os jogos mais audaciosos.

Futurista, o nativo gosta de fazer experiências com os papéis sexuais, o poder e o lado escuro do desejo humano. Por conseguir se desvincular do lado sentimental do sexo — o lado "fazer amor" — ele pode ser um pouco grosseiro ou sádico na cama (vai um tapinha aí?). Esse é o cara que pode visitar em sigilo uma dominatrix para soltar as rédeas de alguns de seus problemas de controle. "Costumamos marcar hora para o sexo porque ele tem esses roteiros elaborados que gosta de encenar, completos, com acessórios", conta certa mulher sobre o namorado aquariano. "Ele é muito excêntrico na cama — gosta de me amarrar."

Como o signo rege a tecnologia, o nativo gosta de um bom brinquedo sexual, e pode até aparecer com um brinquedinho movido a bateria, retirado de seu próprio arsenal. "Uma de minhas atividades favoritas é visitar a sex shop em companhia de uma mulher. Gosto de falar com as pessoas sobre as novidades, ouvir as recomendações delas. Certa vez, levei uma namorada a um fantástico jantar de aniversário, e depois encerramos a noite indo a uma loja de artigos eróticos. Ela escolheu um vibrador e aquele foi seu presente."

Pode não ser exatamente romântico no sentido dos romances água com açúcar, mas assim é o nativo de Aquário — o paladino da liberação sexual. Ele quer que você seja uma mulher independente, e a ideia de que se satisfaça sem precisar dele lhe dará mais tesão, além de atiçar sua natureza competitiva. Ele gosta de ver que você o quer, mas sem precisar dele. Em seu mundo, a carência é um estorvo. Por mais que ele seja o verdadeiro vibrador humano, o nativo talvez passe por fases em que se sinta indisponível — jejuando na dieta dos sucos, resolvendo o

O nativo de Aquário

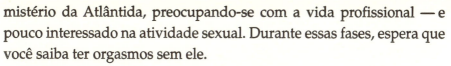

mistério da Atlântida, preocupando-se com a vida profissional — e pouco interessado na atividade sexual. Durante essas fases, espera que você saiba ter orgasmos sem ele.

Aquário é o signo dos grupos, portanto ele talvez se envolva em orgias, trocas de parceiros e *ménages* (seu favorito) — ou pelo menos fantasie sobre isso. "Meu aquariano gosta de ter outras mulheres para fazer sexo a três", confessa certa mulher. "Certa vez ele me esperou numa limusine com lingerie no banco traseiro. Disse-me que a vestisse e depois mandou o motorista nos conduzir ao escritório dele. Tinha encomendado sushi do meu restaurante favorito. Entrou na limusine e comeu o sushi em cima do meu corpo, pedaço por pedaço. Nem se importou que o motorista observasse — aquilo o deixava excitado."

Para o aquariano, mesmo que profundamente apaixonado, o sexo é sempre casual. E, no entanto, jamais é casual. Ele quer vivenciar elevação espiritual e, como passa tanto tempo perdido em pensamentos, precisa primeiro se conectar com o corpo. O sexo é a via mais rápida para isso. Ainda assim, para ele a experimentação e a aprendizagem são sempre uma parte do pacote. Quando está apaixonado, o nativo pode ter um interesse superficial em sexo tântrico, ou encontrar formas de manter as coisas interessantes e fora da rotina. Mantenha uma atitude aberta, pois ele a manterá!

Tesão: o sim e o não

O que dá tesão

- seja uma empreendedora independente, capaz de dar conta de si
- tenha uma carreira bem-sucedida — para ele, o sucesso é afrodisíaco
- pense de forma não convencional
- tenha a seu favor alguns escândalos que vivenciou e serviram de lição
- deixe que ele ensine alguma coisa a você
- tenham interesses separados, que possam depois trazer de volta para a relação

Relacionamentos astrais

- seja espiritualmente evoluída
- dê prioridade à diversão e à aventura
- transpire confiança: ele gosta de uma garota corajosa
- cuide do corpo: você não precisa ser muito magra, mas sim ter boa forma e ser esportiva
- viaje com frequência
- acompanhe-o a aventuras espontâneas — esteja sempre pronta para pegar a estrada
- admire o estilo de vida singular que ele leva e não o atormente por causa do expediente aleatório que adota
- seja calorosa e acolhedora, mas nunca sufocante
- conte a ele suas fantasias mais estranhas, e deixe que ele a ajude a realizá-las

O que não dá tesão

- seja cáustica, descrente ou excessivamente realista
- dê a ele conselhos não solicitados ou diga-lhe como levar a vida
- pressione-o a se casar com você, ter filhos ou a acompanhar seu cronograma
- seja uma alma perdida sem roteiro, visão, ou objetivo na vida
- seja materialista, exigente ou dispendiosa
- não tenha interesse em questões espirituais ou metafísicas
- critique-o ou ria dele
- menospreze a paixão dele e ridiculariza-se suas piadas
- seja excessivamente liberal ou moleca, sem nenhum instinto materno

As jogadas dele

Primeiras investidas: a azaração

Quando um aquariano fica de olho em você, a sutileza sai pela janela. Ele brilha nas primeiras interações casuais e se aproxima de você sem medo. Como um pavão, ele alisa as penas e se exibe, para chamar sua atenção.

Ele adora um bom jogo, e a travessa arte da sedução é um esporte tão bom quanto qualquer outro. Embora ele talvez seja capaz de ir até você e beijá-la, também poderá ficar friamente contido, deixando-a se torturar perguntando: *será que ele gosta de mim?* No começo, ele também exagera. Miguel, um chefe de cozinha aquariano, diz que consegue atrair a atenção de uma mulher "preparando para ela uma degustação de sete pratos, com vinhos que caem bem". Puxa, onde será que a gente se inscreve?

Antes que realmente abra o coração, o aquariano é praticamente imune à rejeição. As coisas só se complicam depois que ele investe esperanças e sentimentos. No começo, ele pode apenas fazer uma piada com o lance todo se você rejeitá-lo (e não se surpreenda se isso se tornar motivo de comédia no próximo esquete que ele improvisar).

Eis como o aquariano sinaliza interesse especial:

- Dirige-se a você com uma "piada" ou observação chocante — ou você lhe dá um tapa ou vai para casa com ele
- Faz um monte de perguntas sobre você, e age como se estivesse realmente fascinado com as respostas
- Se contorcendo ou dá voltas, nervoso
- Provoca você como uma criança no pátio da escola
- Começa a dar conselhos — ensinando e argumentando
- Faz uma pergunta chocantemente atrevida sobre sua vida pessoal
- Exibe-se como um garotinho
- Convida você para sair com ele
- Torna-se seu melhor amigo
- Prende você numa conversa animada, de olho no olho, sem piscar — e de repente desvia a atenção para outra coisa

Como saber que ele está envolvido

O caminho do aquariano até o compromisso é uma dança delicada. O percurso é difícil, mas a chegada é maravilhosa. Apavorado com a possibilidade de perder a liberdade, o nativo talvez considere que as relações são ameaças potenciais à autonomia dele. Você precisará aguentar uma longa fase exploratória, enquanto ele, como se fosse um diligente cientista pesquisador, avalia se o relacionamento comprometerá sua independência.

O aquariano deseja agradar as pessoas, e sabe-se que é capaz de sacrificar a felicidade delas para deixar os outros felizes, só para depois fugir pela porta dos fundos. Quanto mais você for esquiva e senhora de si, maior a probabilidade de ele perseguir você. Prepare-se para ouvir soar, de tempos em tempos, o alarme de seu relógio biológico. Não encurrale o nativo com ultimatos. Mesmo se ele bancar o namorado dedicado, não tire conclusões apressadas. Sem nenhuma explicação, ele talvez decida que você é a eleita. Eis as razões:

Ele escolheu um caminho em que você se enquadra sem esforço. Segundo diz Gary, um planejador financeiro nativo de Aquário, de 40 anos, "não quero me estabelecer até ter encontrado meu objetivo". Aquário é um signo fixo, e é realmente estático em muitos aspectos. Ao contrário de outros signos, o nativo não é capaz de apenas gravitar em torno da vida de uma mulher. Ele precisa de seu próprio sistema solar, mas você pode ser um brilhante corpo celeste rodando alegremente em torno de seu próprio eixo.

Ele fica incomodamente sentimental em sua presença. Antes, ao menor sinal de sentimentalismo, ele se irritava e provocava você. Agora, a contempla com olhos comovidos de cachorro basset e filosofa sobre como você o "completa" (advertência: você se sentirá lisonjeada e nauseada ao mesmo tempo).

Ele proclama seu amor. Essas foram palavras usadas concretamente por um amigo nosso aquariano. Para o nativo do signo, as palavras são importantes, e quando ele finalmente escolher você como A Eleita, anunciará com alarde.

Ele prepara uma refeição elaborada. Hal diz: "Farei um jantar para ela. Decididamente. Demonstrarei alguma outra habilidade que eu tenha. Darei a ela uma noitada muito boa e animada em minha casa, só para nós dois. Nos deitaremos na sala de estar como dois gatinhos. Comeremos bem, teremos uma conversa significativa, bateremos papo e nos conheceremos melhor num ambiente completamente seguro... Tipo 'vem cá, vamos curtir juntinhos'. Há duas semanas, preparei avestruz marinada em molho de soja e gengibre para uma garota."

Ele começa uma série de conversas sobre o "relacionamento em potencial". Embora ele talvez já prove amostras diárias da mercadoria oferecida por você, o nativo de Aquário gosta de experimentar o artigo antes de comprar. Como quer ter certeza de que você não espera um relacionamento convencional e careta, ele discutirá o assunto antes de colocá-lo em prática.

Ele se torna protetor. Mesmo sendo partidário de relações igualitárias, de repente ele cozinha, segura todas as portas e trata você como a uma deusa. Aproveite! Ele gosta de representar o cavaleiro de armadura reluzente — mas só se vossa alteza for capaz de cuidar de si mesma. Advertência: se você começar a agir como uma autêntica donzela em apuros, ele fugirá. Ele pode até fazer o papel do amável cavalheiro, porém é mais provável que isso esteja mais para uma fantasia de RPG, tipo *Dungeons & Dragons*. Ele não quer realmente ser obrigado a resgatar você — só deseja atacar o castelo e conquistá-la com seu amor.

Ele testa você com a súbita "necessidade de espaço". Ah, essa é mais uma experiência da ciência romântica aquariana! Ele está submetendo você a uma prova para ver como reage. Quanto menos você perder a cabeça, mais provável será que a respeite, admire e deseje. No livro *Homens são de Marte, mulheres são de Vênus*, John Gray afirma que os homens são como elásticos: precisam se esticar e se afastar para recuperarem o desejo de intimidade. Toda mulher que sai com um aquariano deveria ler a teoria de Gray!

Ele trata seus amigos e sua família como se valessem ouro. O aquariano se define amplamente pelos grupos a que está filiado. Se ele procura se integrar a esses "clubes", é porque deseja fazer parte de sua vida no longo prazo.

Relacionamentos astrais

O aquariano infiel: por que ele a engana

Por conhecer muita gente e ser namorador por natureza, o aquariano é, com frequência, tachado de infiel — mesmo quando não é. Seu lado brincalhão talvez goste de manter os outros na dúvida. Ele adora provocar as pessoas de mente estreita que não entendem que homens e mulheres podem, na verdade, ser apenas amigos.

Embora alguns nativos de Aquário continuem imaturos por muito mais tempo que os de outros signos, o aquariano costuma ser um celibatário radical ou um monógamo fervoroso. E como ele vive segundo as próprias regras, prefere estabelecer uma relação aberta a ser parte de um casal em que ambos durmam clandestinamente com outras pessoas. Isso posto, aqui estão as razões por que ele poderia ser infiel:

Ele não conseguiu resistir à tentação de experimentar. De certo modo, sentiu que ao não experimentar se privaria de uma ocasião transformadora de expansão da mente. O nativo é eternamente curioso. "Era uma oportunidade boa demais para deixar passar", explica um aquariano sobre a razão de ter traído.

Vingança ressentida. Hipersensível a injustiças e a tratamento desleal recebido, o aquariano poderia recorrer a táticas vingativas do tipo "olho por olho, dente por dente". Alguém já assistiu ao vídeo do aquariano Justin Timberlake cantando "What Goes Around" ou "Cry Me a River"? Ele é orgulhoso demais para ter sido enganado e chega a extremos, até mesmo de crueldade, para ser aquele que ri por último.

Ele não afirmou suficientemente sua independência e masculinidade. Talvez ele seja o rei da conciliação, sempre cedendo terreno, mas preste atenção: esse atleta carregado de testosterona, campeão de pôquer ou filósofo maconheiro, necessita de ter suas válvulas de escape exclusivamente masculinas. Um aquariano confessa que enganaria a namorada "para ter um segredo misterioso". Por que ele precisaria ter segredos? Ora, o aquariano vive na própria imaginação, e para descontrair sua mente nervosa precisa de atividades físicas, como esportes ou sexo. Se tiver exagerado na dose de clubes do livro e trabalho emocional e for incapaz de dizer "basta!", poderá trair como reação passivo-agressiva.

Vocês não são realmente amigos. Com algumas pessoas ele pode esquecer seletivamente a regra de ouro, mas quando se trata de amigos, o aquariano raramente quebra o código de honra. Se a amizade não for o fundamento da relação de vocês, ele talvez não a valorize o suficiente para poupar seus sentimentos. De fato, você pode apanhá-lo "fazendo companhia aos outros" — de forma escandalosa.

Vocês não são realmente mais que amigos. Como valoriza a exclusiva vinculação e conexão da amizade, o aquariano poderá erroneamente se convencer de que só necessita da amizade da parceira. Isso até ele conseguir alguma efervescente reação química de mente-corpo-alma com a linda garota no grupo de leitura de ficção científica de que faz parte ou na cadeira do camarote ao lado do dele na partida de basquete. Puxa, foi mal!

Ele quer uma relação aberta (ou aventuras sexuais) e você não. Nem todos os aquarianos se ligam em excentricidade sexual, mas ele talvez tenha curiosidade de ir a lugares que assustam você. É melhor verificar desde o começo a abrangência das inclinações sexuais dele.

Comece a cavar a cova: o fim do romance

Mesmo sendo sensível, o aquariano não sente necessidade de ficar por perto, uma vez encerrado o assunto. Depois que seu ego machucado se recupera de alguma ofensa, o nativo consegue tomar relativa distância e avaliar a relação de vocês com a lógica fria e sem emoção. O primeiro amor dele sempre será a vida — e que mulher pode competir com a deliciosa promessa de um novo dia ou uma nova descoberta? Suas parceiras de pioneirismo, com quem ele compartilha o tempo que passará nesse breve envoltório, ocupam um lugar secundário. Eis como você saberá que já não faz parte da história permanente dele:

Houve excessiva conciliação da parte dele. O aquariano procura sempre agradar os demais; porém, se ele comprometer os próprios ideais ou visão da vida para agradar você, o ressentimento ferverá lentamente até transbordar. Numa relação, ele precisa se fortalecer como pessoa, e não se debilitar. Se ele sentir que o mundo se encolhe, desaparecerá ou rebaixará o romance à categoria de coleguismo, até vocês dois serem obrigados a se separar como bons amigos.

Você humilhou a dignidade dele. Competitivo, o aquariano é um animal dominante que precisa ficar à frente da matilha. Por sua causa ele fez papel de bobo diante dos amigos. Conforme preconiza um aquariano, "acredito que você deva honrar o parceiro e jamais colocá-lo sob luz desfavorável". Ele valoriza muito a tolerância; se achar que você o tratou com desrespeito ou crueldade, adeus namoro.

Ele se desvanece ou some. Para o nativo, não há maior anátema do que uma despedida sombria, chorosa, sentimental; isso poderá provocar um colapso total do sistema dele. Se achar que você não aprova muito a ideia de serem apenas amigos, vai preferir sumir do mapa e deixar você entender o recado. Essa doeu!

Foi você quem correu atrás. Ele é um conquistador competitivo que necessita ir à caça do troféu e ganhar o grande prêmio. Ele precisa correr atrás de você. Se teve de convencê-lo a namorar ou a prestar atenção em você, pode desistir. De todo modo, há por aí um companheiro mais compatível para você.

Ele sugere uma relação aberta para poder explorar outras parceiras. Se isso inclui sexo a três para vocês dois, tudo bem. Mas se ele quer passar a noite com outra sem você, é melhor esquecer. Se ele consegue aceitar a ideia de você dormir com outro, é porque não está tão a fim, pois o aquariano é possessivo demais para imaginar outro homem se dando bem com a namorada dele.

Você jogou sobre ele a responsabilidade de elevar sua autoestima. Seja franca: você se deprime e faz drama com frequência, mas se nega a fazer qualquer trabalho mais profundo para curar sua condição? "Pessoas assim levam uma existência negativa", afirma Derek, "São como criptonita na vida de quem fica por perto". Atento ao futuro, o aquariano é proativo e espera que você também seja. Conforme esclarece Hal, "não se pode caçar com um filhote na matilha".

Interpretação de sinais:
O que ele quer dizer com isso?

Quando ele...	...quer dizer que...	...logo você deveria...
...fica muito calado...	...planeja a nova ordem mundial ou se perdeu em sonhos extravagantes.	...dar espaço a ele e não atrapalhar sua inspiração. Não é nada pessoal.
...não telefona...	...se sente inseguro e se preocupa por ter telefonado demais ou "incomodado" você.	...ligar para ele. Signo defensor da igualdade, o Aquário não aprova os estereótipos de gênero. Quando gosta de você, ele vira uma moça.
...telefona muitas vezes...	...quer transar com você.	...moderar o ritmo se quiser mais do que uma transa amigável.
...não dá notícias depois de alguns encontros...	...vocês estão a caminho de se tornarem "apenas bons amigos".	...mostrar a ele outro lado seu — de preferência o lado forte, sensual, porém receptivo. Faça um gesto inesperado e poderá voltar a interessá-lo.
...passa semanas sem dar notícias...	...você acaba de ganhar seu novo melhor amigo para sempre.	...abandonar toda esperança e partir para outra.
...age depressa...	...gosta de você, realmente gosta muito, o que não significa que está apaixonado. Às vezes, a pressa dele em transar é só para aliviar o nervosismo.	...ir com calma, a não ser que você só queira dar uma transada. Mas comunique abertamente seu interesse, ou ele ficará desencorajado.
...paga a despesa, dá flores e presentes...	...está cogitando seriamente um relacionamento, pois não faz isso com qualquer pessoa.	...receber calorosamente a generosidade dele e dizer que ficou muito feliz.
...apresenta você aos parentes e/ou amigos mais íntimos...	...você já entrou.	...ser calorosa e amigável, mas sem tentar roubar a cena dele. Faça parecer que ele trouxe um prêmio para casa.

Suas jogadas: dicas de namoro e de amor eterno

O namoro com o aquariano

Não é complicado paquerar um aquariano. Para isso, bastam duas coisas: estar viva e ter voz. Como o nativo é sempre brincalhão e piadista, ele flerta com todo mundo. Naturalmente, isso costuma deixar o nativo em apuros, mas, ora bolas, ele adora confusão! O principal é você conhecer a diferença entre a azaração amistosa (ou seja, provocação brincalhona) e azaração sedutora, que se parece mais com o seguinte:

Ache graça das piadas dele e faça uma também. Seja brincalhona e receptiva, mas mostre que tem sagacidade. Ele adora uma mente inteligente e ágil.

Escute as teorias dele sobre a origem do universo. O aquariano adora falar sobre a vida, as pessoas e as ideias. Esse é o cara que mantém na cabeceira da cama o livro *Conversando com Deus*. Tenha uma dessas conversas profundas e "cabeças" em que você pontifique sobre tudo, de teorias da conspiração à física quântica.

Lute com ele de brincadeira. Há um garotinho em cada nativo do signo; portanto, regule seu medidor de maturidade para o nível da segunda série do ensino fundamental. Deixe ele puxar suas tranças e roubar seu dever de matemática. Brinque de luta com ele. Seja imatura, boba e esportiva. Um jogo de futebol americano ou alguma oportunidade de derrubar você? Melhor ainda.

Mostre-se impressionada, mas sem exagero. O aquariano se atualiza o tempo todo e se sentirá entediado se você se deslumbrar demais com ele. Seja acessível e arisca em partes iguais; se não concordar com ele, conteste-o. Ele adora um enigma, portanto, mostre o quanto você é multidimensional.

Proclame suas excentricidades e singularidades. Faça autopromoção e seja destemida. Se você for uma pessoa viajada ou tiver um talento especial (artista de circo, especialista em literatura, neurocientista), fale sobre isso. Nunca se finja de incompetente, ou ele a trocará pela próxima mulher.

O amor eterno com o aquariano

Quando ele faz de uma mulher sua companheira de vida, o aquariano se dedicará de coração à grandeza dela. Ele despertará a melhor versão de você. Observar você crescer, como uma planta que ele semeou, é uma inspiração para o nativo. Por ser ambicioso, ele de fato só precisa receber isso de sua parte. Basta permitir a ele contribuir e deixar a própria marca.

Seja uma supermulher de sacarina. Ele gosta de mulheres doces e fortes, confiantemente capazes, mas que ainda assim transpirem graciosidade feminina.

Seja uma exploradora, uma viajante, ou uma buscadora. Abra seu próprio caminho ousadamente e traga de volta suas descobertas para compartilhar. "Preciso que ela vá lá fora buscar matéria-prima para construir o ninho", declara Hal. "Estou contando com que adquira experiência independentemente de mim, e que possa voltar e me ensinar."

Seja o "Grande prêmio" de que ele possa se gabar com os amigos. O aquariano é competitivo e de vez em quando precisa suplantar os amigos sutilmente. Passe um pouco adiante dele em termos de aparência ou carreira profissional. Ele tem de ficar totalmente assombrado por você, precisa sentir que é "areia demais" para ele.

Compartilhe a busca espiritual ou ideológica dele. Ele tem uma visão utópica da vida; você é a mulher que compartilha dessa mesma visão? "O que procuro é uma mulher cujo rumo na vida por coincidência seja o mesmo da minha", afirma Hal. "Não há necessidade de fazer sacrifício." Com você ele deseja se tornar mais daquilo que é, e não menos. Nosso amigo aquariano Chris sonha comprar uma kombi, pegar os filhos na escola e viajar com eles pelos Estados Unidos, educando-os em relação à história e à vida.

Tenha um coração generoso. O aquariano admira atos genuínos vindos do coração. Uma amiga nossa comprou para o namorado aquariano uma guitarra autografada, que ele cobiçara durante meses mas não pôde comprar. Quando ela entregou o presente, ele chorou — deixando-a surpresa, pois até aquele momento não tinha entendido o quanto ele era sentimental.

Esteja preparada para...

O primeiro encontro

Aquário é o signo do futuro, portanto, mesmo que o nativo seja espontâneo, ele ainda gosta de ter um plano seguro. "Para poder relaxar, quero saber para onde vou, o que devo esperar", afirma um aquariano. Isso se deve principalmente ao desejo dele de superar todos os outros homens com quem você já esteve — é um lado estranho e competitivo do nativo. Ele pode acabar extremamente consumido pelo esforço de conquistar e impressionar você, esquecendo-se de viver no presente. Um delicado gesto para acalmá-lo, como uma risada ou um contato físico, pode fazê-lo sair do plano mental.

Ao mesmo tempo que se esforça muito, o nativo também ficará um pouco distante, o que pode deixar você confusa. Ele não quer dar a "ideia equivocada" nem criar expectativas para você. Ator e comediante nativo de Aquário, Derek gosta da estratégia casual e descontraída de encontros para almoço, na primeira vez em que sai com uma garota. "Trata-se de ser discreto e deixar as coisas seguirem seu curso", ele afirma. "Com um almoço ela não vai ficar se perguntando se eu vou tentar beijá-la, ou imaginando como será o futuro a partir dali. Além disso, prefiro conhecer a pessoa, antes de me ver enrolado com alguma megera doida pelas próximas cinco horas."

A energia básica: Uma palavra: casual. O aquariano precisa examinar o panorama e conquistar uma posição segura, para ter certeza de que você jamais roubará a liberdade dele ou tentará prendê-lo num curral. Até ter certeza disso, será um processo lento e elaborado para ele. Em vez de tentar lhe mostrar a perfeita futura esposa que você será, mantenha o clima amistoso, provocante, e deixe que se acumule a tensão sexual. "Gosto de jantar num ótimo restaurante, seguido de karaokê", diz Miguel. Ser divertida e ter alegria de viver são elementos essenciais da garota com que ele sonha. O nativo quer estar certo de que você sabe manter o clima leve. Seja você mesma, fale sobre suas paixões e interesses e mantenha a conversa mais racional que emocional. Depois relaxe e brinque!

O nativo de Aquário

O que usar: Esse homem moderno gosta de tudo contemporâneo, tanto o visual descolado quanto a moda oficial, com um toque de cyborg sensual. Ponha tempo, dedicação e sensualidade na roupa que escolher — estilo em quantidade suficiente para fazer dele a inveja de outros homens, mas sem parecer deslocado a seu lado. A produção favorita dele? Jeans muito bonito que realcem sua forma, botas sensuais de cano curto e blusa preta justinha. Qualquer coisa insinuante e moderna faz sucesso.

O que não usar: Algo muito elaborado ou antiquado. Ele talvez não goste muito de visual retrô ou fantasiado. Em outras palavras: "Nada de modelos exuberantes ou extravagantes", ensina Derek. Seja o alvo dos olhares, mas não deixe o nativo constrangido. É melhor dar a impressão de ter saído de um catálogo de moda bem-comportada do que parecer uma modelo produzida demais de um editorial da revista *Vogue*.

Pagar ou não pagar? Se ele a convidou, pagará; mas, como sinal de reciprocidade, não pagará por tudo. Leve dinheiro para pagar o táxi ou a gasolina. Ele pode até convidar você para jantar, mas no dia seguinte pedirá para fazer a revisão gramatical do currículo dele. Ele é do tipo toma lá, dá cá — é tudo meio a meio. Leve dinheiro e cartão de crédito. Se ele não achar a conversa estimulante ou se não se divertir, talvez não se apresse a pagar a conta.

Na hora da despedida: Prepare-se para um ataque direto. Se ele estiver no clima, dará o bote para beijar, sem qualquer aviso. Dinâmico, o nativo sempre visa exatamente àquilo que deseja e raramente se contém.

A primeira visita dele à sua casa

O aquariano gosta de controlar o ritmo da intimidade — é possível que vocês namorem um bom tempo antes que ele visite sua casa. Por querer evitar que você comece a ouvir prematuramente os sinos da igreja tocando, ele tentará dosar em você o fluxo de ocitocina (o hormônio que cria elos afetivos, liberado pelas mulheres durante o ato sexual). Se não eram amigos antes do namoro, você provavelmente visitará a casa dele antes de ele ir à sua. O nativo gosta de receber amigos e, mesmo que durma num beliche ou num colchão encaroçado, quer exibir a casa. Quando ele finalmente se sentir pronto para visitar a sua, aqui estão algumas dicas para receber esse anfitrião:

Transforme seu apartamento em tema de conversas. Tagarela, o aquariano gosta de falar de coisas e de ideias em vez de falar de sentimentos. Acalme os nervos dele exibindo livros interessantes, artefatos comprados em viagens, lembranças de outros lugares e objetos que provoquem comentários. Melhor ainda se você tiver algo que ele conheça muito (por exemplo, se ele for paleontólogo, coloque à vista um fóssil raro), caso em que ele poderá se gabar de sua especialidade e parecer o máximo.

Promova uma reunião instrutiva. O aquariano gosta de aprender e de ensinar. Recebam um grupo para meditar, organizar uma oficina de roteiristas, um campeonato do videogame musical *Dance Dance Revolution*, uma aula de massagem — algo que corresponda à atual paixão ou interesse intelectual dele.

Pegue leve no clima romântico. Vocês, meninas que gostam de novela, segurem a onda no tema "velas e pétalas de rosas". O aquariano fica arredio em relação a lances sentimentais, quando não são iniciativas dele, e tem muito talento para fazer piadas com sentimentos profundos. Ele não quer se intrometer num explícito "covil do amor", nem ser apanhado de surpresa por um papo do tipo "e aí, onde é que isso vai dar?", durante uma refeição caprichosamente preparada. Pois aí vai uma ideia nova: que tal vocês se divertirem, e só? Planeje algumas atividades e saia de casa depois de um tempo, para manter o romance interessante.

Deixe que ele a impressione. Esse macho alfa disfarçado de igualitário deseja ser o melhor em seu próprio jogo. Competitivo, o aquariano precisa fazer xixi no hidrante virtual dele e estabelecer a própria supremacia — não sobre você, mas sobre outros homens. Se ele estudar shiatsu, deixe-o trazer a mesa de massagem e praticar em você. Se o nativo tem uma voz bonita, convide-o para instalar a máquina de karaokê. Se ele é um cozinheiro talentoso (algo que frequentemente é), compre os mantimentos e deixe o nativo preparar um banquete.

Convide cinquenta de seus amigos mais íntimos. Quem disse que a primeira visita tinha que ser só para os dois? O aquariano se sente bem em grupos, e decididamente formará uma opinião melhor a seu respeito com base em seus amigos. Ajude a pesquisa dele promovendo um jantar casual, tipo bufê, digamos, para a festa do Oscar ou um campeonato de futebol. Exiba seus dotes de anfitriã e peça a ajuda dele nos preparativos. Ele vai adorar bancar o mestre de cerimônias a seu lado.

Tenha à mão uma garrafa de vinho e comidas exóticas. O nativo de Aquário gosta de uma longa conversa animada, que aborde tudo, desde política mundial à pesquisa de células-tronco e à metafísica. Se vocês ficarão sentados conversando por um longo tempo, porque não ostentar um pouco mais seu próprio fascínio?

O encontro com a família dele

Para o aquariano, o amor incondicional é algo estranho. Embora no plano romântico demore uma eternidade para desenvolver o sentimento, o nativo dispõe dele aos montes para dedicar aos animais, à humanidade e à família. O aquariano pode ser extremamente reverente em relação ao clã. Os pais são território sagrado, e nem toda mulher se qualifica para ser apresentada a eles. A mãe, em especial, está colocada no alto de um pedestal e o nativo pode ser dolorosamente protetor em relação a ela (você talvez se pergunte por que ele não pode tratar você daquele mesmo jeito). Talvez seja por isso que o nativo com frequência acabe ligado a mulheres nativas de Câncer, de Peixes e outras de forte natureza maternal.

Portanto, quando chega a hora de apresentar você aos pais, ele pode se tornar muito controlador em relação à impressão que causará. Não importa se você o amarrou ao pé da cama, se deram uma festa das bruxas com troca de casais e se perseguiram um ao outro usando máscaras de couro numa masmorra improvisada: mais vale você desligar seu lado esquisitão e bancar a dama de bons costumes. "Já tive ocasião de dizer a uma mulher 'Agora vamos entrar na modalidade bem-comportada'", diz Derek, nosso amigo ator aquariano, acrescentando, no estilo sarcástico do signo, "não se pode levar uma piranha ao Harvard Club".

Já que ele considera a família uma espécie de clube exclusivo, é melhor conhecer de antemão as regras. A maneira como você age na presença dos pais dele pode deixar o nativo muito nervoso, atitude que irritará você; portanto, adote suas medidas preventivas. Trate de ter uma conversa detalhada sobre o jeito de ser da família dele, suas expectativas e seus tabus. São do tipo que abraça ou são reservados? Adotarão você como uma filha pródiga ou esperarão que mereça ganhar acesso ao clube?

Depois de conhecer os parentes do aquariano, estes poderão oferecer dados valiosos sobre os verdadeiros sentimentos do nativo, que ele, com sua natureza arisca e pouco expansiva, não terá revelado prontamente. "A mãe dele me disse que ele comentou que eu mantinha a cabeça dele no rumo certo", diz Theda, executiva do setor musical. "Ele nunca me revelaria tal fato, mas ela fez isso. Como sei que ele adora a mãe, isso significou muito para mim."

Parabéns à Theda por criar laços com a mãe dele, mas anote: nunca se torne mais próxima da família de um aquariano do que ele próprio. Por mais que ele goste de você, os parentes ainda são as pessoas que em algum momento da vida dele talvez impusessem (necessárias) regras e limitações a ele. Para seu aquariano, a liberdade é tudo; ele não quer que lhe botem rédeas, e precisa manter um saudável nível de distanciamento dos pais. Não o amarre a questões de família com que ele não quer lidar. Deixe-o tomar a iniciativa.

Para dizer adeus

O fim do romance com o aquariano

Por mais que ele mereça ser abandonado, o aquariano não aceita bem o fim de uma relação. No mundo dele, quem dá as cartas é ele. Você precisará reconhecer que está rompendo com duas pessoas: com ele e com ego dele. E o ego do aquariano sempre reagirá primeiro. O grau de respeito por ele determinará o quanto o nativo poupará sua dignidade. Deus nos livre de você largar o aquariano por outro homem. Ressentido, ele talvez fale mal de você a seus amigos (que provavelmente serão amigos comuns), fará comentários desfavoráveis ou revelará acidentalmente informações pessoais.

O nativo é um vendedor talentoso e talvez tente convencer você a mudar de ideia. Como uma criança petulante, vai choramingar coisas como "não é justo" ou "eu não faria isso com você". Mas vamos reconhecer uma coisa, amiga: ele faria, sim. Um aquariano admitiu que não aceita respostas negativas e que certa vez praticamente acampou na porta da casa da ex-namorada para convencer a jovem a voltar. Dentro de cada aquariano desprezado vive um perseguidor maluco. Se o ego dele não conseguir se recuperar, você precisará erguer limites firmes.

O problema poderia ser parcialmente evitado se você abrisse caminho para ambos passarem gradualmente à fase de "apenas amigos". Você precisará ser um pouco calculista para se desvencilhar dele, que talvez passe algum tempo obcecado por você. Em matéria de apego, ele pode ser pior que o escorpiano.

Superando a perda: quando o aquariano vai embora

Prepare-se para encarar dois pesos e duas medidas. Quando o aquariano quer terminar o namoro com você, ele nem pensa duas vezes — julga que tudo faz parte de algum esquema divino. De você, se espera que entenda e aceite. "Não era para ser", ele dirá. Em geral, espera a partir dali converter-se de namorado em melhor amigo. Se não houver derramamento de sangue no campo de batalha emocional, o ex-namorado aquariano se converte em excelente amigo para sempre.

O signo é regido pelo imprevisível Urano, o planeta dos acontecimentos súbitos, o que torna o nativo famoso por saídas e desaparecimentos abruptos. Ele pode até desaparecer e ressurgir semanas depois, de namorada nova a tiracolo. É de doer! Ele imagina que a ficha deve ter caído depois de você ter mandado 337 mensagens no mesmo dia sem obter resposta. Ou será que ações não falam mais alto que palavras? Na verdade, ele apenas evita ser obrigado a encarar as lágrimas, a fúria e as explosões emocionais de sua parte, que o deixam visivelmente constrangido.

Com o tempo ele consegue se distanciar do lado dramático da questão e encara filosoficamente as separações. "No relacionamento, é como se houvesse dois aviões no ar", explica o aquariano Raj, pai de dois filhos e separado. "Às vezes um deles decola e o outro aterrissa. Você sempre precisa saber em que direção seus aviões voam." Só espero que ele possa ser tão zen assim com a separação quando o calo que o sapato apertar for o dele.

Pela última vez, chore a falta que sentirá...
- da visão de mundo dele, extremamente exclusiva e excêntrica
- de seu melhor amigo
- das maravilhosas refeições que ele preparava para você
- da natureza dele, tão excitante e imprevisível
- de alguns excelentes amigos comuns, verdadeiras perdas da separação de vocês
- do turbilhão de diversão e aventura
- de alguém que a mantinha jovem e dinâmica
- da emoção do sexo imprevisível
- dos bons conselhos que ele oferecia, como ouvinte atento e perspicaz

Agradeça ao universo por nunca mais ser obrigada a lidar com...
- a excentricidade e a falta de coerência
- a imaturidade e a síndrome de Peter Pan
- o talento que ele tinha para fazer piada com os sentimentos mais delicados de sua parte

O nativo de Aquário

- a obrigação de processar tudo pelo filtro dele de "filósofo ponderado" — às vezes, um charuto é só uma p*rra de um charuto
- a espera infinita para que ele se decida sobre você
- a necessidade dele de, como um nômade, ficar em movimento constante e a incapacidade de se fixar no mesmo ponto por muito tempo
- a memória seletiva e a recusa dele a aprender com os próprios erros
- seu eterno hábito de analisar, duvidar e pontificar — ele é a favor de alguma coisa ou tudo não passa de presunção?

Relacionamentos astrais

A combinação amorosa:
Vocês falam a mesma língua?

Você é do signo de...	Ele acha que você é...	Você acha que ele é...	Linguagem comum
Áries	...um divertido turbilhão que acende o desejo dele de enfrentar desafios.	...engraçado, sensual e ligeiramente mal-comportado — bem do jeito que você gosta.	Amizade, provocação competitiva e senso de humor tosco.
Touro	...bonita, mas seus valores antiquados deixam o nativo nauseado.	...bonita, mas seus valores antiquados deixam o nativo nauseado.	Ambição e sucesso.
Gêmeos	...a rival intelectual dele.	...a combinação certa para sua mente.	Livros, música, ideias extravagantes, aventuras da Nova Era.
Câncer	...a flor resistente, mas delicada, que ele sempre esperou colher.	...uma volta na montanha-russa da aventura sexual.	Investigação do sexo e das emoções.
Leão	...a concorrente dele — talvez a namore só para descobrir como dominá-la.	...atraente a ponto de viciar. Um dos *bad boys* que você tem talento para encontrar.	Desempenho, a batalha pelos holofotes, o desejo de ser o máximo.
Virgem	...fria, distante e tão inacessível que vicia.	...um idiota antipático que precisa levar de você algumas palmadas.	Controle e repressão emocional.
Libra	...despreocupada e um pouco superficial para o gosto dele.	...gaiato demais, desprovido do gene romântico.	Festas, redes de relacionamento, convívio social.
Escorpião	...sombriamente sensual e sedutora.	...tão meigo quanto um cachorrinho.	Sexo, misticismo e papos empolgados.

410

O nativo de Aquário

Você é do signo de...	Ele acha que você é...	Você acha que ele é...	Linguagem comum
Sagitário	...hilariante, sensual, uma alma gêmea — possivelmente mais adequada para amiga.	...esperto, espirituoso, com potencial de melhor amigo. A química do romance pode ser intensa, mas acaba logo.	Empreendedorismo, amor à liberdade, independência, viagens.
Capricórnio	...fria, serena e benéfica à imagem dele... mas severa demais para seu gosto.	...um pouco palhaço, mas talvez boa combinação para seu reprimido lado louco.	Família, ambição, filosofia, esportes.
Aquário	...frívola, instável, boa para uma noite ou duas.	...interessante, mas ninguém que você pode levar a sério.	Diversão e atividade.
Peixes	...a alma gêmea dele.	...uma aposta atraente, mas ligeiramente arriscada.	Imaginação, espiritualidade, culinária, sensualidade.

Relacionamentos astrais

O nativo de Peixes

Datas: 19 de fevereiro – 20 de março
Símbolo: o peixe
Planeta Regente: Netuno, o planeta da fantasia e da ilusão
Elemento: água — sensível, intuitiva, receptiva
Qualidade: mutável
Missão: afogar-se em seu amor

Ambiente natural — onde você vai encontrá-lo: baixando música na internet; num bar ou concerto alternativo; assistindo a um filme; comovendo-se (até às lágrimas) diante da beleza da arte, da poesia, da música, do cinema, da natureza; fugindo para o próprio mundo da fantasia; lendo; desenhando; no aconchego do sofá com os bichos de estimação; na praia, surfando, nadando, passeando de barco; exagerando na comida e na bebida; cuidando de alguém necessitado (um pai enfermo, um adolescente fugido de casa que mora na rua); na área mais deselegante da cidade; andando pelas ruas depois de anoitecer, exposto ao perigo; fazendo um piercing ou uma tatuagem; praticando esportes em que usa os pés, como hóquei no gelo, skate ou futebol; no teatro ou na ópera, afogado em emoções e autocomiseração; convivendo com um grupo de amigas; comprando sapatos; cozinhando; sacrificando-se por um parente.

Meio de vida: músico; escritor; compositor; ator; cineasta; fotógrafo; web designer; artista plástico, massoterapeuta; biólogo marinho; crítico; nutricionista; enfermeiro; médico; funcionário de hospital ou instituição psiquiátrica; treinador; professor; programador; designer de videogame; estilista; chefe confeiteiro, surfista.

Notáveis e notórios nativos de Peixes: Jon Bon Jovi, Albert Einstein, Bruce Willis, Quincy Jones, Seal, Timbaland, Michael Bolton, Freddie Prinze Jr., D.L. Hughley, Mark Hoppus, Billy Corgan, Taylor Hanson, Brian Littrell, Ja Rule, Johnny Knoxville, Benicio Del Toro, Chris Martin, Chris Klein, Sean Astin, Joe Hahn, Kurt Cobain, Jay Hernandez, Billy Zane, Tone Loc, Billy Crystal, Rob Lowe, Bow Wow, Marc McGrath, Shaquille O'Neal.

O pisciano: como localizá-lo

- olhos luminosos e sentimentais — quase como um peixe
- o pisciano mauricinho veste-se com apuro, elegantemente vestindo blazer ou camisa social e/ou suéter de ponto trançado
- visual grunge californiano, roqueiro, skatista/surfista que ele dedicou horas a aperfeiçoar
- tatuagens, piercings e outros rituais torturantes que sinalizam a dupla devoção à elegância e ao sofrimento
- ele faz piadas e comentários cortantes e sarcásticos
- intensamente envolvido numa conversa provocadora
- tem no rosto uma expressão torturada de desamparo
- de olhos cansados, sensualmente despenteado, tomando café ao meio-dia
- um visual de garoto mau, encapetado, que diz "vou me comportar mal pra valer"
- ele dá em cima de todas as mulheres, descaradamente
- tentando uma nova acrobacia sem usar capacete
- dirigindo uma filmagem ou a realização de um evento de arte
- cercado por um grupo de mulheres, totalmente envolvido no papo feminino
- brincando com o iPhone enquanto leva uma conversa com sucesso
- usando as meias de xadrez cor-de-rosa da irmã ou outro acessório feminino, como só ele consegue
- cuidando do bar como amigo ou se divertindo com o barman enquanto deixa gorjetas excessivamente generosas

O pisciano: seu jeito de lidar com...

Dinheiro

O dinheiro voa de suas mãos escorregadias. Ele gostaria de ganhar tanto que não fosse obrigado a lidar com o fato de gastar muito. Precisa de um ótimo contador.

Família

Ele pode se rebelar ou fugir de casa, mas não consegue nunca se desvincular para valer. Pode ser um excelente pai de família, quase excessivamente presente em certas ocasiões. A culpa é um tema central — quando não a atribui, ele a assume.

Amor

Sentimental, ele é um incurável romântico, sempre à caça de fantasias. Sente falta do amor verdadeiro representado em seus filmes prediletos, em que o desajustado de coração sensível sempre conquista a garota.

Sexo

Abriga uma imaginação tortuosa e perversa e uma vida rica de fantasias. Na verdade, prefere a ligação afetiva carinhosa e sentida.

Filhos

Talvez sinta que, para ele, os filhos trazem excessiva tomada de consciência de um compromisso, principalmente se sustentá-los significa a obrigação de trabalhar para o sistema. No entanto, pode ser um pai protetor e carinhoso — mesmo quando é um péssimo marido.

Animais de estimação

Totalmente sentimental quando tem um, mas talvez evite as responsabilidades (caminhadas! horários! rotinas!). Os animais costumam ser ligeiramente carentes demais e cegamente devotados — muito como ele próprio, que realmente não precisa ser lembrado do fato.

Quando você surta

Suas crises são a perfeita matéria-prima para os dramáticos e tortuosos enredos românticos que o nativo já cozinha na imaginação hiperativa. Sem alguns desses, o amor simplesmente não é a mesma coisa.

Quando ele surta

As crises são, com frequência, resultantes de grandes ressentimentos reprimidos ou uma reação à injustiça extrema. Ele desencadeia uma campanha passivo-agressiva, mostrando-se evasivo e possivelmente deixando você sozinha para entender o que estaria errado.

O rompimento

Nebuloso, muitas vezes sem um verdadeiro ponto final ou explicação. Ele pode passar anos pensando no que deu errado, sem nunca relaxar.

O pisciano: tudo sobre ele

Mágico e misterioso, o pisciano é uma criatura complicada — uma charada, um romântico e uma alma torturada, tudo reunido numa pessoa só. Comenta-se que o signo de Peixes encarna todos outros signos astrológicos. Como último signo do zodíaco, ele é o espírito velho que tem camadas ocultas de talento e profundidades que se pode levar anos para compreender. Mesmo atormentado pela sensibilidade (seria ele frágil demais para este mundo?), é tão sereno quanto um velho sábio que se rendeu ao plano diretor do destino — um verdadeiro Yoda. Em vez de assumir o controle, como seu signo oposto de Virgem, ele recebe tudo com um meio-sorriso divertido — e de vez em quando uma careta de desafio — sabendo que nada mais pode fazer. Ele se move como as marés do oceano, em ciclos lentos e rítmicos, guiado por um sussurro divino que só ele é capaz de ouvir.

Relacionamentos astrais

A melhor maneira de entender o pisciano é estudar o pictograma astrológico que o simboliza. O signo é representado por dois peixes que nadam em direções opostas — um em direção à segurança, o outro em direção à liberdade. Você nunca sabe se ele vai ou vem, e ele também não. O nativo é um paradoxo ambulante. Ele defende os direitos das mulheres e ouve com isenção compassiva enquanto você conta os traumas que sofreu. Minutos depois, comenta que os sapatos de alguém são muito feios e vai para casa ler uma revista de pornografia. Mesmo assim, não tem consciência da contradição. Ele é muitas pessoas em uma só, um caleidoscópio ambulante que pode mudar de forma fluidamente entre padrões e personalidades. Ele leva a sério todas elas... e nenhuma delas (você está começando a se sentir um pouco alucinada? Seja bem-vinda ao mundo do pisciano).

Os olhos são, em geral, a marca registrada do nativo. Redondos e luminosos, ou pequenos e brilhantes, eles têm um aspecto de conhecimento interior, e até mesmo um toque de tristeza. Ninguém sabe ao certo se toda essa dor e profundidade de fato acontecem na mente dele, mas o sensível pisciano sempre sente. Nativo de um emocional signo de água, o pisciano leva tudo para o plano pessoal. Mesmo que alguém se irrite com ele sem razão, o nativo imaginará que foi alguma coisa que fez.

Criativa e altamente sintonizada com as artes, a alma do pisciano responde à música, às artes plásticas e à poesia. O signo rege os pés, e o nativo pode ter leveza nos dele, ser um dançarino talentoso ou se destacar em esportes como futebol e hóquei no gelo. Ele pode ser um "canal" divino para as artes, como o caso do megacompositor pisciano Quincy Jones. Conhecemos um pisciano que nunca teve aulas de piano, mas era capaz de se sentar ao teclado e tocar — sonatas, jazz, as composições mais complexas escorriam de seus dedos naturalmente. Ele também era um incrível cozinheiro intuitivo, preparando assados temperados com esmero, sem nunca ter aberto um livro de culinária.

O nativo de Peixes é um verdadeiro romântico. Ainda assim, por mais sentimental que ele seja, tem um senso de humor sombrio, e até violento. Mesmo quando zomba de si mesmo, suas piadas são pertur-

O NATIVO DE PEIXES

badoras porque você nunca sabe se ele está realmente brincando. Há uma parte do pisciano que parece gostar de dores e sofrimento. O audacioso Johnny Knoxville, criador do espetáculo de acrobacias *Jackass*, da MTV, é um pisciano. Ficou famoso por fazer uma acrobacia de motocicleta num monte de terra, quando caiu da moto e ela aterrissou exatamente sobre seu púbis. Depois de se recuperar da ruptura de uretra, ele continuou orgulhosamente a perpetrar autotortura ainda mais ensandecida — naquele jeito irresistivelmente atrevido do pisciano.

Nenhum outro signo é capaz de encarnar como o de Peixes alturas divinas e baixarias deploráveis. De fato, o nativo está associado à figura do Cristo, ressurreição e vida após a morte. O mártir emblemático dessa geração, Kurt Cobain, disse certa vez: "Se você morrer, fica totalmente feliz e sua alma continua a viver em outro lugar. Não tenho medo de morrer. A paz total após a morte, a transformação em outra pessoa, é minha maior esperança." Cobain exibiu o lado sombrio do pisciano que pode mergulhar nas profundezas da depressão, da dependência de drogas e do desespero. Depois que sua infância feliz foi perturbada pelo divórcio dos pais, ele foi jogado de um parente para outro, e durante algum tempo nem teve um lar. Entrou e saiu muitas vezes de tratamentos de reabilitação e suspeita-se que sua morte foi suicídio.

O pisciano pode ser tão emocionalmente frágil que incorre num estilo de vida radical, em que simultaneamente convida a morte e a desafia. Peixes é regente das cadeias, dos hospitais, das clínicas de reabilitação e das instituições mentais — todo tipo de isolamento forçado da sociedade. Se o nativo não tomar cuidado, talvez inscreva seu nome nas paredes desses lugares. Ou ele poderá simplesmente escolher viver até certo ponto como um "forasteiro". Sempre tem a necessidade de se rebelar contra alguém ou algo, mesmo que, ao fazer isso, se transforme em multimilionário ou num sucesso convencional. O excesso de realidade corta suas asas de anjo, interrompendo sua conexão com o divino.

O pisciano é, com frequência, acusado de ser preguiçoso ou desmotivado, outro equívoco de percepção. De fato, ele consegue se mover

Relacionamentos astrais

preguiçosamente, ou parece desprovido de qualquer energia cinética. Ele pode até começar a se considerar uma vítima da vida — "por que isso sempre acontece comigo?" Afinal de contas, ele estava sentado na mesma e exata posição, mergulhado na autocomiseração, quando aquele emprego maravilhoso foi para o rival, ou a esposa o abandonou, ou a Receita Federal o incluiu na malha fina.

Coincidência? Examinemos com atenção: em nossa sociedade, valorizamos a ação e o movimento. Achamos que um corpo precisa estar em movimento, realizar coisas, para produzir um resultado ou alcançar um objetivo. Mas para o pisciano não é assim. Algum dia você já fez um exercício de visualização? Nesse tipo de exercício, você imagina o que deseja, focaliza naquilo sua intenção e pede para que o desejo se cumpra. Com o pisciano isso acontece o tempo todo, embora num nível menos consciente. A Lei da Atração afirma que a pessoa deve apenas imaginar um curso de eventos para os atrair como se fosse um ímã. Quanto mais poderosa a imaginação, mais depressa esses acontecimentos se manifestarão. Ninguém apaga as linhas entre a própria fantasia e a realidade melhor que o pisciano, regente da imaginação. Como as poderosas marés oceânicas, ou uma correnteza caudalosa, ele atrai tudo para si, coisas boas e ruins. Não se surpreenda ao se apanhar nesse campo de força, inexplicavelmente atraída para os encantos dele, sem ter muita certeza se irá se afogar nas profundezas dele ou ser curada por seu abraço misterioso e reconfortante. Como todos as coisas referentes ao nativo, provavelmente serão verdadeiras as duas possibilidades.

O que ele espera de uma mulher

Para o pisciano, é difícil articular o que o atrai, porque em geral é algo sensorial ou intuitivo. Uma simples característica — uma ondulante cabeleira ruiva, lindos lóbulos, unhas dos pés com formato perfeito — pode capturar sua fascinação. Ele talvez leve uma surrada lista de aspectos que agradam a ele: sapatos de boa qualidade, estilo requintado, jeito feminino, maternal, romântico, fala mansa, meiguice. A julgar

418

pelas mulheres com que, por fim, se casa, suspeitamos de que a lista permaneça ali para dar a ele algo contra o que se rebelar. Se não fosse assim, por que ele sempre pede em casamento a mulher dominante, que aumenta os gastos do cartão de crédito dele na loja de departamentos Neiman-Marcus (pelo menos ela usa os sapatos certos) e manda nele como se fosse seu criado pessoal? Fique ligada — trataremos disso mais adiante.

Primeiro falaremos sobre a jovem das fantasias do pisciano, aquela que ele persegue antes de se acomodar com a supermulher. Imaginem... uma sereia encantadora. A sereia é uma criatura complicada, bastante parecida com ele, que é difícil de apanhar. O anzol já está guarnecido de uma isca deliciosa para o homem-peixe. Ele tem um fraco por cabelos longos e escorridos, e voz bonita também. Ela é sedutoramente indisponível, uma sereia e uma tentadora que olha para ele com um assombro inocente, e, no entanto, conhece as profundezas escuras do mundo subterrâneo.

A relação deles está, até certo ponto, condenada — afinal de contas, ela é metade peixe, e precisará dar um jeito de viver com ele em terra firme. No entanto, ele mergulhará ao fundo do oceano para apanhá-la, sabendo, graças à sua própria natureza aquática, que a sereia iria preferir o vasto oceano ao aquário minúsculo que o nativo oferece a ela. Ele pode passar o resto da vida tentando em vão fazer feliz sua sereia capturada — construindo para ela tanques maiores, que enfeitará com autênticos recifes de coral, vigiando-a para garantir que não fugirá. Se ela nadar de volta ao ambiente nativo, ele seguirá a sombra dela, procurará a cauda que surge de uma nuvem, afogará seu próprio arrependimento desesperançado. Ah, pisciano, ela mal o conheceu.

Daí em diante ele jura que jogará do lado seguro. E seguro, para o pisciano, significa a mãe. O nativo pode ser um masoquista, mas também é perito em evitar a dor — e dessa forma faz surgir em você o lado materno. Ele aproveitará todas as oportunidades possíveis para evitar a realidade, e com frequência acabará se unindo a uma companheira muito poderosa e segura de si, que dê as cartas.

Relacionamentos astrais

O nativo é capaz de entregar a você o salário inteiro, contanto que não o obrigue a falar sobre como distribuir os recursos entre planos de aposentadoria, ações e crédito universitário. E existe um lado delicado e quase frágil do pisciano que faz surgir na mulher uma leoa protetora. Durante a infância ele talvez tenha ficado doente ou passado meses no hospital com um quadro clínico ou doença misteriosa. Uma amiga nossa recorda a timidez com que foi azarada pelo namorado pisciano dos tempos de faculdade. "Ele era tão ansioso que mal conseguia me olhar nos olhos", ela recorda. "Mas me ouviu dizer de passagem que gostava das Raisinettes. Então ele começou a deixar na portaria do meu dormitório CDs do grupo e outros que ele mesmo gravava." A partir dali ela teve de tomar a iniciativa de planejar o primeiro encontro deles. Ela se lembra de que escolheu um filme porque pensou que seria mais seguro para ele. Para *ele*!

O romantismo e os poemas do nativo serão doces e comoventes, mas logo você ficará indignada quando ele deixar só 7 dólares na conta-corrente, na véspera do pagamento do aluguel, ou pegar um vultoso empréstimo no crédito estudantil para fazer um mestrado em poesia, enquanto você está no oitavo mês de gravidez. Você rapidamente se torna a pessoa responsável, carregando o peso e as contas, cuidando das necessidades e inseguranças dele. Você se sente a mãe dele, a ponto de, quando ele chega perto, o leite quase jorrar de seu peito.

Se você quiser fisgar um pisciano, prepare-se para dar muita linha antes que morda a isca. O nativo precisa de muito espaço antes de se comprometer. Certamente você pode derrubar o pisciano pela culpa, mas é melhor brincar de pique-esconde — correndo de um jeito que deixe o nativo tentado a perseguir e apanhar você. É por isso que a sereia é tão atraente. Ela compartilha a dualidade dele — parcialmente humano e criatura mágica. Para mantê-lo transfixado você precisa ser uma caixa de mistérios que ele não consiga decifrar inteiramente.

Como fazer isso em termos não mitológicos? Tenha a própria vida. Seja a pessoa que escapou. Aquela que o rejeitou, que o abandonou, que partiu seu coração — e depois voltou. Nunca se ponha totalmente ao alcance dele. Ofereça doses iguais de intimidade e autonomia. Conceda ao nativo solidão quando ele precisar dela. Ou seja, combine o lado mágico e o materno. Seja mãe e sereia.

Peixes é regido por Netuno, o planeta aquático das ilusões, e ele é um verdadeiro ilusionista. Seu homem-peixe pode ser tão esquivo quanto uma truta de água salgada, despejando seus sentimentos e depois desaparecendo na escuridão oceânica. Quando ele fizer isso, talvez você sinta uma mudança em seu senso de realidade, deixando-a em dúvida quanto ao que terá acontecido. Perguntar a ele é inútil — quer dizer, se você voltar a encontrar o nativo. O pisciano é capaz de ter intuições cristalinas, mas só muitos anos depois. Na verdade, sua visão intuitiva é mais uma visão retrospectiva. Quando tudo se torna real depressa demais, o pisciano sofre uma sobrecarga emocional. Seu primeiro impulso, a que ele quase sempre obedece, é a fuga.

Alguns anos depois ele é capaz de explicar brilhantemente as razões pelas quais fez 85 a 90% de suas ações deploráveis. As restantes são nebulosas. Ele é capaz de descrever perfeitamente cada impulso e motivação subconsciente ("Eu era desesperadamente inseguro e projetei nela a insegurança", ou "eu tinha verdadeiro pavor à rejeição e a manipulei emocionalmente"). De repente, irá parar, genuinamente confuso quanto ao restante: "Hã, não tenho a menor ideia do motivo de ter feito aquilo." Talvez reserve para si o direito de bancar a vítima, mas é possível que tudo ainda esteja em seu inconsciente obscuro.

Por isso, ele é quase sempre melhor na segunda ou terceira tentativa. Você talvez lucre se suportar uma ou duas separações para solidificar o vínculo. Afinal de contas, o que é um bom romance sem uma boa reviravolta na trama? Não é de espantar que o modelo Fabio, um pisciano, ficara conhecido como o rei do romance depois de ter posado para quase quatrocentas capas de livros de romance. A sua vida pode, muito em breve, ser transformada num tórrido romance da editora Harlequin — eufórico, varrido pelos ventos e levemente surrealista.

O que ele espera da relação

Como um peixe escorregadio, o pisciano é difícil de agarrar. Ele precisa proteger a própria liberdade antes de assumir qualquer compromisso. Afinal de contas, nenhum peixe quer acabar preso num anzol! Ao mesmo tempo, quando o nativo não tem estrutura ou limites, fica se debatendo como um salmão no tombadilho, ofegando por falta de ar. "Quanto mais você me conhece, menos eu revelo", afirma Chris, um escritor pisciano.

Administrar a dinâmica de atração *versus* repulsa de sua natureza dual pode ser para o nativo uma luta da vida inteira. A relação com ele pode exigir muita paciência e compreensão. Ele é o tipo de homem que fica com a mesma mulher durante vinte anos, sem nunca se casar com ela. Ou, durante um período de solidão, ele telefona para um serviço de acompanhantes e depois se encanta com a garota de programa. A simples indisponibilidade dela dá a ele tanta liberdade que faz o nativo perder a cabeça e tentar segurar a jovem. Que complicação!

Certa vez orientamos uma ambiciosa e motivada capricorniana e o rapaz com quem ela namorava havia 13 anos. Como tantas capricornianas, havia traçado um plano para a vida inteira e cumpria os objetivos com a precisão de um general do exército. Todos, menos um: ela queria estar casada aos 32 anos, mas o aniversário de 34 se aproximava e o pisciano ainda não estava "pronto". O relógio biológico dela batia tão forte que pensamos que alguém tivesse plantado uma bomba.

Enquanto ela falava e falava, o pisciano olhava para ela com um meio sorriso divertido — uma espécie de sorriso astuto e forçado, embora não fosse indelicado. Ele já tinha ouvido tudo aquilo antes. Deu de ombros e não disse nada; só deixava que ela falasse. Não ofereceu nenhuma explicação para o fato de manter a relação em velocidade de cruzeiro, em vez de acelerar. "Sei que ele é dedicado e que me ama", ela suspirou, exasperada. "Então, por que não nos casarmos? O que mais falta?"

Embora o namorado parecesse tão sereno quanto Gandhi, sacamos a jogada dele. Usava a tática favorita do próprio Gandhi: a resistência passiva. Em outras palavras: enquanto sorria como um Buda sereno e presunçoso, ele empacava silenciosamente e se negava a avançar. É o supremo "f*da-se" dos piscianos.

"Sabe o que achamos?" Perguntamos à confusa namorada dele, enquanto o nativo fingia quase não prestar atenção. "Ele se sente como se você tentasse tirar a liberdade dele. O pisciano precisa de espaço antes de assumir compromisso. Ele tem medo de que você tente controlá-lo. Por isso, se segura até você se acalmar."

Finalmente um aceno lento e decidido de cabeça vindo do pisciano. Depois, seu sorriso forçado se abriu numa risada. Nós pegamos o nativo no pulo!

Se você namora um pisciano, saiba que, se ele banca o peixe morto, provavelmente é por causa do excesso de pressão de sua parte. Recue um pouco e — desde que você não recue demais — ele talvez nade de volta a seu encontro. Sabemos que talvez isso lembre perigosamente o livro *As regras do casamento*, e, por azar, o nativo reage favoravelmente a ser torturado e provocado com jogos psicológicos. No entanto, quem precisa dessas bobagens?

Daremos a você uma sugestão melhor: arranje uma nova vida para você, ou continue a viver aquela que já tem. Se você colocar em seu anzol uma isca apetitosa — ou seja, uma vida plena e vibrante — ele morderá a isca e entenderá finalmente. O nativo de Peixes é um seguidor e precisa de uma forte liderança. Depois de ter certeza de que você é uma rainha, ele a cortejará como um príncipe carinhoso.

Depois disso, só surgirão presentes caprichados, flores enviadas para seu local de trabalho, entradas para ópera e piqueniques românticos. O pisciano é como um romântico de efeito retardado. Quanto mais tempo vocês passarem juntos, mais ele fica sentimental e carinhoso. É questão de confiança. Torne cada vez mais seguro para ele o ato de ser autêntico em sua presença — ele teme seu julgamento e anseia por sua admiração mais do que os de qualquer pessoa. Com o pisciano, é muito mais romântica e variada a fase de "amor maduro" do que a de paixão cega. Ele faz tudo na ordem inversa, mas é justamente esse o encanto dele. Se o tempo divino estiver a seu lado, você pode ter a sorte de vivenciar isso tudo.

Sexo com o pisciano

Você está pronta para fazer amor? Amor carinhoso e sensual? Acenda as velas, espalhe pétalas de rosas e toque uma música de Barry White. Ohhhhhh. Yeahhhhhhhhhh. Agora, meu bem, vista aquele conjuntinho sexy que ele comprou para você na loja de lingerie. Coube certinho, é claro — ele conhece suas medidas. O pisciano se especializa no tipo de relação sexual que inclui abraços carinhosos, carícias gentis, massagem com óleo morno e olhar fundo nos olhos um do outro. Se vocês dois chorarem no momento do clímax (que será simultâneo, naturalmente), não fique espantada.

Evidentemente, o Príncipe Encantado tem outro lado que não é tão suavemente dedicado. Em alguma altura da vida, a curiosidade do nativo começa a espicaçá-lo. "Fazer amor é ótimo", diz o diabo por cima do ombro dele. "Mas que tal o lado mais apimentado? Você não quer se soltar e ficar bem safadinho? Fazer coisas que nunca sonhou em pedir à sua namoradinha de escola?"

Ele reprimirá essa necessidade, ou então mergulhará até a parte mais tenebrosa de seus desejos. O nativo é atraído pelo tabu sexual que lida com poder e controle, dominação e submissão — os temas básicos da vida dele. Com frequência, o sexo é uma arena onde são elaboradas todas essas questões. Durante algum tempo ele talvez caia no submundo sexual, ainda que, por sorte, seja sensível demais para permanecer ali.

O nativo prefere deixar as coisas mais radicais na esfera da fantasia. Ele talvez tenha devaneios sadomasoquistas em que se veste de couro e é chicoteado por Mistress Brigitta. Talvez assista aos filmes pornográficos fetichistas mais indecentes e radicais. Mas se cruzar a linha dessas práticas para a realidade, a experiência costuma ser pesada demais para sua natureza sensível absorver. Uma amiga recorda um ex-namorado pisciano que resolveu visitar um clube pornô, em sinal de rebelião contra a educação estrita de cristão renascido que recebeu (pelo jeito, havia perdido a virgindade na colônia de férias evangélica para adolescentes).

Entretanto, o ambiente fetichista foi demais para o nativo. "Ele telefonou para mim do acostamento, chorando, totalmente fora de si", ela conta. "Não conseguiu lidar com a situação."

O sexo arriscado sempre atrairá o pisciano, mas saber que está vinculado à sua derrocada definitiva o impede de morder de novo a isca. Na verdade, ele é, até certo ponto, um puritano que só deseja vivenciar indefinidamente a experiência do primeiro beijo. Naturalmente, em relação à própria sexualidade, talvez precise chegar ao fundo do poço antes de nadar para águas transparentes e entender isso. Uma vez que sua inocência tenha sido maculada, a vida sexual do nativo se transformará numa luta para recuperá-la — só para tornar a manchá-la um pouco, quando o fizer.

Tesão: o sim e o não

O que dá tesão

- você ser um turbilhão de energia ligeiramente intimidante
- administrar os detalhes que ele detesta (contas, orçamentos, consultas médicas)
- dar a ele a solidão de que necessita, e afeto em outras ocasiões
- entregar-se ao romance com ele
- o jogo psicológico de atração e repulsão — atrair e depois afastá-lo friamente
- causar inveja aos amigos dele (que facilmente o influenciam pela opinião)
- ser asseada, organizada e requintada
- protegê-lo e bancar a mãe dele na medida certa
- ter um senso de humor brilhante, incisivo e crítico
- ser avançada, artística ou fazer parte de um ambiente alternativo
- ser um pouco estranha (na opinião dele) ao ambiente que ele integra: a garota descolada por quem suspirava no colégio, uma modelo, uma superestrela
- ter excelente gosto em matéria de sapatos e os pés bem-tratados (ele tem um fetiche por pés!)

Relacionamentos astrais

O que não dá tesão

- você não ter vida nem interesses próprios
- esperar que ele seja o provedor, se ele for um "artista"
- ter mau gosto em artes, roupas, sapatos ou música
- colocá-lo num pedestal (ele deseja venerar você)
- pressioná-lo a assumir algum compromisso com você antes que esteja pronto
- parecer demais com ele (ele adora coisas exóticas, misteriosas e indecifráveis)
- ter um gênio explosivo ou exaltado — gritar, chorar de repente, perturbar sua vibração pacífica
- acusá-lo de alguma coisa que não fez
- bancar a vítima (é tarefa dele — você está dispensada)
- ridicularizar os gestos românticos dele
- ser demasiada passional e emocionalmente disponível
- trazer excesso de realidade ao mundo dele (prazos de fechamento, dívidas etc.)

As jogadas dele

Primeiras investidas: a azaração

Quanta emoção! Que olhares tenros e sonolentos e quanta veneração com olhos de vaca! O pisciano se transforma num verdadeiro pudim quando se apaixona por você. Isso é a matéria-prima das comédias românticas para adolescentes. E, puxa! Como ele gosta de azaração. Não há compromisso, nem sequer uma ameaça. Só existe a promessa de prazer... e talvez uma pequena dose de ansiedade para combinar com ele.

É assim que o Príncipe-Peixe arrasta você para dentro de seu oceano de amor:
- ele escreve poemas para você, grava um CD de músicas variadas, envia flores e tem todas as atitudes românticas bregas
- dá a você presentes extravagantes e quase indecorosos de tanto luxo

- ele se transforma em seu melhor amigo e confidente, assiste com você a reprises do seriado *The O.C.* ou pega na locadora uma comédia romântica
- velas, jantares românticos, filmes, concertos
- arrebata você para um conto de fadas romântico
- amigos comuns dizem que ele gosta de você
- ele fica por perto, meio de paquera e fazendo brincadeiras fofas
- faz comentários sugestivos que a deixam com a dúvida "Será que ele gosta de mim?"
- Começa a falar sobre outras mulheres: o que o agrada, relações do passado
- fica sonhador, gaguejante e lacônico perto de você
- ajuda você a superar uma separação

Como saber que ele está envolvido

Com o pisciano você poderia trocar votos comovidos no altar, compartilhar um bicho de estimação e comprar uma casa a dois. No entanto, um lado seu talvez fique sempre na dúvida: "Será que isso pode durar para sempre?" E você talvez não queira fazer a pergunta. O nativo de Peixes sempre reserva um pedaço de sua alma para si e só para si. Os lábios dele podem dizer "eu aceito", e, no entanto, talvez você sinta sua resistência à entrega, uma energia sutil como dois ímãs que se repelissem. As ações dele falarão mais alto que as palavras. Você precisará examinar a soma dos atos dele num período de tempo. Veja a seguir algumas das formas do nativo mostrar que veio para ficar:

Ele nunca vai embora. Apenas não vai a lugar nenhum — fica para dormir em sua casa e no dia seguinte já virou colega de quarto. Continua a encontrar você e os anos continuam a passar. Às vezes, são essas as provas de que você necessita.

Ele fica sentimental e romântico. Tão indireto quanto o pisciano pode ser, em outros momentos ele é solene e formal na manifestação de seu amor. Pode haver velas, massagem com óleo e pétalas de rosa, ou um piquenique lindamente planejado. Em contato com a natureza, ele fica especialmente mobilizado; logo, se você quiser saber como ele realmente se sente a seu respeito, leve o nativo para passear à beira d'água.

Ele fica por perto constantemente. O nativo de Peixes adora mergulhar na energia feminina — então, se amar você, vai adorar se aquecer na sua energia. Ele também pode ser um pouco carente e, movido pelas próprias inseguranças, ficar de olho, manter você constantemente ao alcance.

Ele deixa você ver "o homem atrás da cortina". Para o nativo, é fácil compartilhar a fantasia; muito mais difícil é compartilhar a realidade. Quando para de interpretar o homem misterioso e joga as meias sujas no mesmo cesto de roupas onde você joga as suas, ele se sente à vontade para baixar a guarda. Isso também poderia indicar que você está oferecendo tanta fantasia e liberdade que ele se sente impelido a querer menos incerteza. Bom trabalho, continue assim!

De vez em quando ele desaparece no próprio mundinho. O pisciano deseja se retirar de vez em quando para a solidão. Ele faz um reparo em casa, mergulha em seu computador, lê um livro ou sai para dar uma corrida. Se, na volta, se alegrar em vê-la, está tudo bem.

O pisciano infiel: por que ele a engana

A pergunta a fazer antes seria: e por que ele não trai? Tudo bem, exageramos. Mas o pisciano tem um lado secreto que pode emergir, transformando-o na mais abjeta forma de vida que existe. Eis as razões que levam este signo a resvalar para o pecado:

É o único jeito de terminar a relação. Em outras palavras, ele é covarde demais para romper com você diretamente. Por isso, age de forma traiçoeira e clandestina — força você a romper com ele, e não o contrário.

Ele não tem a menor ideia do motivo. O nativo é movido pela intuição, e facilmente se deixa arrebatar pela fantasia. O atrativo da tentação debilita o nativo. Naturalmente, a culpa resultante pode quase

O nativo de Peixes

matá-lo. Mas como está habituado a sentir culpa, esta infelizmente não será bastante tóxica para deter o pisciano.

Ele não conseguiu dizer "não" a uma donzela em apuros. Ela precisava dele. Estava realmente perturbada com a separação deles que ocorreu há 17 anos — chorou histericamente, caiu nos braços dele, e daquele momento em diante os gemidos de ambos se confundiram. Ela ainda não esqueceu o nativo, não é tão forte quanto você. Ele também não é. Como você não consegue entender que não foi nada pessoal?

Você tornou tudo um pouco real demais. Chegou para ele a hora da saída de emergência. Abram a escotilha. Ajustem o paraquedas. Lá vai ele!

Os amigos dele não gostam de você. Pouco desenvolvido, o pisciano é desprovido do forte senso de si próprio, sendo facilmente influenciado. O nativo procura outros para darem a ele orientação e dotá-lo de opinião "própria". Azar o seu se não sentem inclinação favorável por você. Nossa amiga Ina recorda o ex-namorando pisciano que terminou com ela porque, segundo alegou, "meus amigos não acham você tão atraente assim". Largou-a por uma mulher que os amigos achavam realmente gostosa. Naturalmente, voltou para Ina e veio chorar no ombro dela quando a outra o abandonou. Enquanto Ina consertava seu coração partido, os dois se apaixonaram e ele a pediu em casamento.

Você é demasiada passiva ou ingênua. O pisciano precisa de uma fêmea dominante e segura de si para estabelecer limites, lidar com a realidade e mantê-lo na linha. Ele pode abrir portas e bancar o cavalheiro, e até a defendê-la com valentia. Mas prefere fazer isso por diversão, e não porque você seja desvalida. Quando ele tenta fazer você de boba, precisa que você lute, resista, obrigando-o a recuar. Se ele conseguir passar de trator em cima de você ou enganá-la, talvez saia em busca de um novo desafio.

Vingança amarga e rancorosa. Ele usou todos os recursos possíveis, abriu mão de tudo, abandonou o emprego e o apartamento para vocês ficarem juntos. Você o largou, trocando-o pelo babacão musculado com peitorais de aço que deu em cima de você na academia. Será que o Mr.

429

Relacionamentos astrais

Universo algum dia escreveu um poema de amor para você? Ou abriu o coração ao cantar sob sua varanda uma canção que compôs? F*da-se, Julieta. Calca-me a dor com tanto afã...*

O romance nunca terminou entre os dois. Ele deixou a porta ligeiramente entreaberta com a ex-namorada. Só uma pequena fresta. Algumas lufadas do vento forte da paixão escancararam a porta e o varreram porta afora.

Comece a cavar a cova: o fim do romance

Limites são um conceito estranho ao pisciano. Na vida dele nunca existe clareza quanto a começos e fins, e assim nenhuma relação termina de fato. Assumir compromisso com a separação ainda é um compromisso firme demais para o nativo. A relação de vocês pode passar por numerosas experiências de quase morte antes que ele finalmente transfira para outra mulher, a próxima namorada firme, o papel que você desempenha, e as comunicações se desvaneçam por completo.

Na verdade, ele começa a remover você do nicho de namorada/esposa e a transferi-la para o reino da fantasia. Em seu mundo imaginário (que para ele é nítido e real), você é colocada num papel: a mulher que escapou, a destruidora de corações, talvez a vítima deplorável da cega burrice dele. Já que adora esse drama, mesmo que ele tenha desaparecido silenciosamente na noite, ainda fará de você, para o resto da vida, o tema de seus torturados poemas, canções, ensaios e pensamentos. Aqui estão alguns sinais de que ele pode estar indo embora:

Ele se torna fechado e reprimido em sua presença. O pisciano é o rei do tratamento silencioso. Você pode senti-lo matutando e fumegando, reprimindo os próprios sentimentos. Ainda assim, recusa-se a discutir qualquer coisa, insiste em afirmar que tudo está bem. Ele prepara sua estratégia de fuga (isto é, sua próxima pseudorrelação) e só espera a hora propícia.

---

* A citação completa é: "Calca-me a dor com tanto afã/ que boa-noite eu diria até amanhã." Shakespeare, *Romeu e Julieta*, ato II, cena II (*N. da T.*)

O NATIVO DE PEIXES

Ele para de ligar uma hora após o rompimento para pedir que o aceite de volta. Um pisciano lembra os anos que ele e a ex-namorada passaram presos a uma "dança". "Conversávamos durante duas horas aos gritos e berros — 'não podemos mais continuar desse jeito!' Depois, passados alguns minutos — sem brincadeira — eu dizia: 'E aí, que tal um cinema hoje à noite?' Então saíamos e acabávamos transando, e o ciclo inteiro recomeçava." Para alguns piscianos, isso é o trivial. O nativo sente falta de liberdade, mas quando a consegue, imediatamente quer voltar à segurança. Você só precisará começar a se preocupar quando ele encenar uma separação e imediatamente não pirar nem voltar correndo para você.

Ele atira mesquinhos comentários passivo-agressivos em sua direção. O pisciano detesta lidar com o conflito e não consegue ser direto em relação à raiva que sente. Em vez disso, vai acumulando um imenso filão de ressentimento que descarrega sobre você indiretamente. Ah, sim, ele pode ser de fato uma terrível megera. Talvez critique seus trajes, difame seus amigos, feche as portas com estrondo, comente seu baixo desempenho doméstico e lance pequenas farpas de ironia.

Ele começa a namorar outra mulher. Conforme dissemos, não há começos e fins claramente definidos. O nativo flui para dentro da relação seguinte sem de fato ter encerrado a de vocês. Por outro lado, isso não quer dizer que tenha terminado. Só acabou por um momento. Não se espante se ele retornar dentro de meses ou anos.

Ele começa a falar da relação de vocês com o verbo no pretérito. À semelhança de um romance, uma peça ou um roteiro de filme, o enredo de vocês alcançou a conclusão natural. Chegou a hora de colocar um fecho. Ele gosta de terminar com um gancho, para o caso de resolver nadar de volta em busca de uma sequência (ver acima). O drama épico agora faz parte da história, é um conto que ele vai adorar narrar de novo.

Você não se enquadra na atual fantasia dele. Quando se conheceram, você era a rainha de todos os ambientes em que ele estava. Se ele for louco por cinema independente, imaginou você como a mocinha ingênua dele, sua Chloë Sevigny pessoal. Agora ele superou aquela fase e está em campo para encontrar uma nova jovem celebridade.

Relacionamentos astrais

Interpretação de sinais: O que ele quer dizer com isso?

Quando ele...	...quer dizer que...	...logo você deveria...
...fica muito calado...	...algum ressentimento passivo-agressivo está fermentando. Ele está irritado, mas tem medo de admitir isso ou possivelmente nem sabe a razão.	...confrontá-lo diretamente e fazê-lo falar. Não leve para o lado pessoal o que ele disser, as palavras sairão num desabafo balbuciante e irracional, até ele por fim dizer o que realmente está acontecendo.
	...se ele estiver sorrindo de olhos fechados, provavelmente estava encantado pela beleza de uma fotografia, uma peça musical ou por você.	...deixá-lo flutuar em sua viagem de fantasia.
...não telefona...	...ele está vendo (ou fantasiando que vê) outras mulheres. Perdeu a noção do tempo.	...ir embora: ele não está pronto para assumir um compromisso.
...telefona muitas vezes...	...gosta de um provocador diálogo inteligente e brincalhão com você. Porém, não é sinal de compromisso, porque ele tem esse diálogo com qualquer mulher levemente atraente que encontra.	...se divertir, mas manter as chamadas relativamente curtas. O nativo é do tipo oportunista e gosta que você estabeleça limites.
	...você está "a salvo" (isto é, não está plenamente disponível, mora em outro estado, tem namorado) da azaração sem expectativas.	...ter cautela. Você está brincando com fogo e poderia ficar dependente da atenção do nativo, potencialmente manipulador e sedutor.
...não dá notícias depois de alguns encontros...	...está um pouco intimidado por você. Ele a vê mais como candidata a melhor amiga.	...fazer alguma investida ou sinalizar a ele que é seguro dar um passo. Ou então vá embora.
...passa semana sem dar notícias...	...talvez ele não saiba o que é, mas há algo faltando na relação de vocês.	...partir para outra.
...age depressa...	...é porque se sente seguro em sua presença.	...avançar, mas com cautela. Ele pode deixá-la arrebatada, depois perder a cabeça e desaparecer.

O nativo de Peixes

Quando ele...	...quer dizer que...	...logo você deveria...
	...você preenche alguma fantasia ou fetiche que, em segredo, ele sempre teve vontade de experimentar (pertence a outra cultura, tem cabelos ruivos, é a solista de uma banda etc.)	...curtir um caso romântico, mas vale outra vez o aviso: avance com cautela
...paga a despesa, dá flores e presentes...	...está fazendo um gesto romântico.	...deixar-se levar pela atenção recebida e curtir. Só não conclua que ele não está fazendo o mesmo por outras mulheres também.
...apresenta você aos parentes e/ou amigos mais íntimos...	...está avaliando a opinião deles a seu respeito.	...esperar que a) eles ressaltem a sorte que você tem, e a inveja que sentem, ou b) esperar que ele seja seguro o bastante para saber o que deseja e fique firme a seu lado com ou sem a aprovação deles.

433

Suas jogadas: dicas de namoro e de amor eterno

O namoro com o pisciano

O nativo de Peixes não é difícil de namorar. Ele adora a dança da sedução, e é nela que se sente mais livre. A azaração dá a ele chance de dizer as coisas mais ousadas e não ser obrigado a responder por elas. É apenas um jogo, com tudo em estado extremado, exatamente como agrada a ele. Dicas para acelerar o motor dele:

Procure intimidá-lo. Ele gosta de mulheres que estejam fora de seu alcance. Precisa sentir assombro diante de você; portanto, realce aquela qualidade estelar e ganhe a veneração dele.

Tenha com ele um diálogo brincalhão e provocador. Reaja com respostas brilhantes aos comentários sarcásticos e atrevidos da parte dele. O nativo adora uma mente aguçada e um humor cortante.

Deixe-o intrigado. Exiba-se com uma fria autoconfiança, imperturbável diante dos encantos dele. Puxe o tapete dele. Um pisciano teve um encontro com uma mulher deslumbrante que durou um dia inteiro. Quando a deixou na porta de casa, ele disse: "Precisamos fazer isso de novo." Ela respondeu: "Pois não vamos fazer. Estou ocupada no trabalho." Ele passou semanas correndo atrás dela e depois até se casou com ela.

Crie uma tensão dinâmica. Vamos lá, seja provocante. Discorde dele e diga isso abertamente. "O conflito é o único espaço verdadeiramente criativo", afirma James, um pisciano que trabalha como advogado mediador de conflitos (e escultor: o nativo de Peixes só consegue trabalhar dentro do sistema se paralelamente tiver um trabalho artístico). O pisciano mergulha de cabeça nas conversas mais inflamadas — deixando de lado a personalidade relaxada e passiva. Aproveite agora, antes que ele vista a máscara e pare de mostrar a você esse lado fascinante que possui.

Amor eterno com o pisciano

De certa forma, toda mulher que algum dia entrelaçou sua vida com um pisciano vai ficar com ele para sempre, seja como amiga, seja como alguém de que ele se recorda intensamente de vez em quando. Ele deixa uma marca indelével em toda mulher com quem namorou. Aqui está como continuar ligada de corpo e alma a seu pisciano:

Cuide bem dele. Ele gosta de ser mimado, e os pequenos toques de carinho que dedicar a ele valerão muito. Traga para casa um ótimo vinho, ou o tipo de café especial que ele prefere. Ouça música, abraçada a ele. Assista ao filme *Casablanca* enquanto repousa a cabeça, sonhadora, no ombro dele. Cante para ele. Reserve tempo de sua agenda cheia para ser solícita e receptiva.

Torture-o. Se ele não puder sentir angústia, não sentirá o amor. Afinal de contas, se não doer, ele não deve querê-la tanto assim.

Vivencie uma experiência de quase separação. O pisciano precisa olhar a morte no olho para encontrar a coragem de se comprometer. Se ele conseguir vivenciar conflito aberto (seu maior medo), remexer todos os ressentimentos e hostilidades enterrados que ambos reprimiram e ainda sobreviver — bom, essa relação de vocês deve ter uma rara qualidade pela qual vale a pena prosseguir. Segundo um pisciano, "ninguém teme, de fato, o compromisso. O que a gente teme é ser honesto um com o outro". Afinal de contas, a verdade dói — mas também cura. A prova de fogo destruirá a relação de vocês ou alimentará a eterna chama.

Seja a fonte dos momentos mais felizes dele. O processo de pensamento conceitual do pisciano de fato não abrange o tempo. "Viveram felizes para sempre" é agora — e não quando tiverem 87 anos e estiverem sentados lado a lado em cadeiras de balanço parecidas. Para ele, amor eterno e felicidade vivem num único e perfeito momento. O pisciano Bertrand, percussionista de orquestra sinfônica, recorda-se de ter beijado de forma tenra a namorada de colégio e depois olhado pela janela e reparado que as flores da primavera desabrochavam na encosta do morro. Compartilhe muitos desses momentos de ternura e ele se apaixonará profundamente.

Saia com ele depois que ele tiver aprendido que pode dizer "não". O pisciano é famoso por continuar em relações pouco saudáveis muito

Relacionamentos astrais

tempo depois do prazo de validade das mesmas. Para ele, o conceito de autoafirmação é tão estranho que o nativo quase não acredita que esteja autorizado ao rompimento. Um pisciano confessa que anos depois de um divórcio doloroso ele ainda precisava treinar para ser um destruidor de corações. "Eu falava às mulheres: 'tudo bem se você quiser se divertir, mas sou mercadoria avariada — não conte com uma relação'", ele admite. "Elas não acreditavam e três semanas depois eu ia embora. Eu dizia que tinha avisado. Depois que entendi que eu podia fugir quantas vezes quisesse, não precisei mais fugir." Ele agora está novamente casado com uma moça de quem não consegue imaginar se separar, e têm uma linda filha. O que nos leva à próxima dica...

Seja a segunda (ou terceira) esposa. Quase sempre ele não acerta na primeira vez. Se ele já não tiver sido casado antes, pelo menos assegure-se de que tenha passado por uma torturante separação e se recuperado dela. Em caso contrário, prepare-se para suportar a curva de aprendizagem dele.

Esteja preparada para...

O primeiro encontro

Com o pisciano, seu primeiro encontro pode ser incrivelmente vago, uma espécie de semiencontro ou não encontro. Se vocês não se conhecem bem, pode ser extremamente constrangedor, pois ele costuma ser tímido ou inseguro quando realmente gosta de você. Uma evolução natural da amizade para o amor é sempre melhor para ele. A iniciativa de saírem poderá até ter vindo de você. Um filme, uma peça ou um concerto são os lubrificantes sociais favoritos dele (além de bebidas alcoólicas — mas não trilhe esse caminho, se não quiser um encontro com o lado sombrio dele). Eventos culturais dão a vocês assunto para conversa e quebram o gelo. Quando você opinar sobre a banda, ou as dramáticas reviravoltas do filme, ele poderá ler nas entrelinhas — recebendo dicas sobre sua personalidade, preferências e intelecto.

Se ele usar todos os recursos disponíveis — velas, jantares íntimos, restaurantes caros — você pode hastear a bandeira vermelha a meio mastro: ele talvez tente conseguir sexo emergencial. Por outro lado, ele talvez se apaixone perdidamente por você enquanto degustam lagosta e filé-mignon a preço de mercado. Você nunca sabe, e ele também não.

A energia básica: Quando estamos na presença de um pisciano, sempre acontece uma mudança de intensidade. Mesmo que um encontro comece com ele rateando e gaguejando (ou agindo com excessiva suavidade para disfarçar o próprio medo), se você ficar firme no leme, ele se sentirá seguro o suficiente para relaxar. A conversa é uma excelente isca para o nativo de Peixes. Em condições ideais, ele gosta de encontros que sejam íntimos, românticos e mágicos. Deseja que vocês dois se percam um no outro, sejam arrebatados. Isso poderia acontecer à luz de velas gotejantes ou enquanto vocês pedem panquecas na lanchonete local, à uma da manhã, porque não conseguem suportar que o papo termine.

O que usar: Ele conhece a moda feminina como um estilista gay — não que vá admitir isso agora. Gosta de estilos femininos com um diferencial, roupas que mostram que você está a par de tudo que a revista *Vogue* italiana promove com exagero nas passarelas e, no entanto, é real o bastante para dizer "f*da-se, Milão!". Escolha roupas ondulantes, femininas e graciosas com detalhes precisos, de alfaiataria — ou uma linha que misture sereia moderna (echarpes vaporosas, blusa camponesa de renda) com dominadora (corseletes, botas de couro sensuais). O signo de Peixes rege os pés, portanto, a questão é caprichar nos sapatos. Provavelmente ele consegue diferenciar um Christian Louboutin de um Manolo Blahnik; logo, mesmo que você não tenha um par de Jimmy Choo de US$900, não vá usar nessa noite imitações baratas compradas pela internet. Vá à pedicure; a noite pode terminar com uma massagem nos pés.

O que não usar: Você não vai acampar, nem fazer caminhada, nem comparecer à reunião da diretoria da empresa. Portanto, por que usaria botas e terninhos no encontro romântico com um pisciano? Qual-

Relacionamentos astrais

quer coisa demasiada malfeita, utilitária ou masculina fará o nativo virar a cabeça... na direção oposta. Tenha uma aparência bem-cuidada, bem-estruturada e harmoniosa, mas inegavelmente feminina e romântica.

Pagar ou não pagar? O pisciano adora conquistá-la com gestos extravagantes e românticos. No caso de se tratar de um encontro oficial, em vez de uma tentativa mal-disfarçada de passar tempo com você, ele pagará o jantar, a bebida, a entrada do teatro e um drinque para encerrar a noite — mesmo que isso signifique gastar o limite do cartão de crédito ou do fundo de investimentos.

Na hora da despedida: Ele é tão romântico e gentil que você não deseja abrir mão de seu abraço carinhoso. Ele dá a sensação de ser muito seguro e pouco ameaçador, apesar dos anéis nos mamilos que você sente contra a orelha, quando ele a aperta ao peito com os braços tatuados, aninhando-a de encontro às farpas do cavanhaque áspero. Quando você perceber, ele terá aberto um caminho diretamente para sua cama. Boa-noite, querido príncipe!

A primeira visita dele à sua casa

Em cada pisciano vive um homem caseiro, e é importante para ele sentir-se à vontade em seu santuário. Você não precisa de muita coisa — um sofá macio, um bom sistema de som e televisão. Estabeleça um espaço íntimo, sensual e acolhedor que seja perfeito para se aconchegar, e do resto ele se encarrega.

Dê conforto a ele. O nativo adora se refestelar. Não ofereça a ele uma frágil cadeira de vime nem um banquinho de bar. Acomodem-se bem no meio da sala de estar, onde ele possa se pôr à vontade e desfrutar do conforto. Mesmo sem que o incitem, ele provavelmente achará o rumo dali.

Procure criar o clima romântico. Aumente a temperatura com velas, um fogo aceso na lareira, uma estufa de lenha. Extremamente sensual, ele percebe tudo em seu ambiente imediato.

438

O nativo de Peixes

Dê atenção ao banheiro. Afinal de contas, é ali que se encontra a banheira — uma das maneiras favoritas dele para recarregar as baterias. Retire a inspiração de um spa: vaporize um delicado spray ambiental ou compre um difusor de essências; em vez de dobrar as toalhas, enrole-as em forma de cilindro; deixe à mão pequenos sabonetes de visita, feitos para o metrossexual, com perfume de madeiras. Se você fizer a banheira parecer bastante convidativa, os dois podem acabar dentro dela, juntos — ou pelo menos procure plantar essa semente na imaginação dele.

Ponha música para tocar. Isso pode alterar completamente o estado de espírito do pisciano. Se você é fã de música, procure impressioná-lo tocando o mais recente CD de música independente. E melhor ainda: tenha um alto-falante em que ele possa ligar o iPod — provavelmente estará carregado com milhares de músicas excelentes que transportarão o nativo para o estado de bem-aventurança.

Exiba seu lado protetor. O pisciano faz tudo ao contrário. Ele prefere você devassa na rua e recatada na cama. Para ele, é melhor você exibir sua personalidade escandalosa em público, onde, aliás, todos estarão usando uma máscara social. Em casa, ele gosta de arrancar a fachada e expressar seu lado tenro e sensível.

Assistam a filmes. O signo de Peixes rege o cinema, e o nativo adora viajar para dentro de um bom filme enquanto se aconchega no sofá. Qualquer coisa que o transporte para outra realidade o deixa no clima certo.

Troque os lençóis. Nove entre dez vezes ele terminará na cama com você.

O encontro com a família dele

O pisciano tem uma relação maravilhosa com a família — para seu maior benefício ou para a derrocada final. Os parentes serão os melhores amigos dele ou estranhos distantes com quem ele não se identifica absolutamente. A família é um espaço sagrado para o nativo, e inter-

Relacionamentos astrais

rupções como divórcio, morte e carências paternas não são fáceis de processar para ele. Um conhecido nosso do signo cita a data da morte do pai como o pior dia de sua vida.

Se o seu pisciano se dá bem com os parentes, ele os venera — caso em que será bom adorarem você também. Ele depende fortemente das opiniões e da aprovação da família. À semelhança do canceriano, o nativo pode ser muito ligado ao clã, e você talvez precise ser introduzida na gangue depois de aprovada numa bateria de testes intimidantes. Bastante tempo talvez transcorra antes de você conhecer seus familiares — se é que o fará. Nossa amiga Amy namorou um nativo de Peixes durante quatro anos, sem encontrar o pai dele uma vez que fosse. A mãe, uma socialite esnobe, ameaçou cortar a mensalidade da faculdade de direito frequentada por ele, caso continuasse namorando Amy. O pisciano pode ser fraco, e esse não foi exceção: como não queria perder o apoio financeiro dos pais, acabou o namoro com ela.

O nativo precisa de uma forte figura paterna para admirar — nem grosseira nem autoritária —, mas um homem de grande caráter, que seja ao mesmo tempo amoroso e firme. Qualquer modalidade de fraqueza da parte dos pais pode ser traumática para o menino pisciano. Se o pai for submisso ou infiel, ou se a mãe for vítima de maus-tratos, o nativo se comportará como o defensor do genitor "pobre coitado". Se os pais se divorciarem, poderá até, no meio-tempo, assumir o papel do ausente. Ele protege muito os parentes, principalmente se sentir desequilíbrio de poder.

Sua maior dificuldade — mesmo que deseje ardentemente resolvê-la — é discernir onde terminam os parentes e onde ele começa. Sua dependência toma formas que o pisciano não consegue sequer admitir, e o nativo pode ser mártir do dever, cuidando dos parentes ou sufocando as próprias opiniões em troca do apoio financeiro deles. Seja como for, cortar o cordão umbilical é bastante difícil para ele. O pisciano Mark admite que até os 27 anos nunca havia se rebelado e nem lutado contra a mãe. Afirma que se sentia excessivamente "protetor em relação a ela". Finalmente, um comentário crítico causou a ruptura da re-

440

presa, e ele despejou sobre ela, aos brados, uma denúncia amargurada. "Durante um ano, mal nos falamos", ele recorda. "Foi meu único jeito de poder lidar com aquela separação necessária."

Psicólogos infantis apontam que os limites ajudam a criança a se sentir segura, e até amada. Como o pisciano quase não tem noção de limites, um pai negligente — ou excessivamente liberal ou egocêntrico — pode aterrorizar a criança do signo, deixando nela cicatrizes para o resto da vida. Por mais que o nativo force a barra, secretamente tem a esperança de que a mãe ou pai digam "Já chega!". A mãe de um pisciano caiu no choro quando ele respondeu a ela com rispidez; aos 37 anos ele ainda está às voltas com sentimentos de impotência e raiva provocados por ela.

Fique à vontade para apresentá-lo à própria família — ele adora isso —, mas mova-se devagar em relação à dele. Ouça as histórias que ele conta, mas saiba que estão carregadas de mitos. A realidade talvez pareça muito diferente, portanto, observe por algum tempo. A primeira vez que encontrarem a mãe dele, talvez queira gritar: "Feche a leiteria — ele não precisa mais mamar no peito!" ou "Pare de derrotar o nativo usando a culpa!" Mas, se continuar a visitá-los verá todas as formas pelas quais ele faz o jogo nessa dinâmica, chegando mesmo a alimentá-la. Isso não só dará a você muita compreensão subjetiva do nativo, como ainda ajudará a evitar que a história se repita na própria relação de vocês.

Para dizer adeus

O fim do romance com o pisciano

Quer se livrar de um pisciano? Não vá embora. Fique e transforme a vida dele num inferno insuportável. Saiba que romper com ele só o tornará ainda mais atraído por você. Para o nativo, a rejeição é um afrodisíaco; já o compromisso é uma forma de criptonita. Portanto, grude nele como a eletricidade estática se agarra a um vestido de seda.

Relacionamentos astrais

Ele fugirá para o Tibete mais depressa do que você consegue dizer "Dalai Lama".

Perguntamos a um pisciano como reuniu coragem para se separar de uma namorada de longo tempo que infernizou a vida dele. "Eu me casei com ela", foi a singela resposta. Com certeza ele estava sendo sarcástico, mas não completamente. Depois que a garota inatingível dos sonhos dele é transportada para o plano da realidade, não resta muito para o sonhador pisciano fazer. A tarefa dele está completa. Ele conseguiu a garota — e isso não deveria acontecer assim. Supostamente, ele deveria seguir a jovem de longe, sempre um pouco inconsolável, sofrendo pela mulher que ele não consegue alcançar de todo.

Portanto, é fácil: basta aumentar o medidor de realidade. Fazer xixi com a porta do banheiro aberta. Entregar a ele uma cópia de seu cronograma "para sempre saber por onde você anda". Perder o festival de cinema local para fazer uma reunião e falar de fundos de pensão e mesadas semanais. Ele vai se mandar na hora.

Se isso não funcionar, seja direta; ele será pego completamente indefeso, já que raramente lida de frente com situações de carga emocional pesada. Diga a ele que a relação acabou. Ele provavelmente não lutará — mesmo se quisesse fazer isso.

Superando a perda: quando o pisciano vai embora

Terminar uma relação é complicado, principalmente se você for nativo de Peixes. Para o signo, não há começos e finais claramente definidos. Além disso, o nativo odeia conflito, detesta pensar que magoará a parceira, que dar um passo tão decisivo exigirá energia. Um pisciano descreveu uma antiga relação como "saí com a garota durante um mês e depois levei cinco anos tentando terminar com ela". Quase sempre a culpa, a codependência e o masoquismo o trarão correndo de volta. O tempo cura todas as feridas, e você decididamente precisará ficar um longo tempo sem o encontrar. É você que precisará insistir na suspensão de qualquer forma de comunicação. Se for preciso, mude o número do telefone e o endereço — a tentação das recaídas românticas dele pode ser forte demais para recusar.

Como o pisciano é tão dependente de terceiros, a separação talvez seja encorajada pelos amigos ou parentes dele. Para fazer um movimento tão ousado, ele precisa de apoio e aprovação. Isso praticamente assegura que a escolha do momento e a conduta dele estarão totalmente fora de sintonia — não que exista um bom momento para alguém ser rejeitado. Um pisciano pediu divórcio da mulher numa pista de esqui! "Eu estava no elevador de esquiagem, sentado numa cadeira ao lado do meu irmão", ele explica. "Minha mulher estava sentada numa cadeira à frente. Meu irmão perguntou: 'Cara, o que há com vocês dois?' Olhei para ele e disse 'não consigo mais suportar esse casamento. Quero sair'."

Ele faz uma pausa para dar um efeito dramático, com os olhos brilhando. "Então meu irmão falou: 'Faça isso. Faça agora mesmo. Assim que você descer deste elevador, diga a ela.' Então reuni coragem e a quase cem metros de altitude, morro acima, comuniquei a ela: 'Acabou!' Ela caiu no chão e foi aquela cena dramática. Uma semana depois fiz as malas e fui embora."

Naturalmente, no típico estilo pisciano, eles se falaram muitos anos depois e ele acabou agradecendo à ex-mulher pela experiência de aprendizagem. "Eu precisava daquela experiência para crescer", reflete. "Aquilo fez aflorar toda essa raiva que eu precisava retirar do meu sistema."

Ah, quanta capacidade de perdoar tem o pisciano! Mas, espera aí: não foi ele que rompeu com você?

Pela última vez, chore a falta que sentirá...
- do romantismo e da magia
- do olhar e do toque carinhosos
- dos CDs mixados, dos romances e presentes artísticos
- do sensual "bad boy" e do quanto aquela faceta dele fazia você se sentir gostosa

Relacionamentos astrais

- de ter na mesma pessoa um melhor amigo e um namorado
- das animadas conversas filosóficas
- do quanto ele era intuitivo e compassivo
- de se sentir protegida e valorizada por ele

Agradeça ao universo por nunca mais ser obrigada a lidar com...

- pagar as dívidas dele
- lidar com toda a realidade entediante
- a sensação de ser uma espécie de mãe dele
- a preocupação de que ele possa se matar nas situações de risco em que se mete
- não saber se ele esconde segredos de você
- os comportamentos e hábitos viciantes dele
- a sensação de ser o homem na relação de vocês

O nativo de Peixes

A combinação amorosa:
Vocês falam a mesma língua?

Você é do signo de...	Ele acha que você é...	Você acha que ele é...	Linguagem comum
Áries	...agressiva.	...passivo-agressivo.	Serem hipersensíveis e excessivamente dramáticos, o gosto pelo consumo.
Touro	...a perfeita combinação para ele, com a mesma preferência em matéria de música, arte e cultura.	...totalmente hipersensível, porém com excelente gosto para as artes.	Música, arte, cultura, gastronomia, vinhos, socialização, gostos esnobes.
Gêmeos	...clinicamente ensandecida, mas de forma realmente sensual.	...clinicamente deprimido, mas de forma realmente fascinante.	Práticas sexuais excêntricas, línguas, livros, vida secreta, o sensual desafio de tentar entender o outro, descobrir o que vocês podem fazer impunemente.
Câncer	...a futura esposa e mãe dos filhos dele.	...romântico, mas subverte seu sentido de segurança e guarda segredos demais.	Casamento, filhos, família, segurança, zelo, compulsão alimentar, compulsão por bebida.
Leão	...um intimidante turbilhão de energia — a fêmea dominante e destruidora de corações dos sonhos dele.	...um romântico sensível que irá venerá-la e permitir que você mande em tudo. Perfeito.	Romance, fantasia, jogos de dominação, mimar a si mesmos e um ao outro.

Relacionamentos astrais

Você é do signo de...	Ele acha que você é...	Você acha que ele é...	Linguagem comum
Virgem	...controlada e serena de uma forma que ele admira (e inveja).	...encantador e suave, porém demasiado excêntrico para sua natureza neurótica levar a sério.	Amor a sapatos e acessórios de luxo, livros, vinhos, curar o planeta, a condição de mártires, jantares íntimos.
Libra	...uma beleza etérea, tão sonhadora quanto ele, mas talvez lhe falte profundidade.	...a pessoa mais romântica que você já conheceu, mas, às vezes, um pouco deprimente.	Romantismo desesperado, devaneios, viver num mundo de fantasia, poesia, música, chocolate, detonar todo o dinheiro num negócio extravagante.
Escorpião	...a dominadora favorita dele.	...seu escravo sensual.	Sexo, sigilo, jantares à luz de velas, casamento, filhos, valores, o amor pela água, necessidade de privacidade e intimidade, espiritualidade.
Sagitário	...divertida para gracejar, mas excessivamente ditatorial e desordenada.	...um indeciso e frouxo que precisa tomar partido já.	Mexericos, analisar as pessoas, intercâmbio de livros e de links para artigos postados na internet, amor à liberdade, horror ao compromisso, leniência além dos limites de vocês (quaisquer que sejam).

O nativo de Peixes

Você é do signo de...	Ele acha que você é...	Você acha que ele é...	Linguagem comum
Capricórnio	...fria e serena, mas ligeiramente prosaica e literal demais.	...muito convencido — um fanfarrão sistematicamente incapaz de manter a palavra dada ou assumir compromisso com alguma coisa.	Vinhos, gosto sofisticado, fascinação por produtos de marca
Aquário	...uma garota fria e inatingível, que é impermeável a seus encantos de sedução — ele passará anos sofrendo, meio que em segredo, por sua causa.	...seu mais lindo melhor amigo cujo lado sentimental lhe dá náuseas.	Princípios humanitários, compaixão, interesses da Nova Era, baladas em clubes deselegantes, atrair almas torturadas.
Peixes	...a mãe dele.	...seu filho.	Romance, cuidados prestados, sensibilidade, filmes, facilidade para a codependência.

447

Este livro foi composto na tipologia Casllon 224 Book BT,
em corpo 11/15,6, impresso em papel offwhite 80g/m²,
no Sistema Cameron da Divisão Gráfica
da Distribuidora Record.